U0915917

广东农村统计年鉴

GUANGDONG STATISTICAL YEARBOOK ON AGRICULTURE

2018

广东农村统计年鉴编辑委员会编纂

图书在版编目（CIP）数据

广东农村统计年鉴. 2018 / 广东农村统计年鉴编辑委员会编. -- 北京 : 中国统计出版社, 2018.12
ISBN 978-7-5037-8759-1

Ⅰ. ①广… Ⅱ. ①广… Ⅲ. ①农业统计－统计资料－广东－2018－年鉴 Ⅳ. ①F327.65-66

中国版本图书馆 CIP 数据核字(2018)第 277104 号

广东农村统计年鉴-2018

作　　者/ 广东农村统计年鉴编辑委员会
责任编辑/ 钟钰
责任校对/ 范英敏　怀博
装帧设计/ 广州九禾教育信息咨询有限公司
出版发行/ 中国统计出版社
地　　址/ 北京市丰台区西三环南路甲 6 号
邮政编码/ 100073
电　　话/ 邮购（010）63376909　书店（010）68783171
网　　址/ http://www.zgtjcbs.com
印　　刷/ 广州星河印刷有限公司
经　　销/ 新华书店
开　　本/ 890mm×1240mm　1/16
字　　数/ 1580 千字
印　　张/ 28.5
版　　别/ 2018 年 12 月第 1 版
版　　次/ 2018 年 12 月第 1 次印刷
定　　价/ 350.00 元

本书附同版本 CD-ROM 一张，光盘内容以书面文字为准。
如有印装差错，由本社发行部调换。

《广东农村统计年鉴-2018》编委会和编辑出版人员名单

顾　问：叶贞琴

主　编：杨新洪　顾幸伟

副主编：刘智华　牛宝俊

编　委：（以姓氏笔划为序）

王功慧　支光南　田秀华　何　健　张锦平
陈俊光　陈楚楷　罗一心　高庆营　黄志坚
梁友强

编　辑：（以姓氏笔划为序）

王日强　王　晴　古夏宇　叶卫红　申宏星
田志峰　司徒智谋　刘广荣　刘伟璇　江海强
孙华标　杨　华　杨际昌　吴　娱　怀　博
张作丹　陆永松　陈石强　范英敏　国剑敏
罗树德　罗　琴　郑祖辉　英存宏　姜志勇
黄卫蓝　黄秀兰　黄海燕　黄　楠　彭黄磊
傅晶蔚　舒　源　蓝品良　谭成略　翟志宏
戴伟星

光盘责任编辑：王建生

编者说明

《广东农村统计年鉴》是由广东省统计局、广东省农业农村厅、国家统计局广东调查总队、广东省自然资源厅、广东省水利厅、广东省民政厅、广东省林业局、广东省气象局、广东省农垦总局联合编辑出版的大型统计资料工具书。其宗旨是力求全面、系统、客观、翔实地向广大读者提供广东农业农村经济和社会发展的基本统计资料信息。

《广东农村统计年鉴 -2018》(简称年鉴),主要收录 2017 年全省、各市、县(区)涉农统计数据和建国以来各个主要时期主要涉农统计数据。全书共分十七个专题:农业主要指标与农村基本情况、国土资源、气候与自然灾害、农业技术装备、水利建设、国民经济概况、农村经济综合、种植业、林业、畜牧业与饲料工业、渔业、农垦、农产品进出口贸易、农村经济收入分配与效益、农村居民收入与消费、农村科技与教育、分区域主要经济指标等。

《年鉴》资料来源于政府统计部门、农业农村部门和各有关部门的年报表,部分资料采自抽样调查。由于有关业务部门的统计范围、口径不完全相同,资料中少数指标数据不完全一致,使用时敬请读者注意。

《年鉴》涉及珠江三角洲、东翼、西翼和山区的具体划分为:珠江三角洲指广州、深圳、珠海、佛山、江门、东莞、中山、惠州和肇庆;东翼指汕头、汕尾、潮州和揭阳;西翼指湛江、茂名和阳江;山区指韶关、河源、梅州、清远和云浮。

《年鉴》统计表中的符号说明:"…"表示数据不足本表最小单位数;"#"表示其中主要项;空格表示该项统计指标数据不详或无该项数据。

根据《全国农业普查条例》,本书 2007 年及以后年份部分数据以第三次全国农业普查结果为基础做了调整。

目　录

十三、农产品进出口贸易

十四、农村经济收入分配与效益

十五、农村居民收入与消费

十六、农村科技与教育

十七、分区域主要经济指标

2017 年全省农业农村工作情况

一、农业生产稳中向好

2017 年全省农林牧渔业总产值 5969.87 亿元，农林牧渔业增加值 3712.71 亿元，分别比上年增长 3.3%和 3.7%。农村居民人均可支配收入 15780 元，实际增长 7.8%，增幅高出城镇居民 0.9 个百分点。农产品贸易持续增长，全省农产品进出口贸易总额 276.06 亿美元，增长 3.0%，其中出口 94.79 亿美元，增长 3.6%。全省耕地面积 260.11 万公顷，农作物播种面积 6341.27 万亩，增长 1.1%。粮食播种面积 3254.59 万亩，下降 0.4%，粮食总产量 1208.56 万吨，增长 0.4%；蔬菜总产量 3177.49 万吨，增长 4.6%；油料作物产量 101.28 万吨，增长 1.9%；肉类总产量 444.08 万吨，下降 1.0%；奶类 13.88 万吨，增长 2.0%；禽蛋 38.50 万吨，增长 6.5%；饲料总产量 2951 万吨，增长 4.5%，继续稳居全国首位。

二、农业生产布局优化

种植业按照“优粮经扩饲料、提升园艺作物、丰富特色产品、扩大冬种生产”思路，加快构建粮经饲统筹的三元种植结构，部署推进“三区”（粮食生产功能区、重要农产品生产保护区、特色农产品优势区）建设工作。大力提升岭南优势特色产业，加快建设连片百千亩蔬菜产业园 300 个、岭南特色水果产业园 100 个、生态茶园 100 个、林下经济示范基地 100 个和一批设施花卉示范基地，推动 48.7 万个特色产业扶贫帮扶项目精准到户，特色效益种植业产值占种植业总产值的 70%。畜牧业方面，根据环境容量调减生猪养殖 213 万头（占 6%），畜禽养殖规模化率 63%、高出全国水平 7 个百分点，年产值 1 亿元以上的畜牧企业 252 家。

三、大力培育经营主体

推进培育千家省重点农业龙头企业和百家农业龙头企业上市计划，培育省重点龙头企业 820 家（含国家重点龙头企业 56 家）、上市涉农企业 65 家，认定国家级和省级农民合作社示范社 1651 家。大力培育新型职业农民，建设培育示范市县 47 个，培育新型职业农民 3 万人。各类新型经营主体带动 620.5 万农户拓宽就业增收渠道，发展多种形式的农业适度规模经营。农业社会化服务加快发展，统防统治、农机社会化服务组织增加到 535 个和 1000 个。

四、保护提升种质资源

组建荔枝等 7 种作物育繁推一体化种业创新发展联盟，育成农作物优良新品种 97 个，新增种苗繁育能力 1 亿多株，建立优良新品种示范基地 60 个，示范推广优良新品种 370 个

(次)；保存农作物种质资源 7.2 万份，新建狮头鹅、华南中蜂国家级保种场。

五、推进农业绿色发展

全省化肥、农药使用量分别下降 1%和 5.5%，实现负增长。世行贷款农业面源污染治理项目区农药、化肥使用量分别下降 33.6%和 29.4%，高床养殖试点基本实现污水零排放。省政府出台畜禽养殖废弃物资源化利用工作方案，清理整治禁养区养殖场（户）22240 家。布设农用地土壤污染状况详查点位 31384 个，采样完成率超过 65%，初步建成全覆盖农产品产地土壤环境污染监测体系。

六、夯实发展基础

建成高标准农田 1535.78 万亩，划定全域永久基本农田 3200 万亩。全省农机总动力 2410.8 万千瓦，水稻生产机械化率 70%，建设一批温室大棚、田头冷库、水肥一体化设施和农业生物灾害与气象综合监测站。实施信息进村入户试点省、农业大数据试点省、农业电子商务试点省“三省联创”，基本建成省农业综合信息化管理系统、农业物联网应用云平台和省市县三级农业信息监测体系。

七、推进农村改革

全省实测耕地 3883 万亩、颁发证书 1026 万本，实测率、颁证率分别达到 106.4%和 94.0%，有效化解涉地矛盾纠纷 5191 宗。基本完成农村集体资产清产核资，全省村组两级集体资产总额 5598.76 亿元（不含资源性资产），位居全国第一。完成了南海区集体资产股份权能改革国家试点任务，中山市、东莞市、澄海区、顺德区、新会区、博罗县农村集体产权制度改革试点工作正在开展。

八、加大金融支持

设立了全国首支农业供给侧结构性改革基金，省农业信贷担保公司业务向市县延伸，农村土地承包经营权抵押贷款试点累计发放贷款 9.82 亿元，政策性农业保险保费收入 12.91 亿元、增长 19.7%，理赔支付 8.94 亿元，增长 20.3% 。

九、部署两区划定工作

12 月 5 日，省政府召开全省粮食生产功能区和重要农产品生产保护区划定工作电视电话会议，副省长邓海光出席会议并讲话。12 月 19 日，召开“两区”划定试点工作会议，部署推进“两区”划定试点工作。省政府已印发“两区”实施方案，要求在 2018 年年底前，全省划定粮食（水稻）生产功能区面积 1350 万亩，重要农产品（天然橡胶）生产保护区 60 万亩，并将划定任务分解到各地级以上市和 6 个试点县。6 个试点县要在 2017 年开展试点，2018 年上半年基本完成。

十、农业面源污染治理

广东省借助世界银行贷款创立高床发酵型生态养殖模式，成功化解牲畜养殖与环境保护的矛盾，为农业绿色发展探索出一条新路子。广东高床发酵型养殖是按照世行认可的建设标准，将养猪生产与牲畜废弃物处理有机结合，猪舍两层结构，二层屋檐滴水高度 2.5 米，用于生猪养殖的猪舍，安装温控通风设备、自动投喂系统、节水型饮水器，地面采用漏缝地板结构。养猪生产过程中不冲水、产生的猪粪尿通过漏缝板落入一层垫料中。一层室内净空高度 2.5 米，作为垫料发酵车间，铺设约 60–80 厘米厚的垫料，消纳生产过程中产生的猪粪尿，采用翻堆设备定期对垫料进行翻堆处理，最终转变成半腐熟有机肥料，作为农家肥使用或按有机肥行业标准进一步深加工后销售。

十一、农业产业化发展

2017 年，全省各类农业产业化组织总体数量呈增长态势，农业龙头企业 3501 个，中介组织 34725 个，专业市场 336 个。各类产业化组织固定资产 2874.50 亿元，其中农业龙头企业固定资产 1992.5 亿元。各类产业化组织建有种植基地 1817 万亩、养殖水面 702 万亩、牲畜饲养量 0.68 亿头、禽类饲养量 24.23 亿只。全省 3501 家龙头企业销售收入 3862.83 亿元，净利润 210.4 亿元，出口创汇 40.46 亿美元，上缴税金 77.18 亿元。全省农业龙头企业银行贷款余额 395.36 亿元，财政项目扶持 15.43 亿元，税收减免额（不包括出口退税） 16.04 亿元。全省建有专门质检机构的农业龙头企业 454 个、其中质检机构通过计量认证的农业龙头企业 192 个，通过各种质量管理体系认证的农业龙头企业 416 个，获得 " 三品一标 " 认证的农业龙头企业 462 个。全省各类农业产业化组织中，种植业 23478 个、占 59.3%，畜牧业 6112 个、占 15.4%，水产业 3744 个、占 9.5%，林业 1996 个、占 5%，其他 4258 个、占 10.8%。2017 年，合同关系的产业化组织 14085 个、合作方式（按利润返还）的 11453 个、股份合作方式（按股分红）的 6381 个。通过合同关系、合作方式（按利润返还）、股份合作方式（按股分红）三种稳定的利益联结机制带动农户的产业化组织占总数的 80.6%。2017 年，农户从事产业化经营增收总额 389.43 亿元。其中农业龙头企业带动省内农户 416 万户、吸纳就业人员 47.43 万人次、带动农户年户均增收 4923 元。

一、农业主要指标与农村基本情况

1-1　全省行政区划

(2017年)　　　　　　　　　　　　　　　　　　　　　　单位：个

市　别	地级市	县级市	县	自治县	市辖区	市辖镇	乡	# 民族乡	街道
全省合计	21	20	34	3	64	1124	11	7	466
广　州	1				11	34			136
深　圳	1				8				74
珠　海	1				3	15			9
汕　头	1		1		6	32			37
佛　山	1				5	21			11
韶　关	1	2	4	1	3	93	1	1	10
河　源	1		5		1	94	1	1	6
梅　州	1	1	5		2	104			6
惠　州	1		3		2	48	1	1	22
汕　尾	1	1	2		1	44			10
东　莞	1					28			4
中　山	1					18			6
江　门	1	4			3	61			12
阳　江	1	1	1		2	38			10
湛　江	1	3	2		4	82	2		37
茂　名	1	3			2	87			22
肇　庆	1	1	4		3	91	1	1	12
清　远	1	2	2	2	2	77	3	3	5
潮　州	1		1		2	41			9
揭　阳	1	1	2		2	61	2		20
云　浮	1	1	2		2	55			8

注：本行政区划截止2017年底。

1-2 农业主要指标

指　　标	单位	2000	2005	2010	2015	2016	2017
乡镇户数	万户	1419.91	1540.84	1686.62	1689.97	1676.49	1677.57
乡镇人口	万人	6046.62	6451.55	6805.44	6863.20	6807.01	6830.62
乡镇从业人员	万人	2789.89	3089.48	3425.28	3496.95	3466.41	3480.72
# 农、林、牧、渔业	万人	1572.07	1533.48	1468.25	1351.83	1341.20	1342.80
按性别分							
男	万人	1450.37	1615.99	1450.37	1854.11	1842.38	1847.60
女	万人	1339.52	1473.49	1339.52	1642.84	1624.03	1633.12
农业总产值	亿元	1701.18	2447.57	3697.18	5303.63	5817.55	5969.87
农业增加值	亿元	1000.06	1442.80	2254.49	3275.05	3593.64	3712.71
农作物总播种面积	万亩	7735.35	7223.06	6394.16	6291.83	6271.95	6341.26
粮食作物	万亩	4649.83	4179.75	3579.49	3289.94	3266.67	3254.59
经济作物	万亩	1093.04	1001.56	959.77	1024.33	1030.25	1057.81
其他作物	万亩	1847.01	2041.75	1854.90	1977.55	1975.03	2028.86
人工造林面积	万亩	25.76		142.72	177.69	150.99	121.11
主要产品产量							
粮食	万吨	1822.33	1394.97	1249.15	1211.66	1204.22	1208.56
糖蔗	万吨	1137.59	946.02	1064.09	1093.58	1096.56	1144.14
花生	万吨	77.68	75.86	81.59	94.48	95.48	98.42
蔬菜	万吨	2214.80	2596.02	2551.00	2994.70	3036.45	3177.49
水果	万吨	643.52	831.69	1049.21	1298.52	1331.99	1421.23
水产品	万吨	593.19	695.23	729.03	804.14	818.29	833.54
猪肉	万吨	206.85	256.28	285.14	296.31	288.24	277.96
化肥施用量(折纯)	万吨	176.20	204.62	233.42	238.17	241.97	237.94
农药施用量	万吨	8.47	8.70	9.10	9.23	9.60	9.46
农村用电量	亿千瓦时	405.45	766.43	1044.26	1326.20	1334.89	1414.77
效益指标							
农业中间消耗率	%	41.2	41.1	39.0	38.9	38.2	37.8
淡水养殖水面	元/亩	3643	4965	6930	10264	11785	11092
生猪出栏率	%	146	160	156	172	165	172

注：1.表中农业总产值、农业增加值按当年价格计算，增长速度按可比价格计算。
2.2004年起，粮食产量含大豆。

1–3 主要农产品产量与最高年份比较（2017年）

指　　标	单位	2017	建国以来最高年		
			年份	产量	2017为建国以来最高年份%
粮食总产量	万吨	1208.56	1997	1966.75	61.4
#稻谷	万吨	1046.34	1998	1688.53	62.0
#早稻	万吨	509.02	1983	862.25	59.0
晚稻	万吨	537.33	1998	866.51	62.0
薯类	万吨	95.43	1998	238.28	40.1
经济作物					
甘蔗	万吨	1343.47	1992	2376.62	56.5
#糖蔗	万吨	1144.14	1992	2271.06	50.4
油料作物	万吨	101.28	2016	99.35	102.0
#花生	万吨	98.42	2016	95.48	103.1
烟叶	万吨	4.26	1992	8.62	49.4
其他作物					
#蔬菜	万吨	3177.49	2016	3036.45	104.6
水果	万吨	1421.23	2016	1331.99	106.7
水产品	万吨	833.54	2016	818.29	101.9
生猪年末存栏量	万头	2132.82	2009	2455.11	86.9
生猪出栏头数	万头	3712.00	2014	4062.02	91.4
猪肉产量	万吨	277.96	2014	302.86	91.8
家禽年末存栏	亿只	3.77	2010	4.09	92.2
出售和自宰的家禽	亿只	10.87	2012	11.87	91.6
禽肉产量	万吨	151.73	2012	161.11	94.2

1-4 主要年份农村基本情况

年 份	乡镇个数（个）	乡镇户数（万户）	乡镇人口（万人）	乡镇从业人员（万人）	第一产业从业人员（万人）
1949		461.5	2206.0	974.0	925.3
1952		619.1	2426.4	1040.8	983.6
1957		659.3	2679.4	1285.6	1215.0
1962	1920	714.0	2909.6	1355.3	1280.8
1965	1310	719.2	3137.6	1317.5	1246.2
1970	1351	804.2	3811.3	1527.7	1489.3
1975	1459	833.6	4154.6	1718.2	1655.3
1978	1577	873.0	4305.9	1774.5	1662.5
1980	1629	889.2	4419.8	1817.6	1625.9
1985	1673	988.5	4778.3	2090.6	1597.6
1990	1654	1141.7	5241.9	2363.4	1600.8
1995	1655	1283.7	5622.3	2519.2	1432.0
2000	1708	1419.9	6046.6	2789.9	1572.1
2005	1311	1540.8	6451.5	3089.5	1533.5
2010	1297	1686.6	6805.4	3425.3	1468.3
2015	1139	1690.0	6863.2	3497.0	1351.8
2016	1139	1676.5	6807.0	3466.4	1341.2
2017	1135	1677.6	6830.6	3937.9	1342.8

1-5　各市农村基本情况

(2017年)

市　别	一、乡镇个数(个)	二、乡镇户数(户)	三、乡镇人口(人)	四、乡镇劳动力资源总数(人)	五、乡镇从业人员(人)	第一产业从业人员(人)
全　省	1135	16775710	68306217	39379219	34807221	13428002
广州市	34	1710782	5714997	3906244	3480836	620657
深圳市						
珠海市	15	119529	435466	264052	231550	61771
汕头市	32	883720	4324501	2086213	1895207	615775
佛山市	21	842725	3025172	1939848	1722694	214014
韶关市	94	610784	2280981	1358546	1108852	590429
河源市	95	747868	3199047	1676860	1507068	710282
梅州市	104	858163	3272896	2064183	1822344	799575
惠州市	49	768352	3301232	2072123	1874586	483197
汕尾市	44	705905	3452099	1662159	1493243	524737
东莞市	28	560746	1907476	1150115	982945	58198
中山市	18	624748	2477176	1724610	1576274.93	171343
江门市	61	806586	2839312	1875562	1751687	789389
阳江市	38	647686	2506567	1498112	1290394	470666
湛江市	84	1541930	6893178	3802612	3373807	2043737
茂名市	87	1316221	5488068	2995938	2617531	1361215
肇庆市	92	790809	3049303	1799871	1468609	1066271
清远市	80	809153	3293137	1926041	1680736	959208
潮州市	41	539994	2304543	1194313	1108666	384758
揭阳市	63	1269814	6099302	2927596	2518058	802343
云浮市	55	620195	2441764	1454221	1302133	700437

注：本表和1-4表的乡镇个数为广东省民政厅统计年报数。

1-6 各县（市、区）农村基本情况

(2017年)

市　别	一、乡镇个数(个)	二、乡镇户数(户)	三、乡镇人口(人)	四、乡镇劳动力资源总数(人)	五、乡镇劳动力(人)	第一产业劳动力(人)
广州市	**34**	**1710782**	**5714997**	**3906244**	**3480836**	**620657**
荔湾区						
越秀区						
海珠区						
天河区						
白云区	4	203155	846192	561205	498463	73597
黄埔区	1	25567	111742	70440	67868	22170
花都区	6	529402	1563686	1125612	991311	51929
从化区	5	238087	931777	629733	587028	99492
增城区	7	268043	711352	507999	470000	84566
番禺区	5	138334	534634	339888	288738	126636
南沙区	6	308194	1015614	671367	577428	162267
深圳市						
罗湖区						
福田区						
南山区						
宝安区						
龙岗区						
盐田区						
龙华区						
坪山区						
珠海市	**15**	**119529**	**435466**	**264052**	**231550**	**61771**
香洲区	6	16964	61797	38528	32940	1757
金湾区	4	43140	150372	71045	66514	15881
斗门区	5	59425	223297	154479	132096	44133
汕头市	**32**	**883720**	**4324501**	**2086213**	**1895207**	**615775**
金平区		33109	139208	74268	67378	23325
龙湖区	2	54983	249594	148029	134658	34089
澄海区	8	154428	677109	369153	349483	131841
濠江区		55913	241206	106508	91929	25766
潮阳区	9	309724	1552059	723363	656669	200261
潮南区	10	262481	1415767	634806	573658	187169
南澳县	3	13082	49558	30086	21432	13324
佛山市	**21**	**842725**	**3025172**	**1939848**	**1722694**	**214014**
禅城区	1	65691	218834	113500	84261	1322
南海区	6	301896	1018284	671386	620853	73545
顺德区	6	312770	1114311	730891	620450	46960
高明区	3	55426	192367	108528	100442	35402
三水区	5	106942	481376	315543	296688	56785
韶关市	**94**	**610784**	**2280981**	**1358546**	**1108852**	**590429**
浈江区	5	30540	125110	77232	65128	20850
武江区	5	26496	101360	59919	53263	20367
曲江区	9	46408	183373	111865	99765	53204
南雄市	17	90405	270914	223825	153050	93051
始兴县	10	68528	248950	124063	105605	58709
翁源县	7	91678	365532	199869	159242	89428

1-6 续表 1

(2017年)

市 别	一、乡镇个数(个)	二、乡镇户数(户)	三、乡镇人口(人)	四、乡镇劳动力资源总数(人)	五、乡镇劳动力(人)	第一产业劳动力(人)
仁化县	10	69979	245547	124869	103600	52937
新丰县	6	52159	188530	128190	88909	41960
乳源自治县	9	42833	172378	102129	91391	47581
乐昌市	16	91758	379287	206585	188899	112342
河源市	**95**	**747868**	**3199047**	**1676860**	**1507068**	**710282**
源城区	2	22176	101411	55865	48965	9090
东源县	21	132745	602896	303480	272536	115423
和平县	17	118633	506059	290051	253921	105583
龙川县	24	216398	811492	403124	399322	178057
紫金县	18	165327	789225	395601	339715	199746
连平县	13	92589	387964	228739	192609	102383
梅州市	**104**	**858163**	**3272896**	**2064183**	**1822344**	**799575**
梅江区	4	43496	143951	70630	67574	20541
梅县区	17	120855	410045	215849	204109	129002
蕉岭县	8	43080	152237	92685	82967	47949
大埔县	14	104212	383710	232014	204833	97584
丰顺县	16	110944	431353	259837	230843	116974
五华县	16	172048	720090	606147	483128	204476
兴宁市	17	203609	810437	462588	451004	131602
平远县	12	59919	221073	124433	97886	51447
惠州市	**49**	**768352**	**3301232**	**2072123**	**1874586**	**483197**
惠城区	8	167354	799291	555342	512778	78155
惠东县	12	162895	754108	376175	320757	124754
惠阳区	6	127984	468958	332288	294853	39089
博罗县	15	228093	992427	618732	583324	148529
龙门县	8	82026	286448	189586	162874	92670
汕尾市	**44**	**705905**	**3452099**	**1662159**	**1493243**	**524737**
汕尾城区	3	103678	516511	249724	236794	55166
海丰县	16	168193	724418	442947	421065	136641
陆河县	8	52226	293464	158735	146519	50224
陆丰市	17	381808	1917706	810753	688865	282706
东莞市	**28**	**560746**	**1907476**	**1150115**	**982945**	**58198**
中山市	**18**	**624748**	**2477176**	**1724610**	**1576275**	**171343**
江门市	**61**	**806586**	**2839312**	**1875562**	**1751687**	**789389**
蓬江区	3	43907	156738	100941	97828	25037
江海区		33880	108284	70866	64830	7722
新会区	10	158668	563330	345404	310920	102949
台山市	16	237620	848969	565413	536792	293386
开平市	13	128994	470621	377766	336243	191888
恩平市	10	95045	319312	197859	188627	99685
鹤山市	9	108472	372058	217313	216447	68722
阳江市	**38**	**647686**	**2506567**	**1498112**	**1290394**	**470666**
江城区	4	104660	360479	242295	230850	100405
阳东县	11	123803	484006	306254	255434	91964
阳西县	8	117987	499391	314857	258316	97787
阳春市	15	301236	1162691	634706	545794	180510
湛江市	**84**	**1541930**	**6893178**	**3802612**	**3373807**	**2043737**
赤坎区		8875	38129	28481	26185	6338

1-6 续表 2

(2017年)

市　别	一、乡镇个数(个)	二、乡镇户数(户)	三、乡镇人口(人)	四、乡镇劳动力资源总数(人)	五、乡镇劳动力(人)	第一产业劳动力(人)
霞山区		11580	43702	11350	9751	6240
坡头区	5	95015	361894	206757	189585	98223
麻章区	4	126819	549806	323521	291716	190279
吴川市	10	237298	1099725	652347	573937	277117
徐闻县	14	133745	615677	356469	315862	274975
雷州市	18	348127	1648425	838051	737489	518099
遂溪县	15	214292	890901	508732	467883	338831
廉江市	18	366179	1644919	876904	761399	333635
茂名市	**87**	**1316221**	**5488068**	**2995938**	**2617531**	**1361215**
茂南区	9	138500	588091	289665	246884	102727
电白区	20	346904	1461854	741049	691149	336517
信宜市	18	266952	981789	552379	480733	232966
高州市	23	299339	1274349	696232	618987	369263
化州市	17	264526	1181985	716613	579778	319742
肇庆市	**92**	**790809**	**3049303**	**1799871**	**1468609**	**1799871**
端州区		13229	51107	25247	11668	285
鼎湖区	4	42738	133769	81836	71935	39937
高要市	16	187536	690986	464176	366757	241853
广宁县	15	114762	409552	283987	205262	160382
四会市	10	83451	286506	190449	185633	82557
德庆县	12	90742	295884	196201	154163	146484
封开县	16	90134	363241	218678	181759	114110
怀集县	19	168217	818258	339297	291432	280663
清远市	**80**	**809153**	**3293137**	**1926041**	**1680736**	**959208**
清城区	4	123549	546441	301806	259515	121538
英德市	23	222470	959196	523886	474021	314479
佛冈县	6	69842	276070	164052	134975	72435
连山自治县	7	23756	98312	65047	53896	32959
连南自治县	7	47689	175921	91362	82550	49746
连州市	12	98677	374726	215943	179247	105682
阳山县	13	89750	326702	206645	170182	101028
清新区	8	133420	535769	357300	326350	161341
潮州市	**41**	**539994**	**2304543**	**1194313**	**1108666**	**384758**
湘桥区	4	84848	333273	169523	152335	45725
饶平县	21	191988	828879	447483	425473	207117
潮安区	16	263158	1142391	577307	530858	131916
揭阳市	**63**	**1269814**	**6099302**	**2927596**	**2518058**	**802343**
榕城区	5	137988	642302	421425	400220	92554
揭东区	10	224314	1017698	502073	342750	119528
惠来县	14	261906	1478179	516065	465178	174078
普宁市	18	389979	1967912	975043	834186	283704
揭西县	16	255627	993211	512990	475724	132479
云浮市	**55**	**620195**	**2441764**	**1454221**	**1302133**	**700437**
云城区	4	28510	111189	67845	58550	47670
新兴县	12	82908	350698	228524	198856	112167
郁南县	15	119542	466706	256988	223418	139971
罗定市	17	307024	1171570	703537	645685	307276
云安区	7	82211	341601	197327	175624	93353

二、国土资源

2017 年 4 月 10 日，副省长许瑞生、省国土资源厅厅长陈光荣在茂名市召开全省高标准农田建设现场会期间，到田间了解高标准农田建设情况。

2017 年 5 月 19 日，时任国土资源部部长、国家土地总督察姜大明在广东调研期间，与中共中央政治局委员、时任广东省委书记胡春华，省长马兴瑞亲切会见。

2017 年 6 月 25 日，第 27 个“全国土地日”宣传会现场。

2017 年 8 月 24 日，国土资源部、广东省人民政府、中国石油集团在北京共同签署《推进南海神狐海域天然气水合物勘查开采先导试验区建设战略合作协议》。

2017 年 8 月 27 日，超强台风“帕卡”来临前夕，省国土资源厅厅长陈光荣一行在省地环总站察看台风登陆路线及变化，及时部署台风防御工作。

2017 年 9 月 30 日，省国土资源厅厅长陈光荣在雷州市客路镇恒山村调研检查水田垦造工作。

国土资源管理

2017年，广东省国土资源厅全面贯彻党的十九大精神，以习近平新时代中国特色社会主义思想为指导，深入贯彻习近平总书记重要讲话精神，接力探索、接续奋斗，按照省委、省政府和国土资源部的部署要求，讲政治顾大局，聚心力破难题，推改革谋新篇，直面问题、提振精神、奋发有为，全面提升国土资源工作水平，为广东省经济社会发展提供了有力支撑和保障。

大力提升国土资源供给效能，全力服务保障全省发展大局。高质量编制广东省国土规划，印发实施《广东省国土资源“十三五”规划》《广东省矿产资源总体规划（2016–2020年）》和《广东省基础测绘“十三五”规划》，在全国率先完成土地利用总体规划调整完善工作，为保障广东省经济社会发展谋定空间布局。深化建设用地审批制度改革提升审批效率，全年共批准用地面积22.9万亩，盘活批而未供和闲置土地44万亩，完成汕汕铁路等140个重点项目预审和45家县级医院用地报批工作，有力保障了重大基础设施、重大产业和民生工程等用地需求。珠三角优化发展和粤东西北振兴发展6个现场办公会确定由广东省国土资源厅牵头的18项任务基本完成。

以耕地“三位一体”保护为核心，扎实推进生态国土建设。坚持最严格的耕地保护制度，省委、省政府出台《关于加强耕地保护和改进占补平衡的实施意见》，全面加强广东省耕地数量质量生态“三位一体”保护。创新模式破解水田占补难题，出台《广东省垦造水田方案》，全年垦造水田3万亩，保证了中央“占优补优、占水田补水田”要求的落实。提前完成划定永久基本农田3214万亩（比国家下达的3164万亩保护目标任务多保了50万亩），全面实现上图入库、落地到户。全年建成304万亩高标准农田（目前已累计完成建设高标准农田2122万亩，约占全省永久基本农田保护目标任务的66%），全国考核获第二名。完成省政府“十件民生实事”要求的50个矿山地质环境调查工作，按中央环保督察要求完成17宗矿业权全部退出自然保护区范围的任务，建成绿色矿山62个。圆满完成第一次地理国情普查工作，系统掌握了广东省“山水林田湖草”等地理国情家底，为推进生态文明建设和自然资源资产管理制度改革提供了有力支撑。

深入推进国土资源领域重点改革，不断增强国土资源事业发展新活力。组织开展两轮17个专题的破难题补短板创新局集中大调研活动，部署开展5个专题的贯彻十九大精神“深调研”活动，取得一批突破性调研成果。深入推进国土资源领域“放管服”改革，将农用地转用和土地征收等18项省级行政职权事项调整给12个地级市行使，大力提升国土资源供给效率。新增实施“三旧”改造6万亩。出台《关于完善工业用地供应制度促进供给侧结构性改革的指导意见》，工业企业用地初始成本平均下降9%，全年工业用地供应同比上升31.95%，大力支持实体经济发展。不动产统一登记工作在全国领先，佛山南海农村土地制度改革、广州城乡统筹土地管理制度创新、深圳地下空间开发等改革取得实质性进展。

2-1　自然资源

项　目	单　位	2017年	项　目	单　位	2017年
一、土地资源和海洋			**二、气候**		
土地面积	平方公里	179725.07	年平均降雨量	毫米	1710.7
耕　地	万公顷	260.11	年平均气温	摄氏度	22.4
林　地	万公顷	1001.78	年日照时数	小时	1757.3
园　地	万公顷	126.08	**三、森林**		
牧草地	万公顷	32.14	活立木蓄积量	亿立方米	
海域总面积	万平方公里	41.9	森林覆盖率	%	59.08
海洋滩涂面积	万公顷	20.42	**四、矿产**		
海岛面积	平方公里	1592.7	煤保有资源储量	万吨	59859.0
大陆海岸线长度	公里	4114.30	铁矿石保有资源储量	万吨	62943.1
岛屿岸线长度	公里	2428.7	硫铁矿保有资源储量	万吨	32740.3
岛屿个数	个	1431			

注：1.土地面积、耕地、林地、园地、牧草地面积是2017年土地利用现状初步数据，不包含2017年当年批而未用建设用地数据，未经自然资源部确认。
2.活立木蓄积量数据暂缺。

2-2 各市耕地面积情况

（2017年） 单位：公顷

市别	年初实有耕地面积	年末耕地保有量面积						年内增加耕地面积	年内减少耕地面积
		合计	实有耕地面积				可调整地类面积		
			小计	水田	水浇地	旱地			
广东省	2607579.19	3145137.49	2601135.14	1648711.75	114535.77	837887.62	544002.35	205.89	6649.94
广州市	80963.30	129945.07	80336.98	51653.61	26944.47	1738.90	49608.09	0.03	626.35
韶关市	220306.82	229026.68	220038.88	145857.10	4317.94	69863.84	8987.80	17.90	285.84
深圳市	3836.51	3742.06	3742.06	7.42	3624.97	109.67			94.45
珠海市	17773.10	33166.73	17665.58	11644.86	1969.51	4051.21	15501.15		107.52
汕头市	37221.45	59371.90	36825.43	27575.71	4687.38	4562.34	22546.47	47.45	443.47
佛山市	36691.11	65076.37	36515.20	22217.20	9229.26	5068.74	28561.17	0.05	175.96
江门市	156262.48	210637.25	156058.88	125283.51	3599.74	27175.63	54578.37	19.17	222.77
湛江市	466948.92	507822.62	466546.34	190262.03	12035.00	264249.31	41276.28	92.61	495.19
茂名市	227078.83	251670.48	226758.07	161580.69	853.81	64323.57	24912.41	5.44	326.20
肇庆市	148559.88	188046.84	148165.94	102344.23	4808.31	41013.40	39880.90	0.07	394.01
惠州市	139601.83	149617.93	139122.63	82282.41	12101.00	44739.22	10495.30		479.20
梅州市	163007.36	176318.48	162597.67	125643.06	4273.38	32681.23	13720.81		409.69
汕尾市	97091.65	108949.46	96783.13	68542.96	2618.17	25622.00	12166.33	0.34	308.86
河源市	144150.96	144200.59	143826.19	108794.37	730.63	34301.19	374.40		324.77
阳江市	149400.96	212139.74	149133.46	101407.43	294.81	47431.22	63006.28		267.50
清远市	268779.92	296454.63	268109.55	156664.95	3915.63	107528.97	28345.08	0.03	670.40
东莞市	13145.97	35913.46	13027.60	897.17	10739.16	1391.27	22885.86	5.68	124.05
中山市	11782.71	48701.65	11682.43	6182.09	5195.57	304.77	37019.22		100.28
潮州市	35393.59	48695.25	35202.11	25484.52	1320.21	8397.38	13493.14	0.07	191.55
揭阳市	87132.82	121674.86	86714.03	66610.23	1181.58	18922.22	34960.83	0.03	418.82
云浮市	102449.02	123965.44	102282.98	67776.20	95.24	34411.54	21682.46	17.02	183.06

注：本表数据为2017年度土地变更调查初步数据，不包含2017年当年批而未用建设用地数据，未经自然资源部确认。

2-3 各市建设占用耕地情况表

(2017年) 单位：公顷

市　别	合计	城镇村及工矿用地	交通运输用地	水利设施用地
广东省	6579.26	4020.96	2395.41	162.89
广州市	620.76	463.43	156.34	0.99
韶关市	285.02	150.81	134.21	
深圳市	94.45	82.06	11.66	0.73
珠海市	105.29	71.83	33.46	
汕头市	441.52	206.27	232.81	2.44
佛山市	174.40	147.09	27.00	0.31
江门市	222.41	120.21	102.11	0.09
湛江市	482.16	303.72	178.29	0.15
茂名市	325.21	189.74	135.47	
肇庆市	393.24	165.35	225.81	2.08
惠州市	476.83	357.27	118.36	1.20
梅州市	408.61	168.25	113.64	126.72
汕尾市	306.87	169.17	137.70	
河源市	317.05	158.15	148.24	10.66
阳江市	260.27	218.71	41.56	
清远市	659.65	407.96	235.77	15.92
东莞市	122.59	102.37	20.22	
中山市	99.41	99.41		
潮州市	189.45	98.50	90.95	
揭阳市	411.51	235.59	174.64	1.28
云浮市	182.56	105.07	77.17	0.32

注：本表数据为2017年度土地变更调查初步数据，不包含2017年当年批而未用建设用地数据，未经自然资源部确认。

2-4 各市(县、区)耕地面积情况

(2017年)　　　　单位：公顷

行政区	年初实有耕地面积	年末耕地保有量面积						耕地变动情况	
		合计	实有耕地面积				可调整地类面积	年内增加耕地面积	年内减少耕地面积
			小计	水田	水浇地	旱地			
广东省	**2607579.19**	**3145137.49**	**2601135.14**	**1648711.75**	**114535.77**	**837887.62**	**544002.35**	**205.89**	**6649.94**
广州市	**80963.30**	**129945.07**	**80336.98**	**51653.61**	**26944.47**	**1738.90**	**49608.09**	**0.03**	**626.35**
荔湾区	423.77	547.60	421.27	9.98	387.93	23.36	126.33		2.50
越秀区	1.55	1.55	1.55		0.72	0.83			
海珠区	293.57	630.87	285.65	59.54	186.37	39.74	345.22		7.92
天河区	507.26	495.63	495.63	59.63	405.32	30.68			11.63
白云区	9116.19	17038.17	8991.69	3246.62	5666.53	78.54	8046.48		124.50
黄埔区	2954.51	4608.26	2931.37	1570.85	1311.90	48.62	1676.89		23.14
番禺区	7370.36	10706.06	7270.20	4253.67	2916.71	99.82	3435.86		100.16
花都区	9957.89	16771.61	9866.09	7041.90	2727.40	96.79	6905.52		91.80
南沙区	14777.35	18212.17	14655.08	9555.42	5039.88	59.78	3557.09		122.27
增城区	22108.63	37991.40	21981.69	14046.31	7264.76	670.62	16009.71	0.03	126.97
从化区	13452.22	22941.75	13436.76	11809.69	1036.95	590.12	9504.99		15.46
韶关市	**220306.82**	**229026.68**	**220038.88**	**145857.10**	**4317.94**	**69863.84**	**8987.80**	**17.90**	**285.84**
武江区	6858.46	7308.89	6848.69	3995.42	497.42	2355.85	460.20	0.02	9.79
浈江区	6521.77	7887.96	6512.95	4336.31	631.58	1545.06	1375.01	12.83	21.65
曲江区	19102.09	20382.82	19083.88	13017.75	401.62	5664.51	1298.94		18.21
始兴县	21101.51	21655.08	21046.37	15326.69	453.33	5266.35	608.71		55.14
仁化县	21410.33	21970.34	21334.42	17649.86	206.48	3478.08	635.92		75.91
翁源县	31364.01	32882.04	31320.39	19400.84	393.20	11526.35	1561.65	1.13	44.75
乳源县	19639.57	19889.30	19631.68	12721.52	644.85	6265.31	257.62		7.89
新丰县	16213.26	17361.86	16185.94	8099.94	677.84	7408.16	1175.92		27.32
乐昌市	34717.84	36234.31	34704.37	22028.15	335.48	12340.74	1529.94		13.47
南雄市	43377.98	43454.08	43370.19	29280.62	76.14	14013.43	83.89	3.92	11.71
深圳市	**3836.51**	**3742.06**	**3742.06**	**7.42**	**3624.97**	**109.67**			**94.45**
罗湖区	21.78	21.01	21.01		16.25	4.76			0.77
福田区	7.80	7.80	7.80		7.80				
南山区	84.63	83.93	83.93		80.47	3.46			0.70
宝安区	2259.68	2204.49	2204.49	1.32	2156.85	46.32			55.19
龙岗区	1454.00	1416.46	1416.46	6.10	1356.72	53.64			37.54
盐田区	8.62	8.37	8.37		6.88	1.49			0.25
珠海市	**17773.10**	**33166.73**	**17665.58**	**11644.86**	**1969.51**	**4051.21**	**15501.15**		**107.52**
香洲区	577.77	562.54	562.54	116.18	187.27	259.09			15.23
斗门区	9502.68	20988.06	9491.39	7055.88	1189.34	1246.17	11496.67		11.29
金湾区	7692.65	11616.13	7611.65	4472.80	592.90	2545.95	4004.48		81.00
汕头市	**37221.45**	**59371.90**	**36825.43**	**27575.71**	**4687.38**	**4562.34**	**22546.47**	**47.45**	**443.47**
龙湖区	2196.06	2420.79	2157.85	1023.88	989.31	144.66	262.94		38.21
金平区	965.77	1846.70	959.93	705.64	208.69	45.60	886.77		5.84
濠江区	1926.85	2322.80	1896.58	555.46	568.85	772.27	426.22	0.76	31.03
潮阳区	13911.03	22196.25	13787.53	12547.19	140.47	1099.87	8408.72	46.68	170.18
潮南区	11378.44	17022.82	11232.54	9361.68	140.39	1730.47	5790.28	0.01	145.91
澄海区	6400.04	12901.98	6348.48	3379.79	2550.77	417.92	6553.50		51.56
南澳县	443.26	660.56	442.52	2.07	88.90	351.55	218.04		0.74
佛山市	**36691.11**	**65076.37**	**36515.20**	**22217.20**	**9229.26**	**5068.74**	**28561.17**	**0.05**	**175.96**
禅城区	204.95	643.96	201.28		177.76	23.52	442.68		3.67
南海区	12033.08	18348.69	11968.30	4129.71	6821.96	1016.63	6380.39		64.78
三水区	11228.15	19639.07	11169.40	7780.39	1110.71	2278.30	8469.67	0.04	58.79
高明区	12140.20	14291.88	12111.38	10306.78	120.64	1683.96	2180.50	0.01	28.83

2-4 续表 1

(2017年) 单位：公顷

行政区	年初实有耕地面积	年末耕地保有量面积						耕地变动情况	
		合 计	实有耕地面积				可调整地类面积	年内增加耕地面积	年内减少耕地面积
			小 计	水 田	水浇地	旱 地			
顺德区	1084.73	12152.77	1064.84	0.32	998.19	66.33	11087.93		19.89
江门市	**156262.48**	**210637.25**	**156058.88**	**125283.51**	**3599.74**	**27175.63**	**54578.37**	**19.17**	**222.77**
蓬江区	1224.58	2270.42	1219.49	910.78	153.35	155.36	1050.93		5.09
江海区	1839.25	2638.16	1835.23	1524.96	309.97	0.30	802.93		4.02
新会区	17397.14	29686.49	17375.22	16093.89	226.79	1054.54	12311.27	0.01	21.93
台山市	56905.71	71982.35	56870.03	49937.61	27.72	6904.70	15112.32		35.68
开平市	31175.18	43612.62	31102.75	24695.17	172.16	6235.42	12509.87		72.43
鹤山市	12928.72	21432.25	12922.26	9921.13	117.73	2883.40	8509.99	18.97	25.43
恩平市	34791.90	39014.96	34733.90	22199.97	2592.02	9941.91	4281.06	0.19	58.19
湛江市	**466948.92**	**507822.62**	**466546.34**	**190262.03**	**12035.00**	**264249.31**	**41276.28**	**92.61**	**495.19**
赤坎区	550.74	542.10	542.10	263.31	0.72	278.07			8.64
霞山区	1429.21	1427.68	1427.68	973.83		453.85			1.53
坡头区	14801.93	14786.20	14786.20	7995.51	16.10	6774.59		0.09	15.82
麻章区	23686.64	23606.50	23606.50	11543.76	28.72	12034.02		0.27	80.41
遂溪县	99748.24	100944.83	99590.81	24849.04	3897.62	70844.15	1354.02		157.43
徐闻县	72206.15	78216.42	72264.81	14176.25	7265.34	50823.22	5951.61	91.72	33.06
廉江市	83088.46	91728.41	83030.83	52841.87	330.00	29858.96	8697.58		57.63
雷州市	142062.39	161437.52	141974.85	55385.38	429.65	86159.82	19462.67		87.54
吴川市	29375.16	35132.96	29322.56	22233.08	66.85	7022.63	5810.40	0.53	53.13
茂名市	**227078.83**	**251670.48**	**226758.07**	**161580.69**	**853.81**	**64323.57**	**24912.41**	**5.44**	**326.20**
茂南区	15780.98	17199.17	15743.79	13631.68	644.62	1467.49	1455.38		37.19
电白区	51147.29	65177.03	51036.31	38039.83	184.89	12811.59	14140.72		110.98
高州市	60143.79	60344.49	60115.98	32903.30	10.28	27202.40	228.51	0.17	27.98
化州市	59588.10	68596.20	59521.81	45857.13	1.91	13662.77	9074.39	0.10	66.39
信宜市	40418.67	40353.59	40340.18	31148.75	12.11	9179.32	13.41	5.17	83.66
肇庆市	**148559.88**	**188046.84**	**148165.94**	**102344.23**	**4808.31**	**41013.40**	**39880.90**	**0.07**	**394.01**
端州区	201.32	199.86	199.86	143.93	12.00	43.93			1.46
鼎湖区	4865.85	9202.49	4817.60	3801.22	17.22	999.16	4384.89		48.25
广宁县	17310.54	20668.82	17293.52	13029.74	3.74	4260.04	3375.30	0.06	17.08
怀集县	42736.04	43181.31	42687.24	24327.71	2080.12	16279.41	494.07	0.01	48.81
封开县	30519.36	33656.86	30354.07	22056.21	79.39	8218.47	3302.79		165.29
德庆县	10985.68	22605.84	10982.48	7834.65		3147.83	11623.36		3.20
高要市	28955.79	35588.38	28881.03	22682.14	2548.38	3650.51	6707.35		74.76
四会市	12985.30	22943.28	12950.14	8468.63	67.46	4414.05	9993.14		35.16
惠州市	**139601.83**	**149617.93**	**139122.63**	**82282.41**	**12101.00**	**44739.22**	**10495.30**		**479.20**
惠城区	21880.18	24068.66	21743.78	11165.95	6205.95	4371.88	2324.88		136.40
惠阳区	14433.14	16237.13	14319.77	6156.80	1387.85	6775.12	1917.36		113.37
博罗县	50105.86	52142.97	49967.89	27552.62	3683.11	18732.16	2175.08		137.97
惠东县	33803.26	34649.45	33750.01	26103.53	337.23	7309.25	899.44		53.25
龙门县	19379.39	22519.72	19341.18	11303.51	486.86	7550.81	3178.54		38.21
梅州市	**163007.36**	**176318.48**	**162597.67**	**125643.06**	**4273.38**	**32681.23**	**13720.81**		**409.69**
梅江区	4025.32	4767.43	3993.13	2719.15	214.12	1059.86	774.30		32.19
梅县区	21022.20	24513.10	20997.71	16518.92	185.10	4293.69	3515.39		24.49
大埔县	17496.97	17553.89	17439.16	13672.91	40.41	3725.84	114.73		57.81
丰顺县	21965.04	25084.00	21944.10	15358.10	724.94	5861.06	3139.90		20.94
五华县	41309.87	41757.90	41094.35	31616.82	171.35	9306.18	663.55		215.52
平远县	16542.20	17082.33	16527.92	11608.98	2922.07	1996.87	554.41		14.28
蕉岭县	8892.95	9916.57	8882.83	7256.69	1.40	1624.74	1033.74		10.12

2-4 续表 2

(2017年)　　单位：公顷

行政区	年初实有耕地面积	年末耕地保有量面积						耕地变动情况	
		合计	实有耕地面积				可调整地类面积	年内增加耕地面积	年内减少耕地面积
			小计	水田	水浇地	旱地			
兴宁市	31752.81	35643.26	31718.47	26891.49	13.99	4812.99	3924.79		34.34
汕尾市	**97091.65**	**108949.46**	**96783.13**	**68542.96**	**2618.17**	**25622.00**	**12166.33**	**0.34**	**308.86**
城区	4823.85	4851.18	4819.88	3180.45	605.26	1034.17	31.30		3.97
海丰县	33985.63	38305.80	33896.65	27355.82	361.81	6179.02	4409.15	0.16	89.14
陆河县	12468.08	12842.87	12438.53	5959.95	617.74	5860.84	404.34		29.55
陆丰市	45814.09	52949.61	45628.07	32046.74	1033.36	12547.97	7321.54	0.18	186.20
河源市	**144150.96**	**144200.59**	**143826.19**	**108794.37**	**730.63**	**34301.19**	**374.40**		**324.77**
源城区	2416.30	2451.93	2380.90	1334.26	418.04	628.60	71.03		35.40
紫金县	30422.44	30347.78	30346.10	26729.80	96.13	3520.17	1.68		76.34
龙川县	39414.81	39518.75	39317.46	31922.71	59.07	7335.68	201.29		97.35
连平县	20316.35	20291.87	20290.16	12357.01	120.02	7813.13	1.71		26.19
和平县	23263.52	23303.69	23247.72	16530.07	25.60	6692.05	55.97		15.80
东源县	28317.54	28286.57	28243.85	19920.52	11.77	8311.56	42.72		73.69
阳江市	**149400.96**	**212139.74**	**149133.46**	**101407.43**	**294.81**	**47431.22**	**63006.28**		**267.50**
江城区	21700.44	24760.87	21572.33	14437.48	142.27	6992.58	3188.54		128.11
阳东区	33972.01	51630.26	33945.99	24874.55	132.75	8938.69	17684.27		26.02
阳西县	34359.36	47842.09	34305.26	20965.62	2.29	13337.35	13536.83		54.10
阳春市	59369.15	87906.52	59309.88	41129.78	17.50	18162.60	28596.64		59.27
清远市	**268779.92**	**296454.63**	**268109.55**	**156664.95**	**3915.63**	**107528.97**	**28345.08**	**0.03**	**670.40**
清城区	24420.85	27423.28	24157.43	14585.11	1715.77	7856.55	3265.85		263.42
清新区	38238.92	42778.61	38160.91	22207.19	1738.89	14214.83	4617.70		78.01
佛冈县	11698.73	18774.12	11646.60	9606.70	134.96	1904.94	7127.52		52.13
阳山县	42074.97	45964.82	42037.87	17470.90	119.42	24447.55	3926.95		37.10
连山县	9978.29	10205.26	9965.00	9377.83		587.17	240.26		13.29
连南县	11041.82	11223.85	11029.35	6398.03	88.03	4543.29	194.50		12.47
英德市	91266.68	99905.20	91095.19	52789.59	11.11	38294.49	8810.01	0.03	171.52
连州市	40059.66	40179.49	40017.20	24229.60	107.45	15680.15	162.29		42.46
东莞市	**13145.97**	**35913.46**	**13027.60**	**897.17**	**10739.16**	**1391.27**	**22885.86**	**5.68**	**124.05**
中山市	**11782.71**	**48701.65**	**11682.43**	**6182.09**	**5195.57**	**304.77**	**37019.22**		**100.28**
潮州市	**35393.59**	**48695.25**	**35202.11**	**25484.52**	**1320.21**	**8397.38**	**13493.14**	**0.07**	**191.55**
湘桥区	3701.31	5727.00	3674.52	2521.75	240.74	912.03	2052.48		26.79
潮安区	11925.96	18902.80	11808.67	9206.29	708.59	1893.79	7094.13	0.06	117.35
饶平县	19766.32	24065.45	19718.92	13756.48	370.88	5591.56	4346.53	0.01	47.41
揭阳市	**87132.82**	**121674.86**	**86714.03**	**66610.23**	**1181.58**	**18922.22**	**34960.83**	**0.03**	**418.82**
榕城区	5104.36	7913.94	5041.24	4575.96	113.96	351.32	2872.70		63.12
揭东区	12739.60	24580.49	12669.28	9322.14	112.21	3234.93	11911.21	0.03	70.35
揭西县	19476.27	27057.65	19431.98	15068.15	53.92	4309.91	7625.67		44.29
惠来县	24956.45	29007.02	24908.27	16751.59	210.00	7946.68	4098.75		48.18
普宁市	24856.14	33115.76	24663.26	20892.39	691.49	3079.38	8452.50		192.88
云浮市	**102449.02**	**123965.44**	**102282.98**	**67776.20**	**95.24**	**34411.54**	**21682.46**	**17.02**	**183.06**
云城区	8375.18	8841.85	8328.97	6258.95	31.99	2038.03	512.88		46.21
云安区	15687.07	15851.51	15651.44	8683.11	24.36	6943.97	200.07		35.63
新兴县	18947.43	22705.15	18905.10	16185.65	22.10	2697.35	3800.05	0.03	42.36
郁南县	13832.05	22497.86	13819.86	9010.19	6.77	4802.90	8678.00		12.19
罗定市	45607.29	54069.07	45577.61	27638.30	10.02	17929.29	8491.46	16.99	46.67

注：本表数据为2017年度土地变更调查初步数据，不包含2017年当年批而未用建设用地数据，未经自然资源部确认。

三、气候与自然灾害

3-1 主要年份各地年平均气温(℃)

年份	粤北	粤东北	粤西北	粤东	粤中	粤西
1952	20.6			21.9	22.6	23.7
1957	19.9	21.0	21.7	21.0	21.5	22.9
1962	20.1	20.9	21.8	21.0	21.6	22.8
1965	20.6	21.4	22.1	21.3	21.9	23.4
1970	19.8	21.1	21.6	21.0	21.4	22.7
1975	20.3	21.1	21.9	21.3	21.7	23.0
1980	20.7	21.5	22.5	21.2	22.2	23.4
1985	20.2	20.9	22.0	21.1	21.6	22.6
1990	21.1	21.5	22.8	21.8	22.6	23.4
1995	20.0	21.0	22.2	21.6	22.3	23.0
2000	20.4	21.9	22.6	22.5	22.5	23.8
2005	20.5	21.6	22.5	22.2	22.8	23.0
2010	20.0	21.8	22.4	22.3	22.5	23.3
2015	20.8	22.0	23.4	23.5	22.2	24.3
2016	20.7	21.7	22.5	23.3	22.0	23.6
2017	20.8	22.0	22.6	23.5	22.1	23.7

3-2 主要年份各地年极端最高气温(℃)

年份	粤北	粤东北	粤西北	粤东	粤中	粤西
1952	40.1			35.6	37.1	35.9
1957	38.7	38.6	36.7	35.0	36.1	36.0
1962	38.6	38.7	36.9	37.9	36.5	36.2
1965	38.1	37.3	37.1	34.5	36.1	37.3
1970	38.3	38.9	36.0	35.9	36.4	36.8
1975	36.8	36.5	36.4	35.1	34.9	35.1
1980	39.2	38.4	38.1	34.9	38.1	36.1
1985	38.5	38.4	36.1	34.9	35.3	35.5
1990	38.3	38.6	38.7	35.8	38.0	38.1
1995	38.3	37.6	36.9	36.5	36.9	36.1
2000	37.0	38.0	36.7	36.9	36.6	35.4
2005	39.5	39.0	38.4	37.6	39.0	36.8
2010	37.1	38.4	37.1	36.8	37.1	36.3
2015	37.5	38.1	37.2	37.6	37.6	38.4
2016	38.9	38.3	37.7	38.3	38.0	36.2
2017	39.3	38.1	38.0	36.9	38.3	36.0

3-3　主要年份各地年极端最低气温(℃)

年　份	粤　北	粤东北	粤西北	粤　东	粤　中	粤　西
1952	-1.6			3.3	1.6	4.4
1957	-2.0	-2.3	-0.5	1.1	0.0	3.3
1962	-1.4	-1.6	2.7	2.1	2.1	7.6
1965	0.4	-0.1	4.2	4.5	4.7	6.4
1970	-0.6	-1.0	3.0	2.5	2.6	6.4
1975	-1.5	-2.7	1.0	1.8	0.9	2.8
1980	-1.0	-0.2	3.5	3.6	2.6	4.3
1985	0.8	-1.4	4.6	2.1	2.9	7.5
1990	0.0	1.9	3.9	4.7	3.4	5.7
1995	-0.8	0.4	4.7	5.4	6.4	7.8
2000	0.9	1.1	5.2	5.5	4.0	8.2
2005	-1.2	-2.0	3.1	2.4	2.1	4.8
2010	-1.5	-0.6	2.7	2.5	1.8	4.2
2015	1.6	1.3	7.7	7.7	4.8	8.1
2016	-1.3	-1.4	2.4	1.7	1.2	2.7
2017	-0.3	2.3	5.5	7.9	4.5	7.3

3-4　主要年份各地年平均地面温度(℃)

年　份	粤　北	粤东北	粤西北	粤　东	粤　中	粤　西
1952						
1957	22.3		23.2	23.6	23.9	25.9
1962	23.3	24.2	24.8	24.3	24.1	26.0
1965	23.8	25.0	24.7	24.9	24.3	26.6
1970	22.4	24.0	23.9	24.5	23.4	
1975	22.6	23.7	24.1	24.3	23.3	25.7
1980	23.4	24.2	25.4	24.7	25.3	26.8
1985	22.9	24.5	24.2	24.1	24.2	25.6
1990	23.7	25.2	24.7	24.4	24.9	26.2
1995	22.0	24.6	23.7	24.6	23.6	25.7
2000	23.0	25.4	24.4	26.3	23.8	26.9
2005	23.3	24.9	23.6	25.3	23.8	26.4
2010	22.5	25.1	23.8	25.4	24.0	26.6
2015	22.9	24.4	24.7	27.1	24.6	28.1
2016	22.9	23.9	24.1	26.1	24.2	27.3
2017	23.9	24.9	23.9	27.1	25.1	27.3

3-5 主要年份各地年降雨量(毫米)

年 份	粤 北	粤东北	粤西北	粤 东	粤 中	粤 西
1952	1564.1			1424.5	1737.4	1752.4
1957	1641.2	1745.5	1914.3	1860.3	1988.5	1327.2
1962	1735.4	1348.0	1516.8	1053.4	1521.6	1377.1
1965	1189.4	1221.8	2066.1	1270.2	2332.5	1695.2
1970	1708.8	1352.0	1482.0	1267.8	1470.4	1618.6
1975	2120.8	2039.8	1910.9	1570.0	2516.7	1683.0
1980	1459.4	1461.7	1586.1	1369.1	1492.2	2274.0
1985	1360.2	1607.8	1726.9	1481.3	1706.0	2411.3
1990	1436.6	1709.0	1284.8	2236.9	1239.5	1510.2
1995	1506.9	1171.0	1766.4	1512.2	1752.4	2082.9
2000	1565.8	1850.9	1318.2	1486.7	1798.9	1762.7
2005	1772.2	1647.3	1905.2	1631.3	1986.2	1387.3
2010	2104.4	1416.1	1419.6	1350.3	2353.6	1952.3
2015	2128.7	1696.3	1848.1	1446.6	2471.9	1328.9
2016	2428.9	2410.3	2132.5	2174.7	2939.7	1820.0
2017	1397.2	1396.3	1275.8	1419.0	2067.4	1760.7

3-6 主要年份各地年降雨日数(日雨量≥0.1毫米)

年 份	粤 北	粤东北	粤西北	粤 东	粤 中	粤 西
1952	171			155	164	146
1957	166	160	166	132	169	153
1962	139	132	148	118	150	126
1965	150	138	170	139	165	147
1970	191	167	177	132	171	160
1975	184	182	188	171	189	171
1980	148	121	142	118	126	124
1985	170	165	168	134	169	171
1990	153	144	159	131	149	158
1995	157	147	153	116	148	154
2000	153	147	151	115	148	134
2005	152	126	148	128	142	132
2010	158	157	157	123	160	143
2015	168	148	146	102	147	122
2016	164	163	151	159	172	143
2017	171	144	124	113	149	145

3-7 主要年份各地年平均相对湿度(%)

年 份	粤 北	粤东北	粤西北	粤 东	粤 中	粤 西
1952	78				79	83
1957	77	79	81	84	80	82
1962	76	77	79	82	76	80
1965	76	80	82	81	81	84
1970	78	79	81	83	82	84
1975	79	82	81	84	81	83
1980	73	77	77	83	77	82
1985	75	78	77	82	78	83
1990	76	80	77	82	77	83
1995	78	77	76	81	73	82
2000	78	77	76	77	77	80
2005	73	73	74	69	71	80
2010	79	74	76	77	73	83
2015	82	79	77	77	78	83
2016	82	81	84	80	82	84
2017	81	77	84	75	80	86

3-8 主要年份各地年日照时数(小时)

年 份	粤 北	粤东北	粤西北	粤 东	粤 中	粤 西
1952				2175.2	1957.0	
1957	1704.1	2009.9	1580.7	2166.2	1752.9	1861.6
1962	2181.5	2161.7	2009.8	2401.2	2126.4	1979.3
1965	1975.2	2147.2	1857.3	1985.9	1895.6	1991.4
1970	1685.4	1908.1	1756.0	1932.5	1772.8	1738.8
1975	1516.9	1898.6	1741.2	1650.5	1643.1	1900.3
1980	1754.1	1811.1	1945.8	1989.2	1921.8	2036.5
1985	1701.6	1926.7	1613.3	1900.6	1406.0	1868.4
1990	1613.9	1893.1	1542.8	1921.3	1648.7	1877.4
1995	1420.6	1868.7	1704.6	2038.3	1559.6	1828.3
2000	1497.2	1672.6	1714.1	2126.3	1609.2	1855.3
2005	1491.2	1736.4	1345.6	1849.5	1288.5	1784.4
2010	1631.0	1676.9	1356.5	1855.5	1484.0	1878.4
2015	1540.8	1740.4	1583.0	2010.7	1594.3	2008.1
2016	1629.2	1553.6	1466.2	1701.0	1451.8	1963.9
2017	1738.9	1831.4	1605.4	1994.6	1671.5	1891.9

3-9 各地平均气温(℃)

(2017年)

月 份	粤 北 (韶关)	粤东北 (梅县)	粤西北 (高要)	粤 东 (汕头)	粤 中 (广州)	粤 西 (湛江)
1	12.9	15.2	16.1	17.3	15.4	18.3
2	12.8	14.7	15.6	15.6	15.0	16.9
3	15.1	17.2	18.1	17.9	17.9	20.4
4	20.9	21.6	22.4	22.6	21.6	23.7
5	24.4	25.0	25.6	25.7	25.0	26.5
6	27.0	27.5	28.6	28.6	28.2	29.1
7	27.8	28.3	27.7	29.3	27.9	28.3
8	29.6	29.0	28.9	30.0	28.7	28.9
9	28.0	28.4	28.5	29.6	27.9	28.5
10	22.3	23.9	24.3	26.4	23.6	24.5
11	16.8	19.5	19.7	21.7	19.3	21.1
12	11.5	13.8	15.7	17.1	14.4	17.6
全年	20.8	22.0	22.6	23.5	22.1	23.7

3-10 各地极端最高气温(℃)

(2017年)

月 份	粤北	粤东北	粤西北	粤东	粤中	粤西
1	26.3	27.1	26.7	27.7	27.5	27.8
2	28.3	28.6	28.9	26.4	29.2	26.6
3	25.2	29.0	27.1	27.6	27.2	28.1
4	30.6	32.3	33.0	33.0	33.1	34.5
5	33.8	33.8	34.9	33.2	33.3	32.0
6	35.4	36.5	36.4	34.6	35.7	36.0
7	38.1	37.5	37.6	36.9	37.3	35.0
8	39.3	38.1	38.0	36.9	38.3	35.1
9	38.5	37.8	36.5	36.4	35.9	34.6
10	36.0	37.0	33.9	35.4	34.3	32.2
11	28.0	31.5	29.2	30.0	29.5	29.5
12	23.2	25.2	24.5	26.3	25.5	25.8
全年	39.3	38.1	38.0	36.9	38.3	36.0

3-11 各地极端最低气温(℃)

(2017年)

月 份	粤 北	粤东北	粤西北	粤 东	粤 中	粤 西
1	3.1	5.8	7.8	10.6	7.9	10.7
2	2.1	4.6	6.2	7.9	4.9	9.1
3	7.3	7.6	10.4	11.6	8.9	13.2
4	8.3	7.9	12.4	12.3	10.2	13.8
5	17.8	18.3	20.8	20.5	19.4	21.3
6	21.0	22.7	23.6	24.3	23.5	23.6
7	23.1	23.3	23.1	23.9	23.3	23.9
8	23.3	23.4	22.5	25.0	23.0	23.4
9	19.8	20.5	23.9	25.4	22.9	23.6
10	7.7	11.2	15.4	16.9	13.3	17.4
11	7.9	10.5	11.5	13.8	9.8	12.2
12	-0.3	2.3	5.5	9.4	4.5	7.3
全年	-0.3	2.3	5.5	7.9	4.5	7.3

3-12 各地平均地面温度(℃)

(2017年)

月 份	粤 北 (韶关)	粤东北 (梅县)	粤西北 (高要)	粤 东 (汕头)	粤 中 (广州)	粤 西 (湛江)
1	14.7	17.5	18.0	20.6	18.7	21.8
2	14.8	17.9	17.9	19.9	18.6	20.3
3	16.6	18.6	19.2	20.9	19.5	23.2
4	23.9	24.1	23.7	25.9	23.6	28.2
5	28.2	27.3	27.3	29.3	27.3	30.4
6	30.1	29.7	29.8	31.7	30.3	34.0
7	31.7	31.5	28.9	32.4	30.9	31.6
8	35.9	33.3	30.9	34.8	32.6	33.1
9	33.3	33.2	29.6	34.9	32.6	32.1
10	26.2	27.6	24.9	30.5	27.8	27.8
11	18.8	21.7	20.7	24.7	22.0	23.8
12	13.1	15.9	16.2	20.0	17.5	21.4
全年	23.9	24.9	23.9	27.1	25.1	27.3

3-13 各地降雨量(毫米)

(2017年)

月 份	粤 北	粤东北	粤西北	粤 东	粤 中	粤 西
1	52.6	20.8	13.2	9.4	13.4	12.7
2	46.8	62.3	28.4	27.5	26.4	40.2
3	234.6	172.4	112.1	22.7	174.1	52.6
4	89.3	128.8	124.0	189.1	117.7	35.7
5	227.0	197.3	166.4	103.6	421.4	196.7
6	296.1	408.7	98.2	365.0	405.8	156.6
7	199.9	127.9	262.7	352.4	312.0	497.3
8	40.3	139.3	210.4	163.3	244.8	214.9
9	46.7	76.7	87.6	59.0	269.4	220.4
10	54.1	36.0	102.8	97.1	44.3	313.8
11	88.8	25.8	69.9	28.8	36.7	18.6
12	21.0	0.3	0.1	1.1	1.4	1.2
全年	1397.2	1396.3	1275.8	1419.0	2067.4	1760.7

3-14 各地降雨日数(日雨量≥0.1毫米)

(2017年)

月 份	粤 北	粤东北	粤西北	粤 东	粤 中	粤 西
1	13	8	8	4	10	6
2	8	8	4	8	8	11
3	22	18	12	10	17	11
4	10	12	10	15	12	9
5	16	14	13	13	13	14
6	27	21	19	15	21	14
7	24	18	19	19	24	22
8	11	16	14	10	14	14
9	11	11	12	6	15	19
10	4	5	6	3	5	17
11	18	11	6	7	8	7
12	7	2	1	3	2	1
全年	171	144	124	113	149	145

3-15 各地平均相对湿度(%)

(2017年)

月 份	粤 北	粤东北	粤西北	粤 东	粤 中	粤 西
1	83	80	85	79	81	84
2	78	72	79	74	75	83
3	88	82	90	78	84	91
4	80	77	85	81	83	87
5	82	79	87	80	84	88
6	88	84	88	82	85	87
7	86	79	91	80	85	90
8	76	78	86	75	82	87
9	81	76	87	73	85	90
10	77	71	78	65	75	86
11	85	78	84	72	78	86
12	73	66	65	62	66	70
全年	81	77	84	75	80	86

3-16 各地日照时数(小时)

(2017年)

月 份	粤 北	粤东北	粤西北	粤 东	粤 中	粤 西
1	119.7	119.4	100.9	133.1	122.2	154.5
2	115.5	143.1	103.4	148.5	116.5	102.5
3	54.3	65.8	32.0	87.7	43.7	65.5
4	146.0	132.7	85.5	151.9	94.7	161.1
5	174.5	122.8	120.7	124.0	96.7	165.0
6	117.3	142.7	162.4	153.0	135.2	210.0
7	187.4	206.5	144.9	216.4	168.3	204.6
8	247.4	215.6	229.4	259.9	202.6	223.3
9	200.0	227.7	198.5	239.4	193.9	208.0
10	168.3	216.1	193.9	196.0	235.4	185.8
11	63.2	76.6	68.8	115.6	86.0	82.4
12	145.3	162.4	165.0	169.1	176.3	129.2
全年	1738.9	1831.4	1605.4	1994.6	1671.5	1891.9

3-17 自然灾害损失情况

(2017年)

市 别	受灾人口(人)	因灾死亡人口(人)	因灾失踪人口(人)	因灾伤病人口(人)	紧急转移安置人 口(人)	需紧急生活救助人口(人)	需过渡性生活救助人口(人)	因旱需生活救助人口(人)	其中：因旱饮水困难需救助人口(人)
广东省	3262385	25		349	546053	26455	1555		
广州市	142605	2		7	26745	9822	34		
韶关市	17471	1		1	149				
深圳市	7			4	3				
珠海市	858323	4		315	123147	6308	84		
汕头市	147826				177				
佛山市	1016	3			181				
江门市	547882	6		15	71425	110			
湛江市	537906				163392	8178	144		
茂名市	74094				30872		442		
肇庆市	19984	1			1257				
惠州市	84219				1872				
梅州市	97178	2			2210	8	8		
汕尾市	160893				35082				
河源市	73505				731				
阳江市	141497				24442	2029	843		
清远市	7793				4				
东莞市	30191	1		1	21436				
中山市	36106	4		2	33894				
潮州市	156807				4061				
揭阳市									
云浮市	127082	1		4	4973				

3-17 续表 1

(2017年)

市 别	农作物受灾面积(公顷)	其中：农作物成灾面积(公顷)	其中：农作物绝收面积(公顷)	草场受灾面积(公顷)	因灾死亡大牲畜(只)	因灾死亡羊只(只)	倒塌房屋间数(间)	其中：倒塌农房间数(间)	倒塌房屋户数(户)	其中：倒塌农房户数(户)
广东省	285134.06	134789.65	10942.00	10	1464		3399	3052	1338	1203
广州市	13200.97	7736.15	1083.24				902	605	288	168
韶关市	1476.12	1153.52					103	103	41	41
深圳市										
珠海市	8455.54	2286.49	813.55	10	1		13	13	9	9
汕头市	5549.00	682.54	220.67		9		3	3	2	2
佛山市	970.60	4.60					23			
江门市	60950.76	33683.67	2402.17		854		48	48	38	38
湛江市	87646.30	33519.70	1992.70				216	216	82	82
茂名市	11744.93	5719.93	449.50				668	668	202	202
肇庆市	1346.41	848.91					210	197	64	59
惠州市	10456.61	1043.80					4	4	3	3
梅州市	1710.91	1499.51	135.74				557	555	234	232
汕尾市	29193.54	11655.94	1330.78							
河源市	1254.00	621.20	199.40				57	46	29	22
阳江市	25085.60	18977.87	1871.00		600		424	424	269	269
清远市	324.20	106.20					6	6	3	3
东莞市	597.81	361.99	35.96				2	2	2	2
中山市	9962.82	3818.13	28.60							
潮州市	8422.95	7508.95					25	24	21	20
揭阳市										
云浮市	6784.98	3560.54	378.69				138	138	51	51

3-17 续表 2

(2017年)

市 别	严重损坏房屋间数(间)	其中：严重损坏农房间数(间)	严重损坏房屋户数(户)	其中：严重损坏农房户数(户)	一般损坏房屋间数(间)	其中：一般损坏农房间数(间)	一般损坏房屋户数(户)	其中：一般损坏农房户数(户)
广东省	2149	1811	1560	1383	10343	5940	7732	4458
广州市	205	106	87	70	1001	757	153	140
韶关市	6	6	5	5				
深圳市								
珠海市	607	407	554	402	6920	2984	6103	2852
汕头市	4	1	3	1	4	3	3	2
佛山市	3				37			
江门市	267	267	237	237	92	92	92	92
湛江市	120	120	53	53	798	794	402	400
茂名市	232	232	136	136	33	33	16	16
肇庆市					3		3	
惠州市	1	1	1		155	2	2	2
梅州市	99	96	34	32	485	485	195	195
汕尾市	310	310	243	243				
河源市	43	20	14	13	47	25	11	7
阳江市	97	97	75	75	10	10	6	6
清远市	6	2						
东莞市								
中山市					3			
潮州市	54	51	44	42	24	24	18	18
揭阳市								
云浮市	95	95	74	74	731	731	728	728

3-17 续表 3

(2017年)

市别	直接经济损失(万元)	其中：农业损失(万元)	工矿企业损失(万元)	基础设施损失(万元)	公益设施损失(万元)	家庭财产损失(万元)
广东省	3160985.95	1072708.62	450601.60	576121.00	93894.59	155045.41
广州市	78182.40	51337.50	7535.00	9536.04	4672.00	5087.86
韶关市	2762.40	1043.10	304.70	1299.60		115.00
深圳市						
珠海市	2085578.00	471126.00	252089.00	443617.00	75597.00	131045.00
汕头市	12109.90	7870.70		3879.20	207.00	153.00
佛山市	3136.48	1337.82	150.00	160.00	0.50	
江门市	457850.06	280528.96	151889.00	24873.30		555.70
湛江市	84646.00	45261.00	4904.00	21265.00	769.50	1126.50
茂名市	21806.00	6911.50	2959.00	9139.00	1266.00	1450.50
肇庆市	11523.85	2526.40		4071.00	3944.80	914.85
惠州市	20332.50	13949.00	2279.00	3773.70		30.80
梅州市	17208.50	6380.90	1.90	5181.90	4096.80	1311.00
汕尾市	40615.00	28856.00	400.00	10506.00		853.00
河源市	3401.00	1126.00		1990.00		193.00
阳江市	45223.00	21170.00	1448.00	12628.00	1379.00	8592.00
清远市	872.00	684.80		185.00		
东莞市	20067.92	3723.90		810.00		20.00
中山市	160016.01	81989.86		4128.70		2509.00
潮州市	15881.98	11157.70	475.00	3587.08	83.00	579.20
揭阳市						
云浮市	79772.95	35727.48	26167.00	15490.48	1878.99	509.00

3-18 救灾工作情况

(2017年)

市 别	启动响应次数(次)	已救助人口(人)	已重建住房户数(户)	已重建住房间数(间)	已维修住房户数(户)	已维修住房间数(间)
广东省	3	133553	898	2311	3108	4077
广州市		3077	11	43	2	2
韶关市			94	313	1	4
深圳市						
珠海市	1	6398	8	21	947	1089
汕头市			2	3	3	4
佛山市						
江门市	3	36317	38	48	329	359
湛江市		54167	81	212	435	868
茂名市		5548	202	674	136	213
肇庆市		1161	56	188		
惠州市			8	13	2	2
梅州市		2226	30	102	45	124
汕尾市					243	310
河源市		307	35	110	20	53
阳江市		24352	269	424	180	252
清远市			3	8		
东莞市			2	2		
中山市						
潮州市			8	9	58	69
揭阳市						
云浮市			51	141	707	728

3-18 续表 1

(2017年)

市别	本级支出自然灾害生活补助资金总数(万元)	其中：已支出应急生活补助资金(万元)	已支出遇难人员家属抚慰金(万元)	已支出过渡性生活救助资金(万元)	已支出恢复重建补助资金(万元)	已支出旱灾救助资金(万元)
广东省	8876.2	6404.12	50	349.88	2072.2	
广州市	37.4		4		33.4	
韶关市	94				94	
深圳市						
珠海市	18					
汕头市	2				2	
佛山市	4		4			
江门市	40	10			30	
湛江市						
茂名市	204				204	
肇庆市	56				56	
惠州市						
梅州市	31				31	
汕尾市						
河源市	43				43	
阳江市	177.4	10			167.4	
清远市	3					
东莞市						
中山市	3.012					
潮州市	48.25	40			8.25	
揭阳市						
云浮市	54.5				54.5	

3-18 续表 2

(2017年)

市 别	上级财政安排的自然灾害生活补助资金(万元)	本级接收的捐赠资金自然灾害生活补助支出(万元)	下级接收的捐赠资金自然灾害生活补助支出(万元)	本级生活类救灾物资投入折款(万元)	下级生活类救灾物资投入折款(万元)
广东省	4470				
广州市			15		115.74
韶关市	261.2				11.56
深圳市					
珠海市	572			128.2	433.76
汕头市	55.6			6.3	17.6
佛山市					
江门市	998.9				28
湛江市	228			195.13	195.13
茂名市	640				306
肇庆市	156.5				96.38
惠州市	51.9		6		11.1
梅州市	496		4		0.76
汕尾市	323.6				9
河源市	227.6				
阳江市	1198			30	104.06
清远市	56				
东莞市					
中山市	280				
潮州市	75.1				25.57
揭阳市					
云浮市	255.8				12.3

3-18 续表 3

(2017年)

市 别	下级支出自然灾害生活补助资金(万元)	其中：已支出应急生活补助资金(万元)	已支出遇难人员家属抚慰金(万元)	已支出过渡期生活救助资金(万元)	已支出恢复重建补助资金(万元)	已支出旱灾救助资金(万元)
广东省						
广州市	779.54	689.48	4.00	63.11	18.00	
韶关市	161.58	3.30	2.00	21.78	138.50	
深圳市						
珠海市	150.04	107.14	8.00	18.90	16.00	
汕头市	2.10	0.10			2.00	
佛山市	5.00		5.00			
江门市	87.72	23.37			64.35	
湛江市	846.26	447.92		7.74	380.60	10.00
茂名市	345.00			30.00	315.00	
肇庆市	220.00				220.00	
惠州市	57.38	13.40		2.98	41.00	
梅州市	32.58	1.28			31.30	
汕尾市	136.50	83.00				
河源市	39.30			0.80	38.50	
阳江市	430.60	40.00			390.60	
清远市	4.00				3.00	
东莞市	6.16	0.66	2.50		3.00	
中山市						
潮州市	18.25	10.00			8.25	
揭阳市						
云浮市	99.10	178.36		7.25	223.80	

四、农业技术装备

2017年3月3日，省农业厅在云浮罗定市召开春耕备耕暨农业科技、放心农资、农业机械“三下乡”现场会。副省长邓海光、省农业厅厅长郑伟仪出席现场会。

2017 年 6 月 16 日，农业部农机化司和省农业厅在汕头市潮阳区联合举办“2017 年全国农机安全生产宣传咨询日活动”。农业部农机化司司长李伟国出席活动。

2017 年 12 月 12 日，省农业厅在广州市召开南方丘陵山区农业机械化发展研讨会。省农业厅副厅长黄斌民，农业部农机化司生产管理处处长刘小伟等领导出席会议。

2017 年 12 月 10−13 日，第十六届广东种业博览会在广州市举办，博览会设现代农业装备展，集中展示先进、特色农机具 200 多台（套）。副省长邓海光、省农业厅厅长郑伟仪、副厅长黄斌民等领导出席博览会并参观现代农业装备展。

2017 年 6 月 24 日，省农业厅在广州市召开全省农业机械化工作会议。

2017 年 8 月 2 日，省农业厅在清远市佛冈县召开 2017 年“全程全面补短板，广东农机再出发”学术研讨会，省农业厅副厅长黄斌民，中国工程学院院士罗锡文出席会议。

2017 年 11 月 14 日，省农业厅在广州市增城区召开全省农机合作社发展经验座谈会。

2017 年 3 月 23–24 日，省农业厅在广州市举办农机购置补贴廉政风险防控暨辅助管理系统操作人员培训班（两期），培训补贴系统操作人员 150 人。

2017 年 5 月 24–26 日，省农业机械试验鉴定站在肇庆市举办全省农机质量监督投诉及农机质量调查培训班，培训农机质量跟踪调查人员近 100 人。

2017 年 6 月 20–22 日、7 月 5–7 日，省农业厅分别在惠州市惠东县、韶关市曲江区举办广东省区域性农机维修技能人才培训班，培训农机维修技术人员 100 人。

2017 年 12 月 7 日 –11 日，省农业厅在广州市举办全省农机安全监理信息系统操作人员培训班（两期），培训农机牌证管理的人员 160 多人。

4-1 农机化系统机构及人员

(2017年)

市别	一、农机化管理机构			省级			地级			县级			乡镇级		
	机构数(个)	人数(人)	科技人员(教师)	机构数(个)	人数(人)	科技人员(教师)	机构数(个)	人数(人)	科技人员(教师)	机构数(个)	人数(人)	科技人员(教师)	机构数(个)	人数(人)	科技人员(教师)
全省	1118	2923	695	1	8		21	73	26	116	819	231	980	2023	438
广州	41	67	14				1	5		10	32	6	30	30	8
珠海	4	11	1				1	3	1	2	6		1	2	
汕头	37	105	22				1	10	10	5	12	4	31	83	8
佛山	16	56	47				1	5	4	5	21	20	10	30	23
韶关	58	137	35				1	3		10	73	18	47	61	17
河源	82	171	22				1	1		6	79	13	75	91	9
梅州	98	197	25				1	2		8	72	7	89	123	18
惠州	67	220	14				1	5	3	6	96	11	60	119	
汕尾	33	153	10				1	2		5	46	10	27	105	
东莞	32	98	8				1	4	1				31	94	7
中山	26	31	27				2	7	3				24	24	24
江门	73	138	51				1	2		7	20	15	65	116	36
阳江	45	171	105				1	4		4	23	18	40	144	87
湛江	68	279	90				1	2		9	105	52	58	172	38
茂名	100	249	43				1	4	2	6	73	12	93	172	29
肇庆	73	167	41				1	3		7	38	12	65	126	29
清远	94	155	68				1	4	2	8	43	12	85	108	54
潮州	26	83	15				1	2		4	18	7	21	63	8
揭阳	75	332	54				1	3		9	48	11	65	281	43
云浮	69	95	3				1	2		5	14	3	63	79	
省级	1	8		1	8										

4-1 续表 1

(2017年)

市别	二、农机化教育、培训机构			农机化学校			三、农机化科研机构			省级			地级		
	机构数(个)	人数(人)	科技人员(教师)	机构数(个)	人数(人)	科技人员(教师)	机构数(个)	人数(人)	科技人员(教师)	机构数(个)	人数(人)	科技人员(教师)	机构数(个)	人数(人)	科技人员(教师)
全省	46	331	166	46	331	166	3	147	124	1	135	115	2	12	9
广州	1	2	1	1	2	1									
珠海															
汕头							1	8	7				1	8	7
佛山															
韶关	4	19	8	4	19	8									
河源	3	32	11	3	32	11									
梅州	5	27	13	5	27	13									
惠州	4	33	7	4	33	7									
汕尾	2	18	11	2	18	11									
东莞															
中山															
江门	2	11	6	2	11	6									
阳江	4	23	13	4	23	13									
湛江	6	49	26	6	49	26									
茂名	5	52	25	5	52	25									
肇庆	4	24	20	4	24	20	1	4	2				1	4	2
清远	3	19	6	3	19	6									
潮州	1	1		1	1										
揭阳	2	21	19	2	21	19									
云浮															
省级							1	135	115	1	135	115			

4-1 续表 2

(2017年)

市别	四、农机试验鉴定机构			1.省级			五、农机化技术推广机构			1.省级			2.地级		
	机构数(个)	人数(人)	科技人员(教师)	机构数(个)	人数(人)	科技人员(教师)	机构数(个)	人数(人)	科技人员(教师)	机构数(个)	人数(人)	科技人员(教师)	机构数(个)	人数(人)	科技人员(教师)
全省	1	31	27	1	31	27	102	535	255	1	17	13	19	123	63
广州							5	57	37				1	18	14
珠海							3	8	1				1	3	1
汕头							3	16	11				1	9	8
佛山							2	25	24						
韶关							8	19	8				1	1	1
河源							7	34	5				1	4	
梅州							7	28	12				1	11	4
惠州							6	41	16				1	14	12
汕尾							5	23	10				1	3	
东莞							1	11	7				1	11	7
中山							1	4	3				1	4	3
江门							6	43	18				1	6	
阳江							5	23	16				1	6	5
湛江							8	49	19				1	3	
茂名							6	24	6				1	2	
肇庆							7	25	13				1	4	2
清远							6	21	3				1	5	1
潮州							3	14	9				1	7	5
揭阳							6	27	17				1	3	
云浮							6	26	7				1	9	
省级	1	31	27	1	31	27	1	17		1	17				

4-1 续表 3

(2017年)

市别	3.县级			六、农机安全监理机构			1.省级			2.地级			3.县级		
	机构数(个)	人数(人)	科技人员(教师)	机构数(个)	人数(人)	科技人员(教师)	机构数(个)	人数(人)	科技人员(教师)	机构数(个)	人数(人)	科技人员(教师)	机构数(个)	人数(人)	科技人员(教师)
全省	82	395	179	119	683	220	1	2		17	94	27	101	587	193
广州	4	39	23	6	41	16				1	11		5	30	16
珠海	2	5		3	10	2				1	4	2	2	6	
汕头	2	7	3	6	27	19				1	9	8	5	18	11
佛山	2	25	24	5	23	22							5	23	22
韶关	7	18	7	11	50	10				1	3		10	47	10
河源	6	30	5	7	26	4				1	4		6	22	4
梅州	6	17	8	9	50	18				1			8	50	18
惠州	5	27	4	7	48	8				1	5	4	6	43	4
汕尾	4	20	10	5	41	11				1	5		4	36	11
东莞				1	11	7				1	11	7			
中山															
江门	5	37	18	6	31	9				1	2		5	29	9
阳江	4	17	11	5	27	12				1	10	3	4	17	9
湛江	7	46	19	9	59	20				1	2		8	57	20
茂名	5	22	6	6	65	12				1	4	2	5	61	10
肇庆	6	21	11	7	42	19				1	7		6	35	19
清远	5	16	2	8	41	7							8	41	7
潮州	2	7	4	2	20	3				1	13	1	1	7	2
揭阳	5	24	17	9	49	9				1	3		8	46	9
云浮	5	17	7	6	20	12				1	1		5	19	12
省级				1	2		1	2							

4-2 农机化服务组织及人员

(2017年)

市别	农机化作业服务组织		农机户		农机化中介服务组织		农机维修厂及维修点	
	机构数(个)	人数(人)	机构数(个)	人数(人)	机构数(个)	人数(人)	机构数(个)	人数(人)
全省	2285	26591	1049011	1266521	16	306	7544	20066
广州	38	293	36170	41082			145	440
珠海	8	166	2093	2440			4	1
汕头	129	884	3364	4135			42	141
佛山	9	102	67522	88454			107	256
韶关	52	1379	150900	152516			384	713
河源	40	325	27939	28189			338	859
梅州	119	3905	32322	39738			779	1923
惠州	78	1078	48047	51408			277	925
汕尾	33	682	19938	20912			462	1279
东莞			7765	9064	1	65	10	32
中山	10	51	26774	27754			60	192
江门	217	3552	35196	54254	4	73	1162	2900
阳江	26	674	38375	44066	5	150	273	779
湛江	931	5855	194632	300165			876	2733
茂名	56	1260	125239	137204	1	9	677	1570
肇庆	215	2055	84332	91426	1	1	449	1131
清远	123	1833	64190	76458	2	2	443	953
潮州	40	552	16260	17946	2	6	271	798
揭阳	84	347	14356	18868			489	1601
云浮	77	1598	53597	60442			296	840

4-2 续表

(2017年)

市别	农机经销企业		农机经销点		农机供油站(点)		拖拉机驾驶培训机构		乡村农机从业人员年末人数(人)
	机构数(个)	人数(人)	机构数(个)	人数(人)	机构数(个)	人数(人)	机构数(个)	人数(人)	
全省	467	2392	2141	5879			43	368	1074519
广州	162	411	176	369			2	14	13398
珠海	3	10	5	12					880
汕头	1	5	1	2					4067
佛山	3	8	36	100					53309
韶关	46	139	118	257			7	33	96584
河源	11	70	23	78			2	9	30007
梅州	17	154	174	590			2	16	53463
惠州	4	37	130	306			6	64	51074
汕尾	12	266	141	315			1	13	29094
东莞	7	70	16	42					10475
中山	11	84	34	156					35993
江门	39	352	212	781			2	28	79920
阳江	30	125	58	230			1	9	30996
湛江	30	261	224	735			6	49	256274
茂名	24	176	182	453			4	54	87851
肇庆	48	151	184	497			2	16	89857
清远	8	32	143	298			3	19	57282
潮州	1	7	76	222					6621
揭阳	2	16	142	279			2	25	24775
云浮	8	18	66	157			3	19	62599

4–3　农业机械作业情况

(2017年)　　单位：千公顷

市　别	农机化作业总体情况				
	机耕面积	机播面积	机电灌溉面积	机械植保面积	机收面积
全　省	4014.05	342.21	1764.55	1463.33	1797.49
广　州	220.97	4.79	99.96	35.43	42.56
珠　海	13.20	3.14	1.89	1.84	4.09
汕　头	69.52	6.81	35.70	9.52	43.83
佛　山	71.14	1.13	40.00	34.69	6.22
韶　关	279.96	18.97	33.36	70.45	132.79
河　源	149.43	11.06	17.46	22.44	84.86
梅　州	292.95	21.41	99.72	44.15	143.54
惠　州	248.31	23.04	117.90	195.76	89.46
汕　尾	146.79	12.30	23.47	51.88	67.61
东　莞	21.46	0.72	14.62	15.76	3.27
中　山	42.53	2.14	35.94	37.89	4.76
江　门	230.12	86.13	148.22	77.64	171.99
阳　江	232.74	15.59	85.80	57.87	101.66
湛　江	614.02	35.60	462.19	204.26	228.53
茂　名	378.11	18.71	159.78	243.22	213.89
肇　庆	242.69	25.42	168.73	154.96	149.87
清　远	321.32	14.21	20.71	74.90	148.36
潮　州	53.32	8.31	31.17	11.34	31.15
揭　阳	193.14	12.28	91.33	4.22	62.54
云　浮	160.58	15.25	76.59	115.12	64.13
农　垦	31.75	5.19			2.42

4-3 续表 1

(2017年) 单位：千公顷

市别	主要农作物农机化作业情况					
	水稻机耕面积	水稻机械种植面积	水稻机收面积	玉米机耕面积	大豆机耕面积	花生机耕面积
全省	1750.96	309.09	1585.94	93.82	25.99	266.36
广州	20.92	2.67	20.85	2.40	0.13	4.54
珠海	3.54	3.15	3.47	0.07		0.00
汕头	44.05	6.58	42.51	1.77		0.13
佛山	5.94	0.96	5.28	0.41	0.02	1.71
韶关	98.52	12.00	91.45	4.09	2.11	34.46
河源	110.88	7.65	74.66	1.82	2.75	6.08
梅州	154.17	19.10	127.49	5.75	4.71	9.85
惠州	85.15	20.23	80.61	13.05	1.13	22.38
汕尾	67.20	12.28	66.91	0.99	1.92	11.28
东莞	0.56	0.20	0.56	0.03	0.16	0.04
中山	2.29	1.03	2.31	2.87		0.06
江门	164.42	81.96	161.03	1.86	1.33	7.00
阳江	101.55	15.22	99.38	5.35	3.11	24.07
湛江	220.77	33.85	219.00	20.18	1.46	50.24
茂名	202.76	18.68	184.51	5.23	1.33	34.87
肇庆	161.46	25.79	144.19	5.05	0.21	11.97
清远	114.11	11.57	104.65	14.23	2.20	26.75
潮州	31.63	9.10	31.51	1.09		
揭阳	78.99	12.85	63.95	3.00	2.68	6.53
云浮	82.07	14.22	61.62	4.59	0.75	14.41
农垦						

4-3 续表 2

(2017年) 单位：千公顷

市别	单项农机化作业情况						
	机械深耕面积	机械深松面积	机械深施化肥面积	机械铺膜面积	农田机械节水灌溉面积	机械化秸秆还田面积	机械脱粒粮食数量(万吨)
全　省	521.26	31.94	11.97	2.33	269.50	546.24	1115.48
广　州					30.33	0.09	14.65
珠　海	0.01					4.10	2.56
汕　头					4.76	39.60	16.90
佛　山	0.45		2.05		10.99		11.39
韶　关	0.09	0.37			13.86	27.15	62.40
河　源						18.00	48.59
梅　州	35.07		7.20		8.72	83.43	107.27
惠　州	147.48				9.33	27.15	43.07
汕　尾	2.12	0.37			8.59	51.41	30.58
东　莞	1.44				2.24		1.32
中　山	6.44		1.62		10.42	6.32	3.44
江　门					1.93	93.16	92.19
阳　江		0.20			0.96	96.53	68.91
湛　江	197.38	17.67	1.10	2.33	95.13	5.12	111.37
茂　名	29.61	1.33			10.49	5.18	137.06
肇　庆	20.31				14.83	36.04	116.85
清　远		0.67			7.35	3.32	121.30
潮　州					4.98	15.79	17.56
揭　阳	39.48				19.60	3.53	42.82
云　浮	41.41				15.00	30.33	65.27
农　垦		11.33					

4–3　续表 3

(2017年)

市　别	单项农机化作业情况					
	机械初加工农产品数量(万吨)	机械化饲草料加工数量(万吨)	农机运输作业量(亿吨公里)	农业运输作业量	农田基本建设作业量(万立方米)	农机跨区作业面积(千公顷)
全　省	5231.22	490.64	40.51	24.41	8998.12	299.05
广　州	81.74	18.62	3.55	2.78	38.38	6.98
珠　海	2.50		0.00			0.57
汕　头	67.47	4.70	0.13	0.13		31.84
佛　山	40.61	1.18	0.63	0.57	246.66	
韶　关	84.62	1.96	5.62	3.32	1196.43	8.48
河　源	169.21	0.87	1.38	0.99	0.30	2.21
梅　州	250.90	8.35	2.98	1.01	75.41	26.71
惠　州	111.57	21.76	1.78	1.20	930.15	20.87
汕　尾	48.54	10.39	0.86	0.43	39.88	1.83
东　莞	67.65		1.38	0.50	90.49	
中　山	245.03		0.62	0.55	107.01	0.16
江　门	362.22	2.76	0.35	0.21	393.72	14.03
阳　江	610.16	40.87	2.40	1.77	1744.74	21.54
湛　江	763.13	22.86	8.93	3.87	99.25	38.64
茂　名	1232.40	192.64	2.90	2.33	2138.57	8.93
肇　庆	230.26	30.65	2.61	1.63	1811.81	17.09
清　远	92.73	0.53	1.78	1.38	21.60	40.15
潮　州	130.08	4.80				10.76
揭　阳	523.01	2.40	1.26	0.72	23.34	22.05
云　浮	117.39	125.31	1.36	1.02	40.39	26.21
农　垦						

4-4 农业机械年末拥有量

（2017年）

项　　目	计算单位	数　量	项　　目	计算单位	数　量
农业机械总动力合计	万千瓦	2410.77	电动机	台	383934
1.柴油发动机动力	万千瓦	1540.28	2.农用水泵	台	820664
2.汽油发动机动力	万千瓦	201.71	3.节水灌溉机械	套	146707
3.电动机动力	万千瓦	660.96	三、收获机械		
4.其他机械动力	万千瓦	7.81	1.联合收割机	台	27717
一、耕作机械			2.割晒机	台	1744
1.大中型拖拉机	台	30393	3.机动脱粒机	台	547283
2.小型拖拉机	台	319767	四、渔业机械		
3.大中型拖拉机配套农具	台	46511	1.增氧机	台	996483
4.小型拖拉机配套农具	台	363467	2.投饵机	台	112572
二、农用排灌机械			五、运输机械		
1.排灌动力机械	台	895236	1.手扶变型运输机	台	27660
其中：柴油机	台	449265	2.农用挂车	台	123645

4-5 各市农业机械年末拥有量(2017年)

市　别	农业机械总动力(万千瓦)	1.柴油发动机动力(万千瓦)	2.汽油发动机动力(万千瓦)	3.电动机动力(万千瓦)	4、其他机械动力(万千瓦)
全　省	2410.77	1540.28	201.71	660.96	7.81
广州市	134.81	67.29	20.83	45.72	0.97
珠海市	28.51	4.70	1.33	22.05	0.42
汕头市	30.61	20.04	2.70	7.15	0.72
佛山市	90.78	41.79	6.03	41.84	1.12
韶关市	164.37	129.46	5.61	28.76	0.54
河源市	77.17	54.40	10.28	12.44	0.05
梅州市	128.61	75.59	18.62	33.89	0.50
惠州市	109.39	74.57	11.95	22.87	
汕尾市	105.03	87.50	5.05	12.27	0.21
东莞市	47.30	28.42	2.00	16.88	
中山市	79.02	32.16	8.00	38.86	
江门市	169.85	95.26	7.80	66.19	0.60
阳江市	105.70	81.81	4.63	19.26	
湛江市	416.05	317.36	5.12	93.56	
茂名市	209.22	120.96	42.86	45.40	
肇庆市	165.44	70.03	22.98	72.43	
清远市	107.31	72.61	7.51	26.90	0.29
潮州市	42.50	26.39	4.70	9.81	1.59
揭阳市	54.81	42.11	1.22	11.48	
云浮市	100.25	74.33	7.13	18.79	
农　垦	44.04	23.50	5.35	14.40	0.80

4-5 续表 1

市 别	耕作机械				排灌机械				
	大中型拖拉机(台)	小 型拖拉机(台)	大中型拖拉机配套农具(台)	小型拖拉机配套农具(台)	排灌动力机械(台)	柴油机(台)	电动机(台)	农用水泵(台)	节水灌溉机械(套)
全 省	30393	319767	46511	363467	895236	449265	383934	820664	146707
广州市	330	2917	760	5210	56803	29804	17964	46500	26728
珠海市	59	1423	54	1394	14951	3742	10483	53942	72
汕头市	241	3986	255	4728	6613	4617	1690	5572	1167
佛山市	80	5061	234	7382	70360	6723	61537	65406	10272
韶关市	3612	58905	2285	96025	20823	14948	5728	25287	488
河源市	544	19103	377	11704	28171	5885	6897	11454	631
梅州市	96	7986	121	7160	38220	6520	31700	38242	8316
惠州市	1448	19034	1257	18272	39166	29664	7211	38027	5363
汕尾市	1111	12616	1201	10080	32061	26073	5988	24907	4146
东莞市	57	2294	137	2281	9861	3258	5182	6951	1296
中山市	155	1343	191	5070	36755	4423	32332	36220	10246
江门市	1100	39063	8212	67005	89561	15389	67054	70867	2025
阳江市	2874	10952	1365	8801	21119	14536	6583	24945	629
湛江市	11500	35220	23928	31061	233901	181110	44795	204514	69316
茂名市	4474	21238	3848	25772	75522	47892	27607	79097	379
肇庆市	192	19248	167	16895	42177	13412	25840	32043	2791
清远市	1422	25188	460	13898	19247	10443	8799	12901	1354
潮州市	28	1030	46	1141	15284	12011	3273	11012	355
揭阳市	346	10722	337	10369	18389	9175	9214	18192	97
云浮市	165	18803	172	19219	13697	9640	4057	10741	1036
农 垦	559	3635	1104		12555			3844	

4-5 续表 2

市 别	收获机械			渔业机械		运输机械	
	联合收割机(台)	割晒机(台)	机动脱粒机(台)	增氧机(台)	投饵机(台)	手扶变型运输机(台)	农用挂车(台)
全 省	27717	1744	547283	996483	112572	27660	123645
广州市	193	140	14179	104050	30186	2154	1071
珠海市	92			101814	3998	20	
汕头市	145		79	28881	254		
佛山市	37		16886	169589	10251	85	1100
韶关市	4693	530	64701	7604	5280	3346	40084
河源市	2367	49	40970	5317	327	4758	
梅州市	2770	13	54840	11234	2639	345	1640
惠州市	1495	84	22387	27080	4307	1808	11503
汕尾市	1424		5808	26969	207	435	6289
东莞市	18		1478	6980	1012	370	3453
中山市	125		748	78953	4876		
江门市	4396		17319	58444	4111		4623
阳江市	1537	154	22999	57695	1122	285	8973
湛江市	3766		5651	154407	21948	4864	7490
茂名市	1136	302	99024	79880	11051	5227	719
肇庆市	837	7	53265	37048	6849	1469	6721
清远市	1786	330	30268	17198	3384	1163	6420
潮州市	34		494	14158	234		229
揭阳市	96		1158	1395			6921
云浮市	717	135	95029	7787	536	1331	16409
农 垦	53						

4−6 主要年份农村用电和农业化学化情况

(2017年)

项　目	单位	1980	1985	1990	1995	2000	2005	2010	2015	2017
一、化肥施用量										
折纯量	万吨	77.00	102.67	162.41	195.71	176.20	204.62	233.42	238.17	237.94
氮肥	万吨	54.03	69.37	95.82	99.49	95.89	93.78	94.93	90.78	90.98
磷肥	万吨	15.27	14.62	20.08	27.16	18.36	18.96	24.75	29.03	28.60
钾肥	万吨	6.36	13.97	27.57	34.14	35.84	41.54	46.74	47.00	46.77
复合肥	万吨	1.34	4.71	18.94	34.92	26.11	50.34	67.16	71.47	71.58
二、农药施用量	**万吨**	**12.21**	**7.27**	**7.95**	**8.05**	**8.47**	**8.50**	**9.10**	**9.23**	**9.46**
三、农村用电量	**万千瓦时**	**125496**	**266399**	**581030**	**1862658**	**4054461**	**7682272**	**10442606**	**13261980**	**14147748**

4−7 农村用电和农业化学化情况

(2017年)

项　目	单　位	数　量	项　目	单　位	数　量
一、农村用电量	**万千瓦时**	**14147748**	复合肥	吨	715808
二、农用化肥施用量			**三、农用塑料薄膜使用量**	**吨**	**45867**
按折纯量计算	吨	2379352	其中：地膜使用量	吨	26708
氮肥	吨	909804	地膜覆盖面积	公顷	2086245
磷肥	吨	286005	**四、农药使用量**	**吨**	**94621**
钾肥	吨	467735	**五、农用柴油使用量**	**吨**	**777106**

4-8 各市农村用电和农业化学化情况

(2017年)

市 别	农 村 用电量 (万千 瓦时)	农用化肥施用量					农用塑 料薄膜 使用量 (吨)		农 药 使用量 (吨)
		按折纯 量计算 (吨)	氮肥	磷肥	钾肥	复合肥		地 膜 使用量	
广州市	1525106	93894	19886	3721	10677	59609	2759	2038	2810
深圳市	2809	13044	1832	3212	1313	6687	365	249	266
珠海市	167572	6224	3164	532	718	1810	2168	199	230
汕头市	313660	56095	26092	3969	8986	17048	1060	315	2664
佛山市	2541370	27564	9959	2378	3295	11932	1071	732	1245
韶关市	69793	97125	35374	9985	17778	33988	5202	3144	4285
河源市	75316	127213	56512	29938	16289	24474	1457	1136	2488
梅州市	121063	153318	77107	11008	24487	40716	3324	1915	4566
惠州市	351086	90671	35704	11250	22260	21457	2856	2573	4700
汕尾市	134415	61152	27730	6712	13040	13670	1627	684	3737
东莞市	5440628	3672	1761	361	552	998	434	184	638
中山市	474165	12496	4076	1051	2089	5280	1621	1000	641
江门市	805268	125491	41837	8942	26114	48599	5672	2688	6068
阳江市	67775	97226	31153	16601	18448	31025	1927	1107	4216
湛江市	220225	463160	176522	71609	109886	105144	2480	1992	17080
茂名市	107659	351543	119680	26768	83907	121188	2203	528	12989
肇庆市	167949	202143	81171	36444	39479	45049	2384	1361	6161
清远市	73757	172382	55789	17323	29131	70139	3151	2128	6935
潮州市	454137	50881	21876	4184	8135	16686	1164	899	3562
揭阳市	855919	104005	56515	8346	21090	18054	1002	595	4731
云浮市	178076	70053	26064	11672	10061	22256	1939	1241	4609

4-9 各县（市、区）农村用电和农业化学化情况

(2017年)

市别	农村用电量(万千瓦时)	农用化肥施用量					农用塑料薄膜使用量(吨)		农药使用量(吨)
		按折纯量计算(吨)	氮肥	磷肥	钾肥	复合肥		地膜使用量	
广州市	**1525106**	**93894**	**19886**	**3721**	**10677**	**59609**	**2759**	**2038**	**2810**
海珠区	48739	334	102	7	24	201	5	5	10
天河区	23890	113	19	1	9	84	3	3	1
白云区	263848	13776	3376	904	2063	7433	100	97	575
黄埔区	131812	3291	1061	170	408	1652	51	29	305
荔湾区	25775	410				410	225		3
花都区	227633	12694	3567	323	1228	7576	548	489	128
从化区	23215	12199	3983	827	2280	5109	300	233	565
增城区	57639	13021	2999	604	1715	7703	680	645	456
番禺区	423288	3865	1027	126	329	2383	260	134	278
南沙区	299267	34191	3753	759	2621	27058	587	403	489
深圳市	**2809**	**13045**	**1832**	**3212**	**1313**	**6687**	**365**	**249**	**266**
福田区									
罗湖区		300				300			
盐田区		10	4	2	1	3			3
南山区		2723	274	850	518	1081	20	2	20
宝安区		1601	50	45		1506	53		
龙岗区		2097	322	327	359	1089	51	23	38
龙华区		968	94	149		725			
坪山区	65	1123	333	52	212	526	97	97	71
深汕合作区	2744	4223	755	1788	223	1457	144	127	134
珠海市	**167572**	**6224**	**3164**	**532**	**718**	**1810**	**2168**	**199**	**230**
香洲区	70	137	36	17	34	50	38	2	15
金湾区	80332	2178	1321	78	34	745	651	78	85
斗门区	87170	3909	1807	437	650	1015	1479	119	130
汕头市	**313660**	**56095**	**26092**	**3969**	**8986**	**17048**	**1060**	**315**	**2664**
金平区	24079	1021	695	101	71	154	15	13	62
龙湖区	17330	3203	982	289	481	1451	119	50	160
澄海区	46820	19930	7345	821	2354	9410	563	114	641
濠江区	12551	3056	1275	512	487	782	21	18	102
潮阳区	99355	17235	8354	1251	3121	4509	248	60	834
潮南区	113370	11397	7346	969	2408	674	89	60	790
南澳县	155	253	95	26	64	68	5		75
佛山市	**2541370**	**27564**	**9959**	**2378**	**3295**	**11932**	**1071**	**732**	**1245**
禅城区	415103	53	20	3	10	20			
南海区	680665	6632	2161	261	737	3473	127	97	288
顺德区	1186486	6634	2528	299	378	3430	517	316	298
高明区	46208	8242	2894	1676	1456	2217	175	136	235
三水区	212908	6002	2356	140	714	2792	252	183	424
韶关市	**69793**	**97125**	**35374**	**9985**	**17778**	**33988**	**5202**	**3144**	**4285**
浈江区	4126	4097	1341	903	511	1342	317	70	225
武江区	4106	5156	2678	988	559	931	62	60	172
曲江区	6558	9008	4211	783	1482	2532	323	116	332
南雄市	12190	16278	5666	1340	2895	6377	908	621	791
始兴县	9410	8399	2750	1098	2028	2523	479	367	397
翁源县	8734	16857	8291	1202	2617	4747	678	419	692
仁化县	7445	11105	2164	1187	3104	4650	644	402	795
新丰县	5044	3445	1996	211	285	953	49	47	52
乳源自治县	3036	3937	1262	244	655	1776	316	262	60
乐昌市	9144	18843	5015	2029	3642	8157	1426	780	769

4-9 续表 1

(2017年)

市 别	农 村 用电量 (万千瓦时)	农用化肥施用量 按折纯量计算 (吨)	氮肥	磷肥	钾肥	复合肥	农用塑料薄膜使用量 (吨)	地 膜 使用量	农 药 使用量 (吨)
河源市	**75316**	**127213**	**56512**	**29938**	**16289**	**24474**	**1457**	**1136**	**2488**
源城区	4598	2470	952	605	343	570	5	5	56
东源县	13824	22127	9316	5107	2891	4813	210	168	477
和平县	6849	16947	6551	4144	2346	3906	281	163	410
龙川县	16573	29224	13466	6282	3556	5920	501	501	598
紫金县	22618	32046	16151	6337	3587	5971	55	45	617
连平县	10854	24399	10076	7463	3566	3294	405	254	330
梅州市	**121063**	**153318**	**77107**	**11008**	**24487**	**40716**	**3324**	**1915**	**4566**
梅江区	7100	8960	4601	375	1454	2530	225	62	257
梅县区	31308	43708	23098	2588	7195	10827	356	63	1323
蕉岭县	6530	5601	2276	538	1495	1292	561	208	207
大埔县	5667	20954	10121	1353	3107	6373	493	375	486
丰顺县	17023	19657	6868	1819	2832	8138	110	66	373
五华县	25612	22265	12966	1707	3043	4549	648	612	341
兴宁市	21305	22967	12084	1662	4059	5162	559	285	1281
平远县	6518	9206	5093	966	1302	1845	372	244	298
惠州市	**351086**	**90671**	**35704**	**11250**	**22260**	**21457**	**2856**	**2573**	**4700**
惠城区	75688	14307	5724	1645	3120	3818	931	901	503
惠东县	97357	22062	10055	3694	5888	2425	327	242	479
惠阳区	92130	8802	3310	786	2185	2521	389	389	293
博罗县	73809	31978	12553	3726	7572	8127	1079	958	2703
龙门县	12102	13522	4062	1399	3495	4566	130	83	722
汕尾市	**134415**	**61152**	**27730**	**6712**	**13040**	**13670**	**1627**	**684**	**3737**
汕尾城区	8380	2399	863	170	46	1320	46	46	87
红海湾区	11858	931	313	287	202	129			87
海丰县	36481	16722	9831	1664	4078	1148	538	343	948
陆河县	7155	5820	1480	388	1404	2548	16	16	175
陆丰市	70541	35280	15243	4203	7310	8525	1027	279	2440
东莞市	**5440628**	**3672**	**1761**	**361**	**552**	**998**	**434**	**184**	**638**
中山市	**474165**	**12496**	**4076**	**1051**	**2089**	**5280**	**1621**	**1000**	**641**
江门市	**805268**	**125491**	**41837**	**8942**	**26114**	**48599**	**5672**	**2688**	**6068**
蓬江区	20888	2710	930	557	340	882	122	51	75
江海区	4363	4944	2122	1204	1249	370	883	120	604
新会区	216931	14056	4751	764	2339	6202	2341	973	1143
台山市	314477	46549	17413	3033	12752	13351	910	425	2016
开平市	25719	26202	7552	1337	4674	12639	750	530	1144
恩平市	203828	16638	3234	1307	3227	8871	320	320	624
鹤山市	19062	14392	5836	739	1533	6284	346	269	463
阳江市	**67775**	**97226**	**31153**	**16601**	**18448**	**31025**	**1927**	**1107**	**4216**
江城区	6146	6449	2033	1209	1174	2034	445	102	670
阳东县	14451	20801	4936	5799	3283	6783	852	480	1010
阳西县	10525	20021	7446	5013	2838	4724	123	91	812
阳春市	15763	48852	16327	4304	10997	17224	497	426	1670
海陵区	20890	1103	411	276	156	260	10	8	54
湛江市	**220225**	**463160**	**176522**	**71609**	**109886**	**105144**	**2480**	**1992**	**17080**
赤坎区	1052	618	135	62	146	275			13
霞山区	680	821	274	64	192	292			8
坡头区	8303	8044	2300	1312	2510	1922			295
麻章区	9129	13214	5991	1713	2766	2744	63	45	418

4-9 续表 2

(2017年)

市 别	农 村 用电量 (万千瓦时)	农用化肥施用量					农用塑 料薄膜 使用量 (吨)		农 药 使用量 (吨)
		按折纯 量计算 (吨)	氮肥	磷肥	钾肥	复合肥		地 膜 使用量	
东海区	9936	20772	5269	4659	5351	5493	450	220	338
吴川市	52665	14444	4460	2265	3886	3833	33	14	1120
徐闻县	10933	96876	41138	13275	24083	18380	242	230	1989
雷州市	30524	106465	33488	22577	25159	25241	835	823	4262
遂溪县	31019	99287	35396	16810	24325	22756	537	483	5842
廉江市	65984	102620	48072	8872	21469	24208	320	177	2795
茂名市	**107659**	**351543**	**119680**	**26768**	**83907**	**121188**	**2203**	**528**	**12989**
茂南区	11222	16288	5806	1104	3330	6045	132	114	768
电白区	22143	51718	15847	1742	11353	22748	531	86	2676
信宜市	16849	78228	20579	5397	20406	31824	179	50	1336
高州市	24528	118150	43618	10013	28408	36136	1233	203	4713
化州市	32917	87159	33829	8512	20410	24436	128	75	3496
肇庆市	**167949**	**202143**	**81171**	**36444**	**39479**	**45049**	**2384**	**1361**	**6161**
端州区	3042	20	10	5	3	3			
鼎湖区	14107	8064	2370	2412	1332	1950	130	90	299
高要市	21023	32612	13820	3444	8670	6678	1185	803	1361
广宁县	8123	22182	12895	2255	2650	4382	10	10	1011
四会市	93693	27054	10609	2092	6683	7670			996
德庆县	7315	28327	8185	8532	4714	6896	623	226	671
封开县	7734	43934	17306	3455	7492	15681	239	183	1316
怀集县	12912	39951	15976	14249	7936	1790	197	49	507
清远市	**73757**	**172382**	**55789**	**17323**	**29131**	**70139**	**3151**	**2128**	**6935**
清城区	16850	13393	2956	1721	2014	6702	114	79	504
英德市	10984	61215	24304	4057	10855	21999	290	253	2541
佛冈县	6715	15544	4611	3104	1757	6072	115	94	503
连山自治县	2219	5705	2731	287	1075	1612	181	93	180
连南自治县	2115	4212	2150	440	771	851	214	173	187
连州市	7182	21284	5031	2316	4345	9592	1247	790	905
阳山县	11376	19735	7259	2065	3437	6974	343	198	889
清新区	16316	31294	6747	3333	4877	16337	647	448	1226
潮州市	**454137**	**50881**	**21876**	**4184**	**8135**	**16686**	**1164**	**899**	**3562**
湘桥区	36426	5596	2341	480	942	1833	105	82	202
饶平县	41134	35155	14853	2934	5506	11862	606	442	2969
潮安区	376577	10130	4682	770	1687	2991	453	375	391
揭阳市	**855919**	**104005**	**56515**	**8346**	**21090**	**18054**	**1002**	**595**	**4731**
榕城区	58205	6117	3201	397	611	1908	81	69	225
揭东区	15819	15749	8892	1566	3984	1307	224	184	580
惠来县	10700	26948	11986	2347	5640	6975	285	186	1420
普宁市	744591	28190	18141	2227	6096	1726	255	61	1876
揭西县	26604	27001	14295	1809	4759	6138	157	95	630
云浮市	**178076**	**70053**	**26064**	**11672**	**10061**	**22256**	**1939**	**1241**	**4609**
云城区	14100	6343	2359	1588	899	1497	214	145	301
新兴县	114741	13675	3386	3013	2664	4612	746	584	356
郁南县	10753	19731	7758	3987	2334	5652	661	223	1582
罗定市	31026	23691	10972	2653	3640	6426	299	272	2115
云安区	7456	6613	1589	431	524	4069	19	17	255

五、水利建设

佛山桂畔湖。

河源市源城区埔前河治理工程。

惠州市七星墩水库。

江门市江新联围大堤综合整治工程。

梅州市丰顺县丰良河建桥段生态治水工程。

清远市连州大小龙水沙坊段景观水陂。

韶关市新丰梅坑河治理工程。

中山市西河水闸。

水利建设概述

【水利投资及主要效益】2017年，广东省水利建设投资超过310亿元，创历史新高。其中，中央投资32.4亿元，省级投资73.5亿元，市县投资204.1亿元。主要效益：新增农村自来水覆盖人口215.4万人，改善1068.4万农村居民饮用水条件；新建堤防137.27公里；新增发展高效节水灌溉面积16.32万亩；新增水土流失治理面积102.5千公顷。完成中小河流治理长度2033公里。

【全面推行河长制】省委书记李希担任省第一总河长，省委副书记、省长马兴瑞担任省总河长。2017年，省、市、县、镇、村直至村民小组的五级河长体系全面建立，全省设立并公告行政村以上河长33061名，设立村小组河段长兼巡河员超过12万名，并顺利通过国家全面建立河长制中期评估，提前一年实现全面建立河长制的目标。完成水利部部署的4个河湖管护体制机制创新试点任务。全省河道划界总长1.7万公里，其中中小河流划界7790公里。

【防汛防旱防风】2017年，广东省先后遭遇19场强降雨和洪水过程、6个台风登陆和1个台风严重影响。4月12日全省入汛，较常年平均略偏晚。2017年有6个台风（“苗柏”、“洛克”、“天鸽”、“帕卡”、“玛娃”、“卡努”）登陆和1个台风（“海棠”）严重影响广东省，其中8月23日至9月3日，强台风“天鸽”、台风“帕卡”、“玛娃”在12天内连续重创广东省，期间珠三角地区多地潮位站出现超历史极值的风暴潮水位，珠海、江门、中山等市接连遭受狂风、巨浪、暴潮袭击，损失较重。据统计，2017年以来台风洪涝灾害造成广东省19个市102个县864个镇310.3万人受灾，农作物受灾面积406.8万亩，转移人口143.7万人，因灾死亡13人，直接经济总损失314.4亿元。从防灾减灾效益看，全省受灾人口、农作物受灾面积、因灾死亡人数分别较近5年平均值下降65.4%、59.3%和71.4%。

【水利重点项目建设】2017年，“列入省政府2017年十项民生实事”的韶关、河源、梅州、清远、云浮山区5市中小河流治理超额完成，年度累计完成1750公里；中央规划内中小河流治理完成283公里。韩江高陂水利枢纽工程全面开工，累计完成投资23.5亿元，占总投资的38.2%；珠三角水资源配置工程试验段顺利开工建设；鉴江高岭水闸按时完成年度目标任务；韩江榕江练江水系连通工程建设总体方案上报省政府；汕头大围和揭阳榕江大围达标加固工程建设基本完成。

【民生水利建设】2017年，完成村村通自来水工程年度建设任务。全省完成投资66.73亿元（省市县和群众自筹），农村自来水新增覆盖人口215.4万人，改善1068.4万农村居民饮用水条件；农村集中供水率达91.7%，自来水普及率88.9%。新增发展高效节水灌溉面积16.32万亩，超额完成中央下达给我省10万亩的高效节水灌溉年度建设任务。累计完成1189宗中小型灌区改造工程，基本完成86个中央、省财政小型农田水利重点县（项目县）和20个高效节水灌溉项目县建设任务。海堤达标加固年度完成加固堤长80公里，大中型病险水闸新开工建设10座、完工3座；中型病险水库项目新开工2座、完工2座。

【水生态文明建设】2017年，完成实行最严格水资源管理制度考核工作，全面实现国务院确定的考核目标。广州和东莞市完成全国水生态文明城市第一批试点建设任务，于10月通过水利部、省政府联合验收。全省用水总量433.5亿立方米，万元工业增加值用水量29.8立方米，万元GDP用水量49.3立方米（当年价）。农田灌溉水有效利用系数0.4945。全国重要水功能区水质达标率79.1%，水量、水质稳定控制，用水效率大幅提升。提升水资源监控能力，建立取水户、水功能区和行政边界控制断面三大监控体系和统一信息平台，实现我省地表水年取水量300万立方米以上、地下水年取水量50万立方米以上取水户在线监测全覆盖，监控许可取水量占全省河道外颁证许可水量的84.83%。

【水土保持管理】2017年，全年新增水土流失治理面积102.5千公顷。省级批复水土保持方案79宗，完成水土保持设施验收审批75宗。不断完善监督管理机制，对15宗生产建设项目进行现场监督检查。部署启动“2017—2018年生产建设项目水土保持天地一体化”监管工作，利用信息化手段加大监管力度。印发《广东省水利厅水土保持监督管理制度》，强化依法行政、规范监督管理。

【水利扶贫开发】2017年，积极推进相对贫困地区农村水利基础设施网络建设。对口扶贫工作继续有序推进。制定帮扶雷州市茂莲村三年攻坚脱贫规划，建立产业扶贫长效机制，多方筹措对口帮扶资金，大力推动茂莲村基础设施、农田水利项目和美丽乡村建设。2016年以来60户201人实现脱贫，脱贫率为78%。

【水库移民】2017年，广东省创新“共享工程建设效益”的长期补偿安置模式，在高陂水利枢纽工程的移民安置工作中实施。完成大中型水库移民安居工程1058户、3436人，全部30.48万户、133.94万人大中型水库移民安居工程建设任务按期完成。如期完成对口支援三峡库区年度项目确定和资金拨付工作。

【深化水利改革】全面推行河长制湖长制工作成效显著，五级河长体系已全面建立。深圳市、佛山市率先全面完成小型水利工程管理体制改革任务。水利投融资体制改革深入推进，韩江高陂水利枢纽工程PPP模式成功引入社会资本19.56亿元，14宗水利项目争取国家专项建设基金投入20.52亿元。与农发行广东省分行联合组建省级抵押补充贷款（PSL）项目库，入库项目348个，与省发改委等部门联合印发《关于发挥政策性银行低成本资金优势支持七大领域项目建设的投融资方案》，明确PSL政策性优惠贷款支持中小河流治理。水权试点任务全面完成。建立水权确权机制，水权交易法规体系，出台《广东省水权交易管理试行办法》，成功实现省内首宗水权交易。继续深化“放管服”改革，14项行政许可办理时限较法定时限总体压减52.7%。

5-1 各市灌溉面积、节水灌溉面积

（2017年） 单位：千公顷

市 别	灌溉面积	耕地灌溉面积(有效灌溉面积)	林地灌溉面积	园地灌溉面积	节水灌溉面积	喷灌面积	微灌面积	低压管灌面积	其他
全 省	2069.87	1774.61	57.56	237.70	326.19	18.70	8.05	33.13	266.31
广州市	96.60	73.18	3.29	20.13	29.28	0.12		0.12	29.04
深圳市	18.28	2.13	15.86	0.29	0.47	0.12	0.03	0.32	
珠海市	12.82	9.43	0.21	3.18					
汕头市	47.66	41.49	0.23	5.94	24.26	0.46	0.27	3.00	20.53
佛山市	45.23	32.73	7.31	5.19	14.95	3.11	0.07	2.94	8.83
韶关市	130.21	125.39	0.48	4.34	26.25	0.02	0.02	0.22	25.99
河源市	114.94	106.08	0.35	8.51	3.95	2.97		0.26	0.72
梅州市	145.78	127.64	3.73	14.41	8.15			0.10	8.05
惠州市	120.05	109.18	1.71	9.16	29.38	0.51		0.02	28.85
汕尾市	80.29	72.24	3.25	4.80	6.41			6.41	
东莞市	15.01	13.13		1.88	0.88	0.54	0.15	0.19	
中山市	24.33	15.54	0.73	8.06	2.41	0.82	0.02	1.57	
江门市	139.29	127.02	4.07	8.20	10.20	0.04		0.11	10.05
阳江市	94.44	85.68	1.88	6.88	3.06	0.13	0.06	0.12	2.75
湛江市	277.89	231.74	4.33	41.82	45.97	4.64	2.13	13.51	25.69
茂名市	187.41	154.13		33.28	57.25	0.13	1.28	0.24	55.60
肇庆市	132.63	116.76		15.87	11.11	0.80	1.34	1.37	7.60
清远市	149.32	140.45	2.39	6.48	25.35	0.51		0.96	23.88
潮州市	53.15	35.82	5.47	11.86	18.03	3.68	2.62	0.02	11.71
揭阳市	94.03	81.28	2.27	10.48	7.40			0.39	7.01
云浮市	89.75	73.57		16.18	0.67	0.10	0.06	0.50	0.01
省 属	0.76			0.76	0.76			0.76	

5-2　各市2000亩以上灌区

(2017年)

市　别	灌区数量(处)						
	合计	50万亩以上	30～50万亩	10～30万亩	5～10万亩	1～5万亩	0.2～1万亩
全　省	1867	2	1	27	54	403	1380
广州市	105		1		2	13	89
深圳市	1						1
珠海市	14					4	10
汕头市	37				6	15	16
佛山市	38				1	10	27
韶关市	171			1	2	25	143
河源市	136					21	115
梅州市	113			1	2	20	90
惠州市	98			3	2	24	69
汕尾市	72			2	2	19	49
东莞市	18					2	16
中山市	1					1	
江门市	152			4	4	34	110
阳江市	97			2	3	31	61
湛江市	150	1		5	4	36	104
茂名市	94	1		2	11	31	49
肇庆市	171				4	21	146
清远市	172				2	36	134
潮州市	42			3	1	15	23
揭阳市	84			4	3	31	46
云浮市	101				5	14	82

5-2 续表

(2017年)

市 别	灌区耕地有效灌溉面积 （千公顷）						
	合计	50万亩以上	30～50万亩	10～30万亩	5～10万亩	1～5万亩	0.2～1万亩
全 省	1063.67	112.92	6.87	162.40	142.69	344.71	294.08
广州市	41.75		6.87		1.53	12.36	20.99
深圳市							
珠海市	5.93					3.93	2.00
汕头市	36.40				14.26	18.15	4.00
佛山市	17.23				3.01	8.64	5.58
韶关市	73.90			8.51	5.56	29.31	30.52
河源市	45.61					18.36	27.26
梅州市	47.30			9.11	5.01	16.85	16.33
惠州市	50.22			11.01	7.16	18.87	13.18
汕尾市	58.38			19.47	6.87	20.98	11.07
东莞市	5.69					2.07	3.62
中山市	0.41					0.41	
江门市	106.08			24.22	13.32	35.39	33.15
阳江市	53.73			14.47	8.41	19.38	11.47
湛江市	166.50	71.99		36.76	9.07	28.87	19.81
茂名市	90.05	40.93		7.22	21.66	13.25	7.00
肇庆市	57.63				9.40	18.12	30.11
清远市	67.07				9.26	28.58	29.23
潮州市	30.34			8.63	4.67	12.86	4.18
揭阳市	68.79			23.00	7.14	28.24	10.41
云浮市	40.64				16.37	10.10	14.18

5-3 各市已建堤防长度

(2017年)

市别	堤防长度(公里)						
	合计	按等级分					
		1级堤防	2级堤防	3级堤防	4级堤防	5级堤防	5级以下堤防
全 省	28475.36	626.09	1922.61	4749.78	8061.51	6394.53	6720.84
广州市	3308.66	351.21	512.46	268.40	1612.14	276.31	288.14
深圳市	55.03	51.44	3.59				
珠海市	389.04	44.15	176.65	91.89	51.90	24.45	
汕头市	912.46	72.28	108.65	291.10	140.98	95.93	203.52
佛山市	1152.02	48.87	290.56	227.40	523.83	58.56	2.80
韶关市	924.28		122.09	113.44	229.19	156.09	303.47
河源市	1695.44		15.75	168.51	281.51	812.74	416.93
梅州市	2563.89		34.57	73.07	687.63	705.40	1063.22
惠州市	1329.87		18.93	272.05	325.81	250.15	462.93
汕尾市	1655.99			620.96	579.61	174.02	281.40
东莞市	1134.28	19.27	113.64	517.42	249.24	234.47	0.24
中山市	383.50	11.48	93.04	236.24	42.74		
江门市	2560.52		110.81	283.19	632.93	284.40	1249.19
阳江市	676.18			229.07	147.89	198.21	101.01
湛江市	1336.42			211.03	644.64	307.88	172.87
茂名市	3052.30		55.00	396.38	245.19	1189.57	1166.16
肇庆市	1399.47	8.21	105.93	107.54	265.43	462.67	449.69
清远市	1016.07	19.18	75.02	191.17	184.02	422.47	124.21
潮州市	890.66		38.43	169.71	354.90	273.39	54.23
揭阳市	1377.78		39.49	178.65	664.09	306.56	188.99
云浮市	661.50		8.00	102.56	197.84	161.26	191.84

5-3 续表

(2017年)

市别	达标堤防长度（公里）					
	合计	按等级分				
		1级堤防	2级堤防	3级堤防	4级堤防	5级堤防
全省	12562.78	564.98	1685.71	3312.93	4995.22	2003.94
广州市	2491.65	327.61	363.60	256.42	1407.64	136.38
深圳市	32.80	32.80				
珠海市	268.07	44.15	139.94	7.63	51.90	24.45
汕头市	545.57	72.28	90.39	270.66	71.27	40.97
佛山市	1094.15	48.87	283.72	218.61	510.00	32.95
韶关市	620.81		122.09	113.44	229.19	156.09
河源市	392.10		15.75	130.56	58.01	187.78
梅州市	663.70		34.57	47.94	356.92	224.27
惠州市	334.83		18.55	128.91	154.40	32.97
汕尾市	214.70			118.27	94.40	2.03
东莞市	719.12	11.88	108.78	383.22	198.66	16.58
中山市	351.66		89.14	221.57	40.95	
江门市	901.95		110.81	282.24	345.67	163.23
阳江市	343.89			161.42	26.14	156.33
湛江市	509.10			136.20	300.77	72.13
茂名市	319.52		55.00	194.30	19.90	50.32
肇庆市	740.97	8.21	104.93	106.60	229.71	291.52
清远市	657.49	19.18	75.02	181.07	138.81	243.41
潮州市	323.38		38.43	94.31	117.56	73.08
揭阳市	804.58		26.99	162.00	537.74	77.85
云浮市	232.74		8.00	97.56	105.58	21.60

5-4 各市河道治理及除涝面积

(2017年)

市别	河道治理(公里)			除涝面积(千公顷)			
	有防洪任务河段长度	已治理河段长度	治理达标河段长度		3~5年一遇标准	5~10年一遇标准	10年以上一遇标准
全　省	19254.71	8163.39	4859.44	545.54	62.01	99.59	383.94
广州市	1037.39	655.04	477.79	54.82	3.44	5.82	45.56
深圳市	152.55	150.65	135.84	7.36	1.49		5.87
珠海市	154.92	128.50	108.62	16.10	1.00	15.10	
汕头市	206.59	158.46	141.50	36.88	3.72	4.40	28.76
佛山市	531.93	531.93	525.10	66.36		11.12	55.24
韶关市	2360.54	646.43	439.40	18.93	3.83	10.25	4.85
河源市	1518.59	509.24	166.51	0.84	0.15	0.52	0.17
梅州市	1671.35	848.59	384.66	10.58	1.93	2.01	6.64
惠州市	862.66	336.25	140.43	35.03	3.97	1.22	29.84
汕尾市	259.51	21.10	21.10	21.44	3.72	1.86	15.86
东莞市	477.33	387.99	306.48	17.89			17.89
中山市	197.01	197.01	197.01	30.73			30.73
江门市	1134.24	943.71	299.17	48.93	14.01	7.44	27.48
阳江市	860.93	205.73	196.21	8.52	0.20	1.87	6.45
湛江市	986.59	379.35	264.57	31.77	5.69	11.82	14.26
茂名市	1550.45	418.60	75.14	15.74	7.82	7.59	0.33
肇庆市	663.83	306.94	104.14	45.01	1.52	6.83	36.66
清远市	2259.89	947.05	526.13	26.22	5.25	2.08	18.89
潮州市	458.30	167.23	167.23	22.50	3.07	4.45	14.98
揭阳市	712.53	124.91	95.39	26.62	0.90	4.48	21.24
云浮市	1197.58	98.68	87.02	3.27	0.30	0.73	2.24

5-5 各市新增水土流失综合治理面积

(2017年)　　单位：千公顷

市 别	合计	梯田	水土保持林	经济林	种草	封禁治理	其他措施
全 省	102.53	0.12	28.34	3.68	1.61	31.74	37.04
广州市	4.88		0.14			1.90	2.84
深圳市	0.39	0.01			0.23	0.01	0.14
珠海市	1.17		1.15				0.02
汕头市	0.73		0.40			0.33	
佛山市	1.81		1.81				
韶关市	8.85		1.74	0.02		0.48	6.61
河源市	14.09		0.32	0.07	0.19	13.51	
梅州市	14.07		3.25	0.63	0.52	4.84	4.83
惠州市	10.28		3.43	0.03	0.02	2.74	4.06
汕尾市	0.02					0.02	
东莞市	0.24		0.24				
中山市	0.06		0.06				
江门市	3.20		1.38			0.45	1.37
阳江市	1.67		1.06			0.61	
湛江市	6.95	0.03	1.62	0.09			5.21
茂名市	2.85	0.08	1.69	0.22	0.16	0.07	0.63
肇庆市	9.11		0.12	0.57	0.05	0.71	7.66
清远市	10.60		8.19	1.18	0.44	0.79	
潮州市	6.35		0.32			5.28	0.75
揭阳市	2.29		1.42	0.87			
云浮市	2.92						2.92

5-6 各市已建水库、水电站数量

(2017年)

市别	水库数量(座)						水库总库容(万立方米)		
	合计	大(1)型	大(2)型	中型	小(1)型	小(2)型	合计	大(1)型	大(2)型
全省	8389	7	30	342	1563	6447	4483027.69	2253450.00	641717.00
广州市	359		1	16	72	270	105138.99		37820.00
深圳市	162			12	63	87	60456.00		
珠海市	63			4	22	37	15181.52		
汕头市	206			8	33	165	31387.29		
佛山市	129			3	19	107	12413.21		
韶关市	638	1	5	32	94	506	371116.46	128050.00	103159.00
河源市	781	2		19	93	667	1657319.67	1583600.00	
梅州市	716		3	18	140	555	150632.74		45312.00
惠州市	516	1	3	25	121	366	295559.47	122000.00	50005.00
汕尾市	436		2	18	61	355	125979.03		43659.00
东莞市	122			8	48	66	41884.88		
中山市	39			1	17	21	9106.61		
江门市	603		4	30	162	407	251756.47		108210.00
阳江市	224		2	19	73	130	122408.86		45920.00
湛江市	766	1	2	23	111	629	259816.58	114400.00	27335.00
茂名市	627	1	1	12	76	537	191286.56	115000.00	11375.00
肇庆市	557			23	78	456	104577.12		
清远市	523	1	4	32	101	385	422092.28	190400.00	104480.00
潮州市	202		1	8	30	163	78541.22		38100.00
揭阳市	478		2	19	96	361	114566.02		26342.00
云浮市	242			12	53	177	61806.71		

5-6 续表

(2017年)

市别	水库总库容(万立方米)			水电站数量(座)					
				合计					
	中型	小(1)型	小(2)型		大(1)型	大(2)型	中型	小(1)型	小(2)型
全　省	943348.40	458403.23	186109.06	9760	2	1	12	78	9667
广州市	37969.91	21603.54	7745.54	188	1			1	186
深圳市	37423.94	19564.19	3467.87	7					7
珠海市	8126.00	5902.25	1153.27						
汕头市	18913.00	7760.50	4713.79	18					18
佛山市	3603.00	4813.61	3996.60	15					15
韶关市	98728.76	27007.01	14171.69	2083			3	14	2066
河源市	36228.40	22905.54	14585.73	785		1	1	8	775
梅州市	55984.00	32562.61	16774.13	1630			4	15	1611
惠州市	74686.99	36449.27	12418.21	321	1			3	317
汕尾市	54333.60	18697.20	9289.23	145			1		144
东莞市	21922.14	16759.56	3203.18	2					2
中山市	5040.00	3431.20	635.41	6					6
江门市	77171.00	51370.81	15004.66	262				1	261
阳江市	49235.50	23062.50	4190.86	494				3	491
湛江市	63331.00	38579.63	16170.95	82					82
茂名市	29395.50	22169.64	13346.42	562				2	560
肇庆市	72768.00	20250.26	11558.86	695				16	679
清远市	79003.66	35051.92	13156.70	1471			3	7	1461
潮州市	26695.00	9432.20	4314.02	202				3	199
揭阳市	50170.00	27689.83	10364.19	348				5	343
云浮市	42619.00	13339.96	5847.75	444					444

5-7 各市已建泵站、水闸数量

（2017年）

市别	泵站数量(处)						水闸数量(座)					
	合计	大(1)型	大(2)型	中型	小(1)型	小(2)型	合计	大(1)型	大(2)型	中型	小(1)型	小(2)型
全省	15853	3	34	468	2372	12976	16008	13	131	729	2731	12404
广州市	1445		3	37	359	1046	1251	1	10	62	365	813
深圳市	163			34	87	42	190			26	59	105
珠海市	257		2	8	68	179	233		1	27	185	20
汕头市	409			8	119	282	998	2	6	38	177	775
佛山市	1501		8	133	303	1057	574		5	39	206	324
韶关市	845				11	834	122	3	13	12	18	76
河源市	492				18	474	42	1		1	1	39
梅州市	434		1	10	122	301	1057			17	35	1005
惠州市	719		6	33	91	589	682	2	8	40	120	512
汕尾市	402			1	47	354	1488		5	67	259	1157
东莞市	371	2	2	91	193	83	472		3	57	226	186
中山市	460	1	2	24	109	324	388		4	20	114	250
江门市	2008		1	13	269	1725	1993		10	39	276	1668
阳江市	374			2	46	326	640		2	30	78	530
湛江市	1106			1	25	1080	1494		11	55	118	1310
茂名市	1660		1	12	79	1568	1236		27	66	157	986
肇庆市	788		5	27	208	548	532		3	14	74	441
清远市	896		1	19	60	816	680	2	6	29	54	589
潮州市	467			3	36	428	519	1	6	15	43	454
揭阳市	634		1	9	92	532	1055	1	8	40	156	850
云浮市	422		1	3	30	388	362		3	35	10	314

5-8 各市已建农村集中式供水工程、机电井数量

(2017年)

市别	农村集中式供水工程数量(处)				机电井数量(眼)					
	合计	千吨万人以上	千人以上	其他	合计	规模以上机电井	浅层地下水机电井	深层承压水机电井	规模以下机电井	浅层地下水机电井
全省	44356	909	4840	38607	1233650	12415	10695	1720	1221235	1221235
广州市	413	50	170	193	31736	1292	1285	7	30444	30444
深圳市					3126	2247	2247		879	879
珠海市					753	46	46		707	707
汕头市	167	54	83	30	2197	48	48		2149	2149
佛山市	324	21	81	222	1137	68	64	4	1069	1069
韶关市	3245	18	245	2982	38891	118	118		38773	38773
河源市	6506	30	536	5940	40789	81	74	7	40708	40708
梅州市	4543	45	496	4002	26336	112	112		26224	26224
惠州市	1198	86	313	799	84502	314	314		84188	84188
汕尾市	170	40	63	67	45969	51	51		45918	45918
东莞市	93	91	2		1901	56	56		1845	1845
中山市	13	10	3		2705	24	24		2681	2681
江门市	786	55	138	593	11787	230	218	12	11557	11557
阳江市	327	54	126	147	93143	54	54		93089	93089
湛江市	2202	34	940	1228	238508	6051	4366	1685	232457	232457
茂名市	10981	75	205	10701	353123	940	940		352183	352183
肇庆市	6553	41	432	6080	29376	353	351	2	29023	29023
清远市	3476	56	489	2931	109641	207	206	1	109434	109434
潮州市	417	33	149	235	20686	19	18	1	20667	20667
揭阳市	180	70	96	14	61898	27	27		61871	61871
云浮市	2762	46	273	2443	35446	77	76	1	35369	35369

5-9 各县（市、区）灌溉面积、节水灌溉面积

（2017年）　　　　单位：千公顷

市　别	灌溉面积	耕地灌溉面积(有效灌溉面积)	林地灌溉面积	园地灌溉面积	节水灌溉面积	喷灌面积	微灌面积	低压管灌面积	其他
全　省	**2069.87**	**1774.61**	**57.56**	**237.7**	**326.19**	**18.7**	**8.05**	**33.13**	**266.31**
广州市	**96.6**	**73.18**	**3.29**	**20.13**	**29.28**	**0.12**		**0.12**	**29.04**
市辖区									
荔湾区	0.28	0.28							
越秀区									
海珠区	1.17	0.88	0.29						
天河区	0.32	0.22		0.1					
白云区	9.84	9.79	0.01	0.04	8.53	0.02		0.03	8.48
黄埔区	2.76	2.29	0.1	0.37					
番禺区	9.66	2.07	1.85	5.74					
花都区	14.19	10.77	0.87	2.55	0.33				0.33
南沙区	18.09	17.7	0.17	0.22	0.03	0.03			
萝岗区									
增城区	25.33	19.81		5.52	11.86	0.06		0.09	11.71
从化区	14.96	9.37		5.59	8.53	0.01			8.52
深圳市	**18.28**	**2.13**	**15.86**	**0.29**	**0.47**	**0.12**	**0.03**	**0.32**	
市辖区									
罗湖区	0.31	0.02	0.29						
福田区	0.15			0.15					
南山区	2.73	0.1	2.63						
宝安区	9.95	1.11	8.7	0.14	0.2	0.04	0.01	0.15	
龙岗区	4.94	0.89	4.05		0.27	0.08	0.02	0.17	
盐田区	0.2	0.01	0.19						
珠海市	**12.82**	**9.43**	**0.21**	**3.18**					
市辖区									
香洲区	0.93	0.51		0.42					
斗门区	7.3	5.8		1.5					
金湾区	4.59	3.12	0.21	1.26					
汕头市	**47.66**	**41.49**	**0.23**	**5.94**	**24.26**	**0.46**	**0.27**	**3**	**20.53**
市辖区									
龙湖区	2.54	2.54			0.4				0.4
金平区	1.16	1.03	0.06	0.07					
濠江区	1.72	1.53	0.04	0.15	0.03		0.01	0.01	0.01
潮阳区	15.83	12.84		2.99	12.04				12.04
潮南区	13.99	13.49		0.5	7.78	0.46	0.26	2.98	4.08
澄海区	11.78	9.68		2.1	4.01			0.01	4
南澳县	0.64	0.38	0.13	0.13					
佛山市	**45.23**	**32.73**	**7.31**	**5.19**	**14.95**	**3.11**	**0.07**	**2.94**	**8.83**
市辖区									
禅城区	1.36	0.47		0.89					
南海区	16.3	11.73	3.49	1.08	4.09	0.09	0.05	0.32	3.63

5-9 续表 1

（2017年） 单位：千公顷

市　别	灌溉面积	耕地灌溉面积(有效灌溉面积)	林地灌溉面积	园地灌溉面积	节水灌溉面积	喷灌面积	微灌面积	低压管灌面积	其他
顺德区	4.7	1.21	2.02	1.47	0.29	0.05	0.02	0.22	
三水区	10.66	8.86	1.8		4.45	1.29		2.4	0.76
高明区	12.21	10.46		1.75	6.12	1.68			4.44
韶关市	**130.21**	**125.39**	**0.48**	**4.34**	**26.25**	**0.02**	**0.02**	**0.22**	**25.99**
市辖区									
武江区	4.57	3.54		1.03	0.2				0.2
浈江区	6.47	5.49		0.98					
曲江区	9.41	9.38		0.03					
始兴县	14.66	13.55		1.11	0.14		0.02	0.12	
仁化县	12.63	12.2		0.43	0.02			0.02	
翁源县	17.96	17.44		0.52	11.51				11.51
乳源自治县	10.83	10.54	0.29		1.08				1.08
新丰县	7.11	7.11			2.18	0.02			2.16
乐昌市	23.81	23.81			6.42			0.07	6.35
南雄市	22.76	22.33	0.19	0.24	4.7			0.01	4.69
河源市	**114.94**	**106.08**	**0.35**	**8.51**	**3.95**	**2.97**		**0.26**	**0.72**
市辖区									
源城区	2.4	2.31		0.09	0.43	0.33			0.1
紫金县	30.96	27.09		3.87	1.21	1.21			
龙川县	29.53	28.03		1.5	0.12			0.12	
连平县	15.54	14.15	0.35	1.04	0.93	0.17		0.14	0.62
和平县	16.65	14.64		2.01					
东源县	19.86	19.86			1.26	1.26			
梅州市	**145.78**	**127.64**	**3.73**	**14.41**	**8.15**			**0.1**	**8.05**
市辖区									
梅江区	5.98	5.25	0.27	0.46	0.02			0.02	
梅县区	30.34	23.09	1.64	5.61	6.62				6.62
大埔县	13.39	11.32	0.83	1.24					
丰顺县	18.15	14.77	0.77	2.61					
五华县	26.8	24.3		2.5	0.08			0.08	
平远县	10.43	8.94	0.22	1.27	0.93				0.93
蕉岭县	8.51	7.79		0.72	0.5				0.5
兴宁市	32.18	32.18							
惠州市	**120.05**	**109.18**	**1.71**	**9.16**	**29.38**	**0.51**		**0.02**	**28.85**
市辖区									
惠城区	19.36	18.03	1.33		0.14	0.12		0.02	
惠阳区	11.36	10.79		0.57	1.39	0.39			1
博罗县	37.01	32.2		4.81	24.05				24.05
惠东县	33.35	32.97	0.38		3.8				3.8
龙门县	18.97	15.19		3.78					

5-9 续表 2

（2017年） 单位：千公顷

市 别	灌溉面积	耕地灌溉面积(有效灌溉面积)	林地灌溉面积	园地灌溉面积	节水灌溉面积	喷灌面积	微灌面积	低压管灌面积	其他
汕尾市	**80.29**	**72.24**	**3.25**	**4.8**	**6.41**			**6.41**	
市辖区									
城区	5.12	4.84	0.13	0.15					
海丰县	32.72	26.46	2.73	3.53	0.96			0.96	
陆河县	9.17	8.68		0.49	2.84			2.84	
陆丰市	33.28	32.26	0.39	0.63	2.61			2.61	
东莞市	**15.01**	**13.13**		**1.88**	**0.88**	**0.54**	**0.15**	**0.19**	
中山市	**24.33**	**15.54**	**0.73**	**8.06**	**2.41**	**0.82**	**0.02**	**1.57**	
江门市	**139.29**	**127.02**	**4.07**	**8.2**	**10.2**	**0.04**		**0.11**	**10.05**
市辖区									
蓬江区	1.83	1.78		0.05	0.03			0.03	
江海区	1.86	1.6		0.26	0.05			0.05	
新会区	19.78	16.2	1.53	2.05	4.76				4.76
台山市	49.06	45.35	0.83	2.88	2.6				2.6
开平市	26.57	24.54	0.68	1.35	0.02	0.02			
鹤山市	14.96	12.62	1.03	1.31	2.74	0.02		0.03	2.69
恩平市	25.23	24.93		0.3					
阳江市	**94.44**	**85.68**	**1.88**	**6.88**	**3.06**	**0.13**	**0.06**	**0.12**	**2.75**
市辖区									
江城区	12.19	11.19		1	0.2	0.13		0.07	
阳西县	15.69	13.34	1.88	0.47	0.09		0.06	0.03	
阳东县	16.7	16.7			0.02			0.02	
阳春市	49.86	44.45		5.41	2.75				2.75
湛江市	**277.89**	**231.74**	**4.33**	**41.82**	**45.97**	**4.64**	**2.13**	**13.51**	**25.69**
市辖区									
赤坎区	0.36	0.33	0.01	0.02	0.36			0.31	0.05
霞山区	1.48	1.35	0.05	0.08					
坡头区	8.79	8.34	0.45		0.53		0.36	0.16	0.01
麻章区	17.18	12.95	1.21	3.02	3.93	0.29	0.07	0.82	2.75
遂溪县	46.95	45.69	0.76	0.5	4.85	2.11	0.26	1.76	0.72
徐闻县	44.41	41.37	0.49	2.55	16.88	1.25	1.34	8.15	6.14
廉江市	55.54	53.37	1.36	0.81	4.34			0.11	4.23
雷州市	78.28	45.74		32.54	14.8	0.99	0.1	2.2	11.51
吴川市	24.9	22.6		2.3	0.28				0.28
茂名市	**187.41**	**154.13**		**33.28**	**57.25**	**0.13**	**1.28**	**0.24**	**55.6**
市辖区									
茂南区	13.68	13.22		0.46	4.75				4.75
茂港区	6.87	6.87			3.96				3.96
电白县	31.61	31.61			10.48		0.43	0.02	10.03
高州市	61.86	36.44		25.42	18.31		0.32		17.99
化州市	45.5	39.48		6.02	16.21	0.13	0.53	0.22	15.33
信宜市	27.89	26.51		1.38	3.54				3.54

5-9 续表 3

（2017年）　　单位：千公顷

市别	灌溉面积	耕地灌溉面积(有效灌溉面积)	林地灌溉面积	园地灌溉面积	节水灌溉面积	喷灌面积	微灌面积	低压管灌面积	其他
肇庆市	**132.63**	**116.76**		**15.87**	**11.11**	**0.8**	**1.34**	**1.37**	**7.6**
市辖区									
端州区	0.48	0.37		0.11	0.14	0.08		0.06	
鼎湖区	4.86	4.26		0.6	0.01				0.01
广宁县	14.38	13.33		1.05	1.18	0.72		0.2	0.26
怀集县	27.24	24		3.24	7.5			0.17	7.33
封开县	18.9	16.54		2.36	0.14			0.14	
德庆县	17.07	13.86		3.21	1.34		1.34		
高要市	31.24	28.62		2.62	0.8			0.8	
四会市	18.46	15.78		2.68					
清远市	**149.32**	**140.45**	**2.39**	**6.48**	**25.35**	**0.51**		**0.96**	**23.88**
市辖区									
清城区	18.68	17.95		0.73					
佛冈县	10.71	9.68	0.99	0.04					
阳山县	19.22	18.28	0.55	0.39	0.06			0.06	
连山自治县	6.79	6.68	0.1	0.01	0.17	0.17			
连南自治县	5.11	5.06	0.05		0.04	0.04			
清新县	23.48	20.48		3	18.99	0.01			18.98
英德市	47.96	45.53	0.12	2.31	0.79	0.29		0.5	
连州市	17.37	16.79	0.58		5.3			0.4	4.9
潮州市	**53.15**	**35.82**	**5.47**	**11.86**	**18.03**	**3.68**	**2.62**	**0.02**	**11.71**
市辖区									
湘桥区	4.93	3.85	0.04	1.04	3.08	3.08			
潮安县	17.66	12.12	3.66	1.88	8.24	0.6	0.08	0.02	7.54
饶平县	30.56	19.85	1.77	8.94	6.71		2.54		4.17
揭阳市	**94.03**	**81.28**	**2.27**	**10.48**	**7.4**			**0.39**	**7.01**
市辖区									
榕城区	8.58	8.07		0.51	0.63			0.14	0.49
揭东县	16.98	14.18		2.8	2.42				2.42
揭西县	17.47	15.53	0.66	1.28	0.97				0.97
惠来县	20.36	16.12	1.61	2.63	0.27			0.25	0.02
普宁市	30.64	27.38		3.26	3.11				3.11
云浮市	**89.75**	**73.57**		**16.18**	**0.67**	**0.1**	**0.06**	**0.5**	**0.01**
市辖区									
云城区	6.56	5.85		0.71	0.14	0.03	0.01	0.1	
新兴县	16.7	15.9		0.8	0.3	0.07	0.05	0.18	
郁南县	18.95	15.64		3.31	0.22			0.22	
云安县	18.82	8.09		10.73	0.01				0.01
罗定市	28.72	28.09		0.63					
省　属	**0.76**			**0.76**	**0.76**			**0.76**	

5-10 各县（市、区）2000亩以上灌区

（2017年）

市 别	灌区数量(处)						
	合计	50万亩以上	30～50万亩	10～30万亩	5～10万亩	1～5万亩	0.2～1万亩
全 省	**1867**	**2**	**1**	**27**	**54**	**403**	**1380**
广州市	**105**		**1**		**2**	**13**	**89**
市辖区							
荔湾区							
越秀区							
海珠区							
天河区							
白云区	8					1	7
黄埔区	6						6
番禺区							
花都区	18					6	12
南沙区							
萝岗区							
增城区	52					3	49
从化区	21		1		2	3	15
深圳市	**1**						**1**
市辖区							
罗湖区							
福田区							
南山区	1						1
宝安区							
龙岗区							
盐田区							
珠海市	**14**					**4**	**10**
市辖区							
香洲区							
斗门区	12					4	8
金湾区	2						2
汕头市	**37**				**6**	**15**	**16**
市辖区							
龙湖区	2					1	1
金平区	2					1	1
濠江区	3						3
潮阳区	12				2	8	2
潮南区	13				2	2	9
澄海区	5				2	3	
南澳县							
佛山市	**38**				**1**	**10**	**27**
市辖区							
禅城区							
南海区	12					3	9

5-10 续表 1

（2017年）

市 别	灌区数量(处)						
	合计	50万亩以上	30～50万亩	10～30万亩	5～10万亩	1～5万亩	0.2～1万亩
顺德区							
三水区	12				1	2	9
高明区	14					5	9
韶关市	**171**			**1**	**2**	**25**	**143**
市辖区							
武江区	6					3	3
浈江区	11					1	10
曲江区	6				1	2	3
始兴县	10				1	2	7
仁化县	26					4	22
翁源县	15					4	11
乳源自治县	22					2	20
新丰县	4						4
乐昌市	56					2	54
南雄市	15			1		5	9
河源市	**136**					**21**	**115**
市辖区							
源城区	3					2	1
紫金县	74					4	70
龙川县	9					5	4
连平县	16					4	12
和平县	15					3	12
东源县	19					3	16
梅州市	**113**			**1**	**2**	**20**	**90**
市辖区							
梅江区	14					1	13
梅县区	36					5	31
大埔县	2						2
丰顺县	7					3	4
五华县	8				1	3	4
平远县	4					2	2
蕉岭县	7				1	2	4
兴宁市	35			1		4	30
惠州市	**98**			**3**	**2**	**24**	**69**
市辖区							
惠城区	27					8	19
惠阳区	9					3	6
博罗县	31			2		8	21
惠东县	16			1	1	2	12
龙门县	15				1	3	11

5-10 续表 2

(2017年)

市 别	灌区数量(处)						
	合计	50万亩以上	30~50万亩	10~30万亩	5~10万亩	1~5万亩	0.2~1万亩
汕尾市	**72**			**2**	**2**	**19**	**49**
市辖区							
城 区	8					2	6
海丰县	33			1	1	7	24
陆河县	9					2	7
陆丰市	22			1	1	8	12
东莞市	**18**					**2**	**16**
中山市	**1**					**1**	
江门市	**152**			**4**	**4**	**34**	**110**
市辖区							
蓬江区	4						4
江海区							
新会区	22					12	10
台山市	65			2	1	8	54
开平市	22			1	1	3	17
鹤山市	15					6	9
恩平市	24			1	2	5	16
阳江市	**97**			**2**	**3**	**31**	**61**
市辖区							
江城区	14			1		6	7
阳西县	20				1	9	10
阳东县	17			1		9	7
阳春市	46				2	7	37
湛江市	**150**	**1**		**5**	**4**	**36**	**104**
市辖区							
赤坎区							
霞山区							
坡头区	2					1	1
麻章区	27					2	25
遂溪县	37	1				8	28
徐闻县	26			1	1	7	17
廉江市	12			2	2	5	3
雷州市	33			2	1	9	21
吴川市	13					4	9
茂名市	**94**	**1**		**2**	**11**	**31**	**49**
市辖区							
茂南区	4					1	3
茂港区	2						2
电白县	22			1	3	18	
高州市	43	1		1	2	7	32
化州市	19				5	3	11
信宜市	4				1	2	1

5-10 续表 3

(2017年)

市　别	灌区数量(处)						
	合计	50万亩以上	30～50万亩	10～30万亩	5～10万亩	1～5万亩	0.2～1万亩
肇庆市	**171**				**4**	**21**	**146**
市辖区							
端州区	1						1
鼎湖区	5				1	1	3
广宁县							
怀集县	29				2	4	23
封开县	20					4	16
德庆县	29					5	24
高要市	57					3	54
四会市	30				1	4	25
清远市	**172**				**2**	**36**	**134**
市辖区							
清城区	20				1	2	17
佛冈县	28					2	26
阳山县	20					5	15
连山自治县	3						3
连南自治县	8					3	5
清新县	18				1	3	14
英德市	56					13	43
连州市	19					8	11
潮州市	**42**			**3**	**1**	**15**	**23**
市辖区							
湘桥区	7					4	3
潮安县	13			3		3	7
饶平县	22				1	8	13
揭阳市	**84**			**4**	**3**	**31**	**46**
市辖区							
榕城区	2			1		1	
揭东县	11			1	2	4	4
揭西县	18				1	8	9
惠来县	22			1		9	12
普宁市	31			1		9	21
云浮市	**101**				**5**	**14**	**82**
市辖区							
云城区	25					4	21
新兴县	18				1	3	14
郁南县	11					2	9
云安县	20					3	17
罗定市	27				4	2	21

5-10 续表 4

(2017年)

市 别	灌区耕地有效灌溉面积(千公顷)						
	合计	50万亩以上	30～50万亩	10～30万亩	5～10万亩	1～5万亩	0.2～1万亩
全　省	**1063.67**	**112.92**	**6.87**	**162.40**	**142.69**	**344.71**	**294.08**
广州市	**41.75**		**6.87**		**1.53**	**12.36**	**20.99**
市辖区							
荔湾区							
越秀区							
海珠区							
天河区							
白云区	5.39		4.07			0.13	1.19
黄埔区	1.20						1.20
番禺区							
花都区	10.75		2.27			6.13	2.35
南沙区							
萝岗区							
增城区	16.43					3.77	12.66
从化区	7.98		0.53		1.53	2.33	3.59
深圳市							
市辖区							
罗湖区							
福田区							
南山区							
宝安区							
龙岗区							
盐田区							
珠海市	**5.93**					**3.93**	**2.00**
市辖区							
香洲区							
斗门区	5.76					3.93	1.83
金湾区	0.17						0.17
汕头市	**36.40**				**14.26**	**18.15**	**4.00**
市辖区							
龙湖区	2.54					2.04	0.50
金平区	0.95					0.76	0.19
濠江区	1.17						1.17
潮阳区	12.80				3.65	8.72	0.43
潮南区	9.26				5.00	2.55	1.72
澄海区	9.68				5.61	4.07	
南澳县							
佛山市	**17.23**				**3.01**	**8.64**	**5.58**
市辖区							
禅城区							
南海区	3.82					2.06	1.76

5-10 续表 5

(2017年)

市　别	灌区耕地有效灌溉面积(千公顷)						
	合计	50万亩以上	30～50万亩	10～30万亩	5～10万亩	1～5万亩	0.2～1万亩
顺德区							
三水区	7.43				3.01	2.48	1.94
高明区	5.98					4.10	1.88
韶关市	**73.90**			**8.51**	**5.56**	**29.31**	**30.52**
市辖区							
武江区	3.24					1.99	1.25
浈江区	3.12					1.43	1.69
曲江区	3.95				1.73	1.56	0.66
始兴县	6.63				3.83	1.83	0.97
仁化县	9.00					3.90	5.10
翁源县	4.82					3.00	1.82
乳源自治县	6.26					2.67	3.59
新丰县	2.01						2.01
乐昌市	15.82					4.16	11.66
南雄市	19.05			8.51		8.77	1.77
河源市	**45.61**					**18.36**	**27.26**
市辖区							
源城区	2.06					1.91	0.15
紫金县	22.01					4.01	18.00
龙川县	4.86					3.99	0.87
连平县	5.68					2.56	3.12
和平县	4.00					2.02	1.98
东源县	7.00					3.87	3.14
梅州市	**47.30**			**9.11**	**5.01**	**16.85**	**16.33**
市辖区							
梅江区	2.74					0.63	2.11
梅县区	8.66					4.44	4.22
大埔县	0.35						0.35
丰顺县	3.13					2.18	0.95
五华县	4.16				1.80	1.05	1.32
平远县	3.42					2.77	0.65
蕉岭县	5.63				3.206	1.42	1.01
兴宁市	19.21			9.11		4.37	5.73
惠州市	**50.22**			**11.007**	**7.16**	**18.87**	**13.18**
市辖区							
惠城区	7.95					4.57	3.38
惠阳区	5.33				1.00	2.18	2.16
博罗县	18.77			7.007		7.64	4.13
惠东县	9.40			4.00	2.20	1.34	1.86
龙门县	8.77				3.96	3.15	1.66

5-10 续表 6

(2017年)

市别	灌区耕地有效灌溉面积(千公顷)						
	合计	50万亩以上	30～50万亩	10～30万亩	5～10万亩	1～5万亩	0.2～1万亩
汕尾市	**58.38**			**19.47**	**6.87**	**20.98**	**11.07**
市辖区							
城区	3.79					2.85	0.95
海丰县	26.35			8.47	3.00	9.40	5.48
陆河县	3.04					1.15	1.89
陆丰市	25.20			11.00	3.87	7.58	2.75
东莞市	**5.69**					**2.07**	**3.62**
中山市	**0.41**					**0.41**	
江门市	**106.08**			**24.22**	**13.32**	**35.39**	**33.15**
市辖区							
蓬江区	0.92						0.92
江海区							
新会区	15.83					12.407	3.42
台山市	44.77			13.00	2.90	9.51	19.36
开平市	19.89			8.24	3.40	4.35	3.89
鹤山市	6.75					4.55	2.21
恩平市	17.92			2.98	7.02	4.57	3.35
阳江市	**53.73**			**14.47**	**8.41**	**19.38**	**11.47**
市辖区							
江城区	10.74			5.53		4.11	1.10
阳西县	5.26				0.41	3.27	1.58
阳东县	16.60			8.94		6.57	1.09
阳春市	21.14				8.00	5.43	7.71
湛江市	**166.50**	**71.99**		**36.76**	**9.07**	**28.87**	**19.81**
市辖区							
赤坎区	0.10	0.10					
霞山区	0.30	0.30					
坡头区	2.97	0.90				1.87	0.20
麻章区	6.37	2.01				0.65	3.71
遂溪县	31.74	22.13				4.77	4.84
徐闻县	19.03			8.27	1.00	5.46	4.30
廉江市	42.74	16.20		17.73	5.27	2.75	0.79
雷州市	44.29	17.42		10.76	2.80	9.07	4.24
吴川市	18.96	12.93				4.30	1.73
茂名市	**90.05**	**40.93**		**7.22**	**21.66**	**13.25**	**7.00**
市辖区							
茂南区	10.89	9.87				0.387	0.63
茂港区	6.42	5.83					0.59
电白县	21.83	1.73		6.67	7.58	5.85	
高州市	22.10	11.93		0.547	2.98	2.73	3.91
化州市	24.03	11.57			8.31	2.43	1.73
信宜市	4.78				2.79	1.86	0.13

5-10 续表 7

(2017年)

市 别	灌区耕地有效灌溉面积(千公顷)						
	合计	50万亩以上	30～50万亩	10～30万亩	5～10万亩	1～5万亩	0.2～1万亩
肇庆市	**57.63**				**9.40**	**18.12**	**30.11**
市辖区							
端州区	0.08						0.08
鼎湖区	2.80				1.64	0.99	0.17
广宁县							
怀集县	12.94				5.81	2.06	5.07
封开县	7.71					3.99	3.72
德庆县	9.27					4.30	4.97
高要市	14.81					3.70	11.11
四会市	10.02				1.95	3.08	4.99
清远市	**67.07**				**9.26**	**28.58**	**29.23**
市辖区							
清城区	8.58				3.73	1.70	3.15
佛冈县	5.90					1.55	4.36
阳山县	8.14					4.97	3.17
连山自治县	0.48						0.48
连南自治县	3.16					1.82	1.34
清新县	13.75				5.54	4.36	3.86
英德市	20.76					9.64	11.12
连州市	6.30					4.55	1.75
潮州市	**30.34**			**8.63**	**4.67**	**12.86**	**4.18**
市辖区							
湘桥区	3.55			0.1		2.85	0.60
潮安县	11.86			8.53		2.26	1.07
饶平县	14.93				4.67	7.75	2.51
揭阳市	**68.79**			**23.00**	**7.14**	**28.24**	**10.41**
市辖区							
榕城区	8.03			7.54		0.49	
揭东县	10.99			4.26	3.79	2.01	0.93
揭西县	11.44				3.35	6.71	1.38
惠来县	16.12			4.60		8.67	2.85
普宁市	22.21			6.60		10.36	5.25
云浮市	**40.64**				**16.37**	**10.10**	**14.18**
市辖区							
云城区	4.80					2.75	2.06
新兴县	8.45				2.49	2.47	3.49
郁南县	3.72					2.17	1.55
云安县	4.66					1.32	3.34
罗定市	19.01				13.88	1.39	3.74

5-11 各县（市、区）已建堤防长度

(2017年)

市 别	堤防长度(公里)						
	合计	按等级分					
		1级堤防	2级堤防	3级堤防	4级堤防	5级堤防	5级以下堤防
全 省	**28475.36**	**626.09**	**1922.61**	**4749.78**	**8061.51**	**6394.53**	**6720.84**
广州市	**3308.66**	**351.21**	**512.46**	**268.40**	**1612.14**	**276.31**	**288.14**
市辖区							
荔湾区	186.01	31.33	29.14		124.19		1.35
越秀区	31.57	12.44			19.13		
海珠区	263.02	43.08			219.94		
天河区	146.59	12.97			128.31		5.31
白云区	227.32	24.55		85.89	116.88		
黄埔区	341.26	46.55			247.01		47.70
番禺区	549.25	106.94	159.32		259.46	23.53	
花都区	456.08			60.29	179.09	65.98	150.72
南沙区	624.71	73.35	286.44	15.60	138.39	110.93	
萝岗区							
增城区	338.88		37.56	30.46	149.31	38.49	83.06
从化区	143.97			76.16	30.43	37.38	
深圳市	**55.03**	**51.44**	**3.59**				
市辖区							
罗湖区							
福田区							
南山区							
宝安区	48.88	48.88					
龙岗区	6.15	2.56	3.59				
盐田区							
珠海市	**389.04**	**44.15**	**176.65**	**91.89**	**51.90**	**24.45**	
市辖区							
香洲区	75.44	44.15	6.62	7.63	17.04		
斗门区	209.44		125.18	84.26			
金湾区	104.16		44.85		34.86	24.45	
汕头市	**912.46**	**72.28**	**108.65**	**291.10**	**140.98**	**95.93**	**203.52**
市辖区							
龙湖区	67.77	8.04	23.09	36.64			
金平区	74.63	64.24		8.19		2.20	
濠江区	39.17			36.37	2.80		
潮阳区	258.38		60.89	78.37	50.01	69.11	
潮南区	311.42			33.92	70.87	4.21	202.42
澄海区	154.21		24.67	94.88	16.10	18.56	
南澳县	6.88			2.73	1.20	1.85	1.10
佛山市	**1152.02**	**48.87**	**290.56**	**227.40**	**523.83**	**58.56**	**2.80**
市辖区							
禅城区	87.28		16.60	67.68	3.00		
南海区	335.91	6.11	84.14		245.66		
顺德区	355.85	3.70	159.04	159.72	33.39		
三水区	270.32	39.06	30.78		142.97	57.51	
高明区	102.66				98.81	1.05	2.80

5-11 续表 1

（2017年）

市 别	堤防长度(公里)						
	合计	按等级分					
		1级堤防	2级堤防	3级堤防	4级堤防	5级堤防	5级以下堤防
韶关市	**924.28**		**122.09**	**113.44**	**229.19**	**156.09**	**303.47**
市辖区							
武江区	24.01		13.92	2.33	1.50	6.26	
浈江区	51.45		51.45				
曲江区	66.22		42.62			23.60	
始兴县	91.98		14.10		56.80	21.08	
仁化县	240.82				62.26	51.36	127.20
翁源县	232.05			22.02	22.93	10.83	176.27
乳源族自治县	27.10			17.91	2.25	6.94	
新丰县	33.99			23.05	4.8	6.14	
乐昌市	75.35			19.24	54.76	1.35	
南雄市	81.31			28.89	23.89	28.53	
河源市	**1695.44**		**15.75**	**168.51**	**281.51**	**812.74**	**416.93**
市辖区							
源城区	86.74			72.33		3.93	10.48
紫金县	299.54				45.14	156.67	97.73
龙川县	437.78			40.25	187.10	94.33	116.10
连平县	57.42			31.54	13.42	0.8	11.66
和平县	593.12			24.39	21.32	547.41	
东源县	220.84		15.75		14.53	9.60	180.96
梅州市	**2563.89**		**34.57**	**73.07**	**687.63**	**705.40**	**1063.22**
市辖区							
梅江区	100.35		28.57	20.00	6.22	7.52	38.04
梅县区	235.25		6.00		62.71	149.34	17.20
大埔县	47.65			17.47	25.83	4.35	
丰顺县	183.96			12.93	131.10	39.93	
五华县	519.60				241.49	278.11	
平远县	57.53			13.63	38.50	5.40	
蕉岭县	113.55			9.04	66.38	6.75	31.38
兴宁市	1306.00				115.40	214.00	976.60
惠州市	**1329.87**		**18.93**	**272.05**	**325.81**	**250.15**	**462.93**
市辖区							
惠城区	331.67		18.93	124.60	117.34	30.50	40.30
惠阳区	73.66			29.56	9.08	22.48	12.54
博罗县	248.04			88.54	138.50	19.72	1.28
惠东县	521.50				38.40	90.84	392.26
龙门县	155.00			29.35	22.49	86.61	16.55

5-11 续表 2

（2017年）

市　别	堤防长度(公里)						
	合计	按等级分					
		1级堤防	2级堤防	3级堤防	4级堤防	5级堤防	5级以下堤防
汕尾市	**1655.99**			**620.96**	**579.61**	**174.02**	**281.40**
市辖区							
城　区	203.30			18.40	184.90		
海丰县	734.04			356.00	222.73	155.31	
陆河县	317.02			23.00	26.72		267.30
陆丰市	401.63			223.56	145.26	18.71	14.10
东莞市	**1134.28**	**19.27**	**113.64**	**517.42**	**249.24**	**234.47**	**0.24**
中山市	**383.50**	**11.48**	**93.04**	**236.24**	**42.74**		
江门市	**2560.52**		**110.81**	**283.19**	**632.93**	**284.40**	**1249.19**
市辖区							
蓬江区	126.10		21.56	36.88		67.66	
江海区	43.02		13.68	29.34			
新会区	975.31		59.17	171.14	213.56	83.97	447.47
台山市	787.92				72.38	44.48	671.06
开平市	338.07			39.83	167.58		130.66
鹤山市	133.02		16.40	6.00	99.23	11.39	
恩平市	157.08				80.18	76.90	
阳江市	**676.18**			**229.07**	**147.89**	**198.21**	**101.01**
市辖区							
江城区	111.82			72.50	12.21	27.11	
阳西县	171.52			112.90	54.62	4	
阳东县	210.77			43.67		167.10	
阳春市	182.07				81.06		101.01
湛江市	**1336.42**			**211.03**	**644.64**	**307.88**	**172.87**
市辖区							
赤坎区	2.16					2.16	
霞山区	33.53				23.33		10.20
坡头区	128.13			66.45	1.80		59.88
麻章区	117.92				93.92	24.00	
遂溪县	217.05			26.53	98.94	70.72	20.86
徐闻县	94.39				19.63	74.76	
廉江市	294.82				220.16	74.66	
雷州市	188.49			30.25	102.04	56.20	
吴川市	259.93			87.80	84.82	5.38	81.93
茂名市	**3052.30**		**55.00**	**396.38**	**245.19**	**1189.57**	**1166.16**
市辖区							
茂南区	253.23			75.74			177.49
茂港区	113.90					66.10	47.80
电白县	732.03			28.97		703.06	
高州市	252.80			220.95	31.85		
化州市	1504.74		55.00		210.84	367.75	871.15
信宜市	195.60			70.72	2.50	52.66	69.72

5-11 续表 3

(2017年)

市别	堤防长度(公里)						
	合计	按等级分					
		1级堤防	2级堤防	3级堤防	4级堤防	5级堤防	5级以下堤防
肇庆市	**1399.47**	**8.21**	**105.93**	**107.54**	**265.43**	**462.67**	**449.69**
市辖区							
端州区	16.70		16.70				
鼎湖区	107.20		32.80	18.20	40.20	16.00	
广宁县	23.07			23.07			
怀集县	355.80					247.80	108.00
封开县	80.80	8.21		20.93	18.37	23.79	9.50
德庆县	426.25			7.80	41.96	44.30	332.19
高要市	115.45		23.73		46.28	45.44	
四会市	274.20		32.70	37.54	118.62	85.34	
清远市	**1016.07**	**19.18**	**75.02**	**191.17**	**184.02**	**422.47**	**124.21**
市辖区							
清城区	188.75	19.18	37.77	38.62	52.55	30.23	10.40
佛冈县	99.71				9.94	3.44	86.33
阳山县	212.30			36.43	7.59	156.48	11.80
连山自治县	49.41			14.95	6.44	17.71	10.31
连南自治县	61.88			17.50	17.58	26.80	
清新县	127.01		37.25		19.73	70.03	
英德市	102.36			34.64	21.75	45.97	
连州市	174.65			49.03	48.44	71.81	5.37
潮州市	**890.66**		**38.43**	**169.71**	**354.90**	**273.39**	**54.23**
市辖区							
湘桥区	102.79		8.07	26.99	48.54	5.39	13.80
潮安县	132.94		30.36	9.50	43.64	9.01	40.43
饶平县	654.93			133.22	262.72	258.99	
揭阳市	**1377.78**		**39.49**	**178.65**	**664.09**	**306.56**	**188.99**
市辖区							
榕城区	89.60		12.50		73.10	4.00	
揭东县	48.06		11.99		28.07	8.00	
揭西县	393.85			50.80	257.17	85.50	0.38
惠来县	403.32			17.65		197.06	188.61
普宁市	442.95		15.00	110.20	305.75	12.00	
云浮市	**661.50**		**8.00**	**102.56**	**197.84**	**161.26**	**191.84**
市辖区							
云城区	94.78			47.16	8.47		39.15
新兴县	358.92			37.80	77.21	161.26	82.65
郁南县	91.36			7.80	83.56		
云安县	108.44			9.80	28.60		70.04
罗定市	8.00		8.00				

5-11 续表 4

(2017年)

市别	达标堤防长度(公里)					
	合计	按等级分				
		1级堤防	2级堤防	3级堤防	4级堤防	5级堤防
全 省	**12562.78**	**564.98**	**1685.71**	**3312.93**	**4995.22**	**2003.94**
广州市	**2491.65**	**327.61**	**363.60**	**256.42**	**1407.64**	**136.38**
市辖区						
荔湾区	184.66	31.33	29.14		124.19	
越秀区	31.57	12.44			19.13	
海珠区	263.02	43.08			219.94	
天河区	136.03	12.70			123.33	
白云区	166.22	18.40		73.91	73.91	
黄埔区	281.78	45.32			236.46	
番禺区	432.77	90.99	142.97		175.28	23.53
花都区	236.40			60.29	170.59	5.52
南沙区	387.80	73.35	153.93	15.60	88.06	56.86
萝岗区						
增城区	246.18		37.56	30.46	146.66	31.50
从化区	125.22			76.16	30.09	18.97
深圳市	**32.80**	**32.80**				
市辖区						
罗湖区						
福田区						
南山区						
宝安区	30.24	30.24				
龙岗区	2.56	2.56				
盐田区						
珠海市	**268.07**	**44.15**	**139.94**	**7.63**	**51.90**	**24.45**
市辖区						
香洲区	74.48	44.15	5.66	7.63	17.04	
斗门区	95.60		95.60			
金湾区	97.99		38.68		34.86	24.45
汕头市	**545.57**	**72.28**	**90.39**	**270.66**	**71.27**	**40.97**
市辖区						
龙湖区	51.78	8.04	7.10	36.64		
金平区	64.24	64.24				
濠江区	32.07			32.07		
潮阳区	146.80		58.62	71.18		17.00
潮南区	108.69			33.61	70.87	4.21
澄海区	138.11		24.67	94.88		18.56
南澳县	3.88			2.28	0.40	1.20
佛山市	**1094.15**	**48.87**	**283.72**	**218.61**	**510.00**	**32.95**
市辖区						
禅城区	84.78		16.60	65.18	3.00	
南海区	335.91	6.11	84.14		245.66	
顺德区	342.72	3.70	152.20	153.43	33.39	
三水区	244.71	39.06	30.78		142.97	31.90
高明区	86.03				84.98	1.05

5-11 续表 5

（2017年）

市 别	达标堤防长度(公里)					
	合计	按等级分				
		1级堤防	2级堤防	3级堤防	4级堤防	5级堤防
韶关市	**620.81**		**122.09**	**113.44**	**229.19**	**156.09**
市辖区						
武江区	24.01		13.92	2.33	1.50	6.26
浈江区	51.45		51.45			
曲江区	66.22		42.62			23.60
始兴县	91.98		14.10		56.80	21.08
仁化县	113.62				62.26	51.36
翁源县	55.78			22.02	22.93	10.83
乳源自治县	27.10			17.91	2.25	6.94
新丰县	33.99			23.05	4.8	6.14
乐昌市	75.35			19.24	54.76	1.35
南雄市	81.31			28.89	23.89	28.53
河源市	**392.10**		**15.75**	**130.56**	**58.01**	**187.78**
市辖区						
源城区	76.26			72.33		3.93
紫金县	131.78				15.70	116.08
龙川县	39.64			4.30	16.85	18.49
连平县	35.60			31.54	3.26	0.8
和平县	68.94			22.39	7.67	38.88
东源县	39.88		15.75		14.53	9.60
梅州市	**663.70**		**34.57**	**47.94**	**356.92**	**224.27**
市辖区						
梅江区	34.79		28.57		6.22	
梅县区	199.64		6.00		56.41	137.23
大埔县	47.65			17.47	25.83	4.35
丰顺县	47.36			12.93	34.43	
五华县	183.69				109.56	74.13
平远县	17.31			8.50	8.40	0.41
蕉岭县	82.17			9.04	66.38	6.75
兴宁市	51.09				49.69	1.40
惠州市	**334.83**		**18.55**	**128.91**	**154.40**	**32.97**
市辖区						
惠城区	201.73		18.55	72.55	85.16	25.47
惠阳区	9.08				9.08	
博罗县	75.15			39.65	35.50	
惠东县	31.76				24.66	7.10
龙门县	17.11			16.71		0.40

5-11 续表 6

(2017年)

市别	达标堤防长度(公里)					
	合计	按等级分				
		1级堤防	2级堤防	3级堤防	4级堤防	5级堤防
汕尾市	**214.70**			**118.27**	**94.40**	**2.03**
市辖区						
城　区	74.54			10.72	63.82	
海丰县	34.16			29.77	2.51	1.88
陆河县	49.72			23.00	26.72	
陆丰市	56.28			54.78	1.35	0.15
东莞市	**719.12**	**11.88**	**108.78**	**383.22**	**198.66**	**16.58**
中山市	**351.66**		**89.14**	**221.57**	**40.95**	
江门市	**901.95**		**110.81**	**282.24**	**345.67**	**163.23**
市辖区						
蓬江区	123.72		21.56	35.93		66.23
江海区	43.02		13.68	29.34		
新会区	438.09		59.17	171.14	125.54	82.24
台山市	54.70				54.70	
开平市	109.65			39.83	69.82	
鹤山市	127.98		16.40	6.00	94.19	11.39
恩平市	4.79				1.42	3.37
阳江市	**343.89**			**161.42**	**26.14**	**156.33**
市辖区						
江城区	81.57			54.15	12.21	15.21
阳西县	80.90			66.30	10.60	4
阳东县	178.09			40.97		137.12
阳春市	3.33				3.33	
湛江市	**509.10**			**136.20**	**300.77**	**72.13**
市辖区						
赤坎区	1.22					1.22
霞山区	22.40				22.40	
坡头区	59.95			58.15	1.80	
麻章区	28.82				28.10	0.72
遂溪县	38.23			5.60	32.14	0.49
徐闻县	80.78				19.63	61.15
廉江市	136.80				134.25	2.55
雷州市	93.45			30.25	57.65	5.55
吴川市	47.45			42.20	4.80	0.45
茂名市	**319.52**		**55.00**	**194.30**	**19.90**	**50.32**
市辖区						
茂南区	15.41			15.41		
茂港区	36.68					36.68
电白县	28.89			28.89		
高州市	97.68			79.28	18.40	
化州市	56.50		55.00		1.50	
信宜市	84.36			70.72		13.64

5-11 续表 7

(2017年)

市　别	达标堤防长度(公里)					
	合计	按等级分				
		1级堤防	2级堤防	3级堤防	4级堤防	5级堤防
肇庆市	**740.97**	**8.21**	**104.93**	**106.60**	**229.71**	**291.52**
市辖区						
端州区	16.70		16.70			
鼎湖区	107.20		32.80	18.20	40.20	16.00
广宁县	23.05			23.05		
怀集县	139.30					139.30
封开县	51.95	8.21		20.01	13.08	10.65
德庆县	66.81			7.80	32.62	26.39
高要市	115.45		23.73		46.28	45.44
四会市	220.51		31.70	37.54	97.53	53.74
清远市	**657.49**	**19.18**	**75.02**	**181.07**	**138.81**	**243.41**
市辖区						
清城区	178.35	19.18	37.77	38.62	52.55	30.23
佛冈县	13.38				9.94	3.44
阳山县	184.66			28.49	7.59	148.58
连山自治县	35.51			14.70	6.44	14.37
连南自治县	22.13			17.50	4.00	0.63
清新县	47.59		37.25		6.65	3.69
英德市	77.11			34.57	8.37	34.17
连州市	98.76			47.19	43.27	8.30
潮州市	**323.38**		**38.43**	**94.31**	**117.56**	**73.08**
市辖区						
湘桥区	88.12		8.07	26.99	47.67	5.39
潮安县	92.51		30.36	9.50	43.64	9.01
饶平县	142.75			57.82	26.25	58.68
揭阳市	**804.58**		**26.99**	**162.00**	**537.74**	**77.85**
市辖区						
榕城区	59.40				59.40	
揭东县	26.81		11.99		11.47	3.35
揭西县	266.22			50.80	161.12	54.30
惠来县	16.00			1.00		15.00
普宁市	436.15		15.00	110.20	305.75	5.20
云浮市	**232.74**		**8.00**	**97.56**	**105.58**	**21.60**
市辖区						
云城区	55.62			47.16	8.46	
新兴县	69.81			34.80	13.41	21.60
郁南县	86.31			7.80	78.51	
云安县	13.00			7.80	5.20	
罗定市	8.00		8.00			

5-12 各县（市、区）河道治理及除涝面积

（2017年）

市别	河道治理(公里)			除涝面积(千公顷)			
	有防洪任务河段长度	已治理河段长度	治理达标河段长度		3～5年一遇标准	5～10年一遇标准	10年以上一遇标准
全　省	**19254.71**	**8163.39**	**4859.44**	**545.54**	**62.01**	**99.59**	**383.94**
广州市	**1037.39**	**655.04**	**477.79**	**54.82**	**3.44**	**5.82**	**45.56**
市辖区							
荔湾区	24.87	24.87	24.87	1.46		0.43	1.03
越秀区							
海珠区	18.49	18.49	18.49	0.80		0.13	0.67
天河区				0.75		0.07	0.68
白云区	57.78	52.22	52.22	6.81			6.81
黄埔区	70.41	70.41	66.54	0.64			0.64
番禺区	192.33	192.33	192.33	22.29	2.2	1.82	18.27
花都区	66.35	63.84	63.84	5.49			5.49
南沙区	111.00	111.00		0.98	0.39	0.06	0.53
萝岗区							
增城区	283.27	61.74	2.50	13.25	0.10	2.86	10.29
从化区	212.89	60.14	57.00	2.35	0.75	0.45	1.15
深圳市	**152.55**	**150.65**	**135.84**	**7.36**	**1.49**		**5.87**
市辖区							
罗湖区	9.76	9.76	4.35				
福田区	9.40	9.40		0.01	0.01		
南山区							
宝安区	59.44	59.44	59.44	6.23	1.02		5.21
龙岗区	73.95	72.05	72.05	1.12	0.46		0.66
盐田区							
珠海市	**154.92**	**128.5**	**108.62**	**16.10**	**1.00**	**15.10**	
市辖区							
香洲区	27.20	27.20	27.20	0.50	0.33	0.17	
斗门区	107.34	80.92	61.04	13.45		13.45	
金湾区	20.38	20.38	20.38	2.15	0.67	1.48	
汕头市	**206.59**	**158.46**	**141.50**	**36.88**	**3.72**	**4.40**	**28.76**
市辖区							
龙湖区	30.84	30.84	30.84	4.23	0.08	0.38	3.77
金平区	17.45	17.45	17.45	2.56	0.49	0.70	1.37
濠江区	23.34	15.50	15.50	0.67	0.39	0.08	0.20
潮阳区	27.03			10.80	1.73	2.10	6.97
潮南区	54.75	54.75	47.31	7.03	1.03	0.51	5.49
澄海区	53.18	39.92	30.40	11.52		0.63	10.89
南澳县				0.07			0.07
佛山市	**531.93**	**531.93**	**525.10**	**66.36**		**11.12**	**55.24**
市辖区							
禅城区	34.44	34.44	34.44	2.20			2.20
南海区	159.97	159.97	159.97	27.59		3.25	24.34
顺德区	176.17	176.17	176.17	18.53		2.22	16.31
三水区	103.28	103.28	96.45	10.01		2.80	7.21
高明区	58.07	58.07	58.07	8.03		2.85	5.18

5-12 续表 1

(2017年)

市 别	河道治理(公里)			除涝面积(千公顷)			
	有防洪任务河段长度	已治理河段长度	治理达标河段长度		3~5年一遇标准	5~10年一遇标准	10年以上一遇标准
韶关市	**2360.54**	**646.43**	**439.40**	**18.93**	**3.83**	**10.25**	**4.85**
市辖区							
武江区	104.53	40.27	14.63	0.17	0.17		
浈江区	92.20	44.82	44.82	0.65	0.62	0.03	
曲江区	192.17	51.28	48.78	2.26	1.53	0.73	
始兴县	192.41	52.38	52.38	0.12		0.12	
仁化县	420.40	74.96	68.80				
翁源县	145.00	172.73		1.76		1.76	
乳源自治县	153.91	88.01	88.01	9.61		5.28	4.33
新丰县	295.50	24.39	24.39	0.93	0.41		0.52
乐昌市	441.63	48.00	48.00				
南雄市	322.79	49.59	49.59	3.43	1.10	2.33	
河源市	**1518.59**	**509.24**	**166.51**	**0.84**	**0.15**	**0.52**	**0.17**
市辖区							
源城区	36.99	40.90	24.40				
紫金县	315.30	188.98	58.88				
龙川县	344.56	54.90	27.10	0.46	0.04	0.28	0.14
连平县	314.96	83.84	10.38				
和平县	387.91	70.44	19.54	0.38	0.11	0.24	0.03
东源县	118.87	70.18	26.21				
梅州市	**1671.35**	**848.59**	**384.66**	**10.58**	**1.93**	**2.01**	**6.64**
市辖区							
梅江区	50.26	69.26	27.23	0.12			0.12
梅县区	201.27	126.59	84.80	1.23	0.06	0.73	0.44
大埔县	85.59	47.65	47.65	0.62	0.12		0.50
丰顺县	482.01	182.57	62.56	0.95	0.22	0.13	0.60
五华县	384.18	152.20	38.00	3.37	0.14	0.40	2.83
平远县	248.86	57.53	57.53	1.31	1.03	0.28	
蕉岭县	62.87	89.98	41.34	1.05	0.01	0.19	0.85
兴宁市	156.31	122.81	25.55	1.93	0.35	0.28	1.30
惠州市	**862.66**	**336.25**	**140.43**	**35.03**	**3.97**	**1.22**	**29.84**
市辖区							
惠城区	156.81	165.46	25.65	14.13			14.13
惠阳区	137.56	26.98	26.98	2.13	1.93	0.20	
博罗县	357.12	103.11	53.80	13.91		0.08	13.83
惠东县	50.34	15.00	9.00	3.24	2.04	0.49	0.71
龙门县	160.83	25.70	25.00	1.62		0.45	1.17

5-12 续表 2

（2017年）

市 别	河道治理(公里)			除涝面积（千公顷）			
	有防洪任务河段长度	已治理河段长度	治理达标河段长度		3～5年一遇标准	5～10年一遇标准	10年以上一遇标准
汕尾市	**259.51**	**21.10**	**21.10**	**21.44**	**3.72**	**1.86**	**15.86**
市辖区							
城 区				1.05	0.27	0.17	0.61
海丰县	221.05	8.10	8.10	16.33	1.80	1.69	12.84
陆河县				0.05	0.05		
陆丰市	38.46	13.00	13.00	4.01	1.60		2.41
东莞市	**477.33**	**387.99**	**306.48**	**17.89**			**17.89**
中山市	**197.01**	**197.01**	**197.01**	**30.73**			**30.73**
江门市	**1134.24**	**943.71**	**299.17**	**48.93**	**14.01**	**7.44**	**27.48**
市辖区							
蓬江区	61.24	57.22	49.22	1.91			1.91
江海区	19.34	19.34	17.35	2.49			2.49
新会区	204.67	116.27	92.80	15.46			15.46
台山市	342.66	342.66	5.50	14.14	9.47	4.67	
开平市	258.37	224.26		6.61	4.54	2.07	
鹤山市	163.68	124.28	124.28	3.75			3.75
恩平市	84.28	59.68	10.02	4.57		0.70	3.87
阳江市	**860.93**	**205.73**	**196.21**	**8.52**	**0.20**	**1.87**	**6.45**
市辖区							
江城区	40.12	39.02	29.50	1.66		0.33	1.33
阳西县	116.53	22.50	22.50				
阳东县	122.93	122.93	122.93	3.59	0.20	0.62	2.77
阳春市	581.35	21.28	21.28	3.27		0.92	2.35
湛江市	**986.59**	**379.35**	**264.57**	**31.77**	**5.69**	**11.82**	**14.26**
市辖区							
赤坎区	27.53	15.82	15.82	0.08	0.04	0.04	
霞山区							
坡头区	11.00	11.00	2.80	0.67		0.67	
麻章区				2.01	0.01	1.14	0.86
遂溪县	271.89	87.29	23.90	1.16	0.35	0.38	0.43
徐闻县	26.50	26.08	21.40	1.87	0.17	0.77	0.93
廉江市	425.81	138.10	138.10	8.47	0.33	4.95	3.19
雷州市	68.00	41.40	26.40	6.38	2.72	2.16	1.50
吴川市	155.86	59.66	36.15	11.13	2.07	1.71	7.35
茂名市	**1550.45**	**418.60**	**75.14**	**15.74**	**7.82**	**7.59**	**0.33**
市辖区							
茂南区	81.54	14.32	0.52	3.63		3.63	
茂港区	47.40	16.90	16.90	1.25	0.26	0.99	
电白县	196.36	196.36		3.11	1.07	2.04	
高州市	519.33	59.57	6.58	2.87	2.58	0.29	
化州市	291.73	23.54	23.54	3.91	3.91		
信宜市	414.09	107.91	27.60	0.97		0.64	0.33

5-12 续表 3

(2017年)

市　别	河道治理(公里)			除涝面积(千公顷)			
	有防洪任务河段长度	已治理河段长度	治理达标河段长度		3~5年一遇标准	5~10年一遇标准	10年以上一遇标准
肇庆市	**663.83**	**306.94**	**104.14**	**45.01**	**1.52**	**6.83**	**36.66**
市辖区							
端州区				2.29		0.32	1.97
鼎湖区	32.80	32.80	32.80	10.80		0.01	10.79
广宁县	26.47	23.05		2.00		0.90	1.10
怀集县	181.60	58.50	31.50				
封开县	156.31	16.11	16.11	1.24	0.33	0.67	0.24
德庆县	59.30	59.30		1.81	1.19	0.27	0.35
高要市	53.68	23.73	23.73	16.84		4.33	12.51
四会市	153.67	93.45		10.03		0.33	9.70
清远市	**2259.89**	**947.05**	**526.13**	**26.22**	**5.25**	**2.08**	**18.89**
市辖区							
清城区	168.71	107.57	105.40	7.27		0.43	6.84
佛冈县	203.44	127.18	96.58	1.71		0.69	1.02
阳山县	350.32	30.31	15.30	1.40	1.00	0.40	
连山自治县	104.62	94.26	88.14				
连南自治县	132.84	86.00	86.00				
清新县	380.83	380.83	42.11	10.80			10.80
英德市	411.95	9.48	9.48	3.83	3.60		0.23
连州市	507.18	111.42	83.12	1.21	0.65	0.56	
潮州市	**458.30**	**167.23**	**167.23**	**22.50**	**3.07**	**4.45**	**14.98**
市辖区							
湘桥区	62.13	42.27	42.27	3.71	2.94	0.77	
潮安县	146.04	69.06	69.06	13.80	0.13	2.26	11.41
饶平县	250.13	55.90	55.90	4.99		1.42	3.57
揭阳市	**712.53**	**124.91**	**95.39**	**26.62**	**0.90**	**4.48**	**21.24**
市辖区							
榕城区	48.89	45.87	23.31	2.22	0.03	0.26	1.93
揭东县	75.39	6.96		9.71	0.23	1.09	8.39
揭西县	210.07	72.08	72.08	2.64	0.30	0.37	1.97
惠来县	146.06			6.13	0.34	0.06	5.73
普宁市	232.12			5.92		2.70	3.22
云浮市	**1197.58**	**98.68**	**87.02**	**3.27**	**0.30**	**0.73**	**2.24**
市辖区							
云城区	76.51	31.21	31.21	0.62		0.07	0.55
新兴县	115.11	12.10	12.10	0.60			0.60
郁南县	365.36	20.00	20.00	1.15	0.30	0.55	0.30
云安县	199.20	15.16	8.16	0.90		0.11	0.79
罗定市	441.40	20.21	15.55				

5-13 各县（市、区）新增水土流失综合治理面积

(2017年) 单位：千公顷

市 别	合计	梯田	水土保持林	经济林	种草	封禁治理	其他
全 省	**102.53**	**0.12**	**28.34**	**3.68**	**1.61**	**31.74**	**37.04**
广州市	**4.88**		**0.14**			**1.9**	**2.84**
市辖区							
荔湾区							
越秀区							
海珠区							
天河区							
白云区							
黄埔区							
番禺区	0.31						0.31
花都区	0.07		0.07				
南沙区	0.70						0.7
萝岗区							
增城区	1.13					0.67	0.46
从化区	2.67		0.07			1.23	1.37
深圳市	**0.39**	**0.01**			**0.23**	**0.01**	**0.14**
市辖区	0.39	0.01			0.23	0.01	0.14
罗湖区							
福田区							
南山区							
宝安区							
龙岗区							
盐田区							
珠海市	**1.17**		**1.15**				**0.02**
市辖区							
香洲区							
斗门区	1.17		1.15				0.02
金湾区							
汕头市	**0.73**		**0.40**			**0.33**	
市辖区							
龙湖区							
金平区							
濠江区							
潮阳区							
潮南区	0.73		0.40			0.33	
澄海区							
南澳县							
佛山市	**1.81**		**1.81**				
市辖区							
禅城区							
南海区							
顺德区	0.07		0.07				
三水区							
高明区	1.74		1.74				

5-13 续表 1

(2017年)　　单位：千公顷

市　别	合计	梯田	水土保持林	经济林	种草	封禁治理	其他
韶关市	**8.85**		**1.74**	**0.02**		**0.48**	**6.61**
市辖区							
武江区							
浈江区	0.4						0.4
曲江区	0.83						0.83
始兴县	0.01						0.01
仁化县	2.29		0.73			0.14	1.42
翁源县	1.08		1.01	0.02		0.05	
乳源自治县	0.28					0.28	
新丰县	1.6						1.6
乐昌市	2.35						2.35
南雄市	0.01					0.01	
河源市	**14.09**		**0.32**	**0.07**	**0.19**	**13.51**	
市辖区							
源城区							
紫金县	13.58		0.29		0.19	13.1	
龙川县							
连平县							
和平县							
东源县	0.51		0.03	0.07		0.41	
梅州市	**14.07**		**3.25**	**0.63**	**0.52**	**4.84**	**4.83**
市辖区							
梅江区	0.09					0.09	
梅县区	4.67		0.53		0.40	2.00	1.74
大埔县	0.90		0.04			0.86	
丰顺县	1.18			0.01	0.01	0.13	1.03
五华县	1.84		0.01	0.53	0.02	1.28	
平远县	0.54		0.24		0.06	0.09	0.15
蕉岭县	0.48			0.05		0.36	0.07
兴宁市	4.37		2.43	0.04	0.03	0.03	1.84
惠州市	**10.28**		**3.43**	**0.03**	**0.02**	**2.74**	**4.06**
市辖区							
惠城区	1.35		0.52		0.01		0.82
惠阳区	1.33		1			0.33	
博罗县	3.06		0.29	0.03		0.70	2.04
惠东县	3.33		1.62			1.71	
龙门县	1.21				0.01		1.2

5-13 续表 2

(2017年) 单位：千公顷

市 别	合计	梯田	水土保持林	经济林	种草	封禁治理	其他
汕尾市	**0.02**					**0.02**	
市辖区							
城区							
海丰县							
陆河县	0.02					0.02	
陆丰市							
东莞市	**0.24**		**0.24**				
中山市	**0.06**		**0.06**				
江门市	**3.20**		**1.38**			**0.45**	**1.37**
市辖区	2.16		0.79				1.37
蓬江区							
江海区							
新会区	0.59		0.14			0.45	
台山市	0.36		0.36				
开平市	0.09		0.09				
鹤山市							
恩平市							
阳江市	**1.67**		**1.06**			**0.61**	
市辖区	0.91		0.40			0.51	
江城区							
阳西县	0.13		0.13				
阳东县	0.09		0.09				
阳春市	0.54		0.44			0.1	
湛江市	**6.95**	**0.03**	**1.62**	**0.09**			**5.21**
市辖区	1.15		1.15				
赤坎区							
霞山区							
坡头区	0.28		0.28				
麻章区	0.1		0.1				
遂溪县	5.21						5.21
徐闻县							
廉江市							
雷州市	0.12	0.03		0.09			
吴川市	0.09		0.09				
茂名市	**2.85**	**0.08**	**1.69**	**0.22**	**0.16**	**0.07**	**0.63**
市辖区							
茂南区	0.21		0.03	0.02	0.16		
茂港区	1.72	0.03	0.93	0.19			0.57
电白县							
高州市	0.17	0.05	0.12				
化州市							
信宜市	0.75		0.61	0.01		0.07	0.06

5-13 续表 3

(2017年)　　单位：千公顷

市　别	合计	梯田	水土保持林	经济林	种草	封禁治理	其他
肇庆市	**9.11**		**0.12**	**0.57**	**0.05**	**0.71**	**7.66**
市辖区							
端州区							
鼎湖区							
广宁县	0.66		0.02	0.01	0.02	0.61	
怀集县	0.46			0.46			
封开县							
德庆县	0.33		0.10	0.10			0.13
高要市	5.09						5.09
四会市	2.57				0.03	0.10	2.44
清远市	**10.60**		**8.19**	**1.18**	**0.44**	**0.79**	
市辖区							
清城区	0.10		0.1				
佛冈县							
阳山县	2.00		1.51	0.49			
连山自治县	5		5				
连南自治县	0.74			0.1	0.04	0.6	
清新县	0.05		0.05				
英德市	0.81		0.03	0.59		0.19	
连州市	1.9		1.5		0.4		
潮州市	**6.35**		**0.32**			**5.28**	**0.75**
市辖区							
湘桥区	0.75						0.75
潮安县	5.60		0.32			5.28	
饶平县							
揭阳市	**2.29**		**1.42**	**0.87**			
市辖区							
榕城区							
揭东县	2.29		1.42	0.87			
揭西县							
惠来县							
普宁市							
云浮市	**2.92**						**2.92**
市辖区							
云城区							
新兴县	2.84						2.84
郁南县							
云安县							
罗定市	0.08						0.08

5-14 各县（市、区）已建水库、水电站数量

(2017年)

市 别	水库数量(座)						水库总库容(万立方米)		
	合计	大(1)型	大(2)型	中型	小(1)型	小(2)型	合计	大(1)型	大(2)型
全 省	**8389**	**7**	**30**	**342**	**1563**	**6447**	**4483027.69**	**2253450.00**	**641717.00**
广州市	**359**		**1**	**16**	**72**	**270**	**105138.99**		**37820.00**
市辖区									
荔湾区									
越秀区									
海珠区									
天河区	5				1	4	365.33		
白云区	40			1	9	30	5197.35		
黄埔区	24			2	8	14	5877.83		
番禺区	16				1	15	459.15		
花都区	73			4	13	56	16152.69		
南沙区	7					7	238.59		
萝岗区									
增城区	107			4	17	86	14340.91		
从化区	87		1	5	23	58	62507.14		37820.00
深圳市	**162**			**12**	**63**	**87**	**60456.00**		
市辖区									
罗湖区	8			1		7	4762.95		
福田区	4			1	1	2	1580.57		
南山区	3			2		1	5004.01		
宝安区	50			4	26	20	26505.49		
龙岗区	88			4	33	51	21176.27		
盐田区	9				3	6	1426.71		
珠海市	**63**			**4**	**22**	**37**	**15181.52**		
市辖区									
香洲区	20			2	9	9	5090.00		
斗门区	27			2	7	18	8115.51		
金湾区	16				6	10	1976.01		
汕头市	**206**			**8**	**33**	**165**	**31387.29**		
市辖区									
龙湖区									
金平区	3					3	188.00		
濠江区	25				5	20	1358.10		
潮阳区	89			1	15	73	8142.07		
潮南区	72			7	9	56	20693.00		
澄海区	7					7	142.00		
南澳县	10				4	6	864.12		
佛山市	**129**			**3**	**19**	**107**	**12413.21**		
市辖区									
禅城区									
南海区	30			1	6	23	3392.82		
顺德区									
三水区	31				6	25	2953.10		
高明区	68			2	7	59	6067.29		

5-14 续表 1

(2017年)

市别	水库总库容(万立方米)			水电站数量(座)					
	中型	小(1)型	小(2)型	合计	大(1)型	大(2)型	中型	小(1)型	小(2)型
全　省	**943348.40**	**458403.23**	**186109.06**	**9760**	**2**	**1**	**12**	**78**	**9667**
广州市	**37969.91**	**21603.54**	**7745.54**	**188**	**1**			**1**	**186**
市辖区									
荔湾区									
越秀区									
海珠区									
天河区		251.00	114.33						
白云区	1753.31	2569.27	874.77	2					2
黄埔区	2940.92	2487.48	449.43	3					3
番禺区		124.10	335.05						
花都区	10200.59	4453.11	1498.99	15					15
南沙区			238.59						
萝岗区									
增城区	6260.09	5818.62	2262.20	16					16
从化区	16815.00	5899.96	1972.18	152	1			1	150
深圳市	**37423.94**	**19564.19**	**3467.87**	**7**					**7**
市辖区									
罗湖区	4496.00		266.95	2					2
福田区	1309.62	173.00	97.95						
南山区	4992.81		11.20						
宝安区	17910.80	7474.94	1119.75						
龙岗区	8714.71	10753.12	1708.44	5					5
盐田区		1163.13	263.58						
珠海市	**8126.00**	**5902.25**	**1153.27**						
市辖区									
香洲区	2720.00	2087.00	283.00						
斗门区	5406.00	2170.53	538.98						
金湾区		1644.72	331.29						
汕头市	**18913.00**	**7760.50**	**4713.79**	**18**					**18**
市辖区									
龙湖区				1					1
金平区			188.00						
濠江区		873.30	484.80						
潮阳区	1793.00	4076.20	2272.87	1					1
潮南区	17120.00	2276.00	1297.00	11					11
澄海区			142.00	2					2
南澳县		535.00	329.12	3					3
佛山市	**3603.00**	**4813.61**	**3996.60**	**15**					**15**
市辖区									
禅城区									
南海区	1024.00	1314.51	1054.31						
顺德区				1					1
三水区		1935.00	1018.10	1					1
高明区	2579.00	1564.10	1924.19	13					13

5-14 续表 2

(2017年)

市 别	水库数量(座)						水库总库容(万立方米)		
	合计	大(1)型	大(2)型	中型	小(1)型	小(2)型	合计	大(1)型	大(2)型
韶关市	**638**	**1**	**5**	**32**	**94**	**506**	**371116.46**	**128050.00**	**103159.00**
市辖区									
武江区	28		1	1	2	24	22851.28		20400.00
浈江区	68			2	2	64	10081.14		
曲江区	46		2	2	3	39	45121.79		29416.00
始兴县	42			3	12	27	12401.14		
仁化县	55		1	5	6	43	42812.20		18943.00
翁源县	95			5	14	76	13602.73		
乳源自治县	51	1		4	12	34	147548.57	128050.00	
新丰县	35			1	15	19	6915.81		
乐昌市	69		1	3	14	51	46611.31		34400.00
南雄市	149			6	14	129	23170.49		
河源市	**781**	**2**		**19**	**93**	**667**	**1657319.67**	**1583600.00**	
市辖区									
源城区	26	1		1	5	19	1393119.11	1389600.00	
紫金县	75			3	11	61	9471.73		
龙川县	154	1		5	11	137	205319.60	194000.00	
连平县	177			1	19	157	12393.75		
和平县	166			2	8	156	8420.60		
东源县	183			7	39	137	28594.88		
梅州市	**716**		**3**	**18**	**140**	**555**	**150632.74**		**45312.00**
市辖区									
梅江区	36			2	7	27	7946.50		
梅县区	140			1	30	109	15736.36		
大埔县	48			3	8	37	21765.40		
丰顺县	65			2	9	54	8479.50		
五华县	193		1	3	31	158	33574.66		16500.00
平远县	41			2	9	30	10858.77		
蕉岭县	50		1	2	7	40	23039.75		17200.00
兴宁市	143		1	3	39	100	29231.80		11612.00
惠州市	**516**	**1**	**3**	**25**	**121**	**366**	**295559.47**	**122000.00**	**50005.00**
市辖区									
惠城区	91			7	19	65	25749.33		
惠阳区	70			4	18	48	14994.60		
博罗县	177		2	8	29	138	70052.50		25705.00
惠东县	107	1		3	32	71	138698.60	122000.00	
龙门县	71		1	3	23	44	46064.44		24300.00

5-14 续表 3

(2017年)

市 别	水库总库容(万立方米)			水电站数量(座)					
	中型	小(1)型	小(2)型	合计	大(1)型	大(2)型	中型	小(1)型	小(2)型
韶关市	**98728.76**	**27007.01**	**14171.69**	**2083**			**3**	**14**	**2066**
市辖区									
武江区	1086.00	454.00	911.28	90				1	89
浈江区	7989.00	556.28	1535.86	14				1	13
曲江区	13733.00	805.00	1167.79	150			1		149
始兴县	7247.00	4378.30	775.84	223				1	222
仁化县	20728.20	1907.00	1234.00	256				3	253
翁源县	8301.00	2870.71	2431.02	190					190
乳源自治县	16708.56	1923.71	866.30	414			2	6	406
新丰县	1250.00	5061.71	604.10	293					293
乐昌市	5088.00	5244.30	1879.01	263				2	261
南雄市	16598.00	3806.00	2766.49	190					190
河源市	**36228.40**	**22905.54**	**14585.73**	**785**		**1**	**1**	**8**	**775**
市辖区									
源城区	1798.00	1202.38	518.73	13		1			12
紫金县	4854.00	3107.90	1509.83	154					154
龙川县	5849.00	2795.20	2675.40	187			1	3	183
连平县	3173.00	5804.00	3416.75	216					216
和平县	3885.00	2363.20	2172.40	69				1	68
东源县	16669.40	7632.86	4292.62	146				4	142
梅州市	**55984.00**	**32562.61**	**16774.13**	**1630**			**4**	**15**	**1611**
市辖区									
梅江区	5964.00	1264.50	718.00	42				2	40
梅县区	5100.00	7410.20	3226.16	185				5	180
大埔县	19162.00	1548.30	1055.10	260			1	5	254
丰顺县	5362.00	1658.00	1459.50	290			2	3	285
五华县	4640.00	7046.70	5387.96	338					338
平远县	7618.00	2346.50	894.27	154					154
蕉岭县	3371.00	1604.31	864.44	186			1		185
兴宁市	4767.00	9684.10	3168.70	175					175
惠州市	**74686.99**	**36449.27**	**12418.21**	**321**	**1**			**3**	**317**
市辖区									
惠城区	17653.00	6040.00	2056.33	8					8
惠阳区	7300.00	6205.80	1488.80	2					2
博罗县	29513.99	10284.50	4549.01	63	1			1	61
惠东县	6815.00	7180.00	2703.60	144				1	143
龙门县	13405.00	6738.97	1620.47	104				1	103

5-14 续表 4

(2017年)

市 别	水库数量(座)						水库总库容(万立方米)		
	合计	大(1)型	大(2)型	中型	小(1)型	小(2)型	合计	大(1)型	大(2)型
汕尾市	**436**		**2**	**18**	**61**	**355**	**125979.03**		**43659.00**
市辖区									
城 区	59			1	16	42	7029.60		
海丰县	95		1	10	13	71	69855.18		33070.00
陆河县	134			2	7	125	14413.65		
陆丰市	148		1	5	25	117	34680.60		10589.00
东莞市	**122**			**8**	**48**	**66**	**41884.88**		
中山市	**39**			**1**	**17**	**21**	**9106.61**		
江门市	**603**		**4**	**30**	**162**	**407**	**251756.47**		**108210.00**
市辖区									
蓬江区	16			1	5	10	3767.09		
江海区									
新会区	83			7	24	52	19548.86		
台山市	200		1	11	59	129	89030.19		29640.00
开平市	144		2	3	37	102	54832.59		36770.00
鹤山市	74			2	18	54	11799.53		
恩平市	86		1	6	19	60	72778.21		41800.00
阳江市	**224**		**2**	**19**	**73**	**130**	**122408.86**		**45920.00**
市辖区									
江城区	21			2	6	13	7208.86		
阳西县	48			4	17	27	17679.42		
阳东县	41		1	7	14	19	38066.58		12700.00
阳春市	114		1	6	36	71	59454.00		33220.00
湛江市	**766**	**1**	**2**	**23**	**111**	**629**	**259816.58**	**114400.00**	**27335.00**
市辖区									
赤坎区	1				1		575.00		
霞山区	2				1	1	330.00		
坡头区	44				1	43	1311.50		
麻章区	91			1	9	81	6529.46		
遂溪县	78			1	20	57	10502.59		
徐闻县	119		1	5	32	81	37377.03		12700.00
廉江市	250	1	1	2	11	235	149146.48	114400.00	14635.00
雷州市	144			14	32	98	51767.13		
吴川市	37				4	33	2277.39		
茂名市	**627**	**1**	**1**	**12**	**76**	**537**	**191286.56**	**115000.00**	**11375.00**
市辖区									
茂南区	25			1	6	18	3049.26		
茂港区	36				2	34	1044.00		
电白县	121		1	4	13	103	31166.80		11375.00
高州市	254	1		2	28	223	130851.19	115000.00	
化州市	79			2	19	58	13211.22		
信宜市	112			3	8	101	11964.09		

5-14 续表 5

(2017年)

市别	水库总库容(万立方米)			水电站数量(座)					
	中型	小(1)型	小(2)型	合计	大(1)型	大(2)型	中型	小(1)型	小(2)型
汕尾市	**54333.60**	**18697.20**	**9289.23**	**145**			**1**		**144**
市辖区									
城　区	1075.00	4233.90	1720.70						
海丰县	29274.60	5289.00	2221.58	40					40
陆河县	9657.00	2487.00	2269.65	87			1		86
陆丰市	14327.00	6687.30	3077.30	18					18
东莞市	**21922.14**	**16759.56**	**3203.18**	**2**					**2**
中山市	**5040.00**	**3431.20**	**635.41**	**6**					**6**
江门市	**77171.00**	**51370.81**	**15004.66**	**262**				**1**	**261**
市辖区									
蓬江区	1427.00	1840.00	500.09						
江海区									
新会区	11452.00	6143.90	1952.96	32					32
台山市	32281.00	21459.00	5650.19	60					60
开平市	7240.00	7750.61	3071.98	46					46
鹤山市	4493.00	5763.00	1543.53	21					21
恩平市	20278.00	8414.30	2285.91	103				1	102
阳江市	**49235.50**	**23062.50**	**4190.86**	**494**				**3**	**491**
市辖区									
江城区	4616.10	2196.20	396.56	2					2
阳西县	12042.00	4640.00	997.42	51					51
阳东县	18844.40	5978.30	543.88	57					57
阳春市	13733.00	10248.00	2253.00	384				3	381
湛江市	**63331.00**	**38579.63**	**16170.95**	**82**					**82**
市辖区									
赤坎区		575.00							
霞山区		307.00	23.00						
坡头区		675.00	636.50						
麻章区	1559.00	2811.60	2158.86						
遂溪县	1626.00	7441.74	1434.85	5					5
徐闻县	11793.00	10598.72	2285.31	11					11
廉江市	11048.00	3247.23	5816.25	28					28
雷州市	37305.00	11944.74	2517.39	34					34
吴川市		978.60	1298.79	4					4
茂名市	**29395.50**	**22169.64**	**13346.42**	**562**				**2**	**560**
市辖区									
茂南区	1192.50	1262.70	594.06	2					2
茂港区		242.00	802.00						
电白县	14164.00	2768.00	2859.80	40					40
高州市	2238.00	8454.58	5158.61	212				1	211
化州市	4379.00	7062.36	1769.86	22					22
信宜市	7422.00	2380.00	2162.09	286				1	285

5-14 续表 6

(2017年)

市　别	水库数量(座)						水库总库容(万立方米)		
	合计	大(1)型	大(2)型	中型	小(1)型	小(2)型	合计	大(1)型	大(2)型
肇庆市	**557**			**23**	**78**	**456**	**104577.12**		
市辖区									
端州区	1				1		173.00		
鼎湖区	14			1	1	12	4519.20		
广宁县	53			1	4	48	7760.40		
怀集县	141			6	14	121	37212.30		
封开县	92			4	16	72	12681.00		
德庆县	61			5	11	45	14312.00		
高要市	132			3	20	109	14146.15		
四会市	63			3	11	49	13773.07		
清远市	**523**	**1**	**4**	**32**	**101**	**385**	**422092.28**	**190400.00**	**104480.00**
市辖区									
清城区	69	1		3	17	48	208101.65	190400.00	
佛冈县	29			1	9	19	5429.39		
阳山县	58			10	12	36	35325.81		
连山自治县	26			1	4	21	5431.22		
连南自治县	15			1	7	7	6024.89		
清新县	63			4	7	52	15580.40		
英德市	211		3	11	34	163	120729.22		86800.00
连州市	52		1	1	11	39	25469.70		17680.00
潮州市	**202**		**1**	**8**	**30**	**163**	**78541.22**		**38100.00**
市辖区									
湘桥区	18			1	2	15	5413.00		
潮安县	27			3	9	15	19795.75		
饶平县	157		1	4	19	133	53332.47		38100.00
揭阳市	**478**		**2**	**19**	**96**	**361**	**114566.02**		**26342.00**
市辖区									
榕城区	25			1		24	1835.00		
揭东县	55			2	9	44	12311.35		
揭西县	102		1	4	16	81	39253.83		15400.00
惠来县	149		1	7	35	106	40060.67		10942.00
普宁市	147			5	36	106	21105.17		
云浮市	**242**			**12**	**53**	**177**	**61806.71**		
市辖区									
云城区	22			1	7	14	4253.36		
新兴县	44			3	12	29	19923.04		
郁南县	43			3	7	33	15265.60		
云安县	26			1	4	21	3407.00		
罗定市	107			4	23	80	18957.71		

5-14 续表 7

(2017年)

市别	水库总库容(万立方米)			水电站数量(座)					
	中型	小(1)型	小(2)型	合计	大(1)型	大(2)型	中型	小(1)型	小(2)型
肇庆市	**72768.00**	**20250.26**	**11558.86**	**695**				**16**	**679**
市辖区									
端州区		173.00		3					3
鼎湖区	3964.00	120.00	435.20	7					7
广宁县	6300.00	690.00	770.40	175				4	171
怀集县	29952.00	3695.00	3565.30	262				6	256
封开县	6707.00	4208.00	1766.00	113				3	110
德庆县	10815.00	2669.00	828.00	81					81
高要市	5127.00	6250.26	2768.89	29					29
四会市	9903.00	2445.00	1425.07	25				3	22
清远市	**79003.66**	**35051.92**	**13156.70**	**1471**			**3**	**7**	**1461**
市辖区									
清城区	11974.00	3787.83	1939.82	22			1		21
佛冈县	1724.00	2929.00	776.39	67					67
阳山县	29997.00	4067.24	1261.57	241				2	239
连山自治县	2135.00	2545.62	750.60	255					255
连南自治县	3640.00	2040.09	344.80	235					235
清新县	12234.80	1996.00	1349.60	140				1	139
英德市	15448.86	12771.94	5708.42	314			2	3	309
连州市	1850.00	4914.20	1025.50	197				1	196
潮州市	**26695.00**	**9432.20**	**4314.02**	**202**				**3**	**199**
市辖区									
湘桥区	4505.90	473.00	434.10	10					10
潮安县	16365.10	2830.80	599.85	67				3	64
饶平县	5824.00	6128.40	3280.07	125					125
揭阳市	**50170.00**	**27689.83**	**10364.19**	**348**				**5**	**343**
市辖区									
榕城区	1138.00		697.00	1					1
揭东县	7246.00	3713.00	1352.35	36					36
揭西县	17045.00	5017.25	1791.58	124				5	119
惠来县	14999.00	11308.00	2811.67	40					40
普宁市	9742.00	7651.58	3711.59	147					147
云浮市	**42619.00**	**13339.96**	**5847.75**	**444**					**444**
市辖区									
云城区	2398.00	1396.00	459.36	44					44
新兴县	15728.00	3180.76	1014.28	104					104
郁南县	13251.00	994.00	1020.60	82					82
云安县	1401.00	1458.00	548.00	84					84
罗定市	9841.00	6311.20	2805.51	130					130

5-15 各县（市、区）已建泵站、水闸数量

（2017年）

市别	泵站数量(处)						水闸数量(座)					
	合计	大(1)型	大(2)型	中型	小(1)型	小(2)型	合计	大(1)型	大(2)型	中型	小(1)型	小(2)型
全　省	**15853**	**3**	**34**	**468**	**2372**	**12976**	**16008**	**13**	**131**	**729**	**2731**	**12404**
广州市	**1445**		**3**	**37**	**359**	**1046**	**1251**	**1**	**10**	**62**	**365**	**813**
市辖区												
荔湾区	43			2	35	6	49			3	10	36
越秀区	18		1		4	13	14			1	2	11
海珠区	17			1	13	3	61			6	24	31
天河区	19			1	8	10	9			3	3	3
白云区	351			6	65	280	162		1	5	26	130
黄埔区	6				4	2	29			2	14	13
番禺区	129			6	39	84	192		2	13	72	105
花都区	129			1	28	100	239		1	4	10	224
南沙区	350		2	11	88	249	252			18	139	95
萝岗区												
增城区	367			9	66	292	163	1	1	7	55	99
从化区	16				9	7	81		5		10	66
深圳市	**163**			**34**	**87**	**42**	**190**			**26**	**59**	**105**
市辖区												
罗湖区	20			7	9	4	6			4	1	1
福田区	6				5	1	3			2	1	
南山区	6			4	2		8			1	2	5
宝安区	115			18	63	34	155			15	50	90
龙岗区	14			5	8	1	18			4	5	9
盐田区	2					2						
珠海市	**257**		**2**	**8**	**68**	**179**	**233**		**1**	**27**	**185**	**20**
市辖区												
香洲区	11			3	3	5	25			7	16	2
斗门区	226		2	4	52	168	117		1	9	96	11
金湾区	20			1	13	6	91			11	73	7
汕头市	**409**			**8**	**119**	**282**	**998**	**2**	**6**	**38**	**177**	**775**
市辖区												
龙湖区	3				2	1	25		1	1	3	20
金平区	14				9	5	110		1	2	13	94
濠江区	5				3	2	100			2	7	91
潮阳区	174			3	74	97	218		2	15	80	121
潮南区	116			4	17	95	213			17	59	137
澄海区	97			1	14	82	324	2	2	1	14	305
南澳县							8				1	7
佛山市	**1501**		**8**	**133**	**303**	**1057**	**574**		**5**	**39**	**206**	**324**
市辖区												
禅城区	54			20	19	15	47			5	28	14
南海区	616		1	51	131	433	208		1	23	86	98
顺德区	164		5	46	78	35	202		1	8	75	118
三水区	615		1	11	51	552	62		2	2	15	43
高明区	52		1	5	24	22	55		1	1	2	51

5-15 续表 1

(2017年)

市 别	泵站数量(处)						水闸数量(座)					
	合计	大(1)型	大(2)型	中型	小(1)型	小(2)型	合计	大(1)型	大(2)型	中型	小(1)型	小(2)型
韶关市	**845**				**11**	**834**	**122**	**3**	**13**	**12**	**18**	**76**
市辖区												
武江区	24					24	2	1	1			
浈江区	54				1	53	1			1		
曲江区	12				1	11	5	1				4
始兴县	92				1	91	12		3			9
仁化县	81				5	76	5	1	4			
翁源县	36					36	3		1	1		1
乳源自治县	6				1	5	52				17	35
新丰县	12					12	1		1			
乐昌市	222				2	220	26		1			25
南雄市	306					306	15		2	10	1	2
河源市	**492**				**18**	**474**	**42**	**1**		**1**	**1**	**39**
市辖区												
源城区	17				2	15						
紫金县	157					157	20					20
龙川县	151					151	2	1				1
连平县	14				2	12	7			1		6
和平县	33				1	32	5					5
东源县	120				13	107	8				1	7
梅州市	**434**		**1**	**10**	**122**	**301**	**1057**			**17**	**35**	**1005**
市辖区												
梅江区	31		1	2	13	15	22			1	4	17
梅县区	113			2	17	94	79			2	3	74
大埔县	25			1	9	15	15					15
丰顺县	27				12	15	111				1	110
五华县	123			2	47	74	161				13	148
平远县	13					13	12			2		10
蕉岭县	38			1	16	21	137			7	6	124
兴宁市	64			2	8	54	520			5	8	507
惠州市	**719**		**6**	**33**	**91**	**589**	**682**	**2**	**8**	**40**	**120**	**512**
市辖区												
惠城区	236		5	18	36	177	147			10	41	96
惠阳区	68		1	3	9	55	53				10	43
博罗县	268			10	36	222	176	1	2	12	35	126
惠东县	77			2	5	70	141	1	1	16	24	99
龙门县	70				5	65	165		5	2	10	148

5-15 续表 2

（2017年）

市别	泵站数量(处)						水闸数量(座)					
	合计	大(1)型	大(2)型	中型	小(1)型	小(2)型	合计	大(1)型	大(2)型	中型	小(1)型	小(2)型
汕尾市	**402**			**1**	**47**	**354**	**1488**		**5**	**67**	**259**	**1157**
市辖区												
城　区	13				3	10	307			30	99	178
海丰县	167			1	4	162	561		3	15	47	496
陆河县	30				1	29	214			6	70	138
陆丰市	192				39	153	406		2	16	43	345
东莞市	**371**	**2**	**2**	**91**	**193**	**83**	**472**		**3**	**57**	**226**	**186**
中山市	**460**	**1**	**2**	**24**	**109**	**324**	**388**		**4**	**20**	**114**	**250**
江门市	**2008**		**1**	**13**	**269**	**1725**	**1993**		**10**	**39**	**276**	**1668**
市辖区												
蓬江区	116			5	57	54	80			3	7	70
江海区	30			3	9	18	35			1	20	14
新会区	390			1	64	325	559			5	100	454
台山市	416			1	37	378	1000		1	19	117	863
开平市	733			2	49	682	260		1	4	19	236
鹤山市	206		1	1	34	170	13			2	1	10
恩平市	117				19	98	46		8	5	12	21
阳江市	**374**			**2**	**46**	**326**	**640**		**2**	**30**	**78**	**530**
市辖区												
江城区	119			1	6	112	156		1	16	32	107
阳西县	10				2	8	170			5	29	136
阳东县	22				3	19	169		1	7	10	151
阳春市	223			1	35	187	145			2	7	136
湛江市	**1106**			**1**	**25**	**1080**	**1494**		**11**	**55**	**118**	**1310**
市辖区												
赤坎区	2					2	2					2
霞山区	65					65	17			1		16
坡头区	88				1	87	186			3	7	176
麻章区	19				1	18	300			6	25	269
遂溪县	23			1	5	17	90			2	24	64
徐闻县	15					15	216			3	13	200
廉江市	449					449	279		5	22	13	239
雷州市	129				14	115	120		1	14	9	96
吴川市	316				4	312	284		5	4	27	248
茂名市	**1660**		**1**	**12**	**79**	**1568**	**1236**		**27**	**66**	**157**	**986**
市辖区												
茂南区	271		1	4	21	245	141		3	5	4	129
茂港区	115					115	91			4	21	66
电白县	184				3	181	299		3	5	63	228
高州市	417			8	16	393	329		5	13	32	279
化州市	615				39	576	148		6	17	30	95
信宜市	58					58	228		10	22	7	189

5-15 续表 3

（2017年）

市别	泵站数量(处)						水闸数量(座)					
	合计	大(1)型	大(2)型	中型	小(1)型	小(2)型	合计	大(1)型	大(2)型	中型	小(1)型	小(2)型
肇庆市	**788**		**5**	**27**	**208**	**548**	**532**		**3**	**14**	**74**	**441**
市辖区												
端州区	11		1	2		8	2				2	
鼎湖区	94			9	22	63	29			2	12	15
广宁县	45				26	19	40			2	11	27
怀集县	48					48	60					60
封开县	10			1	3	6	24			2	3	19
德庆县	98		1		17	80	102			2	6	94
高要市	326		2	11	86	227	238			3	38	197
四会市	156		1	4	54	97	37		3	3	2	29
清远市	**896**		**1**	**19**	**60**	**816**	**680**	**2**	**6**	**29**	**54**	**589**
市辖区												
清城区	278			9	33	236	133				25	108
佛冈县	13				2	11	9				1	8
阳山县	44					44	57			1	6	50
连山自治县	7					7	5			5		
连南自治县	10				2	8	17			4		13
清新县	364		1	5	11	347	191		2	1	6	182
英德市	85			5	10	70	169	2	4	17	7	139
连州市	95				2	93	99			1	9	89
潮州市	**467**			**3**	**36**	**428**	**519**	**1**	**6**	**15**	**43**	**454**
市辖区												
湘桥区	83			1	12	70	123		2	4	10	107
潮安县	276			2	19	255	182	1		1	14	166
饶平县	108				5	103	214		4	10	19	181
揭阳市	**634**		**1**	**9**	**92**	**532**	**1055**	**1**	**8**	**40**	**156**	**850**
市辖区												
榕城区	101			1	5	95	126			5	16	105
揭东县	50		1	2	7	40	90	1	1	6	7	75
揭西县	176			5	10	161	303		4	4	31	264
惠来县	186				42	144	231		2	11	54	164
普宁市	121			1	28	92	305		1	14	48	242
云浮市	**422**		**1**	**3**	**30**	**388**	**362**		**3**	**35**	**10**	**314**
市辖区												
云城区	19				2	17	18				4	14
新兴县	119				1	118	214			30	3	181
郁南县	72			2	17	53	47			3		44
云安县	35		1	1	9	24	10			2	3	5
罗定市	177				1	176	73		3			70

5-16 各县（市、区）已建农村集中式供水工程、机电井数量

（2017年）

市别	农村集中式供水工程数量(处)				机电井数量(眼)					
	合计	千吨万人以上	千人以上	其他	合计	规模以上机电井	浅层地下水机电井	深层承压水机电井	规模以下机电井	浅层地下水机电井
全　省	**44356**	**909**	**4840**	**38607**	**1233650**	**12415**	**10695**	**1720**	**1221235**	**1221235**
广州市	**413**	**50**	**170**	**193**	**31736**	**1292**	**1285**	**7**	**30444**	**30444**
市辖区										
荔湾区					409				409	409
越秀区					1	1	1			
海珠区										
天河区	2	2			426	16	16		410	410
白云区	32	6	8	18	21798	129	126	3	21669	21669
黄埔区	16		16		67	27	27		40	40
番禺区					1444	6	6		1438	1438
花都区	87	11	67	9	6502	154	154		6348	6348
南沙区	7	7			8				8	8
萝岗区										
增城区	102	10	59	33	263	167	167		96	96
从化区	167	14	20	133	818	792	788	4	26	26
深圳市					**3126**	**2247**	**2247**		**879**	**879**
市辖区										
罗湖区					22	13	13		9	9
福田区					6	5	5		1	1
南山区					232	206	206		26	26
宝安区					2302	1758	1758		544	544
龙岗区					560	262	262		298	298
盐田区					4	3	3		1	1
珠海市					**753**	**46**	**46**		**707**	**707**
市辖区										
香洲区					662	19	19		643	643
斗门区					80	16	16		64	64
金湾区					11	11	11			
汕头市	**167**	**54**	**83**	**30**	**2197**	**48**	**48**		**2149**	**2149**
市辖区										
龙湖区	2	2			2	2	2			
金平区					88				88	88
濠江区					15	5	5		10	10
潮阳区	75	27	42	6						
潮南区	56	10	32	14	2090	39	39		2051	2051
澄海区	9	8	1		2	2	2			
南澳县	25	7	8	10						
佛山市	**324**	**21**	**81**	**222**	**1137**	**68**	**64**	**4**	**1069**	**1069**
市辖区										
禅城区										
南海区	141	11	6	124	398	3	2	1	395	395
顺德区	10	7	1	2	612	16	16		596	596
三水区	28	1	7	20	95	43	40	3	52	52
高明区	145	2	67	76	32	6	6		26	26

5-16 续表 1

（2017年）

市别	农村集中式供水工程数量(处)				机电井数量(眼)					
	合计	千吨万人以上	千人以上	其他	合计	规模以上机电井	浅层地下水机电井	深层承压水机电井	规模以下机电井	浅层地下水机电井
韶关市	**3245**	**18**	**245**	**2982**	**38891**	**118**	**118**		**38773**	**38773**
市辖区										
武江区	73		20	53	1499	32	32		1467	1467
浈江区	90		14	76	7515	11	11		7504	7504
曲江区	317		27	290	2570	33	33		2537	2537
始兴县	141	2	21	118	10885				10885	10885
仁化县	555	2	13	540	439	2	2		437	437
翁源县	371	3	38	330	1263	13	13		1250	1250
乳源自治县	246	3	16	227	220	3	3		217	217
新丰县	543	1	37	505	3958	24	24		3934	3934
乐昌市	795	1	27	767	3005				3005	3005
南雄市	114	6	32	76	7537				7537	7537
河源市	**6506**	**30**	**536**	**5940**	**40789**	**81**	**74**	**7**	**40708**	**40708**
市辖区										
源城区	3	1	2		2	2	1	1		
紫金县	2191	5	73	2113	24718	33	31	2	24685	24685
龙川县	3059	6	182	2871	6800	15	11	4	6785	6785
连平县	574	6	67	501	2	2	2			
和平县	287	1	122	164	2135	24	24		2111	2111
东源县	392	11	90	291	7132	5	5		7127	7127
梅州市	**4543**	**45**	**496**	**4002**	**26336**	**112**	**112**		**26224**	**26224**
市辖区										
梅江区	78		3	75	564	1	1		563	563
梅县区	199	9	56	134	4025	40	40		3985	3985
大埔县	415		66	349	446	11	11		435	435
丰顺县	1728	7	62	1659	740	12	12		728	728
五华县	961	11	193	757	3022	11	11		3011	3011
平远县	134	2	19	113	282	12	12		270	270
蕉岭县	415	6	24	385	3349	6	6		3343	3343
兴宁市	613	10	73	530	13908	19	19		13889	13889
惠州市	**1198**	**86**	**313**	**799**	**84502**	**314**	**314**		**84188**	**84188**
市辖区										
惠城区	183	14	54	115	23523	42	42		23481	23481
惠阳区	74	13	33	28	11378	26	26		11352	11352
博罗县	121	29	39	53	24509	91	91		24418	24418
惠东县	331	24	127	180	15419	93	93		15326	15326
龙门县	489	6	60	423	9673	62	62		9611	9611

5-16 续表 2

(2017年)

市别	农村集中式供水工程数量(处)				机电井数量(眼)					
	合计	千吨万人以上	千人以上	其他	合计	规模以上机电井	浅层地下水机电井	深层承压水机电井	规模以下机电井	浅层地下水机电井
汕尾市	**170**	**40**	**63**	**67**	**45969**	**51**	**51**		**45918**	**45918**
市辖区										
城区	6	5	1							
海丰县	35	15	13	7	11341	9	9		11332	11332
陆河县	110	4	46	60	1751	37	37		1714	1714
陆丰市	19	16	3		32877	5	5		32872	32872
东莞市	**93**	**91**	**2**		**1901**	**56**	**56**		**1845**	**1845**
中山市	**13**	**10**	**3**		**2705**	**24**	**24**		**2681**	**2681**
江门市	**786**	**55**	**138**	**593**	**11787**	**230**	**218**	**12**	**11557**	**11557**
市辖区										
蓬江区					460	2	2		458	458
江海区										
新会区	44	13	16	15	503	22	19	3	481	481
台山市	141	19	60	62	60	15	12	3	45	45
开平市	176	13	29	134	5023	80	80		4943	4943
鹤山市	102	7	17	78	5403	48	42	6	5355	5355
恩平市	323	3	16	304	338	63	63		275	275
阳江市	**327**	**54**	**126**	**147**	**93143**	**54**	**54**		**93089**	**93089**
市辖区										
江城区	44	10	34		15714	17	17		15697	15697
阳西县	187	9	50	128	13806	9	9		13797	13797
阳东县	80	25	36	19	24930	26	26		24904	24904
阳春市	16	10	6		38693	2	2		38691	38691
湛江市	**2202**	**34**	**940**	**1228**	**238508**	**6051**	**4366**	**1685**	**232457**	**232457**
市辖区										
赤坎区	6		4	2	1270	51	16	35	1219	1219
霞山区	7	2	5		3404	133	71	62	3271	3271
坡头区	149	3	47	99	16566	415	394	21	16151	16151
麻章区	144	3	111	30	30697	1524	638	886	29173	29173
遂溪县	732	1	163	568	33150	1648	1627	21	31502	31502
徐闻县	363	4	179	180	76930	654	250	404	76276	76276
廉江市	243	13	63	167	17050	385	385		16665	16665
雷州市	341		279	62	40415	1067	811	256	39348	39348
吴川市	217	8	89	120	19026	174	174		18852	18852
茂名市	**10981**	**75**	**205**	**10701**	**353123**	**940**	**940**		**352183**	**352183**
市辖区										
茂南区	10	7	3		27623	17	17		27606	27606
茂港区	36	13	23		31403	7	7		31396	31396
电白县	33	20	2	11	56274	155	155		56119	56119
高州市	1336	9	39	1288	113630	188	188		113442	113442
化州市	141	24	14	103	88955	552	552		88403	88403
信宜市	9425	2	124	9299	35238	21	21		35217	35217

5-16 续表 3

（2017年）

市别	农村集中式供水工程数量(处)				机电井数量(眼)					
	合计	千吨万人以上	千人以上	其他	合计	规模以上机电井	浅层地下水机电井	深层承压水机电井	规模以下机电井	浅层地下水机电井
肇庆市	**6553**	**41**	**432**	**6080**	**29376**	**353**	**351**	**2**	**29023**	**29023**
市辖区										
端州区	27	1	4	22	22	22	22			
鼎湖区	352	1	43	308	2214	64	64		2150	2150
广宁县	2422	8	32	2382	2054	26	26		2028	2028
怀集县	350	15	24	311	8899	14	13	1	8885	8885
封开县	1093	3	48	1042	2207	4	3	1	2203	2203
德庆县	632	7	101	524	92	92	92			
高要市	1240		158	1082	284	112	112		172	172
四会市	437	6	22	409	13604	19	19		13585	13585
清远市	**3476**	**56**	**489**	**2931**	**109641**	**207**	**206**	**1**	**109434**	**109434**
市辖区										
清城区	30	11	11	8	61085	43	43		61042	61042
佛冈县	43	4	30	9	18108	33	33		18075	18075
阳山县	663	2	78	583	4507	7	7		4500	4500
连山自治县	423		15	408						
连南自治县	98		21	77	23	2	2		21	21
清新县	694	11	92	591	19482	14	13	1	19468	19468
英德市	996	22	141	833	5452	108	108		5344	5344
连州市	529	6	101	422	984				984	984
潮州市	**417**	**33**	**149**	**235**	**20686**	**19**	**18**	**1**	**20667**	**20667**
市辖区										
湘桥区	11	3	5	3	4268				4268	4268
潮安县	242	17	26	199	11167	5	5		11162	11162
饶平县	164	13	118	33	5251	14	13	1	5237	5237
揭阳市	**180**	**70**	**96**	**14**	**61898**	**27**	**27**		**61871**	**61871**
市辖区										
榕城区	11	10	1							
揭东县	10	8	2		36899				36899	36899
揭西县	58	12	39	7	38				38	38
惠来县	62	25	37		11377	12	12		11365	11365
普宁市	39	15	17	7	13584	15	15		13569	13569
云浮市	**2762**	**46**	**273**	**2443**	**35446**	**77**	**76**	**1**	**35369**	**35369**
市辖区										
云城区	292		60	232	401	13	13		388	388
新兴县	566	6	55	505	6528	36	36		6492	6492
郁南县	354	2	66	286	5704	5	5		5699	5699
云安县	420	4	25	391	39	7	7		32	32
罗定市	1130	34	67	1029	22774	16	15	1	22758	22758

六、国民经济概况

6-1 国民经济核算主要指标

指　　标	单　位	2000	2015	2016	2017
地区生产总值	亿元	10810.21	73876.37	80666.72	89705.23
第一产业	亿元	986.32	3189.76	3500.49	3611.44
第二产业	亿元	5055.71	33642.00	35109.66	38008.06
第三产业	亿元	4768.18	37044.61	42056.57	48085.73
地区生产总值增长速度	%	111.7	108.0	107.5	107.5
第一产业	%	102.3	103.4	103.1	103.6
第二产业	%	112.3	106.9	106.1	106.5
第三产业	%	113.4	109.5	109.2	108.7
地区生产总值构成	%	100.0	100.0	100.0	100.0
第一产业	%	9.1	4.3	4.4	4.0
第二产业	%	46.8	45.5	43.5	42.4
第三产业	%	44.1	50.2	52.1	53.6
地区生产总值贡献率	%	100.0	100.0	100.0	100.0
第一产业	%	1.9	1.6	1.8	2.0
第二产业	%	60.2	42.8	36.8	39.0
第三产业	%	37.9	55.5	61.4	59.1
地区生产总值拉动率	%	11.7	8.0	7.5	7.5
第一产业	%	0.2	0.1	0.1	0.1
第二产业	%	7.1	3.4	2.8	2.9
第三产业	%	4.4	4.4	4.6	4.5

注：国民经济核算数据绝对数按当年价格计算，速度和指数按不变价格计算。

6-2 地区生产总值

单位：亿元

年份	地区生产总值	第一产业	第二产业	第三产业
1978	185.85	55.31	86.62	43.92
1979	209.34	66.62	91.65	51.06
1980	249.65	82.97	102.53	64.14
1981	290.36	94.30	120.34	75.71
1982	339.92	118.17	135.37	86.39
1983	368.75	121.24	152.27	95.24
1984	458.74	145.25	187.55	125.93
1985	577.38	171.87	229.82	175.69
1986	667.53	188.37	255.88	223.28
1987	846.69	232.14	330.35	284.20
1988	1155.37	306.50	460.17	388.70
1989	1381.39	351.73	554.13	475.53
1990	1559.03	384.59	615.86	558.58
1991	1893.30	416.00	782.67	694.63
1992	2447.54	465.83	1100.32	881.39
1993	3469.28	558.70	1704.88	1205.70
1994	4619.02	692.25	2253.25	1673.52
1995	5940.34	864.49	2906.27	2169.58
1996	6848.23	935.24	3318.51	2594.48
1997	7792.97	978.32	3719.69	3094.96
1998	8555.33	994.55	4087.41	3473.37
1999	9289.64	1009.01	4391.33	3889.30
2000	10810.21	986.32	5055.71	4768.18
2001	12126.59	988.84	5577.91	5559.84
2002	13601.89	1015.08	6224.73	6362.08
2003	15959.25	1072.91	7687.81	7198.53
2004	19005.61	1248.59	9398.61	8358.41
2005	22723.29	1428.27	11497.85	9797.17
2006	26800.32	1532.17	13655.80	11612.35
2007	32063.91	1705.69	16252.47	14105.75
2008	37138.85	1969.46	18813.11	16356.28
2009	39923.24	1996.38	19718.72	18208.14
2010	46544.63	2254.49	23296.73	20993.41
2011	53908.59	2614.59	26733.70	24560.30
2012	57924.76	2778.48	27981.32	27164.96
2013	63357.92	2876.42	29837.46	30644.04
2014	68777.25	3038.71	32357.19	33381.35
2015	73876.37	3189.76	33642.00	37044.61
2016	80666.72	3500.49	35109.66	42056.57
2017	89705.23	3611.44	38008.06	48085.73

注：1.2004年及以前年份第一产业不包括农林牧渔服务业，交通运输仓储和邮政业包括电信业，但不包括城市公共交通业，批发与零售业包括餐饮业（以下相关表同）。
2.2013年起，三次产业分类依据国家统计局2012年制定的《三次产业划分规定》执行（以下相关表同）。

6-3 地区生产总值指数

年份	地区生产总值(上年=100)	第一产业	第二产业	第三产业	地区生产总值(1978年=100)	第一产业	第二产业	第三产业
1978	101.0	104.3	97.1	101.2	100.0	100.0	100.0	100.0
1979	108.5	106.1	104.3	117.6	108.5	106.1	104.3	117.6
1980	116.6	112.7	116.9	122.1	126.5	119.6	121.9	143.5
1981	109.0	105.1	112.9	110.0	137.9	125.8	137.6	157.8
1982	112.0	111.9	111.5	112.5	154.4	140.8	153.4	177.5
1983	107.3	103.6	110.1	108.9	165.6	145.9	168.8	193.3
1984	115.6	112.5	118.8	115.7	191.4	164.1	200.6	223.7
1985	118.0	106.2	120.7	128.7	225.7	174.2	242.1	287.9
1986	112.7	105.6	108.1	124.7	254.5	184.0	261.6	359.0
1987	119.6	109.6	127.5	120.6	304.5	201.7	333.4	433.0
1988	115.8	106.6	124.9	113.7	352.6	215.0	416.5	492.6
1989	107.2	107.2	108.6	105.7	377.9	230.6	452.1	520.5
1990	111.6	107.3	112.7	113.4	421.6	247.4	509.3	590.1
1991	117.7	105.4	123.6	119.4	496.1	260.9	629.7	704.6
1992	122.1	105.6	133.4	119.0	605.8	275.4	840.2	838.6
1993	123.0	102.5	136.3	116.7	745.1	282.4	1145.2	979.1
1994	119.7	103.1	125.7	118.4	891.9	291.2	1439.6	1159.6
1995	115.7	105.4	118.9	114.7	1031.9	306.9	1712.2	1330.2
1996	111.3	104.9	112.7	111.5	1149.0	321.9	1929.8	1483.4
1997	111.2	104.7	112.9	110.7	1278.1	336.9	2179.7	1642.1
1998	110.9	103.8	112.5	110.4	1416.9	349.6	2452.0	1813.2
1999	110.3	103.9	110.8	111.3	1562.5	363.3	2717.2	2018.3
2000	111.7	102.3	112.3	113.4	1745.5	371.7	3052.5	2288.0
2001	110.5	102.2	110.7	112.0	1929.3	379.9	3380.5	2563.0
2002	112.4	104.3	113.7	112.5	2167.9	396.3	3843.3	2883.6
2003	114.8	102.2	120.2	111.3	2488.8	405.1	4618.8	3209.5
2004	114.7	104.1	118.6	112.0	2855.3	421.7	5478.9	3595.0
2005	114.2	104.9	115.3	114.2	3259.9	442.5	6315.8	4106.9
2006	114.9	104.2	117.2	113.7	3744.8	461.0	7401.0	4670.7
2007	115.0	103.2	117.3	113.7	4306.0	476.0	8682.2	5312.5
2008	110.5	103.9	111.6	109.8	4756.8	494.6	9690.5	5835.1
2009	109.9	105.1	109.1	111.5	5227.2	520.0	10567.5	6506.1
2010	112.5	104.5	114.6	110.8	5881.1	543.7	12106.1	7210.6
2011	110.2	104.4	110.5	110.4	6479.0	567.4	13378.0	7961.2
2012	108.3	103.9	107.3	109.8	7015.2	589.5	14355.9	8740.8
2013	108.5	102.4	107.6	110.0	7610.9	603.8	15452.3	9613.2
2014	107.8	103.3	107.9	108.0	8202.6	623.8	16678.2	10381.8
2015	108.0	103.4	106.9	109.5	8858.7	644.9	17835.7	11367.8
2016	107.5	103.1	106.1	109.2	9524.2	665.0	18917.6	12414.2
2017	107.5	103.6	106.5	108.7	10242.7	689.1	20155.2	13500.0

6-4 地区生产总值产业构成

单位：%

年 份	地区生产总值			
		第一产业	第二产业	第三产业
1978	100.0	29.8	46.6	23.6
1979	100.0	31.8	43.8	24.4
1980	100.0	33.2	41.1	25.7
1981	100.0	32.5	41.4	26.1
1982	100.0	34.8	39.8	25.4
1983	100.0	32.9	41.3	25.8
1984	100.0	31.7	40.9	27.4
1985	100.0	29.8	39.8	30.4
1986	100.0	28.2	38.3	33.5
1987	100.0	27.4	39.0	33.6
1988	100.0	26.5	39.8	33.7
1989	100.0	25.5	40.1	34.4
1990	100.0	24.7	39.5	35.8
1991	100.0	22.0	41.3	36.7
1992	100.0	19.0	45.0	36.0
1993	100.0	16.1	49.1	34.8
1994	100.0	15.0	48.8	36.2
1995	100.0	14.6	48.9	36.5
1996	100.0	13.6	48.5	37.9
1997	100.0	12.6	47.7	39.7
1998	100.0	11.6	47.8	40.6
1999	100.0	10.8	47.3	41.9
2000	100.0	9.1	46.8	44.1
2001	100.0	8.2	46.0	45.8
2002	100.0	7.4	45.8	46.8
2003	100.0	6.7	48.2	45.1
2004	100.0	6.6	49.4	44.0
2005	100.0	6.3	50.6	43.1
2006	100.0	5.7	51.0	43.3
2007	100.0	5.3	50.7	44.0
2008	100.0	5.3	50.7	44.0
2009	100.0	5.0	49.4	45.6
2010	100.0	4.8	50.1	45.1
2011	100.0	4.8	49.6	45.6
2012	100.0	4.8	48.3	46.9
2013	100.0	4.5	47.1	48.4
2014	100.0	4.4	47.1	48.5
2015	100.0	4.3	45.5	50.2
2016	100.0	4.4	43.5	52.1
2017	100.0	4.0	42.4	53.6

6-5 三次产业贡献率及三次产业对地区生产总值增长的拉动

年 份	三次产业贡献率(%)				三次产业对地区生产总值增长的拉动(百分点)			
	地区生产总值	第一产业	第二产业	第三产业	地区生产总值	第一产业	第二产业	第三产业
1979	100.0	30.0	16.6	53.4	8.5	2.6	1.4	4.5
1980	100.0	31.0	32.1	36.9	16.6	5.2	5.3	6.1
1981	100.0	22.4	45.4	32.2	9.0	2.0	4.1	2.9
1982	100.0	37.8	31.5	30.7	12.0	4.5	3.8	3.7
1983	100.0	18.7	45.1	36.2	7.3	1.4	3.3	2.6
1984	100.0	29.2	40.5	30.3	15.6	4.6	6.3	4.7
1985	100.0	12.2	39.8	48.0	18.0	2.2	7.2	8.6
1986	100.0	14.1	22.3	63.6	12.7	1.8	2.8	8.1
1987	100.0	14.7	47.3	38.0	19.6	2.9	9.3	7.4
1988	100.0	11.4	56.8	31.8	15.8	1.8	9.0	5.0
1989	100.0	25.5	46.2	28.3	7.2	1.8	3.3	2.1
1990	100.0	16.0	43.1	40.9	11.6	1.9	5.0	4.7
1991	100.0	7.5	53.1	39.4	17.7	1.3	9.4	7.0
1992	100.0	5.5	63.1	31.4	22.1	1.2	14.0	6.9
1993	100.0	2.1	72.0	25.9	23.0	0.5	16.5	6.0
1994	100.0	2.5	65.9	31.6	19.7	0.5	13.0	6.2
1995	100.0	4.7	64.0	31.3	15.7	0.7	10.0	4.9
1996	100.0	5.3	61.1	33.6	11.3	0.6	6.9	3.8
1997	100.0	4.8	63.6	31.6	11.2	0.5	7.2	3.5
1998	100.0	3.8	64.5	31.7	10.9	0.4	7.0	3.4
1999	100.0	3.9	59.9	36.2	10.3	0.4	6.2	3.7
2000	100.0	1.9	60.2	37.9	11.7	0.2	7.1	4.4
2001	100.0	1.9	47.7	50.4	10.5	0.2	5.0	5.3
2002	100.0	2.9	51.9	45.2	12.4	0.4	6.4	5.6
2003	100.0	1.2	64.6	34.2	14.8	0.2	9.6	5.1
2004	100.0	2.0	62.8	35.3	14.7	0.3	9.2	5.2
2005	100.0	2.2	55.3	42.4	14.2	0.3	7.8	6.0
2006	100.0	1.8	58.4	39.8	14.9	0.3	8.7	5.9
2007	100.0	1.2	59.6	39.1	15.0	0.2	8.9	5.9
2008	100.0	1.9	58.4	39.7	10.5	0.2	6.1	4.2
2009	100.0	2.5	48.7	48.8	9.9	0.2	4.8	4.8
2010	100.0	1.7	61.5	36.9	12.5	0.2	7.7	4.6
2011	100.0	2.1	51.7	46.2	10.2	0.2	5.3	4.7
2012	100.0	2.2	44.3	53.5	8.3	0.2	3.7	4.4
2013	100.0	1.2	44.7	54.1	8.5	0.1	3.8	4.6
2014	100.0	1.7	50.3	48.0	7.8	0.1	3.9	3.7
2015	100.0	1.6	42.8	55.5	8.0	0.1	3.4	4.4
2016	100.0	1.8	36.8	61.4	7.5	0.1	2.8	4.6
2017	100.0	2.0	39.0	59.1	7.5	0.1	2.9	4.5

注：1.三次产业贡献率指各产业增加值增量与GDP增量之比。
2.三次产业拉动指GDP增长速度与各产业贡献率之乘积。

6-6 人均地区生产总值及人均消费水平

年 份	人均地区生产总值		人均消费水平					
			全体居民		农村居民		城镇居民	
	绝对数（元）	增长速度（%）	绝对数（元）	增长速度（%）	绝对数（元）	增长速度（%）	绝对数（元）	增长速度（%）
1978	370		222		466		171	
1979	410	6.9	252	8.3	507	2.6	196	9.8
1980	481	14.8	302	14.9	620	12.7	228	14.1
1981	550	7.1	332	7.9	627	-1.9	260	13.3
1982	633	10.0	377	10.3	696	8.3	298	10.4
1983	675	5.6	403	7.2	764	8.5	310	5.1
1984	827	13.8	453	10.3	878	9.7	334	7.8
1985	1026	16.2	529	5.7	1038	10.2	372	-2.6
1986	1164	10.6	609	9.5	1146	8.4	430	6.3
1987	1443	17.0	754	6.4	1382	1.1	515	4.9
1988	1926	13.2	944	-3.5	1716	-6.8	651	0.5
1989	2251	4.8	1212	19.7	2188	15.0	831	23.1
1990	2484	9.1	1287	9.3	2263	4.7	896	12.9
1991	2941	14.7	1434	8.3	2712	14.8	906	0.2
1992	3699	18.8	1690	14.7	3210	15.7	1023	9.7
1993	5085	19.3	2308	20.5	4280	17.0	1347	17.6
1994	6530	15.5	3234	17.8	5870	15.7	1831	14.3
1995	8139	12.1	3991	10.1	7091	7.6	2206	8.4
1996	9157	8.7	4470	6.9	7660	2.3	2547	11.6
1997	10154	8.4	4612	-2.1	7807	-4.8	2597	-0.4
1998	10850	7.9	4796	4.2	8054	2.2	2681	5.8
1999	11463	7.3	5025	4.5	8598	5.9	2661	0.8
2000	12817	7.3	5305	0.2	9189	0.2	2680	-1.3
2001	13952	7.3	5445	1.9	9312	0.3	2759	3.0
2002	15478	11.1	6199	13.2	10358	10.2	2904	5.7
2003	17927	13.3	7342	17.0	11136	6.4	3032	3.4
2004	21032	13.0	8800	15.9	12409	7.9	3386	8.2
2005	24828	12.7	9799	10.0	13609	8.5	3915	13.2
2006	28762	12.8	10619	7.4	14695	6.9	4009	2.2
2007	33572	12.2	12336	12.9	16982	12.6	4401	5.0
2008	37988	7.9	13911	7.1	19101	7.1	4975	5.6
2009	39876	7.3	15243	10.9	20852	11.3	5533	6.9
2010	45252	9.5	17211	9.3	23159	7.5	6255	9.4
2011	51474	8.2	19578	7.9	25527	5.3	7854	14.1
2012	54908	7.5	21823	8.3	28269	7.9	8898	7.7
2013	59665	7.8	22083	6.4	27531	5.5	10841	8.0
2014	64374	7.1	24582	8.3	30216	6.9	12674	13.4
2015	68490	7.0	26365	6.8	32393	6.2	13344	7.5
2016	73844	6.2	28495	5.7	34667	4.9	14784	7.0
2017	80932	6.0	30762	5.2	37257	4.3	15943	7.6

注：2006—2009 年根据2010年全国人口普查快速汇总数据进行平滑调整，本表人均地区生产总值是人口平滑后的数据(以下相关表同)。

6-7 人均地区生产总值及人均消费水平指数

年 份	人均地区生产总值		人均消费水平					
			全体居民		农村居民		城镇居民	
	绝对数(元)	1978年为100(%)	绝对数(元)	1978年为100(%)	绝对数(元)	1978年为100(%)	绝对数(元)	1978年为100(%)
1978	370	100.0	222	100.0	466	100.0	171	100.0
1979	410	106.9	252	108.3	507	102.6	196	109.8
1980	481	122.6	302	124.4	620	115.6	228	125.2
1981	550	131.3	332	134.2	627	113.4	260	141.9
1982	633	144.4	377	148.1	696	122.8	298	156.7
1983	675	152.5	403	158.7	764	133.3	310	164.8
1984	827	173.5	453	175.0	878	146.3	334	177.6
1985	1026	201.6	529	184.9	1038	161.2	372	172.9
1986	1164	223.1	609	202.5	1146	174.7	430	183.7
1987	1443	260.9	754	215.6	1382	176.6	515	192.6
1988	1926	295.4	944	208.1	1716	164.6	651	193.6
1989	2251	309.6	1212	249.0	2188	189.3	831	238.2
1990	2484	337.7	1287	272.1	2263	198.2	896	269.0
1991	2941	387.5	1434	294.7	2712	227.5	906	269.5
1992	3699	460.3	1690	338.1	3210	263.2	1023	295.7
1993	5085	549.0	2308	407.5	4280	308.1	1347	347.8
1994	6530	633.9	3234	480.2	5870	356.5	1831	397.6
1995	8139	710.7	3991	528.9	7091	383.5	2206	430.8
1996	9157	772.3	4470	565.4	7660	392.3	2547	480.6
1997	10154	837.1	4612	553.4	7807	373.5	2597	478.6
1998	10850	903.2	4796	576.9	8054	381.6	2681	506.5
1999	11463	969.2	5025	602.6	8598	404.2	2661	510.6
2000	12817	1040.2	5305	603.5	9189	405.0	2680	503.8
2001	13952	1115.7	5445	615.2	9312	406.3	2759	519.0
2002	15478	1240.1	6199	696.1	10358	447.6	2904	548.8
2003	17927	1405.2	7342	814.5	11136	476.2	3032	567.2
2004	21032	1588.2	8800	944.4	12409	513.8	3386	613.6
2005	24828	1790.3	9799	1039.1	13609	557.5	3915	694.6
2006	28762	2020.1	10619	1116.3	14695	596.2	4009	710.0
2007	33572	2266.2	12336	1260.1	16982	671.2	4401	745.3
2008	37988	2445.7	13911	1349.9	19101	718.9	4975	787.2
2009	39876	2624.3	15243	1496.7	20852	800.0	5533	841.4
2010	45252	2874.1	17211	1636.2	23159	860.0	6255	920.6
2011	51474	3109.6	19578	1765.5	25527	905.6	7854	1050.4
2012	54908	3342.5	21823	1911.4	28269	977.1	8898	1131.6
2013	59665	3602.6	22083	2034.4	27531	1030.9	10841	1222.2
2014	64374	3859.1	24582	2204.1	30216	1102.4	12674	1385.6
2015	68490	4128.2	26365	2353.9	32393	1170.7	13344	1489.5
2016	73844	4382.4	28495	2488.1	34667	1228.1	14784	1593.8
2017	80932	4645.0	30762	2617.5	37257	1280.9	15943	1714.9

6-8　各市地区生产总值及增长速度

(2017年)

市　别	地区生产总值(亿元)	第一产业	第二产业	第三产业	地区生产总值增长速度(%)	第一产业	第二产业	第三产业
广　州	21503.15	220.45	6011.01	15271.69	7.0	2.2	4.6	8.2
深　圳	22490.06	19.57	9318.10	13152.39	8.8	27.0	9.2	8.4
珠　海	2675.18	48.82	1287.19	1339.17	10.8	8.7	10.9	10.8
汕　头	2350.97	103.39	1182.68	1064.91	9.2	4.0	8.8	10.2
佛　山	9398.52	133.65	5424.65	3840.22	8.3	2.0	8.2	8.5
韶　关	1245.26	148.59	420.98	675.69	6.8	4.4	4.3	8.8
河　源	946.16	102.46	376.52	467.18	5.1	4.1	0.6	9.6
梅　州	1075.43	187.76	358.29	529.38	6.8	2.8	4.4	10.3
惠　州	3830.58	166.57	2017.20	1646.81	7.6	4.5	2.5	15.0
汕　尾	850.91	124.42	383.59	342.89	8.1	5.6	8.2	8.7
东　莞	7582.09	22.85	3663.23	3896.01	8.1	2.1	10.7	5.7
中　山	3430.31	55.64	1724.97	1649.71	6.6	-6.4	4.8	9.3
江　门	2690.25	187.35	1324.96	1177.94	8.1	2.6	9.2	7.9
阳　江	1311.45	211.46	484.50	615.50	6.2	2.3	4.3	9.9
湛　江	2806.88	491.17	1058.97	1256.74	6.8	3.0	7.6	7.7
茂　名	2904.07	470.23	1131.24	1302.60	7.5	3.7	5.5	10.8
肇　庆	2110.01	326.62	771.53	1011.86	5.2	3.6	2.3	9.9
清　远	1469.34	218.90	501.15	749.29	4.2	4.7	-0.4	7.6
潮　州	1012.76	70.56	505.55	436.66	6.8	5.3	5.5	8.8
揭　阳	1987.89	156.99	1043.84	787.07	5.0	4.0	2.8	9.0
云　浮	803.56	142.65	316.44	344.48	5.3	5.4	-1.0	12.2
按经济区域分								
珠三角	75710.14	1181.53	31542.82	42985.80	7.9	3.1	7.4	8.4
东　翼	6202.54	455.36	3115.66	2631.53	7.2	4.8	5.9	9.4
西　翼	7022.40	1172.86	2674.70	3174.84	7.0	3.2	6.0	9.4
山　区	5539.75	800.36	1973.38	2766.01	5.6	4.3	1.5	9.3

6-9 各市地区生产总值产业构成

(2017年)　　单位：%

市　别	地区生产总值	第一产业	第二产业	第三产业
广　州	100.0	1.0	28.0	71.0
深　圳	100.0	0.1	41.4	58.5
珠　海	100.0	1.8	48.1	50.1
汕　头	100.0	4.4	50.3	45.3
佛　山	100.0	1.4	57.7	40.9
韶　关	100.0	11.9	33.8	54.3
河　源	100.0	10.8	39.8	49.4
梅　州	100.0	17.5	33.3	49.2
惠　州	100.0	4.3	52.7	43.0
汕　尾	100.0	14.6	45.1	40.3
东　莞	100.0	0.3	48.3	51.4
中　山	100.0	1.6	50.3	48.1
江　门	100.0	7.0	49.2	43.8
阳　江	100.0	16.1	37.0	46.9
湛　江	100.0	17.5	37.7	44.8
茂　名	100.0	16.2	38.9	44.9
肇　庆	100.0	15.5	36.6	47.9
清　远	100.0	14.9	34.1	51.0
潮　州	100.0	7.0	49.9	43.1
揭　阳	100.0	7.9	52.5	39.6
云　浮	100.0	17.7	39.4	42.9
按经济区域分				
珠三角	100.0	1.5	41.7	56.8
东　翼	100.0	7.4	50.2	42.4
西　翼	100.0	16.7	38.1	45.2
山　区	100.0	14.5	35.6	49.9

6-10 各县（市、区）三次产业地区生产总值

单位：万元

县(市)区	第一产业		第二产业		第三产业	
	2016	2017	2016	2017	2016	2017
广州市						
越秀区			541072	581654	28672186	30963189
海珠区	7597	6335	2035359	2473571	13654921	14899356
荔湾区	47852	48068	2314367	2704368	8509971	8840221
天河区	3924	2969	3858919	3405869	34607730	39447335
白云区	283260	278883	3243881	3121162	12923973	14754676
黄埔区	59252	55928	19057928	19544876	11061004	12821502
花都区	292180	339006	6461152	6736282	5101483	5823961
番禺区	277733	273202	6445232	7418599	11036207	12030629
南沙区	490387	525398	8431132	8277076	4065463	4984776
从化区	217394	216929	1693336	1671272	1855608	2112845
增城区	480737	457799	5047035	4175350	5043401	6038430
深圳市						
福田区	18766	17809	2270533	2171179	33456313	36016704
罗湖区	10501	9894	772410	828707	18979548	20778368
盐田区	807	899	848428	879351	4553458	4979725
南山区	6171	17048	18760392	20783129	21018195	25377816
宝安区	24850	26002	20571920	23518385	17536023	19509998
龙岗区	11385	16997	25453877	28187227	12349917	13819680
龙华区	2528	2705	10776541	12321771	8066751	9069767
坪山区	7832	8528	3652412	4219754	1647485	1851113
珠海市						
香洲区	26203	29388	6040075	6871723	8822585	10663118
金湾区	68808	75854	3465822	4107003	1118070	1444176
斗门区	356533	383000	1639540	1893132	1132561	1284401
汕头市						
金平区	32672	30571	1530292	1668270	2733037	3132056
龙湖区	72177	66810	1251143	1360984	1787273	2145755
澄海区	319377	328397	2378834	2673807	1556764	1781560
濠江区	77911	81516	570193	637580	238284	323190
潮阳区	233640	241602	2402261	2636760	1066404	1249556
潮南区	201953	200886	2106602	2372549	1200618	1349567
南澳县	70662	78607	54292	59444	76031	86040
佛山市						
禅城区	3055	2667	7529884	7488358	8516267	9733936
南海区	451510	447007	14377634	14850837	9605513	11381077
顺德区	451051	440186	16540028	16969464	11441165	12749412
高明区	161139	160459	6055510	6448444	1448457	1804236
三水区	275711	286155	8327556	8489350	2381356	2733586
韶关市						
浈江区	61637	62240	327605	355643	1724722	1870542
武江区	57219	57193	902359	951626	1174260	1293273
曲江区	131190	132316	815211	1039168	555751	621210
乐昌市	210437	217145	205288	208275	649641	721142
南雄市	255166	259954	218599	209784	551548	616689
仁化县	165386	173073	361428	425857	459989	491002
始兴县	175726	183313	210962	224287	311434	350547
翁源县	205671	220114	199171	215294	439347	482243
新丰县	104663	108202	213351	232345	318289	354626
乳源县	65206	65750	337912	398150	310609	362642

6-10 续表 1

单位：万元

县(市)区	第一产业		第二产业		第三产业	
	2016	2017	2016	2017	2016	2017
河源市						
源城区	27370	27558	1891734	2074447	1499573	1688672
东源县	173342	172622	415676	389947	445493	622886
和平县	164000	167588	341632	369484	421830	488833
龙川县	250455	252012	319723	381892	725150	808954
紫金县	255242	260744	324771	354417	585384	652970
连平县	130620	144023	192967	195033	371134	409516
梅州市						
梅江区	91204	89463	1093909	1125634	983399	1098606
梅县区	438019	439564	690863	671724	703931	766347
兴宁市	413849	413116	395732	351378	811274	927356
平远县	110638	114050	272471	255077	368477	431790
蕉岭县	113022	114556	218177	227839	388714	430067
大埔县	197045	200220	242069	225155	352709	379356
丰顺县	214138	214720	425348	405264	370086	411132
五华县	290992	290532	370165	338676	709846	832630
惠州市						
惠城区	266441	264398	6527835	6487575	5751808	6643226
惠阳区	182728	178803	5750817	7201323	2750668	3302938
惠东县	416177	441767	2874446	2578590	2741232	3183481
博罗县	535764	520083	3393305	3396840	2271880	2483164
龙门县	228247	250610	821805	575778	743098	812195
汕尾市						
市城区	195939	221524	920407	797800	751438	829239
陆丰市	516993	548143	1054848	1184174	882264	955925
海丰县	283650	302806	1039739	1184521	1092018	1184060
陆河县	116289	105455	83228	121289	324158	359199
东莞市	227590	228500	32683016	36632267	36460212	38960113
中山市	609314	556391	17298470	17249686	14579051	16497053
江门市						
蓬江区	65854	45348	2788704	2639466	3187131	3802709
江海区	49623	43572	989545	1048257	572036	637171
新会区	374146	392540	3124763	3376662	1947887	2207038
台山市	615505	649235	1881575	2117329	1079693	1212032
开平市	290535	298190	1540049	1658345	1297384	1459139
鹤山市	221447	203270	1525749	1663087	1144408	1323131
恩平市	176157	187775	550206	569004	912966	1054356
阳江市						
江城区	215738	225808	1222019	1189348	1390232	1444110
阳东区	463814	489155	1457204	1436149	824285	879446
阳春市	606889	603595	1177555	1209819	1835009	1979916
阳西县	520208	539531	764330	755001	841617	932010

6-10 续表 2

单位：万元

县(市)区	第一产业		第二产业		第三产业	
	2016	2017	2016	2017	2016	2017
湛江市						
赤坎区	15759	15575	476883	513652	2384165	2567680
霞山区	21011	21849	1791715	1816227	2083077	2430922
麻章区	210276	233941	816201	932562	283063	345657
坡头区	171853	166872	1797017	1790619	468562	651410
雷州市	1010778	1103989	329429	289841	1373687	1478878
廉江市	970780	985707	2094157	2372761	1584207	1704464
吴川市	283084	288039	1083099	1218400	1105304	1190378
遂溪县	1003295	1070753	788193	821873	995577	1082014
徐闻县	709283	777642	109195	125897	714626	817489
茂名市						
茂南区	225954	277206	951954	1070117	1254487	1708336
电白区	1227279	1209491	2361082	2438181	2266616	2489250
信宜市	940550	978255	1303804	1323075	1837730	2223767
高州市	1146926	1209224	1604352	1870641	2295023	2581321
化州市	952179	1016617	1379879	1563958	2079176	2294132
肇庆市						
端州区	3168	2337	862297	502805	1220417	1474637
鼎湖区	156927	144814	570836	583982	328019	355618
高要区	730208	749705	2205148	1709391	1013967	1545287
四会市	519958	508859	3596086	2449153	1700922	2327733
广宁县	358763	386221	545872	455049	539019	625197
德庆县	264638	279338	510033	409460	518211	647974
封开县	409099	435324	490469	487584	536273	584850
怀集县	709734	747368	591642	412454	979254	1073735
清远市						
清城区	235182	229557	2207830	1899581	2424132	2915540
清新区	410607	417138	1016023	953573	1159692	1339535
英德市	494241	520398	844113	885400	1204304	1314465
连州市	352449	359742	307029	323115	712874	777798
佛冈县	129445	137347	545365	584417	502054	574257
阳山县	345440	343027	192491	189271	427339	437176
连山县	74004	78995	92056	82950	143650	152558
连南县	88728	89479	110668	109056	226332	242295
潮州市						
湘桥区	39312	40381	926105	853228	1090286	1275428
潮安区	192346	178938	3670081	3393959	2082500	2303582
饶平县	449097	442921	1010694	964084	955273	1098591
揭阳市						
榕城区	122939	116107	2947924	2934910	1875875	2062287
揭东区	325745	329325	2801600	2685583	1139582	1275495
普宁市	307079	312324	4153511	4274291	1860682	2115838
揭西县	328506	330447	1259059	1258485	702747	772064
惠来县	457542	469481	1455286	1490099	612113	685554
云浮市						
云城区	110755	117949	486557	462307	422262	521232
云安区	109291	120736	460904	448285	212375	253624
罗定市	404289	450891	767125	755394	772114	836777
新兴县	520195	527331	950610	787705	960457	1140353
郁南县	200346	209583	297818	337581	500691	489063

6-11 各县（市、区）三次产业地区生产总值指数

（上年=100）

县(市)区	第一产业		第二产业		第三产业	
	2016	2017	2016	2017	2016	2017
广州市						
越秀区			97.5	100.3	107.7	106.2
海珠区	77.1	75.2	106.8	139.2	108.3	102.5
荔湾区	106.6	106.6	100.3	104.4	108.0	105.3
天河区	89.3	88.3	104.7	103.3	109.7	110.4
白云区	100.7	100.6	104.5	105.7	108.6	106.0
黄埔区	100.0	100.0	102.4	105.4	112.6	109.0
花都区	112.1	117.7	110.3	110.0	105.5	106.0
番禺区	95.7	95.1	111.7	113.1	106.6	105.2
南沙区	103.6	103.6	109.0	108.4	128.5	116.2
从化区	101.7	95.5	106.8	103.4	109.1	106.5
增城区	98.7	100.5	104.4	93.2	114.2	109.1
深圳市						
福田区	73.3	90.9	106.9	104.9	108.9	108.4
罗湖区	189.2	87.8	105.5	102.5	109.3	108.6
盐田区	182.8	112.4	105.8	103.1	109.4	109.6
南山区	57.3	272.7	104.8	107.3	114.7	111.0
宝安区	130.4	101.5	109.2	109.9	108.8	108.6
龙岗区	110.1	149.5	110.9	110.3	107.6	107.8
龙华区	53.2	100.6	105.2	109.9	112.4	107.2
坪山区	115.0	111.7	118.4	113.4	101.8	108.7
珠海市						
香洲区	83.1	107.3	107.6	110.3	110.5	110.9
金湾区	105.9	107.6	108.5	110.2	102.5	115.5
斗门区	91.9	109.1	107.1	114.9	111.0	105.3
汕头市						
金平区	102.1	98.2	110.6	106.2	108.4	112.4
龙湖区	102.8	96.0	107.1	109.2	110.4	111.3
澄海区	103.0	105.2	109.7	110.0	111.6	110.2
濠江区	101.3	102.1	108.7	109.8	109.7	119.6
潮阳区	105.3	103.5	105.9	109.6	107.6	107.5
潮南区	102.3	102.7	111.5	110.3	107.7	107.3
南澳县	102.0	104.5	104.0	105.9	109.9	107.7
佛山市						
禅城区	113.6	89.9	106.2	105.8	109.3	109.6
南海区	100.6	102.0	107.0	108.4	110.0	108.8
顺德区	101.9	101.3	107.4	108.8	109.6	107.7
高明区	104.0	102.9	107.5	107.9	110.0	110.1
三水区	104.5	103.0	107.9	108.9	110.5	107.5
韶关市						
浈江区	103.8	103.7	91.8	104.6	108.7	106.5
武江区	102.3	103.2	102.4	103.6	108.1	108.1
曲江区	102.0	104.0	108.5	116.6	108.5	109.8
乐昌市	104.2	103.9	96.1	95.2	110.9	108.5
南雄市	103.1	104.1	105.2	95.3	110.2	109.5
仁化县	104.1	105.9	99.8	102.9	116.1	102.7
始兴县	105.1	104.8	106.4	105.3	109.9	109.0
翁源县	104.3	104.9	100.2	104.4	112.7	107.6
新丰县	107.4	105.0	103.6	105.0	112.0	110.5
乳源县	104.5	103.8	110.7	108.2	110.0	112.4

6-11 续表 1

(上年=100)

县(市)区	第一产业		第二产业		第三产业	
	2016	2017	2016	2017	2016	2017
河源市						
源城区	97.8	105.4	107.7	102.3	107.7	108.2
东源县	101.6	102.8	107.9	87.0	109.7	128.5
和平县	105.6	104.4	101.7	101.0	112.5	110.5
龙川县	101.5	102.7	98.2	111.2	113.0	106.4
紫金县	101.5	104.3	96.3	100.8	113.7	105.1
连平县	104.2	108.8	89.0	94.3	110.7	104.9
梅州市						
梅江区	102.3	102.3	103.6	103.3	106.4	110.2
梅县区	102.1	102.1	108.7	103.9	110.8	108.4
兴宁市	103.1	103.1	106.2	101.0	107.8	109.6
平远县	102.4	102.4	110.4	104.9	109.2	108.7
蕉岭县	102.4	102.4	108.9	106.8	105.6	109.3
大埔县	103.8	103.8	114.8	107.1	108.8	109.4
丰顺县	103.4	103.4	105.6	99.3	112.7	108.7
五华县	102.6	102.6	111.3	106.1	110.3	108.0
惠州市						
惠城区	103.3	104.5	104.4	99.5	108.4	110.6
惠阳区	102.7	103.2	107.1	109.6	107.8	112.3
惠东县	106.1	105.5	115.8	105.1	110.1	111.6
博罗县	103.4	98.9	115.9	106.5	107.8	109.4
龙门县	105.9	107.8	115.7	67.0	109.6	103.8
汕尾市						
市城区	99.2	104.0	106.2	84.9	111.5	110.5
陆丰市	103.5	104.6	105.9	110.9	108.8	106.7
海丰县	103.3	107.8	107.7	110.8	108.0	106.4
陆河县	104.4	103.0	126.7	114.3	108.8	108.2
东莞市	106.0	102.1	108.6	110.7	107.6	105.7
中山市	98.8	93.6	106.2	104.8	109.8	109.3
江门市						
蓬江区	93.0	71.3	108.2	98.5	109.1	115.8
江海区	103.3	89.4	108.0	111.2	107.8	106.6
新会区	103.1	103.4	104.9	110.1	110.1	106.7
台山市	105.0	103.8	108.3	108.8	107.8	108.7
开平市	104.3	106.0	107.1	107.6	107.7	107.7
鹤山市	105.0	96.4	106.5	109.0	111.3	110.7
恩平市	103.3	105.9	104.5	108.0	109.7	108.7
阳江市						
江城区	104.0	102.4	102.2	106.1	111.8	106.7
阳东区	103.1	103.5	103.8	106.9	114.6	106.6
阳春市	93.4	101.4	102.0	106.0	111.2	107.3
阳西县	103.3	102.8	107.4	107.7	108.4	105.9

6-11 续表 2

(上年=100)

县(市)区	第一产业		第二产业		第三产业	
	2016	2017	2016	2017	2016	2017
湛江市						
赤坎区	89.4	97.9	94.7	106.5	110.5	106.6
霞山区	86.7	98.7	110.4	95.5	104.5	114.0
麻章区	113.7	105.5	113.6	108.6	105.3	118.2
坡头区	104.5	96.7	105.9	99.9	113.5	118.8
雷州市	104.7	105.3	100.0	99.4	110.9	104.5
廉江市	107.3	103.0	115.0	107.9	110.8	105.8
吴川市	106.7	102.0	114.1	106.1	107.2	111.1
遂溪县	104.0	104.3	104.7	105.4	112.0	108.8
徐闻县	100.7	106.7	93.6	108.9	112.8	108.0
茂名市						
茂南区	100.3	102.5	109.5	105.5	110.1	109.8
电白区	104.2	105.1	109.0	108.4	109.1	108.8
信宜市	103.1	104.7	109.1	109.0	109.6	111.0
高州市	103.8	105.9	110.7	113.6	110.3	108.6
化州市	104.2	106.1	106.8	110.8	108.1	107.1
肇庆市						
端州区	69.3	80.9	104.6	101.7	106.2	105.6
鼎湖区	100.1	97.5	104.7	110.3	111.6	108.1
高要区	101.4	103.4	95.0	98.2	106.0	114.9
四会市	99.3	99.3	105.0	105.0	107.6	107.6
广宁县	104.3	105.6	111.7	106.1	102.4	105.7
德庆县	103.9	103.9	105.7	107.7	106.6	105.9
封开县	103.9	105.7	106.7	102.4	102.1	98.7
怀集县	105.5	105.4	103.2	109.7	104.8	106.1
清远市						
清城区	102.8	101.0	106.0	93.0	108.8	115.2
清新区	104.6	103.2	111.4	92.3	105.4	116.2
英德市	102.2	106.7	114.9	104.8	105.6	105.6
连州市	106.2	106.0	110.3	101.2	104.0	106.0
佛冈县	104.3	108.3	111.1	99.3	106.3	110.1
阳山县	103.7	103.1	104.7	96.7	103.5	106.0
连山县	109.6	105.1	103.1	87.3	99.5	106.5
连南县	106.2	103.4	95.1	91.3	116.5	110.6
潮州市						
湘桥区	101.8	104.7	107.1	104.6	107.6	108.4
潮安区	104.0	101.8	106.6	105.6	109.0	110.6
饶平县	112.9	102.0	103.1	106.6	108.2	109.3
揭阳市						
榕城区	103.5	96.8	105.3	102.1	109.1	109.3
揭东区	104.4	105.8	105.8	102.3	111.0	111.3
普宁市	104.4	104.2	106.2	103.6	106.7	108.9
揭西县	104.5	103.7	105.7	103.7	108.2	106.7
惠来县	103.4	103.0	105.0	103.3	109.1	108.4
云浮市						
云城区	102.3	106.2	109.4	95.9	110.3	113.0
云安区	102.2	104.7	109.1	98.1	111.0	117.1
罗定市	104.5	105.1	109.7	98.8	109.2	110.2
新兴县	102.0	102.8	109.2	91.2	110.7	112.9
郁南县	101.6	101.4	88.4	113.8	128.8	96.7

七、农村经济综合

7-1 历年农林牧渔业总产值

单位：亿元

年份	合计	农业	林业	牧业	渔业	农林牧渔服务业
1978	85.94	59.56	4.98	15.98	5.42	
1979	91.53	67.19	7.67	13.58	3.09	
1980	126.25	97.15	6.83	17.75	4.52	
1981	133.85	99.33	7.81	21.62	5.09	
1982	135.52	98.33	8.33	21.73	7.13	
1983	169.96	120.06	10.72	28.57	10.61	
1984	200.07	141.22	12.13	33.81	12.91	
1985	245.21	149.09	21.09	54.68	20.35	
1986	279.15	168.68	24.38	60.74	25.35	
1987	348.61	214.47	16.74	78.26	39.14	
1988	473.78	277.38	27.66	114.28	54.46	
1989	548.60	323.15	28.00	134.60	62.85	
1990	600.71	359.39	28.46	143.68	69.18	
1991	654.82	388.90	29.64	156.08	80.20	
1992	737.11	428.99	32.86	175.36	99.90	
1993	899.03	486.46	35.51	223.16	153.90	
1994	1151.38	628.17	41.07	279.98	202.16	
1995	1445.48	777.72	46.12	349.11	272.53	
1996	1577.89	825.60	49.64	398.12	304.53	
1997	1656.46	851.35	52.10	425.67	327.34	
1998	1705.44	861.97	54.65	441.61	347.21	
1999	1745.02	859.66	58.77	457.51	369.08	
2000	1701.18	807.94	59.64	450.18	383.42	
2001	1722.35	817.95	56.78	457.56	390.06	
2002	1781.06	841.77	57.09	465.91	416.29	
2003	1908.66	851.72	55.72	482.83	432.74	85.65
2004	2154.79	959.97	61.72	571.09	466.45	95.56
2005	2447.57	1109.18	66.25	638.61	523.79	109.74
2006	2536.27	1235.40	67.60	623.34	519.03	90.90
2007	2810.45	1268.70	116.96	781.97	540.58	102.24
2008	3276.02	1398.82	125.23	983.84	650.23	117.89
2009	3301.86	1442.40	139.95	939.67	657.65	122.18
2010	3697.18	1668.66	180.20	978.33	737.01	132.97
2011	4301.86	1910.21	213.71	1193.73	835.41	148.80
2012	4550.29	2060.91	228.75	1189.80	908.12	162.71
2013	4802.01	2229.64	256.99	1168.73	968.42	178.23
2014	5053.72	2357.16	289.66	1145.87	1068.00	193.03
2015	5303.63	2490.20	308.72	1195.97	1102.12	206.62
2016	5817.55	2763.79	330.04	1318.89	1179.15	225.68
2017	5969.87	2889.97	356.14	1202.30	1276.11	245.34

注：1. 本表按当年价格计算。
2. 从2010年起，农业产值、林业产值统计范围作了调整，原农业中的野生植物采集归入林业，原林业中板栗、桂皮等归入农业。

7-2　主要年份农林牧渔业总产值指数(1949年=100)

年份	合计	农业	林业	牧业	渔业	服务业
1949	100.0	100.0	100.0	100.0	100.0	
2005	1554.5	1046.3	16475.0	2630.0	6748.0	120.5
2006	1616.7	1083.5	15652.7	2710.7	7153.1	132.3
2007	1669.8	1113.2	16116.9	2792.4	7446.1	143.1
2008	1736.7	1133.3	16160.1	2990.0	7796.6	155.0
2009	1823.4	1196.3	17312.7	3103.4	8195.6	163.2
2010	1901.2	1253.8	18089.6	3201.4	8562.8	171.4
2011	1975.7	1324.3	19569.0	3168.4	9017.2	180.8
2012	2049.5	1375.5	20792.7	3230.9	9463.6	191.1
2013	2095.6	1417.6	21943.9	3173.1	9857.1	203.1
2014	2158.6	1481.0	23032.7	3140.0	10214.1	213.5
2015	2225.5	1542.1	24391.5	3128.5	10560.5	224.6
2016	2290.6	1601.6	26038.2	3097.1	10923.1	238.3
2017	2367.1	1675.9	27318.7	3073.2	11328.8	255.2

注：指数按可比价格计算。

7-3 农林牧渔业总产值指数（上年=100）

年份	合计	农业	林业	牧业	渔业	农林牧渔服务业
1979	99.2	99.4	85.1	104.6	93.7	
1980	111.1	112.5	127.3	99.8	109.7	
1981	102.4	98.7	110.4	117.6	108.9	
1982	116.3	115.5	111.5	120.9	120.6	
1983	102.6	99.9	105.2	107.6	121.7	
1984	109.3	109.2	105.1	109.8	112.9	
1985	107.3	104.8	104.9	115.2	116.5	
1986	106.1	103.8	112.0	108.6	118.9	
1987	109.6	109.8	96.3	108.2	121.9	
1988	107.7	104.6	133.7	109.0	111.8	
1989	107.8	107.8	104.1	107.8	111.3	
1990	107.4	107.8	92.9	109.6	110.1	
1991	106.2	105.1	99.1	108.6	109.5	
1992	106.0	103.9	102.4	107.6	114.1	
1993	103.8	97.0	101.7	111.5	120.1	
1994	104.4	102.7	102.2	104.1	111.1	
1995	108.3	108.0	105.3	106.8	111.7	
1996	106.0	103.3	102.9	109.6	110.3	
1997	106.8	107.6	101.1	104.8	108.0	
1998	104.8	103.4	103.6	105.2	108.4	
1999	105.5	105.2	105.3	105.2	106.6	
2000	102.7	100.6	103.5	102.8	107.5	
2001	102.8	102.4	104.5	102.2	103.8	
2002	106.5	109.4	97.2	101.5	106.5	
2003	102.8	102.5	97.2	102.2	104.3	
2004	104.5	105.7	103.4	101.8	104.8	107.8
2005	104.8	103.4	102.9	105.5	105.7	111.8
2006	104.0	103.6	95.0	103.1	106.0	109.8
2007	103.3	102.7	103.0	103.0	104.1	108.2
2008	104.0	101.8	100.3	107.1	104.7	108.3
2009	105.0	105.6	107.1	103.8	105.1	105.3
2010	104.3	104.8	104.5	103.2	104.5	105.0
2011	103.9	105.6	108.2	99.0	105.3	105.5
2012	103.7	103.9	106.3	102.0	105.0	105.7
2013	102.3	103.1	105.5	98.2	104.2	106.3
2014	103.0	104.5	105.0	99.0	103.6	105.1
2015	103.1	104.1	105.9	99.6	103.4	105.2
2016	102.9	103.9	106.8	99.0	103.4	106.1
2017	103.3	104.6	104.9	99.2	103.7	107.1

注：本表按可比价格计算。

7-4 农林牧渔业总产值

项　　目	按现行价格计算(亿元)		2017比2016增长(%)
	2017年	2016年	
甲	1	2	3
农林牧渔业总产值	5969.87	5817.55	3.3
一、农业产值	2889.97	2763.79	4.6
(一)谷物及其他作物	705.64	687.34	1.2
1.谷　物	349.01	344.90	
稻　谷	325.36	320.92	
2.薯　类	89.38	90.10	
3.油　料	83.72	82.88	
4.豆　类	8.38	8.67	
大　豆	6.21	6.51	
5.生　麻	1.13	1.21	
6.糖　料	88.21	76.66	
7.烟　草	9.77	9.97	
8.其他农作物	27.40	25.20	
(二)蔬菜、食用菌及花卉盆景园艺产品	1328.05	1326.56	4.8
1.蔬菜(含菜用瓜)	1146.04	1151.67	
2.食用菌	28.17	26.00	
3.花卉	41.20	34.13	
4.盆景及园艺产品	112.65	114.75	
(三)水果、坚果、茶、饮料和香料	783.39	690.89	6.2
1.水果	721.95	634.94	
2.坚果	4.50	4.00	
3.茶及饮料原料	51.49	47.11	
4.香料原料	5.45	4.85	
(四)中草药材	72.89	58.99	22.4
二、林业产值	356.14	330.04	4.9
(一)林木的培育和种植	31.89	36.38	-4.7
(二)竹木采运	113.37	106.96	5.1
(三)林产品	210.88	186.70	6.7
三、牧业产值	1202.30	1318.89	-0.8
(一)牲畜饲养	34.62	37.16	1.7
1.牛的饲养	14.46	15.26	
2.羊的饲养	8.43	9.35	
3.奶产品	11.73	12.55	
(二)猪的饲养	647.09	753.27	-3.6
(三)家禽饲养	425.26	427.81	2.9
1.肉禽	386.52	385.37	
2.禽蛋	38.73	42.43	
(四)狩猎和捕捉动物	3.94	4.69	-3.2
(五)其他畜牧业	91.40	95.97	3.7
四、渔业产值	1276.11	1179.15	3.7
(一)海水产品	706.46	638.32	4.7
其中：养殖	544.28	483.83	
(二)淡水产品	569.65	540.82	2.5
其中：养殖	551.69	523.42	
五、农林牧渔服务业	245.34	225.68	7.1

注：2017比2016年增长(%)按可比价格计算。

7-5 各市农林牧渔业总产值及发展速度

单位：亿元，%

市　别	合计	农业	林业	牧业	渔业	服务业	发展速度
广东省	5969.87	2889.97	356.14	1202.30	1276.11	245.34	103.3
广州市	396.70	226.64	3.58	39.31	74.17	53.00	103.7
深圳市	38.86	12.34	0.24	2.90	21.50	1.88	122.7
珠海市	91.63	11.21	0.14	9.72	61.62	8.93	107.3
汕头市	190.13	92.29	0.74	24.91	63.17	9.02	103.3
佛山市	270.33	80.66	1.47	48.91	120.42	18.86	102.1
韶关市	243.41	146.89	24.69	57.52	11.29	3.02	103.7
河源市	160.90	92.59	26.76	34.37	4.61	2.56	103.7
梅州市	301.99	194.79	16.02	74.79	10.17	6.21	102.4
惠州市	266.55	184.53	5.71	49.83	22.60	3.89	104.0
汕尾市	205.21	80.16	5.04	19.42	90.75	9.83	105.5
东莞市	35.49	26.28	0.35	1.81	5.77	1.28	101.8
中山市	99.90	25.85	0.11	6.71	64.89	2.34	97.8
江门市	338.00	116.66	9.69	72.56	127.85	11.24	102.7
阳江市	348.54	91.66	12.49	68.27	167.13	8.98	102.3
湛江市	788.34	414.71	24.97	117.62	203.38	27.67	103.1
茂名市	743.84	387.60	46.33	199.52	89.25	21.14	103.4
肇庆市	497.99	232.37	77.64	126.75	52.45	8.78	103.5
清远市	358.84	183.70	34.37	101.73	17.83	21.20	104.5
潮州市	118.72	61.90	2.35	16.90	31.32	6.25	101.0
揭阳市	245.25	141.89	25.53	40.75	25.60	11.49	104.0
云浮市	229.29	85.27	37.90	88.02	10.33	7.77	105.2

注：本表产值按现行价格计算，发展速度按可比价格计算。

7-6 各县（市、区）农林牧渔业总产值

单位：万元

县(市)区别	合计	农业	林业	牧业	渔业	服务业
广州市	**3966965.29**	**2266366.02**	**35796.08**	**393050.75**	**741704.44**	**530048.00**
海珠区	9905.96	7280.44			2073.52	552.00
天河区	48503.40	3964.61	22.82		375.39	44140.57
白云区	541009.27	333369.26	822.46	80023.02	26936.53	99858.00
黄埔区	123948.82	51244.63	2290.74	38636.12	5608.33	26169.00
荔湾区	73718.49	69210.48			393.01	4115.00
花都区	600057.62	384840.88	1496.04	67691.22	78837.16	67192.33
从化区	416389.30	250340.47	13267.58	75531.09	7083.05	70167.10
增城区	852646.96	547057.47	17781.47	60142.22	51392.80	176273.00
番禺区	467371.10	162170.33	114.97	25530.81	248768.00	30787.00
南沙区	833414.37	456887.46		45496.27	320236.64	10794.00
深圳市	**388608.98**	**123413.83**	**2379.43**	**29012.69**	**214991.78**	**18811.25**
福田区	45756.66		91.63		45665.03	
罗湖区	23634.37	1066.94	124.84		22442.59	
南山区	28722.95	8054.40	28.15		15940.40	4700.00
宝安区	54409.97	32180.78	205.73	7837.66	14185.81	
龙岗区	39964.46	16138.93	120.01	582.59	21167.93	1955.00
盐田区	2195.76	204.78	532.95		1458.03	
龙华区	5140.17	5140.17				
坪山区	17179.46	12133.13	50.00	4996.33		
深汕合作区	171493.69	31643.61	1204.48	14985.24	111773.30	11887.05
珠海市	**916347.44**	**112131.24**	**1409.86**	**97246.24**	**616221.10**	**89339.00**
香洲区	79218.09	4046.05	158.18	7129.96	62776.90	5107.00
金湾区	140139.65	36338.38	195.63	11275.47	81164.18	11166.00
斗门区	710492.70	72036.12	1127.65	89840.17	474422.76	73066.00
汕头市	**1901259.94**	**922942.80**	**7353.89**	**249072.84**	**631713.17**	**90177.25**
金平区	51610.14	22658.71	307.02	11537.08	12555.75	4551.58
龙湖区	127869.86	71404.50	161.11	32154.46	14204.52	9945.27
澄海区	623346.86	303085.18	496.54	95083.34	163031.90	61649.89
濠江区	116867.97	30391.39	213.39	8559.17	74461.22	3242.80
潮阳区	488889.90	258376.82	2673.95	50517.93	169900.06	7421.15
潮南区	296680.79	209897.31	1998.52	45395.31	29659.18	9730.46
南澳县	195994.39	8815.81	1503.35	5825.33	167900.54	11949.36
佛山市	**2703294.47**	**806601.06**	**14736.02**	**489069.91**	**1204239.19**	**188648.29**
禅城区	5120.31	1325.61			3577.83	216.88
南海区	822607.34	405121.50	1143.02	40485.97	318039.03	57817.83
顺德区	879292.50	194928.92	47.84	40339.15	592627.98	51348.60
高明区	340849.17	71463.78	11140.35	132586.94	108124.62	17533.50
三水区	655425.05	133761.26	2404.82	275658.21	181869.73	61731.03
韶关市	**2434103.00**	**1468925.71**	**246878.73**	**575155.80**	**112920.50**	**30222.26**
浈江区	109971.75	48197.31	13690.71	29248.76	13811.01	5023.96
武江区	96784.33	55062.12	9319.85	28022.12	3857.07	523.17
曲江区	226566.66	116072.31	14486.58	72371.80	21689.04	1946.93
南雄市	436751.12	242239.05	39796.28	125052.64	25019.45	4643.70
始兴县	296704.79	193507.22	25648.93	66588.77	8751.40	2208.46
翁源县	346582.64	250769.30	26529.50	57235.30	9879.63	2168.92
仁化县	282554.76	155856.58	48092.18	63232.61	12656.85	2716.54
新丰县	171631.00	119235.02	15111.20	31562.57	5230.71	491.51
乳源自治县	106247.16	49596.66	27694.22	24771.22	3727.01	458.05
乐昌市	357568.67	236143.50	26652.25	78105.49	6633.04	10034.40

7-6 续表 1

单位：万元

县(市)区别	合计	农业	林业	牧业	渔业	服务业
河源市	**1609014.96**	**925920.77**	**267624.89**	**343725.45**	**46107.38**	**25636.46**
源城区	48429.29	23303.29	1615.76	22028.95	1339.72	141.58
东源县	280526.71	155950.12	35757.26	71152.81	10269.28	7397.24
和平县	264262.47	136036.19	57343.53	63633.62	3969.75	3279.39
龙川县	388939.40	196338.19	98749.88	75771.54	13309.48	4770.32
紫金县	407545.26	246126.92	65599.69	75059.67	11009.71	9749.27
连平县	219299.02	168164.16	8558.78	36082.11	6195.48	298.49
梅州市	**3019881.47**	**1947885.55**	**160231.47**	**747898.08**	**101733.26**	**62133.12**
梅江区	151166.41	87215.36	4940.15	49349.59	7672.84	1988.46
梅县区	703768.64	543058.26	9035.91	114985.95	27620.53	9068.00
蕉岭县	191437.77	89772.62	36134.92	56629.85	5546.65	3353.73
大埔县	319581.43	239495.01	7946.87	58796.82	6673.77	6668.97
丰顺县	367291.35	170035.36	33261.19	140226.36	14677.40	9091.04
五华县	501213.62	282468.84	32821.80	146972.61	16381.71	22568.67
兴宁市	664485.40	470515.58	18588.65	151700.23	16449.68	7231.26
平远县	187593.06	117610.82	14789.56	37429.55	9777.13	7986.00
惠州市	**2665496.72**	**1845256.91**	**57082.97**	**498287.76**	**225971.85**	**38897.24**
惠城区	425196.77	283675.88	7628.50	96110.34	34242.67	3539.37
惠东县	713436.07	458067.15	17494.73	97504.15	125640.18	14729.87
惠阳区	279683.56	219490.43	2057.91	34059.73	22052.08	2023.41
博罗县	857160.06	545205.05	24598.84	241136.87	36677.78	9541.52
龙门县	390601.12	338818.95	5302.99	29942.27	7359.15	9177.76
汕尾市	**2052057.74**	**801600.47**	**50447.59**	**194187.42**	**907510.26**	**98312.00**
汕尾城区	353465.05	35955.21	1695.06	16309.58	297863.20	1642.00
红海湾区	83481.88	11468.38	902.40	1317.94	69793.15	
海丰县	518220.73	267444.26	14864.61	44380.73	146301.13	45230.00
陆河县	176338.48	110264.71	22869.77	32767.56	3546.44	6890.00
陆丰市	920551.59	376467.89	10115.75	99411.60	390006.34	44550.00
东莞市	**354888.17**	**262809.50**	**3521.12**	**18064.89**	**57726.04**	**12766.61**
中山市	**998984.21**	**258487.99**	**1118.87**	**67058.60**	**648895.12**	**23423.63**
江门市	**3380028.88**	**1166644.95**	**96874.13**	**725624.17**	**1278506.09**	**112379.54**
蓬江区	94672.47	27790.91	1517.04	21048.22	33930.86	10385.44
江海区	76993.33	25888.64	123.09	8536.23	42292.46	152.91
新会区	707830.52	186063.12	15920.43	139906.47	352059.60	13880.90
台山市	1176072.34	347931.11	23573.70	107863.96	681219.32	15484.25
开平市	581898.96	248814.27	25806.80	213061.60	43790.47	50425.82
恩平市	343418.36	180999.51	13361.37	91483.93	54305.05	3268.49
鹤山市	381177.89	148117.58	16571.68	138095.49	70908.34	7484.79
阳江市	**3485379.74**	**916645.39**	**124926.62**	**682710.92**	**1671258.07**	**89838.74**
江城区	486532.08	65433.88	3350.98	48804.77	339496.37	29446.08
阳东区	815864.75	184524.16	19605.97	137607.06	455227.71	18899.86
阳西县	861982.84	157286.24	33103.26	113773.37	553410.08	4409.88
阳春市	1018009.12	499000.53	69388.51	375111.29	40823.71	33685.09
海陵区	301366.70	9542.22	2334.02	5622.78	281597.72	2269.96
湛江市	**7883448.45**	**4147119.50**	**249717.37**	**1176164.63**	**2033779.13**	**276667.82**
赤坎区	24072.74	9299.73		416.59	14030.27	326.15
霞山区	34180.88	9848.08		1759.46	21891.75	681.60

7-6 续表 2

单位：万元

县(市)区别	合计	农业	林业	牧业	渔业	服务业
坡头区	273753.97	94255.20	9356.88	69983.07	94336.45	5822.37
麻章区	357502.22	131421.89	4726.05	45695.27	170133.99	5525.03
东海区	383131.20	55304.34	348.16	20201.14	288828.76	18448.81
吴川市	505052.26	164800.89	7369.00	135198.54	155269.05	42414.78
徐闻县	1212323.89	906502.23	7006.35	75672.73	183723.79	39418.78
雷州市	1736696.93	1111749.76	64167.62	157684.73	347296.13	55798.69
遂溪县	1712830.66	831818.97	63566.59	306630.48	466945.26	43869.36
廉江市	1642824.57	831223.71	93176.71	362920.54	291323.23	64180.38
茂名市	**7438400.61**	**3876041.95**	**463263.04**	**1995182.54**	**892481.72**	**211431.36**
茂南区	478310.27	223221.75	1930.73	210723.49	25219.30	17215.00
电白区	1969769.55	705008.79	65334.73	424093.76	699298.27	76034.00
信宜市	1494023.87	887946.16	127338.50	440726.03	26556.01	11457.17
高州市	1896288.65	1205671.74	126870.96	444491.84	53965.57	65288.54
化州市	1599935.05	854289.12	141737.16	475473.21	87442.57	40993.00
肇庆市	**4979868.57**	**2323699.71**	**776415.34**	**1267484.70**	**524511.94**	**87756.88**
端州区	4034.64	3264.90	111.77	402.01	249.96	6.00
鼎湖区	284893.92	86043.07	4127.04	138373.49	56042.32	308.00
高要区	1161319.30	585608.03	101416.96	273598.77	164105.22	36590.31
广宁县	533509.29	245359.01	176247.23	82116.43	21089.61	8697.00
四会市	805103.22	245448.06	44753.27	332696.40	177644.48	4561.00
德庆县	433241.94	283619.42	66664.44	63086.59	17068.49	2803.00
封开县	675200.48	408650.88	126697.17	97099.92	37534.03	5218.48
怀集县	1053377.46	465871.80	256397.45	272390.84	43615.74	15101.62
清远市	**3588382.64**	**1837032.99**	**343726.70**	**1017314.80**	**178338.50**	**211969.66**
清城区	417195.01	120980.06	19490.17	199996.57	51989.37	24738.84
英德市	904690.62	417734.32	124293.82	209487.73	35175.14	117999.60
佛冈县	210569.30	133052.60	17947.80	46997.50	6606.40	5964.90
连山自治县	122806.00	70202.00	21134.00	27073.00	2246.00	2150.00
连南自治县	134675.16	81637.09	21320.39	26842.75	1671.93	3203.00
连州市	575253.49	359333.27	38585.99	137809.39	7373.33	32151.50
阳山县	537365.01	302519.85	48746.73	173203.32	6370.33	6524.77
清新区	666577.85	336656.30	54102.19	190348.64	67424.77	18045.96
潮州市	**1187159.20**	**618981.75**	**23531.81**	**169014.99**	**313170.64**	**62460.00**
湘桥区	103467.44	82023.95	739.00	13764.75	5627.74	1312.00
饶平县	795784.30	349955.27	14122.86	114282.12	286024.05	31400.00
潮安区	290563.90	188489.76	8294.44	45022.32	19590.42	29166.95
揭阳市	**2452534.24**	**1418850.13**	**255323.22**	**407473.03**	**256033.33**	**114854.53**
榕城区	190096.79	111119.49	9093.77	33721.27	28864.25	7298.00
揭东区	502617.41	325216.39	54881.87	63665.73	31995.42	26858.00
惠来县	700126.89	326066.79	92800.24	91430.04	163400.82	26429.00
普宁市	512520.91	360761.39	38647.64	89660.59	10658.64	12792.65
揭西县	541798.66	291055.67	59899.70	128704.95	20661.48	41476.86
云浮市	**2292935.29**	**852709.66**	**379012.38**	**880239.02**	**103309.20**	**77665.03**
云城区	185166.90	51847.06	49115.74	71963.72	10051.28	2189.10
新兴县	914099.79	235155.16	95663.09	517108.71	27386.30	38786.52
郁南县	328550.00	182193.41	19267.88	106094.85	10550.95	10442.91
罗定市	652719.81	249520.45	187983.29	146758.13	44853.15	23604.79
云安区	179591.6264	101185.68	26982.37	38314.35	10467.53	2641.70

7-7 农林牧渔业中间消耗

单位：亿元

指 标 名 称	代码	金 额	指 标 名 称	代码	金 额
甲	乙	1	甲	乙	1
农林牧渔业中间消耗总计	1	2257.16	8.其　他	24	16.33
一、农业中间消耗合计	2	871.09	(二)生产服务支出	25	23.72
(一)物质消耗	3	651.24	三、牧业中间消耗合计	26	638.64
(1)用种量	4	177.48	(一)物质消耗	27	575.39
(2)役畜用饲料、饲草	5	18.95	1.用种量	28	18.39
(3)肥料	6	292.62	2.饲料、饲草	29	508.61
(4)燃料	7	37.06	3.燃　料	30	21.82
(5)农药	8	23.51	4.用电量	31	5.73
(6)农用塑料薄膜	9	6.15	5.畜牧用药品	32	13.87
(7)用电量	10	33.44	6.其　他	33	6.96
(8)小农具购置	11	12.98	(二)生产服务支出	34	63.25
(9)办公用品购置	12	7.87	四、渔业中间消耗合计	35	512.58
(10)其　他	13	41.18	(一)物质消耗	36	393.64
(二)生产服务支出	14	219.85	1.饲　料	37	192.22
二、林业中间消耗合计	15	90.77	2.燃　料	38	47.90
(一)物质消耗	16	67.05	3.用电量	39	13.74
1.用种量	17	12.90	4.办公用品购置	40	2.10
2.肥　料	18	9.31	5.其　他	41	137.68
3.燃　料	19	2.08	(二)生产服务支出	42	118.95
4.农　药	20	1.89	五、农林牧渔服务业中间消耗合计	43	144.07
5.用电量	21	0.91	(一)物质消耗	44	116.45
6.小农机具购置	22	21.75	(二)生产服务支出	45	27.62
7.办公用品购置	23	1.88			

7-8 农林牧渔业增加值

(2017年)

项　　目	合计	农业	林业	牧业	渔业	农林牧渔服务业
一、农林牧渔业总产值						
按当年价格计算　(亿元)	5969.87	2889.97	356.14	1202.30	1276.11	245.34
比2016年增长　(%)	3.3	4.6	4.9	-0.8	3.7	7.1
二、农林牧渔业中间消耗(亿元)	2257.16	871.09	90.77	638.64	512.58	144.07
三、农林牧渔业增加值　(亿元)	3712.71	2018.88	265.36	563.67	763.53	101.27
比2016年增长　(%)	3.7	4.7	5.3	-0.9	3.9	7.1

注：比2016年增长按可比价格计算。

7-9 各市农林牧渔业中间消耗

(2017年)　　单位：亿元

市　别	合计	农业	林业	牧业	渔业	服务业
广东省	2257.16	871.09	90.77	638.64	512.58	144.07
广州市	154.36	68.77	0.99	23.28	30.20	31.12
深圳市	17.82	5.00	0.12	1.61	9.98	1.10
珠海市	39.12	3.50	0.03	5.52	24.82	5.25
汕头市	83.02	34.49	0.39	13.90	28.94	5.30
佛山市	128.90	26.23	0.32	30.46	60.81	11.08
韶关市	93.57	45.35	7.49	34.41	4.55	1.77
河源市	57.39	27.10	6.79	20.29	1.70	1.51
梅州市	111.66	60.08	4.05	40.32	3.56	3.65
惠州市	98.37	58.94	2.30	25.87	8.97	2.28
汕尾市	76.72	25.68	1.87	10.34	33.06	5.77
东莞市	12.11	7.35	0.12	1.17	2.72	0.75
中山市	39.65	8.54	0.07	3.55	26.11	1.38
江门市	146.02	37.30	4.39	40.44	57.29	6.60
阳江市	133.37	28.21	6.03	35.36	58.49	5.28
湛江市	285.75	131.18	6.42	60.73	71.18	16.25
茂名市	264.88	105.93	9.27	101.59	35.67	12.42
肇庆市	167.74	64.13	15.53	64.58	18.35	5.15
清远市	131.18	51.20	7.32	53.23	6.99	12.45
潮州市	46.68	20.16	0.60	8.30	13.95	3.67
揭阳市	83.53	38.72	6.94	20.92	10.21	6.74
云浮市	83.44	22.48	9.68	42.72	4.00	4.56

7-10 各县（市、区）农林牧渔业中间消耗

（2017年）　　单位：万元

县(市)区别	合计	农业	林业	牧业	渔业	服务业
广州市	**1543644.44**	**687671.49**	**9949.76**	**232784.81**	**301994.20**	**311244.19**
海珠区	3325.83	2198.51			820.65	306.68
天河区	27326.80	1223.87	7.11		163.23	25932.59
白云区	220935.40	102911.09	256.10	47389.63	11712.01	58666.58
黄埔区	57225.67	15819.22	713.34	22880.32	2438.50	15374.29
荔湾区	23953.72	21365.28			170.88	2417.56
花都区	233192.66	118800.38	694.18	40086.76	34278.39	39332.95
从化区	170514.80	77280.09	4131.52	44729.51	3150.50	41223.17
增城区	322136.84	156967.78	4111.69	35636.26	21859.59	103561.52
番禺区	181468.86	50062.01	35.80	15119.35	98164.33	18087.37
南沙区	303563.87	141043.27		26943.00	129236.12	6341.48
深圳市	**178194.19**	**50011.09**	**1168.04**	**16131.59**	**99837.51**	**11045.96**
福田区	27495.75		50.12		27445.63	
罗湖区	6153.00	491.70	68.60		5592.70	
南山区	16560.60	3707.19	15.39		10077.02	2761.00
宝安区	27746.65	14693.67	112.24	4415.07	8525.67	
龙岗区	21695.77	7428.80	65.62	330.80	12722.15	1148.40
盐田区	1273.60	95.77	297.26		880.57	
龙华区	2366.02	2366.02				
坪山区	8434.63	5591.29	27.67	2815.67		
深汕合作区	68119.56	10465.60	486.77	8227.76	41955.43	6984.00
珠海市	**391226.46**	**35010.15**	**328.79**	**55211.68**	**248215.98**	**52459.86**
香洲区	34053.14	1416.10	36.90	4047.68	25719.70	3000.36
金湾区	55596.62	10336.93	45.62	6401.08	32252.96	6560.03
斗门区	308968.91	20493.59	202.59	51002.26	194371.00	42899.47
汕头市	**830182.98**	**344926.56**	**3895.01**	**139045.25**	**289364.09**	**52952.08**
金平区	18751.72	5302.14	120.66	5313.98	5750.53	2264.41
龙湖区	56076.20	25755.60	72.98	18649.58	6636.35	4961.68
澄海区	273237.19	110838.25	180.84	45640.00	76641.30	39936.80
濠江区	33590.60	6081.31	81.24	4203.40	21742.67	1481.97
潮阳区	244090.81	135802.85	1681.11	36155.69	66227.04	4224.12
潮南区	91505.98	45799.59	946.30	25230.71	14088.11	5441.27
南澳县	112930.54	2367.92	817.37	3661.80	98591.19	7492.25
佛山市	**1288999.87**	**262264.32**	**3235.29**	**304601.55**	**608069.74**	**110828.98**
禅城区	2365.02	431.02			1806.59	127.41
南海区	351748.93	131724.24	250.95	25215.39	160590.94	33967.40
顺德区	417924.06	63380.65	10.50	25123.95	299242.16	30166.79
高明区	173156.96	23236.27	2445.86	82577.53	54596.55	10300.75
三水区	343804.86	43492.14	527.98	171684.90	91833.49	36266.36
韶关市	**935722.80**	**453493.69**	**74892.20**	**344087.69**	**45502.70**	**17746.51**
浈江区	45671.42	14952.70	4173.70	17581.29	6000.36	2963.37
武江区	39381.69	16914.24	3529.02	17041.97	1582.79	313.67
曲江区	93449.90	35865.19	4390.74	43288.63	8758.93	1146.41
南雄市	174879.98	75101.10	11909.49	74462.75	10679.86	2726.78
始兴县	112470.11	59789.46	7914.66	39871.63	3607.63	1286.73
翁源县	125573.65	77895.15	8079.73	34344.06	3981.12	1273.59
仁化县	108360.39	48319.39	14579.44	38644.68	5221.72	1595.15
新丰县	63229.39	37313.63	4589.17	18888.26	2146.55	291.78
乳源自治县	40308.11	15316.67	8401.21	14819.41	1501.85	268.97
乐昌市	136281.76	72896.35	8085.77	46733.90	2673.23	5892.51

7-10 续表 1

(2017年) 单位：万元

县(市)区别	合计	农业	林业	牧业	渔业	服务业
河源市	**573875.80**	**271017.01**	**67895.73**	**202918.76**	**16990.56**	**15053.73**
源城区	20812.43	6820.87	409.92	13004.82	493.68	83.13
东源县	104851.16	45646.60	9071.52	42005.15	3784.23	4343.66
和平县	95320.40	39817.79	14547.92	37566.19	1462.85	1925.66
龙川县	134958.28	57468.19	25052.58	44731.83	4904.55	2801.13
紫金县	142777.24	72041.34	16642.48	44311.57	4057.08	5724.77
连平县	75152.42	49221.65	2171.34	21301.12	2283.03	175.28
梅州市	**1116620.04**	**600776.07**	**40522.53**	**403230.23**	**35606.64**	**36484.57**
梅江区	60973.57	27464.12	3080.24	26466.18	2704.67	1258.37
梅县区	260209.85	184368.28	2416.20	60080.15	8272.35	5072.87
蕉岭县	75599.69	29400.54	11880.27	30229.01	2017.88	2071.99
大埔县	116098.82	79632.10	1809.24	28958.72	2292.44	3406.33
丰顺县	148021.83	56349.72	9017.11	72749.43	5364.59	4540.98
五华县	198408.53	95926.42	9633.07	77616.23	4937.45	10295.37
兴宁市	247608.95	159410.67	5554.29	73665.63	5507.36	3471.00
平远县	69866.45	37720.37	3269.74	21143.96	3422.97	4309.41
惠州市	**983702.29**	**589420.69**	**23041.89**	**258711.00**	**89688.23**	**22840.46**
惠城区	159262.11	90613.09	3079.29	49900.49	13590.92	2078.32
惠东县	265526.85	148734.40	7647.05	50624.53	49867.07	8653.80
惠阳区	98565.79	70110.67	830.69	17683.81	8752.47	1188.15
博罗县	329439.90	174151.98	9929.47	125198.26	14557.41	5602.78
龙门县	134223.79	108227.15	2140.59	15546.02	2920.85	5389.18
汕尾市	**767240.22**	**256772.45**	**18698.73**	**103434.25**	**330605.98**	**57728.81**
汕尾城区	131264.55	11847.97	684.89	8800.30	108966.21	965.17
红海湾区	30093.04	3710.98	368.85	691.80	25321.41	
海丰县	196769.40	87114.23	6047.54	23684.63	53337.99	26585.00
陆河县	68056.96	36057.72	9282.20	17358.10	1295.94	4063.00
陆丰市	347231.55	122631.69	4078.53	53492.56	140855.77	26173.00
东莞市	**121118.47**	**73507.81**	**1231.20**	**11667.23**	**27215.66**	**7496.56**
中山市	**396465.44**	**85359.14**	**739.96**	**35520.95**	**261091.04**	**13754.36**
江门市	**1460171.78**	**373005.26**	**43899.09**	**404427.57**	**572850.60**	**65989.27**
蓬江区	45045.49	9630.16	704.62	11757.79	16845.95	6106.98
江海区	33357.92	6807.35	59.63	4797.58	21603.52	89.84
新会区	309534.84	50609.64	8432.67	79394.46	162972.48	8125.60
台山市	520457.89	116803.63	11339.50	59646.11	323562.94	9105.72
开平市	263133.19	80635.19	12337.17	119358.60	20952.76	29849.48
恩平市	152471.23	73700.72	6364.63	51114.86	19321.31	1969.71
鹤山市	174508.75	41126.26	8094.64	77467.32	43734.58	4085.96
阳江市	**1333720.21**	**282085.57**	**60296.76**	**353644.25**	**584940.34**	**52753.31**
江城区	193791.15	21411.65	1066.49	27612.46	126401.79	17298.76
阳东区	318960.71	62184.65	6979.72	74307.82	164337.21	11151.31
阳西县	312291.49	51447.72	13444.75	58739.46	186068.75	2590.80
阳春市	406724.84	155698.74	22082.73	194862.23	14289.71	19791.44
海陵区	105263.63	3121.56	742.89	2921.20	97144.34	1333.63
湛江市	**2857538.71**	**1311836.46**	**64166.40**	**607253.81**	**711822.69**	**162459.34**
赤坎区	8363.59	3046.01		215.44	4910.63	191.51
霞山区	12066.27	3095.49		908.43	7662.11	400.24

7-10 续表 2

(2017年)　　单位：万元

县(市)区别	合计	农业	林业	牧业	渔业	服务业
坡头区	104477.43	29504.21	2404.31	36132.26	33017.75	3418.89
麻章区	128723.21	41125.16	1214.38	23592.47	59546.90	3244.29
东海区	139737.54	17295.04	89.46	10429.84	101090.06	10833.14
吴川市	202483.97	51537.32	1893.51	69803.00	54344.17	24905.97
徐闻县	415885.12	287564.93	1800.33	39069.83	64303.33	23146.70
雷州市	609674.57	357455.05	16488.26	81412.63	121553.65	32764.99
遂溪县	623968.44	260130.36	16333.82	158313.32	163430.84	25760.10
廉江市	612159.09	261191.04	23942.32	187375.88	101963.13	37686.72
茂名市	**2648799.28**	**1059322.27**	**92652.62**	**1015946.94**	**356724.96**	**124152.49**
茂南区	194003.93	62385.64	423.21	110410.37	10669.91	10114.80
电白区	728803.66	192870.98	13241.99	198562.30	279569.65	44558.73
信宜市	511035.87	242196.24	26051.87	225448.95	10614.67	6724.14
高州市	661528.84	345390.79	25323.48	228204.57	22857.63	39752.36
化州市	567708.14	236487.03	28710.64	241857.89	35269.39	25383.20
肇庆市	**1677412.75**	**641341.11**	**155283.07**	**645783.45**	**183474.28**	**51530.84**
端州区	1694.06	1229.76	58.17	218.72	185.21	2.20
鼎湖区	139977.46	39261.47	1240.19	68511.52	30757.92	206.37
高要区	409712.68	164127.25	21711.52	156976.27	44882.59	22015.05
广宁县	143269.78	75030.48	23841.85	30520.48	9199.23	4677.74
四会市	294396.64	62853.88	14945.96	137710.92	76172.09	2713.79
德庆县	153270.16	98391.78	15756.43	30216.11	6736.60	2169.24
封开县	237267.53	129901.75	40211.74	52221.56	12323.23	2609.24
怀集县	299578.56	77424.33	42097.92	158239.30	13146.28	8670.73
清远市	**1311849.12**	**511981.10**	**73213.79**	**532259.12**	**69926.53**	**124468.58**
清城区	177433.41	33719.29	4151.76	104641.73	20386.53	14534.10
英德市	335618.07	116422.57	26474.58	109603.98	13792.17	69324.77
佛冈县	70761.67	37053.76	4279.54	24583.10	1340.81	3504.36
连山自治县	43071.00	22351.00	4501.00	14178.00	884.00	1156.00
连南自治县	43875.13	22752.27	4541.27	14044.19	655.64	1881.77
连州市	202248.58	100147.57	8219.02	72101.88	2891.10	18889.00
阳山县	191646.43	84312.28	10383.05	90619.98	2497.81	3833.31
清新区	241996.02	93840.88	11524.00	99590.41	26438.24	10602.50
潮州市	**466780.44**	**201617.67**	**6008.54**	**83003.27**	**139474.45**	**36676.51**
湘桥区	40888.08	31496.39	199.22	5945.44	2448.02	799.00
饶平县	338819.87	123195.05	3053.89	58258.05	138882.86	15430.02
潮安区	102856.55	52324.10	3364.88	21264.41	5771.50	20131.65
揭阳市	**835268.89**	**387204.20**	**69360.12**	**209155.90**	**102106.09**	**67442.58**
榕城区	71806.16	34122.61	3331.78	15485.18	14549.44	4317.14
揭东区	166331.62	103068.96	9339.77	27719.69	10127.12	16076.08
惠来县	217761.54	62277.41	24895.92	53527.54	61533.59	15527.08
普宁市	194179.10	103050.36	20069.09	58514.22	5033.10	7512.33
揭西县	195070.20	98407.38	17926.59	42260.40	11279.62	25196.21
云浮市	**834384.95**	**224774.27**	**96783.14**	**427180.00**	**40042.64**	**45604.90**
云城区	66314.20	13666.89	12542.01	34923.99	3895.88	1285.44
新兴县	370758.29	61986.90	24428.16	250952.86	10614.92	22775.44
郁南县	114655.80	48026.18	4920.17	51487.83	4089.54	6132.08
罗定市	216243.81	65773.58	48002.69	71221.73	17385.08	13860.73
云安区	57765.03	26672.54	6890.11	18593.95	4057.21	1551.21

7-11 近年农林牧渔业增加值

单位：亿元

年 份	合计	农业	林业	牧业	渔业	农林牧渔服务业
2007	1705.69	886.29	87.15	366.60	323.44	42.20
2008	1969.46	977.19	93.31	461.25	389.05	48.66
2009	1996.38	1007.63	104.28	440.54	393.49	50.43
2010	2254.49	1165.70	134.27	458.66	440.97	54.89
2011	2614.59	1334.44	159.24	559.65	499.84	61.42
2012	2778.48	1439.71	170.45	557.80	543.35	67.16
2013	2949.99	1557.59	191.48	547.93	579.43	73.57
2014	3118.39	1646.67	215.83	537.21	639.01	79.68
2015	3275.05	1739.60	230.03	560.70	659.43	85.29
2016	3593.64	1930.73	245.92	618.33	705.51	93.16
2017	3712.71	2018.88	265.36	563.67	763.53	101.27

7-12 农林牧渔业增加值指数(上年=100)

年 份	合计	农业	林业	牧业	渔业	农林牧渔服务业
2007	103.2	102.8	103.0	103.1	104.0	108.3
2008	103.9	101.8	100.3	108.2	105.4	108.3
2009	105.1	105.6	107.1	103.8	105.1	105.3
2010	104.5	105.0	104.7	103.3	104.6	105.0
2011	104.4	105.6	108.2	99.0	105.3	105.5
2012	103.9	103.9	106.3	102.0	105.0	105.7
2013	102.5	103.1	105.5	98.2	104.2	106.3
2014	103.3	104.5	105.0	99.0	103.6	105.1
2015	103.4	104.2	106.0	99.7	103.5	105.2
2016	103.2	103.9	106.8	99.0	103.4	106.1
2017	103.7	104.7	105.3	99.1	103.9	107.1

7-13　各市农林牧渔业增加值

(2017年)　　单位：亿元

市　别	合计	农业	林业	牧业	渔业	服务业
广东省	3712.71	2018.88	265.36	563.67	763.53	101.27
广州市	242.33	157.87	2.58	16.03	43.97	21.88
深圳市	21.04	7.34	0.12	1.29	11.52	0.78
珠海市	52.51	7.71	0.11	4.20	36.80	3.69
汕头市	107.11	57.80	0.35	11.00	34.23	3.72
佛山市	141.43	54.43	1.15	18.45	59.62	7.78
韶关市	149.84	101.54	17.20	23.11	6.74	1.25
河源市	103.51	65.49	19.97	14.08	2.91	1.06
梅州市	190.33	134.71	11.97	34.47	6.61	2.56
惠州市	168.18	125.58	3.40	23.96	13.63	1.61
汕尾市	128.48	54.48	3.17	9.08	57.69	4.06
东莞市	23.38	18.93	0.23	0.64	3.05	0.53
中山市	60.25	17.31	0.04	3.15	38.78	0.97
江门市	191.99	79.36	5.30	32.12	70.57	4.64
阳江市	215.17	63.46	6.46	32.91	108.63	3.71
湛江市	502.59	283.53	18.56	56.89	132.20	11.42
茂名市	478.96	281.67	37.06	97.92	53.58	8.73
肇庆市	330.25	168.24	62.11	62.17	34.10	3.62
清远市	227.65	132.51	27.05	48.51	10.84	8.75
潮州市	72.04	41.74	1.75	8.60	17.37	2.58
揭阳市	161.73	103.16	18.60	19.83	15.39	4.74
云浮市	145.86	62.79	28.22	45.31	6.33	3.21

7-14 各县（市、区）农林牧渔业增加值

(2017年)

单位：万元

县(市)区别	合计	农业	林业	牧业	渔业	服务业
广州市	**2423320.85**	**1578694.53**	**25846.33**	**160265.94**	**439710.24**	**218803.81**
海珠区	6580.13	5081.94			1252.87	245.32
天河区	21176.60	2740.73	15.71		212.17	18207.98
白云区	320073.87	230458.17	566.36	32633.39	15224.53	41191.42
黄埔区	66723.16	35425.41	1577.40	15755.81	3169.83	10794.71
荔湾区	49764.77	47845.20			222.13	1697.44
花都区	366864.97	266040.50	801.85	27604.46	44558.77	27859.38
从化区	245874.50	173060.38	9136.06	30801.58	3932.55	28943.93
增城区	530510.12	390089.69	13669.78	24505.96	29533.21	72711.48
番禺区	285902.24	112108.32	79.17	10411.46	150603.66	12699.63
南沙区	529850.50	315844.19		18553.27	191000.52	4452.52
深圳市	**210414.79**	**73402.74**	**1211.40**	**12881.10**	**115154.27**	**7765.28**
福田区	18260.91		41.51		18219.40	
罗湖区	17481.38	575.24	56.24		16849.89	
南山区	12162.35	4347.22	12.75		5863.39	1939.00
宝安区	26663.32	17487.11	93.49	3422.59	5660.14	
龙岗区	18268.68	8710.13	54.40	251.78	8445.78	806.60
盐田区	922.16	109.02	235.69		577.46	
龙华区	2774.15	2774.15				
坪山区	8744.83	6541.84	22.33	2180.66		
深汕合作区	103374.12	21178.02	717.71	6757.48	69817.87	4903.05
珠海市	**525120.98**	**77121.09**	**1081.07**	**42034.56**	**368005.12**	**36879.14**
香洲区	45164.95	2629.95	121.28	3082.28	37057.20	2106.64
金湾区	84543.03	26001.45	150.01	4874.39	48911.22	4605.97
斗门区	401523.79	51542.53	925.06	38837.91	280051.76	30166.53
汕头市	**1071076.96**	**578016.24**	**3458.87**	**110027.60**	**342349.08**	**37225.17**
金平区	32858.41	17356.57	186.36	6223.10	6805.22	2287.17
龙湖区	71793.66	45648.90	88.13	13504.87	7568.17	4983.59
澄海区	350109.66	192246.92	315.70	49443.34	86390.60	21713.10
濠江区	83277.37	24310.07	132.15	4355.76	52718.55	1760.84
潮阳区	244799.09	122573.97	992.84	14362.24	103673.01	3197.03
潮南区	205174.80	164097.72	1052.22	20164.60	15571.07	4289.19
南澳县	83063.85	6447.89	685.98	2163.52	69309.35	4457.11
佛山市	**1414294.60**	**544336.74**	**11500.74**	**184468.37**	**596169.45**	**77819.31**
禅城区	2755.29	894.59			1771.24	89.46
南海区	470858.42	273397.26	892.07	15270.58	157448.08	23850.43
顺德区	461368.44	131548.27	37.34	15215.20	293385.81	21181.81
高明区	167692.21	48227.51	8694.49	50009.41	53528.07	7232.74
三水区	311620.19	90269.12	1876.84	103973.31	90036.25	25464.67
韶关市	**1498380.20**	**1015432.02**	**171986.53**	**231068.11**	**67417.80**	**12475.75**
浈江区	64300.33	33244.62	9517.01	11667.47	7810.64	2060.59
武江区	57402.63	38147.87	5790.84	10980.15	2274.28	209.50
曲江区	133116.75	80207.13	10095.84	29083.17	12930.11	800.52
南雄市	261871.14	167137.95	27886.79	50589.89	14339.59	1916.92
始兴县	184234.68	133717.77	17734.27	26717.15	5143.76	921.73
翁源县	221009.00	172874.15	18449.77	22891.23	5898.51	895.33
仁化县	174194.37	107537.19	33512.74	24587.93	7435.13	1121.39
新丰县	108401.61	81921.39	10522.03	12674.31	3084.16	199.73
乳源自治县	65939.05	34279.99	19293.01	9951.81	2225.16	189.08
乐昌市	221286.92	163247.15	18566.48	31371.58	3959.81	4141.89

7-14 续表 1

(2017年) 单位：万元

县(市)区别	合计	农业	林业	牧业	渔业	服务业
河源市	**1035139.15**	**654903.77**	**199729.16**	**140806.69**	**29116.81**	**10582.73**
源城区	27616.86	16482.41	1205.84	9024.13	846.03	58.44
东源县	175675.55	110303.51	26685.74	29147.66	6485.05	3053.58
和平县	168942.07	96218.40	42795.61	26067.43	2506.90	1353.73
龙川县	253981.13	138870.00	73697.29	31039.71	8404.93	1969.19
紫金县	264768.02	174085.58	48957.21	30748.10	6952.63	4024.50
连平县	144146.60	118942.51	6387.44	14780.98	3912.45	123.22
梅州市	**1903261.44**	**1347109.47**	**119708.94**	**344667.85**	**66126.62**	**25648.55**
梅江区	90192.83	59751.24	1859.91	22883.41	4968.17	730.09
梅县区	443558.79	358689.98	6619.71	54905.80	19348.17	3995.13
蕉岭县	115838.08	60372.09	24254.65	26400.84	3528.77	1281.73
大埔县	203482.61	159862.92	6137.63	29838.10	4381.33	3262.64
丰顺县	219269.53	113685.64	24244.08	67476.93	9312.81	4550.07
五华县	302805.09	186542.42	23188.73	69356.37	11444.27	12273.30
兴宁市	416876.45	311104.91	13034.36	78034.60	10942.33	3760.26
平远县	117726.60	79890.44	11519.82	16285.59	6354.16	3676.59
惠州市	**1681794.44**	**1255836.21**	**34041.08**	**239576.75**	**136283.62**	**16056.78**
惠城区	265934.66	193062.79	4549.21	46209.85	20651.75	1461.05
惠东县	447909.22	309332.75	9847.68	46879.62	75773.11	6076.07
惠阳区	181117.77	149379.76	1227.22	16375.92	13299.61	835.26
博罗县	527720.15	371053.08	14669.37	115938.61	22120.37	3938.74
龙门县	256377.33	230591.80	3162.41	14396.24	4438.30	3788.58
汕尾市	**1284817.52**	**544828.02**	**31748.86**	**90753.16**	**576904.28**	**40583.19**
汕尾城区	222200.50	24107.24	1010.17	7509.27	188896.99	676.83
红海湾区	53388.84	7757.40	533.55	626.15	44471.74	
海丰县	321451.34	180330.02	8817.07	20696.10	92963.14	18645.00
陆河县	108281.52	74206.98	13587.57	15409.46	2250.50	2827.00
陆丰市	573320.03	253836.20	6037.22	45919.04	249150.57	18377.00
东莞市	**233769.70**	**189301.69**	**2289.92**	**6397.66**	**30510.38**	**5270.06**
中山市	**602518.77**	**173128.85**	**378.91**	**31537.66**	**387804.08**	**9669.27**
江门市	**1919857.10**	**793639.69**	**52975.03**	**321196.61**	**705655.49**	**46390.27**
蓬江区	49626.97	18160.75	812.42	9290.43	17084.91	4278.46
江海区	43635.42	19081.29	63.46	3738.65	20688.94	63.08
新会区	398295.68	135453.48	7487.77	60512.01	189087.12	5755.31
台山市	655614.45	231127.49	12234.21	48217.86	357656.37	6378.53
开平市	318765.77	168179.08	13469.64	93703.01	22837.71	20576.34
恩平市	190947.13	107298.80	6996.74	40369.07	34983.75	1298.78
鹤山市	206669.14	106991.32	8477.05	60628.18	27173.76	3398.84
阳江市	**2151659.52**	**634559.82**	**64629.87**	**329066.67**	**1086317.74**	**37085.43**
江城区	292740.93	44022.23	2284.50	21192.31	213094.58	12147.32
阳东区	496904.04	122339.52	12626.24	63299.24	290890.49	7748.55
阳西县	549691.35	105838.52	19658.52	55033.91	367341.33	1819.08
阳春市	611284.28	343301.79	47305.78	180249.06	26534.00	13893.65
海陵区	196103.07	6420.66	1591.12	2701.58	184453.37	936.33
湛江市	**5025909.74**	**2835283.04**	**185550.97**	**568910.82**	**1321956.44**	**114208.48**
赤坎区	15709.15	6253.73		201.15	9119.64	134.64
霞山区	22114.62	6752.58		851.03	14229.64	281.36

7-14 续表 2

(2017年) 单位：万元

县(市)区别	合计	农业	林业	牧业	渔业	服务业
坡头区	169276.54	64750.99	6952.57	33850.81	61318.70	2403.48
麻章区	228779.02	90296.72	3511.67	22102.80	110587.09	2280.73
东海区	243393.66	38009.30	258.70	9771.29	187738.70	7615.67
吴川市	302568.29	113263.57	5475.49	65395.54	100924.89	17508.81
徐闻县	796438.77	618937.30	5206.02	36602.90	119420.47	16272.08
雷州市	1127022.36	754294.71	47679.36	76272.10	225742.49	23033.70
遂溪县	1088862.23	571688.61	47232.77	148317.17	303514.43	18109.26
廉江市	1030665.47	570032.66	69234.39	175544.66	189360.10	26493.66
茂名市	**4789601.33**	**2816719.68**	**370610.42**	**979235.60**	**535756.76**	**87278.86**
茂南区	284306.34	160836.11	1507.52	100313.12	14549.38	7100.20
电白区	1240965.89	512137.80	52092.74	225531.46	419728.62	31475.27
信宜市	982988.00	645749.92	101286.63	215277.09	15941.34	4733.03
高州市	1234759.81	860280.95	101547.48	216287.26	31107.94	25536.18
化州市	1032226.91	617802.09	113026.52	233615.32	52173.18	15609.80
肇庆市	**3302455.82**	**1682358.60**	**621132.28**	**621701.24**	**341037.66**	**36226.04**
端州区	2340.58	2035.14	53.60	183.29	64.75	3.80
鼎湖区	144916.45	46781.60	2886.86	69861.97	25284.40	101.63
高要区	751606.61	421480.78	79705.44	116622.50	119222.63	14575.26
广宁县	390239.50	170328.53	152405.38	51595.95	11890.38	4019.26
四会市	510706.57	182594.19	29807.31	194985.47	101472.40	1847.21
德庆县	279971.78	185227.64	50908.01	32870.48	10331.89	633.76
封开县	437932.95	278749.13	86485.42	44878.36	25210.80	2609.24
怀集县	753798.90	388447.48	214299.53	114151.54	30469.46	6430.89
清远市	**2276533.52**	**1325051.89**	**270512.91**	**485055.68**	**108411.97**	**87501.08**
清城区	239761.60	87260.77	15338.41	95354.84	31602.84	10204.74
英德市	569072.54	301311.75	97819.24	99883.75	21382.97	48674.84
佛冈县	139807.63	95998.84	13668.26	22414.40	5265.59	2460.54
连山自治县	79735.00	47851.00	16633.00	12895.00	1362.00	994.00
连南自治县	90800.02	58884.83	16779.12	12798.56	1016.29	1321.23
连州市	373004.91	259185.70	30366.97	65707.51	4482.23	13262.50
阳山县	345718.58	218207.57	38363.68	82583.34	3872.52	2691.47
清新区	424581.83	242815.42	42578.19	90758.23	40986.53	7443.46
潮州市	**720378.76**	**417364.08**	**17523.28**	**86011.72**	**173696.19**	**25783.49**
湘桥区	62579.36	50527.55	539.78	7819.30	3179.72	513.00
饶平县	456964.43	226760.22	11068.97	56024.07	147141.19	15969.98
潮安区	187707.34	136165.66	4929.56	23757.91	13818.92	9035.30
揭阳市	**1617265.35**	**1031645.93**	**185963.10**	**198317.13**	**153927.24**	**47411.95**
榕城区	118290.63	76996.89	5761.98	18236.09	14314.81	2980.86
揭东区	336285.80	222147.42	45542.10	35946.05	21868.30	10781.92
惠来县	482365.35	263789.38	67904.32	37902.50	101867.23	10901.92
普宁市	318341.80	257711.02	18578.56	31146.36	5625.54	5280.32
揭西县	346728.47	192648.29	41973.11	86444.56	9381.87	16280.64
云浮市	**1458550.34**	**627935.39**	**282229.24**	**453059.02**	**63266.56**	**32060.12**
云城区	118852.69	38180.17	36573.73	37039.73	6155.40	903.66
新兴县	543341.50	173168.26	71234.93	266155.85	16771.37	16011.08
郁南县	213894.19	134167.22	14347.71	54607.02	6461.41	4310.83
罗定市	436476.00	183746.86	139980.60	75536.40	27468.07	9744.06
云安区	121826.60	74513.14	20092.26	19720.40	6410.31	1090.49

7-15 农产品生产者价格指数

(上年=100)

项　　目	2014	2015	2016	2017
农产品生产者价格指数	**102.2**	**102.3**	**106.5**	**99.4**
农业产品	**102.4**	**103.2**	**107.9**	**100.9**
谷物	103.4	106.3	98.7	100.5
稻谷	103.5	106.4	98.7	100.5
薯类	106.1	104.0	108.6	107.6
油料	101.9	105.3	102.9	98.8
豆类	107.3	100.6	104.5	96.4
糖料	99.2	99.4	110.2	114.4
未加工烟草	99.6	103.3	101.6	99.4
蔬菜及食用菌	99.4	103.7	114.8	95.6
叶菜类蔬菜	101.7	100.9	112.0	90.9
白菜类蔬菜	98.2	103.2	124.0	90.3
芥菜类蔬菜	97.6	100.0	118.0	95.1
甘蓝类蔬菜	97.8	109.6	116.4	85.9
根茎类蔬菜	111.5	106.3	132.1	93.9
瓜菜类蔬菜	94.6	106.5	104.0	104.8
豆类蔬菜	106.5	103.4	100.5	102.8
茄果类蔬菜	96.7	101.7	113.0	101.7
莴苣及菊苣类蔬菜	93.6	102.4	122.4	94.5
葱蒜类蔬菜	100.7	111.7	102.2	98.9
花卉	103.1	99.7	105.6	104.4
盆景及园艺产品	104.2	96.8	102.0	94.7
水果及坚果	103.7	103.9	110.5	106.1
茶及饮料原料	116.7	102.7	105.5	103.7
林业产品	**103.6**	**99.9**	**98.4**	**102.0**
育种和育苗	106.8	96.0	97.1	93.5
木材采伐产品	101.3	101.6	99.0	100.5
竹材采伐产品	101.6	100.4	97.2	99.8
林产品	105.8	100.2	99.2	117.1
饲养动物及其产品	**98.6**	**103.1**	**109.2**	**92.0**
活牲畜	93.9	107.0	122.5	89.1
猪	93.5	107.0	122.5	89.1
活家禽	104.4	100.3	99.5	96.7
鸡	103.6	98.9	97.4	98.6
鸭	102.7	99.8	101.3	99.7
畜禽产品	102.3	98.1	96.2	87.6
鸡蛋	103.3	98.3	99.5	81.2
鸭蛋	99.7	97.5	88.0	103.1
渔业产品	**105.4**	**101.1**	**104.2**	**103.9**
海水养殖产品	101.5	103.0	105.4	104.9
海水养殖鱼	100.8	101.2	103.4	104.8
海水养殖虾	109.7	102.4	103.9	103.1
海水捕捞产品	104.1	103.5	104.0	104.7
海水捕捞鲜鱼	105.2	103.4	103.6	104.3
海水捕捞虾	103.8	108.2	110.1	107.4
淡水养殖产品	107.9	98.4	101.8	103.0
养殖淡水鱼	105.0	96.5	100.9	103.2
淡水养殖虾	116.7	105.2	105.9	102.0
淡水捕捞产品	107.7	100.1	109.9	102.8
捕捞淡水鱼	108.4	104.7	116.8	101.7
淡水捕捞鲜虾	101.5	97.8	113.5	105.9

7-16 农业生产资料价格分类指数

(上年=100)

项 目	2014	2015	2016	2017
农业生产资料价格指数	**99.9**	**101.2**	**102.0**	**100.4**
农用手工工具	103.9	101.5	103.3	104.3
饲料	104.7	99.0	99.3	95.8
混合饲料	103.6	99.8	98.6	93.2
其他飼料	107.2	97.2	101.8	105.0
仔畜幼禽及产品畜	94.0	112.0	126.2	88.2
半机械化农具	100.1	99.8	100.8	100.2
机械化农具	99.8	99.5	98.9	100.8
化学肥料	97.5	102.0	99.6	102.3
氮肥	97.2	102.0	97.5	105.0
磷肥	97.9	102.6	102.4	102.9
钾肥	98.9	100.4	100.2	98.7
复合肥料	97.4	102.2	100.7	99.6
农药及农药器械	101.0	101.0	100.9	102.1
化学农药	101.0	100.8	100.6	102.0
杀虫剂	99.4	100.6	100.6	101.6
杀菌剂	101.6	101.3	101.9	103.4
除草剂	103.8	100.9	99.5	101.3
生长调节剂			100.1	101.7
农药器械	101.0	102.0	102.3	103.1
农机用油	98.2	88.3	96.6	107.5
其他农业生产资料	102.5	102.6	101.2	104.2
农用种子	103.8	104.1	101.7	105.0
农用薄膜	100.3	100.1	100.3	102.4
农业生产服务	103.2	102.8	101.0	107.4
排灌费	100.0	100.0	100.1	101.1
机械作业费	105.2	102.6	101.0	111.2
农业用电	100.0	100.0	100.0	99.3
农业用工	105.4	107.9	102.7	112.9

八、种植业

2017 年 3 月 3 日，副省长邓海光在云浮罗定市出席春耕备耕暨农业三下乡现场活动。

2017 年 3 月农业部种子管理局局长张延秋在省农业厅副厅长黄斌民陪同下在惠州市考察现代种业发展。

2017年5月26日农业部种子管理局副局长吴晓玲在东莞市考察中蕉9号香蕉种植现场。

2017年6月4日，省政府副秘书长顾幸伟在省农业厅副厅长郑惠典陪同下考察南繁科研育种基地建设。

2017 年 8 月 24 日，江门市受台风“天鸽”影响，农业受灾严重。

2017 年 11 月 6–10 日，中越水稻迁飞性害虫监测与防治合作项目技术交流会在广州市召开。

2017 年 12 月 15 日，省农业厅在惠东县组织召开农业部（马铃薯）绿色高产高效创建现场观摩会。

2017 年 12 月 12 日，第十六届广东种业博览会在广州市召开。

种植业

【概况】2017年全省粮食播种面积3254.59万亩，比上年减少12.08万亩，在粮食播种面积减少的情况下，总产量达到1208.56万吨，比上年增加4.34万吨，说明我省粮食生产平稳。主要经济、园艺作物生产稳中向优。蔬菜种植面积1840.83万亩，总产量3177.49万吨，分别增长3.1%和4.6%。水果面积1440.78万亩，增长1.2%，产量1421.23万吨，增长6.7%。除了柑橘有所减产，其他水果都有不同程度的增产。茶叶生产发展较快，全年茶园面积87.63万亩，总产量9.29万吨，分别增长3.6%和4.1%。

【粮食安全责任制考核获佳绩】经国务院审定，国家发展改革委等13部门联合通报2016年度国家粮食安全省长责任制考核结果，广东省人民政府取得全国第三、销区第一的优异成绩，被通报表扬。圆满实现了省政府领导关于"确保我省首次考核成绩位列全国前列"的目标。经省政府审定，全省21个地级以上市2016年度粮食安全责任制考核结果均为良好以上，其中：江门、韶关、茂名、惠州、中山、佛山(含顺德)、广州、深圳等8市委优秀等次，其余为良好等次。对获得优秀等次的市政府给予通报表扬。

【成功举办第四届广东水稻产业大会】2017年6月23–25日第四届广东省水稻产业大会在广州柯木塱省农业技术推广总站基地成功举办。大会以"粤之稻、非常道"为主题，以成果展示、学术交流、文化宣传、产销对接为主要内容，通过田间展示、专家论坛、产品展览、稻米品鉴、科普体验、传媒推介等方式，全面展示广东水稻发展历程和成就。大会展示了212个水稻优良品种以及水稻"三控"栽培技术、强源活库优米栽培技术、稻田养鱼、稻田养鸭、鱼塘种稻等10项水稻绿色生产主推技术，集中展示我省水稻品种技术、现代农机、稻耕文化、稻界名人、企业品牌、新兴业态等发展成就。原农业部副部长、中国科学院院士李家洋，中国科学院院士张启发、谢华安、韩斌，中国工程院院士颜龙安、罗锡文、张洪程，国家水稻产业技术体系首席专家、中国水稻研究所所长程式华，广东省人民政府副省长邓海光、省直单位领导，国家水稻产业技术体系专家，农业部水稻专家指导组成员，省内外种子、肥料、农药、农机、稻米加工等精英企业负责人，农业科研、教学、推广的专家技术人员和种植大户等1000多人出席开幕式，并观摩新品种新技术展示现场。邓海光副省长、郑伟仪厅长还分别为全省首届20佳种粮大户和10大优秀品种授牌。世界杂交水稻之父、中国工程院院士袁隆平也专程到大会现场考察了水稻品种种植情况。

【化肥农药使用量零增长】据统计，2017年，全省化肥和农药使用量分别为258.3万吨和5.80万吨，分别比2016年下降1%和5.5%，提前实现农业部提出到2020年化肥、农药使用量零增长的目标任务。

【做大做强岭南特色水果产业】大力宣传贯彻《广东省荔枝产业保护条例》，以实施园艺作物标准园创建、绿色高产高效创建为抓手，推进岭南特色水果品种改良和示范基地建设。推动香蕉优质新品种示范推广，创建1个绿色高产高效香蕉产业示范县，推广"中蕉9号"高抗香蕉枯萎病品种，建设年产能3000万株"中蕉9号"种苗繁育基地，推广面积3万亩以上，从源头上控制香蕉枯萎病发展势头，稳定和逐步恢复我省香蕉产业优势。加快推进菠萝结构调整，扶持湛江热作研究所建设金菠萝良种繁育基地，在主产区湛江市建设2个新品种改种示范基地，种植优质品种金菠萝、台农16号等，为新品种推广打下良好的良种供应基础。以高位嫁接技术为手段，推进荔枝、芒果产业的品种改良示范推广，因地制宜，将黑叶、白蜡、淮枝等品种高接换种为桂味、井岗红糯、先进奉等适种优质品种，改良芒果品种结构，分别建立了一批荔枝、芒果品种改良示范县和示范基地，荔枝等优势特色水果品种改良呈现加速趋势，累计实现高位嫁接换种约20万亩。

【扶持区域特色优势产业发展】大力贯彻落实

《广东省岭南中药材保护条例》，突出重点推进岭南中药材特色产业发展，实施岭南中药材保护专项，建设2个岭南中药材种质资源圃，7个道地药材种质资源原产地保护园和茂名化州、江门新会和云浮市3个岭南中药材产业园，加快推进云浮市“广东现代特色南药试验区”建设，成立岭南中药材种植专家组，对产业园和试验区建设给予指导和提供技术支撑。突出绿色生态发展打造广东好茶，推进茶叶结构调整优化，加大广东特色红茶发展，制定《广东生态茶园技术规程》，大力推进生态茶园建设示范。

【大力发展设施农业】实施设施农业建设专项，主要扶持菜、果、茶、花、药等优势特色产业生产经营主体建设育苗及生产性设施大棚、智能水肥一体化和产地田头冷库，其次是扶持粮食生产新型主体配套购置粮食烘干机。经过2015–2017年三年实施省级现代农业“五位一体”示范基地项目，全省共建设74个县（市、区）现代农业“五位一体”示范基地，全省温室大棚面积达到30万亩，水肥一体化设施、田头冷库、稻谷烘干设施也加快发展。

8-1 主要年份农作物播种面积及构成

年　份	农作物播种面积	一、粮食作物	稻谷	薯类	二、大豆	三、经济作物
一、绝对数(千公顷)						
1949	5285.95	4782.80	4126.20	495.80	92.58	155.04
1952	5608.83	4942.60	4053.60	665.60	93.81	239.90
1957	6326.93	5386.67	4040.93	817.45	95.87	401.94
1962	5687.57	4767.53	3655.80	787.50	77.33	313.47
1965	5799.75	4589.60	3609.07	655.65	75.33	629.45
1970	6254.66	4638.80	3771.79	601.62	77.63	726.08
1975	6836.83	5037.54	3914.25	612.29	131.73	815.45
1978	6641.64	5068.98	3860.66	582.01	109.14	851.52
1980	5969.89	4605.35	3730.73	533.78	132.12	809.32
1985	5357.88	3833.84	3210.54	487.22	116.81	945.12
1990	5671.56	3881.37	3175.78	501.13	114.96	892.28
1995	5304.80	3368.16	2701.42	515.01	103.90	790.11
2000	5156.90	3099.89	2412.70	426.76	96.97	728.70
2005	4815.37	2786.50	2137.60	386.50	83.80	667.70
2010	4262.77	2386.33	1918.14	261.77	48.44	639.85
2015	4194.55	2193.30	1804.76	213.19	34.47	682.89
2016	4181.30	2177.78	1806.03	202.71	32.31	686.83
2017	4227.51	2169.73	1805.42	200.02	31.16	705.21
二、构成(%)						
1949	100.0	90.5	78.1	9.4	1.8	2.9
1952	100.0	88.1	72.3	11.9	1.7	4.3
1957	100.0	85.1	63.9	12.9	1.5	6.4
1962	100.0	83.8	64.3	13.8	1.4	5.5
1965	100.0	79.1	62.2	11.3	1.3	10.9
1970	100.0	74.2	60.3	9.6	1.2	11.6
1975	100.0	73.7	57.3	9.0	1.9	11.9
1978	100.0	76.3	58.1	8.8	1.7	12.8
1980	100.0	77.1	62.5	8.9	2.2	13.6
1985	100.0	71.6	59.9	9.1	2.2	17.6
1990	100.0	68.5	56.0	8.8	2.0	15.7
1995	100.0	63.5	50.9	9.7	2.0	14.8
2000	100.0	60.1	46.8	8.3	1.9	14.1
2005	100.0	57.9	44.4	8.0	1.7	13.9
2010	100.0	56.0	45.0	6.1	1.1	15.0
2015	100.0	52.3	43.0	5.1	0.8	16.3
2016	100.0	52.1	43.2	4.8	0.8	16.4
2017	100.0	51.3	42.7	4.7	0.7	16.7

8-1 续表

年份	经济作物					四、其他作物
	糖蔗	花生	黄红麻	红(土)烟	黄(烤)烟	
一、绝对数(千公顷)						
1949	28.93	75.33	3.72	5.00	3.00	255.53
1952	59.93	133.58	8.07	10.87	4.82	332.52
1957	96.95	201.69	22.50	16.07	6.69	442.45
1962	61.49	195.95	12.89	15.54	4.13	529.24
1965	148.55	287.89	17.31	15.07	5.12	505.37
1970	170.03	310.05	23.09	14.09	7.67	812.15
1975	184.28	316.87	46.21	22.85	15.35	852.11
1978	172.64	324.41	63.29	18.17	27.96	612.00
1980	145.71	368.83	28.03	14.58	11.17	423.11
1985	295.22	363.85	38.87	19.13	17.71	462.11
1990	279.82	323.97	4.84	14.59	31.11	782.95
1995	213.45	330.07	2.70	5.62	23.93	1042.63
2000	159.74	331.07	1.03	5.32	25.78	1231.34
2005	125.39	309.41	0.53	5.10	26.54	1361.17
2010	136.72	307.38	0.19	2.12	19.57	1236.60
2015	143.57	316.58	0.10	1.97	16.30	1318.37
2016	142.91	314.51	0.08	2.16	15.64	1316.69
2017	146.24	319.10	0.08	1.80	15.61	1352.58
二、构成(%)						
1949	0.5	1.4	0.1	0.1	0.1	4.8
1952	1.1	2.4	0.1	0.2	0.1	5.9
1957	1.5	3.2	0.4	0.3	0.1	7.0
1962	1.1	3.4	0.2	0.3	0.1	9.3
1965	2.6	5.0	0.3	0.3	0.1	8.7
1970	2.7	5.0	0.4	0.2	0.1	13.0
1975	2.7	4.6	0.7	0.3	0.2	12.5
1978	2.6	4.9	1.0	0.3	0.4	9.2
1980	2.4	6.2	0.5	0.2	0.2	7.1
1985	5.5	6.8	0.7	0.4	0.3	8.6
1990	4.9	5.7	0.1	0.3	0.5	13.8
1995	4.0	6.3	0.1	0.2	0.5	19.7
2000	3.1	6.4	...	0.1	0.5	23.9
2005	2.6	6.4	...	0.1	0.6	28.3
2010	3.2	7.2	...	...	0.5	29.0
2015	3.4	7.5	...	...	0.4	31.4
2016	3.4	7.5	...	0.1	0.4	31.5
2017	3.5	7.5	...	...	0.4	32.0

8-2 主要年份农作物产量及指数

年份	粮食			大豆	糖蔗	花生	黄红麻	红(土)烟	黄(烤)烟
		稻谷	薯类						
一、绝对数(万吨)									
1949	685.85	621.35	55.85	4.62	66.91	6.63	0.48	0.58	0.23
1952	797.40	707.15	76.50	5.41	265.47	13.20	1.44	1.29	0.34
1957	1007.15	849.10	130.15	4.39	429.72	16.86	3.98	1.63	0.49
1962	929.60	820.25	89.15	3.84	180.60	15.60	2.22	1.15	0.26
1965	1227.65	1098.60	106.90	4.74	637.93	25.97	3.99	1.49	0.59
1970	1283.82	1157.04	103.10	5.79	656.93	32.16	6.24	1.60	0.70
1975	1464.58	1301.35	122.27	9.13	711.61	31.84	13.77	2.52	1.54
1978	1509.51	1328.56	121.04	7.99	835.42	35.17	18.07	1.97	2.76
1980	1681.91	1523.92	123.68	11.47	734.73	50.00	10.18	1.68	1.04
1985	1604.37	1454.29	131.88	11.32	1831.40	57.07	11.30	2.60	2.29
1990	1896.29	1687.00	167.05	13.87	2093.46	57.95	1.04	2.44	4.64
1995	1803.33	1553.90	209.40	16.50	1472.21	69.98	0.79	1.08	3.96
2000	1822.33	1528.53	199.05	18.73	1137.59	77.68	0.27	1.26	4.95
2005	1394.97	1116.99	185.48	18.87	946.03	75.86	0.14	1.24	5.06
2010	1249.15	1041.80	129.01	11.20	1064.09	81.59	0.03	0.56	4.44
2015	1211.66	1040.82	102.34	9.03	1093.58	94.48	0.02	0.39	3.95
2016	1204.22	1039.53	96.53	8.63	1096.56	95.48	0.02	0.58	3.75
2017	1208.56	1046.34	95.43	8.48	1144.14	98.42	0.02	0.52	3.74
二、指数									
1949	100.0	100.0	100.0	100.0	100.0	100.0	100.0	100.0	100.0
1952	116.3	113.8	137.0	117.1	396.8	199.1	300.0	222.4	147.8
1957	146.8	136.7	233.0	95.0	642.2	254.3	829.2	281.0	213.0
1962	135.5	132.0	159.6	83.1	269.9	235.3	462.5	198.3	113.0
1965	179.0	176.8	191.4	102.6	953.4	391.7	831.3	256.9	256.5
1970	187.2	186.2	184.6	125.3	981.8	485.1	1300.0	275.9	304.3
1975	213.5	209.4	218.9	197.6	1063.5	480.2	2868.8	434.5	669.6
1978	220.1	213.8	216.7	172.9	1248.6	530.5	3764.6	339.7	1200.0
1980	245.2	245.3	221.5	248.3	1247.5	754.1	2120.8	289.7	452.2
1985	233.9	234.1	236.1	245.0	2737.1	860.8	2354.2	448.3	995.7
1990	276.5	271.5	299.1	300.2	3128.8	874.1	216.7	420.7	2017.4
1995	262.9	250.1	374.9	357.1	2100.3	955.5	164.6	186.2	1721.7
2000	265.7	246.0	356.4	405.4	1700.2	1171.6	56.3	217.2	2152.2
2005	203.4	179.8	332.1	408.4	1413.9	1144.2	29.2	213.8	2200.0
2010	182.1	167.7	231.0	242.4	1590.3	1230.6	6.5	95.9	1930.8
2015	176.7	167.5	183.2	195.5	1634.4	1425.1	3.4	66.4	1715.7
2016	175.6	167.3	172.8	186.9	1638.9	1440.2	4.2	99.6	1630.7
2017	176.2	168.4	170.9	183.5	1710.0	1484.4	4.3	90.3	1625.1

8-3　主要农作物播种面积、单产及总产量

单位：千公顷、千克、万吨

项　　目	2015年			2016年			2017年		
	面积	亩产	总产量	面积	亩产	总产量	面积	亩产	总产量
农作物总播种面积	4194.55			4181.30			4227.51		
一、粮食作物	**2193.30**	**368**	**1211.66**	**2177.78**	**369**	**1204.22**	**2169.73**	**371**	**1208.56**
1.稻谷	1804.76	384	1040.82	1806.03	384	1039.53	1805.42	386	1046.34
早稻	850.50	400	510.03	852.81	399	510.03	853.48	398	509.02
晚稻	954.26	376	538.81	953.22	370	529.51	951.94	376	537.33
2.小麦	0.90	221	0.30	0.90	220	0.30	0.46	213	0.15
3.旱粮	139.97	282	59.17	135.82	291	59.22	132.66	292	58.16
其中：玉米	127.19	290	55.33	123.80	298	55.40	120.95	301	54.64
4.薯类(五折一)	213.19	320	102.34	202.71	317	96.53	200.02	318	95.43
番薯	163.39	316	77.49	152.22	318	72.52	148.88	316	70.47
马铃薯	49.80	333	24.84	50.49	317	24.01	51.14	325	24.96
5.大豆	34.47	334	9.03	32.31	178	8.63	31.16	181	8.48
二、经济作物	**682.89**			**686.83**			**705.21**		
1.甘蔗	165.62	5175	1285.49	165.55	5210	1293.87	169.16	5295	1343.47
糖蔗	143.57	5078	1093.58	142.91	5115	1096.56	146.24	5216	1144.14
果蔗	22.04	5804	191.91	22.64	5810	197.31	22.92	5799	199.33
2.油料作物	330.86	198	98.02	329.49	201	99.35	331.82	203	101.28
其中：花生	316.58	199	94.48	314.51	202	95.48	319.10	206	98.42
芝麻	2.93	106	0.47	3.09	111	0.52	3.12	110	0.52
油菜籽	3.68	119	0.66	10.01	196	2.94	8.74	163	2.14
3.麻类	0.10	171	0.02	0.08	171	0.02	0.08	172	0.02
其中：黄红麻	0.10	171	0.02	0.08	171	0.02	0.08	172	0.02
4.烟叶	18.28	171	4.52	17.81	165	4.40	17.41	163	4.26
烤烟	16.30	161	3.95	15.64	160	3.75	15.61	160	3.74
红烟	1.97	195	0.58	2.16	200	0.65	1.80	194	0.52
5.木薯	68.72	1323	136.42	67.39	1342	135.66	65.45	1367	134.20
6.药材	24.17			28.49			34.89		
7.其他经济作物	75.16			78.03			86.40		
三、其他作物	**1318.37**			**1316.69**			**1352.58**		
蔬菜(含菜用瓜)	1188.47	1680	2994.65	1189.86	1701	3036.45	1227.22	1726	3177.49

8-4 各市粮食作物播种面积和产量

(2017年)

单位：公顷、千克、吨

市别	粮食作物			#稻谷			#晚稻		
	播种面积	亩产	总产量	播种面积	亩产	总产量	播种面积	亩产	总产量
全省	2169726	371	12085563	1805420	386	10463435	951939	376	5373276
广州市	25585	334	128173	21321	346	110524	10772	344	55598
深圳市	2327	259	9032	1968	254	7497	1312	236	4646
珠海市	3917	367	21535	3578	362	19441	1746	267	6986
汕头市	67805	435	442704	45417	457	311623	22497	443	149437
佛山市	7056	351	37131	6009	364	32844	3566	333	17791
韶关市	117181	392	688804	101893	412	630337	62430	421	393805
河源市	132415	395	785370	120126	412	743133	61475	411	379303
梅州市	180013	395	1067174	159248	411	981403	80285	385	463519
惠州市	111929	349	586356	87358	354	463632	47209	347	245895
汕尾市	79585	325	388323	68078	337	343702	34559	326	168796
东莞市	973	328	4790	562	385	3247	292	386	1689
中山市	3376	338	17131	2322	367	12777	1411	355	7521
江门市	177686	342	911399	166056	347	865296	82955	346	429934
阳江市	117703	344	606572	103718	356	553806	56758	350	297620
湛江市	275748	342	1414203	223523	356	1193386	126385	338	640121
茂名市	252244	390	1477353	208491	409	1280651	112367	387	651682
肇庆市	197282	388	1149607	166949	412	1031292	84942	407	518186
清远市	145189	305	664987	118728	325	578810	60459	314	284337
潮州市	42026	427	269020	33022	453	224384	15672	465	109268
揭阳市	129657	408	794098	81054	416	505626	41648	405	252809
云浮市	100030	414	621801	86001	442	570024	43199	454	294333

8-5 各市农作物播种面积和产量

(2017年)　　单位：公顷、千克、吨

市别	小麦			旱粮			薯类			大豆		
	播种面积	亩产	总产量	播种面积	亩产	总产量	播种面积	亩产	总产量	播种面积	亩产	总产量
全　省	462	213	1476	132662	292	581566	200024	318	954327	31158	181	84759
广州市				3091	282	13074	975	277	4045	196	180	530
深圳市				42	256	160	317	289	1375			
珠海市				228	497	1696	70	267	281	40	193	117
汕头市				1717	383	9874	19908	398	118898	762	202	2309
佛山市				441	310	2054	520	254	1979	86	197	254
韶关市				8804	269	35541	3974	275	16415	2511	173	6511
河源市				5914	248	21962	4061	228	13885	2315	184	6390
梅州市	10	348	54	8721	273	35740	8415	323	40763	3618	170	9214
惠州市				14078	363	76747	9319	307	42906	1174	174	3071
汕尾市	7	200	20	2132	289	9227	8142	265	32366	1226	164	3008
东莞市				91	265	361	253	270	1026	67	155	156
中山市				241	320	1157	742	272	3027	72	158	170
江门市				3685	301	16630	6544	261	25661	1402	181	3812
阳江市				5635	292	24672	5013	243	18264	3338	196	9830
湛江市	268	204	822	23239	279	97138	26900	292	117700	1818	189	5157
茂名市	123	244	449	15308	321	73652	25853	298	115536	2470	191	7065
肇庆市				9685	287	41708	18370	256	70533	2278	178	6074
清远市				16181	225	54721	7141	208	22264	3139	195	9192
潮州市				2664	362	14447	6019	324	29284	321	188	905
揭阳市				3283	391	19250	42218	413	261533	3101	165	7689
云浮市	55	160	131	7483	283	31755	5269	210	16586	1222	180	3305

8-5 续表 1

(2017年)　　单位：公顷、千克、吨

市别	甘蔗			糖蔗			油料			花生		
	播种面积	亩产	总产量	播种面积	亩产	总产量	播种面积	亩产	总产量	播种面积	亩产	总产量
全　省	169158	5295	13434745	146241	5216	11441442	331825	203	1012849	319100	206	984178
广州市	6661	8167	815996				3372	178	8986	3053	182	8352
深圳市	21	4050	1296				288	117	507	288	117	505
珠海市	15	5149	1151	3	4998	216	259	191	743	207	234	725
汕头市	222	6868	22903				3004	178	8044	1997	177	5295
佛山市	72	3724	4000	…	6000	30	838	206	2586	838	206	2586
韶关市	2607	6979	272889	1318	5373	106233	37406	224	125413	35659	230	122913
河源市	1102	4994	82566	858	4953	63721	22725	208	70963	22497	209	70504
梅州市	1377	2252	46527				11301	183	31041	10674	183	29329
惠州市	980	7016	103160	613	7295	67026	18666	188	52763	17949	184	49575
汕尾市	373	4001	22377	67	5000	5015	12802	155	29813	11690	160	28083
东莞市	120	4383	7874				67	218	219	67	218	219
中山市	81	4866	5889	48	4143	2955	116	232	404	44	232	154
江门市	2472	5968	221336	1174	6493	114314	11238	174	29277	10040	168	25327
阳江市	1351	2762	55951	434	4494	29274	19508	154	44971	19257	155	44893
湛江市	138723	5143	10701265	133125	5155	10294194	57859	232	201385	56254	235	198400
茂名市	6793	4885	497763	6115	4974	456204	42849	214	137321	42565	214	136583
肇庆市	1831	4484	123141	394	4994	29523	23997	196	70376	23606	195	69132
清远市	3235	7625	370031	2072	8731	271390	36915	207	114862	35308	210	110987
潮州市	100	7117	10669				2472	154	5700	2188	160	5246
揭阳市	781	4798	56231	21	4342	1346	8724	204	26636	7812	214	25106
云浮市	240	3255	11731				17417	195	50840	17106	196	50264

8-5 续表 2

(2017年) 单位：公顷、千克、吨

市 别	麻类			烟叶			木薯			药材面积
	播种面积	亩产	总产量	播种面积	亩产	总产量	播种面积	亩产	总产量	
全 省	80	172	206	17406	163	42616	65454	1367	1342014	34886
广州市							56	1268	1063	762
深圳市							8	2383	274	21
珠海市							1	638	10	44
汕头市							24	3400	1209	31
佛山市							9	1215	171	151
韶关市				8976	164	22083	917	1649	22669	1171
河源市							2229	973	32526	414
梅州市	6	232	21	4790	147	10580	7596	1129	128633	3417
惠州市							91	1566	2130	11
汕尾市							1538	2247	51846	67
东莞市										17
中山市										
江门市							2239	1604	53860	688
阳江市				6	195	17	3220	1059	51124	3810
湛江市				525	238	1876	9111	1798	245775	5033
茂名市	20	154	46	798	194	2321	4408	1336	88353	9084
肇庆市	13	131	25	1358	169	3432	15986	1252	300130	2885
清远市				949	161	2290	7888	1195	141439	1496
潮州市							333	1446	7219	367
揭阳市	25	225	86	3	224	11	593	1418	12616	483
云浮市	16	119	28	2	180	5	9209	1455	200968	4936

8-5 续表 3

(2017年) 单位：公顷、千克、吨

市 别	其他经济作物播种面积	蔬菜			瓜类			青饲料面积	绿肥面积
		播种面积	亩产	总产量	播种面积	亩产	总产量		
全 省	86399	1227217	1726	31774886	41245	1899	1174974	46781	26594
广州市	24491	142176	1711	3647912	430	1719	11081	618	176
深圳市	6	9171	1087	149544	104	1330	2081		
珠海市	2205	7474	1266	141899	634	1120	10652	473	31
汕头市	224	42290	2459	1559945	534	2222	17803	123	
佛山市	9043	30756	1727	796808	2398	1629	58573	4648	
韶关市	2311	47265	1593	1129617	4992	2051	153545	3075	5341
河源市	462	33413	1344	673642	651	1417	13831	1133	1848
梅州市	822	64493	2115	2045674	3470	1931	100531	9848	4061
惠州市	601	112980	1702	2885091	2192	1698	55814	1304	124
汕尾市	117	46973	1586	1117539	2252	2076	70134	324	73
东莞市	1332	19173	1365	392431	67	880	882		
中山市	3889	16323	1625	397886	701	1225	12885	4	
江门市	12237	65419	1451	1424037	984	1760	25970	4178	21
阳江市	575	48921	1102	808519	2351	1498	52846		37
湛江市	13589	137965	1704	3526067	7010	1946	204649	1370	17
茂名市	1799	109466	1825	2996950	535	1478	11854	1429	1783
肇庆市	7831	79253	2071	2461829	6801	2326	237344	6035	3206
清远市	2498	128658	1539	2969199	2885	1994	86297	7559	7969
潮州市	732	14537	2221	484394	124	1839	3429	2012	
揭阳市	535	47015	2387	1683436	376	2400	13537	1289	227
云浮市	1099	23497	1369	482468	1754	1187	31235	1359	1680

8-6 各县（市、区）粮食作物播种面积和产量

(2017年)　　单位：公顷、千克、吨

县(市)区别	粮食作物			稻谷			薯类		
	播种面积	亩产	总产量	播种面积	亩产	总产量	播种面积	亩产	总产量
广州市	**25585**	**334**	**128173**	**21321**	**346**	**110524**	**975**	**277**	**4045**
海珠区									
天河区									
白云区	199	393	1175	36	337	181	13	261	52
黄埔区	905	318	4311	850	317	4045	34	289	146
荔湾区									
花都区	2070	339	10536	947	393	5581	230	297	1022
从化区	12115	340	61830	11590	343	59602	160	290	697
增城区	9049	323	43843	7344	346	38116	456	260	1781
番禺区	281	331	1397	52	378	294	46	220	152
南沙区	966	351	5081	502	359	2705	36	360	195
深圳市	**2327**	**259**	**9032**	**1968**	**254**	**7497**	**317**	**289**	**1375**
福田区									
罗湖区	1	278	5				1	278	5
南山区									
宝安区	27	253	103	11	256	42	2	294	10
龙岗区	29	252	111	3	250	13	13	269	53
盐田区	…	167	1				…	167	1
龙华区									
坪山区									
深汕合作区	2268	259	8812	1953	254	7442	300	290	1306
珠海市	**3917**	**367**	**21535**	**3578**	**362**	**19441**	**70**	**267**	**281**
香洲区	45	286	193	14	379	80	10	288	44
金湾区	169	515	1307	34	398	202	3	375	18
斗门区	3703	361	20035	3531	362	19159	57	257	219
汕头市	**67805**	**435**	**442704**	**45417**	**457**	**311623**	**19908**	**398**	**118898**
金平区	1519	431	9812	1465	432	9502	54	385	309
龙湖区	2737	446	18320	1958	479	14057	397	410	2445
澄海区	12127	456	82923	9472	474	67295	1114	432	7213
濠江区	2285	418	14332	1131	456	7743	1070	393	6318
潮阳区	25184	437	165032	15907	470	112199	9139	381	52253
潮南区	23479	422	148696	15190	433	98633	7960	410	48996
南澳县	473	505	3589	294	497	2194	173	524	1364
佛山市	**7056**	**351**	**37131**	**6009**	**364**	**32844**	**520**	**254**	**1979**
禅城区									
南海区	243	311	1134	147	338	744	93	264	370
顺德区	21	311	97				2	125	3
高明区	5799	359	31247	5522	365	30224	154	247	568
三水区	993	312	4653	341	367	1876	271	255	1038
韶关市	**117181**	**392**	**688804**	**101893**	**412**	**630337**	**3974**	**275**	**16415**
浈江区	2985	414	18524	2747	419	17277	54	519	420
武江区	3784	392	22242	3520	403	21274	35	389	206
曲江区	11342	403	68481	10776	408	65915	107	453	729
南雄市	33474	362	181752	28207	397	167826	2249	179	6027
始兴县	10223	425	65231	9699	430	62601	74	806	889
翁源县	15506	380	88488	14596	385	84310	119	318	567
仁化县	9410	473	66713	8977	459	61752	131	751	1481
新丰县	8989	356	47984	7914	361	42852	204	328	1006
乳源自治县	7497	388	43608	5507	442	36474	557	266	2221
乐昌市	13970	409	85781	9950	469	70056	443	431	2869

8-6 续表 1

(2017年)　　单位：公顷、千克、吨

县(市)区别	粮食作物			#稻谷			薯类		
	播种面积	亩产	总产量	播种面积	亩产	总产量	播种面积	亩产	总产量
河源市	**132415**	**395**	**785370**	**120126**	**412**	**743133**	**4061**	**228**	**13885**
源城区	1911	377	10817	1706	395	10109	58	227	198
东源县	25181	388	146738	23040	405	139856	1063	227	3620
和平县	20887	366	114580	18746	378	106191	453	227	1544
龙川县	35093	442	232666	31473	471	222560	846	227	2883
紫金县	33375	386	193409	31044	394	183581	1075	230	3713
连平县	15968	364	87160	14116	382	80836	566	227	1927
梅州市	**180013**	**395**	**1067174**	**159248**	**411**	**981403**	**8415**	**323**	**40763**
梅江区	3170	394	18728	2813	407	17160	144	370	800
梅县区	25897	436	169426	22800	463	158173	1262	263	4972
蕉岭县	9975	379	56658	9186	393	54151	227	291	993
大埔县	7212	314	33977	5471	363	29821	1125	158	2674
丰顺县	22912	333	114396	18440	351	97011	2428	287	10464
五华县	54103	386	313587	49370	403	298747	1834	151	4159
兴宁市	42985	442	285133	39960	442	264727	1177	885	15620
平远县	13759	365	75269	11208	366	61613	218	330	1081
惠州市	**111929**	**349**	**586356**	**87358**	**354**	**463632**	**9319**	**307**	**42906**
惠城区	17810	381	101798	12806	383	73613	309	350	1623
惠东区	37919	339	192832	27834	352	146846	7004	314	32973
惠阳区	7249	381	41470	5689	382	32573	338	292	1483
博罗县	28599	339	145592	21852	341	111759	1132	237	4033
龙门县	20353	343	104664	19176	344	98842	535	348	2795
汕尾市	**79585**	**325**	**388323**	**68078**	**337**	**343702**	**8142**	**265**	**32366**
汕尾城区	3340	312	15611	3080	315	14551	260	272	1060
红海湾区	1306	344	6734	1017	364	5545	290	274	1189
海丰县	30107	331	149264	28242	335	141921	1291	285	5527
陆河县	10649	316	50433	8595	329	42477	1123	266	4481
陆丰市	34183	324	166281	27145	342	139208	5178	259	20109
东莞市	**973**	**328**	**4790**	**562**	**385**	**3247**	**253**	**270**	**1026**
中山市	**3376**	**338**	**17131**	**2322**	**367**	**12777**	**742**	**272**	**3027**
江门市	**177686**	**342**	**911399**	**166056**	**347**	**865296**	**6544**	**261**	**25661**
蓬江区	468	290	2034	340	310	1585	71	222	237
江海区	52	321	249	17	464	117	15	300	68
新会区	29374	320	141085	24735	333	123404	2287	234	8040
台山市	66976	361	362184	65198	362	353656	871	337	4408
开平市	42611	338	216295	39636	345	205192	1697	253	6437
恩平市	27284	326	133368	25953	329	128138	1102	284	4699
鹤山市	10921	343	56184	10176	349	53204	500	236	1772
阳江市	**117703**	**344**	**606572**	**103718**	**356**	**553806**	**5013**	**243**	**18264**
江城区	19064	287	82029	17955	290	78233	636	241	2294
阳东县	26090	342	133653	22857	355	121735	1045	237	3723
阳西县	22583	371	125617	20228	385	116853	840	202	2542
阳春市	49966	354	265273	42678	370	236985	2492	260	9705
海陵区	1927	317	9169	1764	324	8586	136	228	463
湛江市	**275748**	**342**	**1414203**	**223523**	**356**	**1193386**	**26900**	**292**	**117700**
赤坎区	542	349	2840	459	371	2552	82	232	284
霞山区	1461	355	7784	1327	365	7276	90	275	371

8-6 续表 2

(2017年) 单位：公顷、千克、吨

县(市)区别	粮食作物			#稻谷			薯类		
	播种面积	亩产	总产量	播种面积	亩产	总产量	播种面积	亩产	总产量
坡头区	14140	313	66342	11437	327	56154	2312	254	8805
麻章区	17598	326	86163	14682	334	73496	1036	272	4228
东海区	7807	309	36222	5785	324	28153	591	204	1808
吴川市	29603	358	159050	26633	361	144294	1893	358	10176
徐闻县	27342	323	132365	14093	357	75465	1395	325	6806
雷州市	63370	356	338047	56752	365	310364	3638	290	15814
遂溪县	44532	339	226340	35448	348	185008	6385	312	29851
廉江市	77159	342	395271	62692	360	338777	10068	274	41364
茂名市	**252244**	**390**	**1477353**	**208491**	**409**	**1280651**	**25853**	**298**	**115536**
茂南区	25712	338	130389	21524	348	112357	1975	277	8220
电白区	54661	364	298590	45470	368	251201	6585	373	36856
信宜市	52973	410	326110	36424	453	247667	8159	298	36432
高州市	59685	439	393373	55137	457	377832	2889	202	8764
化州市	59214	370	328891	49935	389	291594	6245	270	25264
肇庆市	**197282**	**388**	**1149607**	**166949**	**412**	**1031292**	**18370**	**256**	**70533**
端州区	54	340	276	54	340	276			
鼎湖区	6367	404	38624	5252	426	33579	345	267	1380
高要区	38073	411	234437	32836	422	207957	4188	348	21867
广宁县	26984	385	155808	22491	421	142115	2566	216	8305
四会市	20336	380	115975	14210	427	90961	4132	261	16149
德庆县	23866	359	128660	21171	376	119439	1779	172	4590
封开县	32784	416	204367	28504	435	186010	2372	236	8393
怀集县	48819	371	271460	42431	394	250955	2990	220	9849
清远市	**145189**	**305**	**664987**	**118728**	**325**	**578810**	**7141**	**208**	**22264**
清城区	16544	256	63501	15895	257	61283	232	208	726
英德区	39029	311	181785	32553	327	159898	1666	202	5047
佛冈县	11220	311	52315	10520	313	49327	330	278	1376
连山自治县	6875	340	35104	6254	342	32038	227	326	1109
连南自治县	6904	262	27086	3866	322	18698	504	178	1347
连州市	20768	333	103797	16280	361	88072	1549	212	4919
阳山县	20074	280	84322	11975	329	59107	1613	213	5155
清新区	23773	328	117077	21385	344	110387	1020	169	2585
潮州市	**42026**	**427**	**269020**	**33022**	**453**	**224384**	**6019**	**324**	**29284**
湘桥区	3331	431	21546	2668	454	18188	401	292	1756
饶平县	24363	420	153433	19729	453	133935	3272	286	14016
潮安区	14331	437	94041	10625	453	72261	2345	384	13512
揭阳市	**129657**	**408**	**794098**	**81054**	**416**	**505626**	**42218**	**413**	**261533**
榕城区	9763	484	70938	7618	479	54787	1825	532	14571
揭东区	24090	488	176224	14580	506	110724	7084	519	55145
惠来县	33411	356	178460	17375	379	98676	14343	354	76115
普宁市	33158	399	198640	21788	396	129500	10630	414	66030
揭西县	29235	387	169836	19694	379	111939	8337	397	49672
云浮市	**100030**	**414**	**621801**	**86001**	**442**	**570024**	**5269**	**210**	**16586**
云城区	7674	414	47684	6619	440	43639	513	239	1841
新兴县	20683	429	133094	19104	445	127648	757	194	2207
郁南县	21403	403	129264	18190	422	115161	1322	240	4759
罗定市	38609	423	244917	33881	451	229358	1260	159	2996
云安区	11661	382	66842	8207	440	54218	1418	225	4783

8-7 各县（市、区）农作物播种面积和产量

(2017年) 单位：公顷、千克、吨

县(市)区别	糖蔗			花生			蔬菜			瓜类		
	播种面积	亩产	总产量	播种面积	亩产	总产量	播种面积	亩产	总产量	播种面积	亩产	总产量
广州市				**3053**	**182**	**8352**	**142176**	**1711**	**3647912**	**430**	**1719**	**11081**
海珠区							602	1219	11007			
天河区							585	1073	9419	14	675	139
白云区				123	158	291	34169	1480	758619	112	1691	2834
黄埔区				49	226	167	4085	1150	70473	26	2780	1101
荔湾区							266	992	3967			
花都区				275	187	772	18156	1646	448271	31	2757	1268
从化区				1582	185	4399	13536	1517	308114	12	2578	446
增城区				1017	176	2692	41865	1949	1224190	131	1449	2848
番禺区				...	501	...	7762	1383	160969	50	1389	1047
南沙区				7	278	31	21150	2058	652883	54	1713	1398
深圳市				**288**	**117**	**505**	**9171**	**1087**	**149544**	**104**	**1330**	**2081**
福田区												
罗湖区							11	1169	187	7	1505	161
南山区							5	2405	178			
宝安区							4271	1055	67599	8	1587	200
龙岗区				1	357	5	1638	484	11888	21	399	126
盐田区												
龙华区							598	1081	9698	13	804	156
坪山区							1346	1470	29673	11	483	83
深汕合作区				287	116	500	1302	1552	30321	43	2085	1355
珠海市	**3**	**4998**	**216**	**207**	**234**	**725**	**7474**	**1266**	**141899**	**634**	**1120**	**10652**
香洲区	1	1492	28	9	231	30	588	968	8535	3	1108	53
金湾区				58	230	201	2652	1195	47540	262	944	3708
斗门区	2	7641	189	140	235	494	4234	1351	85824	369	1244	6891
汕头市				**1997**	**177**	**5295**	**42290**	**2459**	**1559945**	**534**	**2222**	**17803**
金平区				11	176	28	1354	2295	46636	5	2528	204
龙湖区				128	204	390	4575	2600	178394	27	2523	1033
澄海区				394	207	1223	16740	2492	625743	333	2058	10274
濠江区				288	156	674	1645	2381	58735	28	2538	1075
潮阳区				349	208	1089	8992	2402	323997	91	2458	3369
潮南区				786	147	1738	8731	2406	315061	40	2483	1500
南澳县				41	247	153	253	3004	11380	9	2672	350
佛山市	**...**	**6000**	**30**	**838**	**206**	**2586**	**30756**	**1727**	**796808**	**2398**	**1629**	**58573**
禅城区							69	2977	3077			
南海区				44	226	151	12036	1675	302442	382	1707	9778
顺德区	...	6000	30	1	500	8	5585	1178	98684	17	808	206
高明区				517	213	1651	5700	1610	137654	162	1966	4763
三水区				276	188	777	7366	2308	254952	1837	1590	43826
韶关市	**1318**	**5373**	**106233**	**35659**	**230**	**122913**	**47265**	**1593**	**1129617**	**4992**	**2051**	**153545**
浈江区				1516	257	5851	1942	2104	61297	293	2165	9526
武江区				1098	226	3721	2344	2217	77951	250	1820	6812
曲江区				3464	257	13359	3239	2045	99332	228	2896	9922
南雄市				7729	229	26551	7047	1615	170664	569	1920	16385
始兴县				3492	243	12743	4060	2045	124561	1113	1880	31374
翁源县	1281	5442	104598	4555	270	18421	6161	1293	119540	55	1172	975
仁化县				5567	267	22263	2962	1766	78472	1490	2262	50549
新丰县	17	2603	682	2982	111	4976	7154	1356	145505	105	1328	2083
乳源自治县				1935	188	5466	2423	1211	44015	245	1593	5843
乐昌市	19	3286	953	3320	192	9562	9934	1398	208280	644	2077	20076

8-7 续表 1

(2017年) 单位：公顷、千克、吨

县(市)区别	糖蔗			花生			蔬菜			瓜类		
	播种面积	亩产	总产量	播种面积	亩产	总产量	播种面积	亩产	总产量	播种面积	亩产	总产量
河源市	**858**	**4953**	**63721**	**22497**	**209**	**70504**	**33413**	**1344**	**673642**	**651**	**1417**	**13831**
源城区	9	5822	823	586	223	1957	1936	1233	35804	2	1400	49
东源县	386	5104	29532	6351	218	20778	5581	1214	101652	123	864	1590
和平县				2150	214	6895	5180	1554	120745	89	1537	2046
龙川县				4290	173	11108	6824	1263	129252	72	1640	1781
紫金县	462	4810	33366	4563	217	14868	8478	1510	191987	230	1536	5304
连平县				4556	218	14898	5413	1160	94200	134	1522	3061
梅州市				**10674**	**183**	**29329**	**64493**	**2115**	**2045674**	**3470**	**1931**	**100531**
梅江区				146	175	385	4086	1746	107023	148	1830	4074
梅县区				2192	213	7012	10883	2631	429436	1217	1988	36299
蕉岭县				1165	140	2440	4473	1413	94823	173	1974	5117
大埔县				533	157	1253	7679	1464	168627	819	1821	22373
丰顺县				1435	212	4574	6426	2081	200595	176	1848	4886
五华县				2576	188	7267	10725	2039	328061	259	2053	7962
兴宁市				1904	155	4433	16498	2659	657915	238	2121	7571
平远县				723	181	1966	3723	1060	59195	440	1857	12249
惠州市	**613**	**7295**	**67026**	**17949**	**184**	**49575**	**112980**	**1702**	**2885091**	**2192**	**1698**	**55814**
惠城区	33	5016	2510	2868	190	8172	18330	1849	508389	47	1279	899
惠东县	7	5888	649	4777	196	14028	29936	1634	733927	1434	1600	34417
惠阳区				2180	173	5642	18182	1679	457880	297	1723	7679
博罗县	535	7361	59067	6316	175	16564	35629	1695	906059	363	2144	11662
龙门县	37	8682	4801	1808	191	5169	10903	1705	278836	51	1511	1156
汕尾市	**67**	**5000**	**5015**	**11690**	**160**	**28083**	**46973**	**1586**	**1117539**	**2252**	**2076**	**70134**
汕尾城区				479	153	1103	2019	1426	43193	181	1498	4072
红海湾区				312	137	642	817	1549	18992			
海丰县	67	5000	5015	2494	163	6081	14867	1868	416580	1189	2193	39101
陆河县				1229	195	3593	4346	1332	86842	132	1627	3222
陆丰市				7176	155	16664	24925	1476	551932	750	2110	23739
东莞市				**67**	**218**	**219**	**19173**	**1365**	**392431**	**67**	**880**	**882**
中山市	**48**	**4143**	**2955**	**44**	**232**	**154**	**16323**	**1625**	**397886**	**701**	**1225**	**12885**
江门市	**1174**	**6493**	**114314**	**10040**	**168**	**25327**	**65419**	**1451**	**1424037**	**984**	**1760**	**25970**
蓬江区				85	181	231	2843	1441	61458	60	2209	1997
江海区				6	174	16	1911	1420	40711	123	1945	3576
新会区	400	6760	40600	293	165	723	6858	1443	148399	102	1542	2348
台山市	586	6223	54711	3844	165	9526	20322	1369	417180	284	1903	8097
开平市	13	6439	1262	2662	175	7002	15550	1397	325778	59	1637	1439
恩平市	174	6797	17741	2182	171	5594	6581	1759	173660	17	1747	435
鹤山市				967	154	2235	11354	1508	256850	340	1582	8078
阳江市	**434**	**4494**	**29274**	**19257**	**155**	**44893**	**48921**	**1102**	**808519**	**2351**	**1498**	**52846**
江城区				1396	197	4133	5689	1064	90791	61	1164	1063
阳东区	200	3960	11853	4554	147	10055	10129	1192	181132	177	1247	3318
阳西县				2221	149	4956	10100	1203	182291	2021	1524	46205
阳春市	235	4948	17421	11086	155	25749	23003	1027	354305	92	1641	2260
海陵区				345	157	812	706	1220	12917			
湛江市	**133125**	**5155**	**10294194**	**56254**	**235**	**198400**	**137965**	**1704**	**3526067**	**7010**	**1946**	**204649**
赤坎区	14	4000	860	61	178	163	879	1424	18769	2	1750	42
霞山区	40	3580	2148	196	269	791	881	1049	13863			

8-7 续表 2

(2017年)

单位：公顷、千克、吨

县(市)区别	糖蔗			花生			蔬菜			瓜类		
	播种面积	亩产	总产量	播种面积	亩产	总产量	播种面积	亩产	总产量	播种面积	亩产	总产量
坡头区	237	4190	14909	3644	179	9793	3933	1470	86721	42	1986	1261
麻章区	4798	5225	376007	1538	195	4498	3672	1200	66077	71	1596	1711
东海区	15	5000	1150	828	189	2341	1620	943	22911	366	1319	7245
吴川市	471	4764	33665	5850	238	20921	6556	1359	133621	85	1553	1969
徐闻县	16210	4944	1202007	6159	204	18813	31128	1631	761534	112	1612	2717
雷州市	57512	4824	4161505	12904	247	47730	31633	1669	791714	4275	1911	122514
遂溪县	47723	5772	4131759	12524	264	49683	23357	2179	763487	1881	2179	61477
廉江市	6104	4043	370184	12550	232	43667	34307	1686	867370	176	2162	5713
茂名市	**6115**	**4974**	**456204**	**42565**	**214**	**136583**	**109466**	**1825**	**2996950**	**535**	**1478**	**11854**
茂南区	251	3404	12791	4506	206	13905	11724	1894	333134	52	816	639
电白区	48	6011	4322	14918	203	45425	32450	1692	823739	51	925	706
信宜市				5225	220	17257	15861	1887	448881	231	1712	5925
高州市	187	3726	10451	7262	245	26694	24298	2152	784210	88	2069	2729
化州市	5630	5076	428640	10654	208	33302	25133	1610	606986	113	1093	1855
肇庆市	**394**	**4994**	**29523**	**23606**	**195**	**69132**	**79253**	**2071**	**2461829**	**6801**	**2326**	**237344**
端州区				4	150	9	229	2099	7220			
鼎湖区				395	220	1304	4180	1873	117441	233	2537	8855
高要区				3570	225	12063	32470	1927	938579	2462	2315	85481
广宁县				2714	165	6705	7130	1990	212858	846	1951	24763
四会市				4625	202	14030	7781	1958	228560	231	1448	5026
德庆县				2513	197	7420	7239	1971	214036	125	2490	4674
封开县	391	4998	29343	5452	211	17291	8671	2187	284516	1217	2483	45347
怀集县	3	4390	180	4334	159	10311	11552	2647	458619	1687	2498	63198
清远市	**2072**	**8731**	**271390**	**35308**	**210**	**110987**	**128658**	**1539**	**2969199**	**2885**	**1994**	**86297**
清城区	44	9314	6082	3251	218	10616	7915	1885	223785	145	1191	2585
英德市	1951	8872	259681	10114	206	31177	24183	1904	690579	692	1923	19969
佛冈县				2423	194	7036	9572	1074	154196	10	910	142
连山自治县				1265	254	4811	5111	1271	97444	77	1863	2157
连南自治县				2035	316	9635	6920	1016	105413	7	2202	229
连州市				4324	218	14131	27277	1654	676833	1377	2357	48668
阳山县	7	2990	299	5946	198	17628	30498	1157	529114	312	1127	5265
清新区	71	5026	5328	5951	179	15954	17183	1908	491834	266	1828	7282
潮州市				**2188**	**160**	**5246**	**14537**	**2221**	**484394**	**124**	**1839**	**3429**
湘桥区				200	137	412	1949	2243	65568			
饶平县				1541	154	3568	7532	2283	257881	79	1918	2275
潮安区				447	189	1266	5057	2122	160945	45	1700	1154
揭阳市	**21**	**4342**	**1346**	**7812**	**214**	**25106**	**47015**	**2387**	**1683436**	**376**	**2400**	**13537**
榕城区				102	218	333	5193	2138	166520	18	2306	618
揭东区	21	4342	1346	1761	220	5805	15550	2240	522572	3	360	18
惠来县				3357	215	10808	8951	2732	366838	277	2446	10172
普宁市				1285	216	4166	9424	2364	334177	32	3680	1748
揭西县				1308	204	3994	7897	2476	293329	46	1424	981
云浮市				**17106**	**196**	**50264**	**23497**	**1369**	**482468**	**1754**	**1187**	**31235**
云城区				739	172	1903	1028	1366	21063	111	1402	2341
新兴县				2870	251	10793	10035	1741	262086	21	435	140
郁南县				3845	208	11981	2320	1037	36102	1010	1051	15935
罗定市				6792	177	18070	7363	1021	112802	235	1371	4823
云安区				2861	175	7517	2751	1222	50416	377	1415	7996

8-8 主要年份茶叶、桑叶、水果面积及产量

项　目	单位	1990	1995	2000	2005	2010	2015	2016	2017	2017年比上年增长(%)
一、茶叶年末实有面积	**千公顷**	**42.95**	**45.83**	**43.2**	**36.03**	**50.88**	**52.05**	**56.40**	**58.42**	**3.6**
茶叶总产量	万吨	2.59	3.96	4.21	4.45	5.38	8.07	8.92	9.29	4.1
二、桑叶年末实有面积	**千公顷**	**19.81**	**25.17**	**17.93**	**29.67**	**31.82**	**34.17**	**33.57**	**33.09**	**-1.4**
桑叶总产量	万吨			51.25	81.34	94.35	113.54	113.97	115.46	1.3
三、水果年末实有面积	**千公顷**	**644.74**	**735.64**	**1001.56**	**996.91**	**1007.07**	**968.47**	**949.32**	**960.52**	**1.2**
水果总产量	万吨	328.58	414.51	643.52	831.69	1049.21	1298.52	1331.99	1421.23	6.7
#柑桔橙年末实有面积	千公顷	192.66	113.23	82.23	166.02	217.88	197.75	184.33	182.46	-1.0
柑桔橙总产量	万吨	151.42	107.43	81.06	143.02	259.34	317.53	307.77	323.18	5.0
香(大)蕉年末实有面积	千公顷	68.73	87.61	101.01	128.39	114.57	108.15	106.14	107.03	0.8
香(大)蕉总产量	万吨	105.39	157.6	235.3	330.23	334.13	357.83	373.96	395.24	5.7
菠萝年末实有面积	千公顷	34.10	25.74	29.72	27.13	25.88	29.72	30.61	33.05	8.0
菠萝总产量	万吨	21.47	26.30	47.53	52.10	63.21	83.76	88.01	94.53	7.4
荔枝年末实有面积	千公顷	119.33	196.11	316.56	278.14	260.66	247.88	245.27	245.39	0.0
荔枝总产量	万吨	9.73	26.91	64.75	86.21	96.53	116.18	111.55	117.47	5.3

8-9 水果、桑叶和茶叶生产情况

(2017年)　　　　单位：千公顷、万吨

项　目	年末实有面积	总产量	项　目	年末实有面积	总产量
一、水果	**960.52**	**1421.23**	11.柚子	41.11	87.10
1.柑桔橙	182.46	323.18	12.杨桃	7.12	11.87
2.香(大)蕉	107.03	395.24	13.其他杂果	132.13	168.77
3.菠萝	33.05	94.53	**二、桑叶**	**33.09**	**115.46**
4.荔枝	245.39	117.47	**三、茶叶**		**9.29**
5.龙眼	113.26	83.82	1.绿茶		3.76
6.梨	8.28	10.40	2.青茶(乌龙茶)		4.11
7.柿子	12.37	12.36	3.红茶		0.64
8.李子	53.50	66.51	4.黄茶		...
9.番石榴	12.21	33.54	5.其他茶		0.78
10.芒果	12.60	16.43			

8-10 各市水果、桑叶和茶叶生产情况

(2017年)　　单位：公顷、吨

市　别	一、水果合计		1.柑、桔、橙		2.香(大)蕉	
	年末实有面　积	总产量	年末实有面　积	总产量	年末实有面　积	总产量
全　省	960518	14212348	182459	3231768	107030	3952438
广州市	63906	528079	3210	44567	5319	193393
深圳市	6345	41292	386	6584	158	2833
珠海市	5319	62261	146	1756	905	19456
汕头市	11712	238799	847	22078	1802	48268
佛山市	2095	43003	126	6481	890	30272
韶关市	39150	557655	19479	289025	311	4490
河源市	34744	389196	8316	97806	827	11555
梅州市	72242	1256397	7473	151855	3570	68299
惠州市	57513	818020	17834	274872	9383	319266
汕尾市	31836	259818	978	33800	2165	40257
东莞市	12728	54583	6	54	1692	39051
中山市	3264	85284	91	2583	1306	50710
江门市	20316	274380	5724	118238	2566	81226
阳江市	48127	354314	5057	85706	4033	79189
湛江市	89404	2454779	4596	61188	27122	1193066
茂名市	232721	3434454	7653	89342	29176	1438960
肇庆市	72976	1548670	51431	1225655	6265	136775
清远市	46356	682774	25632	400721	698	19588
潮州市	16404	247673	2308	40364	927	28175
揭阳市	47870	430637	4817	62752	4564	93243
云浮市	45492	450281	16347	216341	3352	54365

8-10 续表 1

(2017年)　　单位：公顷、吨

市　别	3.菠萝		4.荔枝		5.龙眼	
	年末实有面　积	总产量	年末实有面　积	总产量	年末实有面　积	总产量
全　省	33055	945317	245387	1174700	113258	838224
广州市	78	877	30483	49052	7911	37842
深圳市	110	1968	4337	12069	748	5054
珠海市	5	67	1796	4278	568	2501
汕头市	…	2	2212	7236	305	3104
佛山市	1	70	238	707	486	1178
韶关市			3	80	201	1491
河源市	49	260	3840	5559	1143	5427
梅州市	156	1259	3309	19136	3439	30230
惠州市	406	5591	17455	90504	7439	62766
汕尾市	1310	7817	13737	92725	2353	25317
东莞市	1	15	9210	2962	1160	1766
中山市	421	6088	481	4733	290	2096
江门市	31	387	5840	18724	4063	21614
阳江市	60	635	20722	73469	10411	54110
湛江市	26086	844401	16446	120676	4550	41561
茂名市	197	2744	90513	532923	52337	421569
肇庆市	424	4941	1741	23654	2066	20152
清远市	7	53	1302	7077	811	6472
潮州市	344	6404	2149	20351	3056	36923
揭阳市	3260	60132	11625	58472	5440	27258
云浮市	108	1605	7950	30313	4482	29791

8-10 续表 2

(2017年) 单位：公顷、吨

市 别	6.梨		7.柿子(鲜)		8.李子	
	年末实有面积	总产量	年末实有面积	总产量	年末实有面积	总产量
全 省	8284	104015	12366	123644	53500	665063
广州市	14	45	2192	13974	2621	10022
深圳市	42	115	23	170	143	3076
珠海市						
汕头市	26	78	88	531	24	344
佛山市	3	20				
韶关市	719	9432	352	1869	8069	114476
河源市	295	3676	2871	27822	8922	104291
梅州市	974	7018	3052	31645	5528	76854
惠州市	14	384	207	2286	652	5769
汕尾市	179	834	910	5311	1420	12690
东莞市			2	2	2	1
中山市			...	1		
江门市			3	5	14	22
阳江市	143	412	151	824	1234	6525
湛江市	...	1	3	92	38	430
茂名市	438	3961	531	9308	18838	248972
肇庆市	707	15470	895	19886	1723	25925
清远市	4043	58527	485	4723	1429	16449
潮州市	66	401	197	1659	105	1152
揭阳市	497	2498	176	1523	2164	30854
云浮市	124	1145	227	2013	573	7210

8-10 续表 3

(2017年) 单位：公顷、吨

市 别	9.其他		二、桑叶		三、茶叶	
	年末实有面积	总产量	年末实有面积	总产量	年末实有面积	总产量
全 省	205178	3177180	33095	1154630	58418	92856
广州市	12076	178307	10	39	119	33
深圳市	399	9423			69	42
珠海市	1899	34203			18	273
汕头市	6408	157156			886	774
佛山市	350	4275			23	21
韶关市	10017	136792	4493	81958	4509	5945
河源市	8480	132799	17	519	6240	5504
梅州市	44740	870101	56	448	14527	17542
惠州市	4123	56582			808	556
汕尾市	8783	41067			1310	2126
东莞市	656	10732			37	1
中山市	673	19072				
江门市	2074	34164	21	222	910	876
阳江市	6316	53444	5966	172349	191	455
湛江市	10564	193364	3473	143244	1983	6207
茂名市	33038	686674	6045	363540	1089	1017
肇庆市	7724	76213	640	18745	2132	5967
清远市	11950	169165	4546	110428	6402	7189
潮州市	7251	112244			10550	17282
揭阳市	15327	93905			4619	17865
云浮市	12329	107498	7829	263138	1995	3214

8-11 各县（市、区）水果、桑叶和茶叶生产情况

(2017年)　　单位：公顷、吨

县(市)区别	一、水果合计		1.柑、桔、橙		2.香(大)蕉		3.菠萝	
	年末实有面积	总产量	年末实有面积	总产量	年末实有面积	总产量	年末实有面积	总产量
广州市	**63906**	**528079**	**3210**	**44567**	**5319**	**193393**	**78**	**877**
越秀区								
海珠区	928	6090			20	869		
天河区	73	262			...	3		
白云区	1676	6142	48	287	40	1345	11	33
黄埔区	2999	10911	49	524	244	3617	8	120
荔湾区								
花都区	4056	20754	36	110	86	1664		
从化区	26366	121057	2059	16640	104	1077	2	7
增城区	21533	159605	951	25601	1435	46554	58	717
番禺区	597	12918			212	5004		
南沙区	5678	190340	68	1405	3178	133260		
深圳市	**6345**	**41292**	**386**	**6584**	**158**	**2833**	**110**	**1968**
福田区	661							
罗湖区	107	597						
南山区	1337	9068			8	2		
宝安区	970	1147	35					
龙岗区	652	3583			7	10	...	62
盐田区	667	12						
龙华区								
坪山区	262	620	35	30				
深汕合作区	1688	26265	316	6554	143	2821	109	1906
珠海市	**5319**	**62261**	**146**	**1756**	**905**	**19456**	**5**	**67**
香洲区	524	2439	7	67	52	672	2	3
金湾区	2921	39405	111	1101	470	7019	...	2
斗门区	1873	20418	28	589	383	11765	3	62
汕头市	**11712**	**238799**	**847**	**22078**	**1802**	**48268**	**...**	**2**
金平区	28	501			1	12		
龙湖区	11	224			7	173		
澄海区	2084	84025	63	4825	230	10430	...	2
濠江区	49	652	2	35	4	136		
潮阳区	5066	123136	294	7945	1097	28722		
潮南区	4180	26284	336	7234	391	7358		
南澳县	294	3976	152	2038	72	1436		
佛山市	**2095**	**43003**	**126**	**6481**	**890**	**30272**	**1**	**70**
禅城区								
南海区	153	2144			42	728		
顺德区	253	8674			231	8460		
高明区	824	12350	119	6263	165	4064	1	70
三水区	864	19835	7	218	452	17020		
韶关市	**39150**	**557655**	**19479**	**289025**	**311**	**4490**		
浈江区	853	20894	484	11733	42	691		
武江区	725	10729	348	5094	19	462		
曲江区	2416	34828	1662	25054	15	144		
南雄市	3574	41129	1690	17961	80	1169		
始兴县	5713	81126	2431	31992	13	195		
翁源县	3219	69768	324	6201	6	96		
仁化县	8638	114253	6750	96024	48	1147		
新丰县	5629	32916	1632	8602	62	331		
乳源自治县	1645	7815	964	4204				
乐昌市	6739	144197	3193	82160	25	255		

8-11 续表 1

(2017年)

单位：公顷、吨

县(市)区别	一、水果合计		1.柑、桔、橙		2.香(大)蕉		3.菠萝	
	年末实有面积	总产量	年末实有面积	总产量	年末实有面积	总产量	年末实有面积	总产量
河源市	**34744**	**389196**	**8316**	**97806**	**827**	**11555**	**49**	**260**
源城区	932	4236	19	908	20	234	1	8
东源县	3508	31905	624	6223	134	1203		
和平县	3917	46524	1001	10396	48	1473		
龙川县	5449	71016	1743	26073	107	1794		
紫金县	13833	129756	3728	41746	496	6692	48	252
连平县	7106	105759	1200	12461	22	158		
梅州市	**72242**	**1256397**	**7473**	**151855**	**3570**	**68299**	**156**	**1259**
梅江区	1910	34535	312	5675	49	894		
梅县区	24655	644324	2369	57209	933	21518		
蕉岭县	2747	37436	262	4914	214	4336		
大埔县	12358	180508	195	3398	691	9915	53	728
丰顺县	5870	59682	190	3752	706	12001	50	413
五华县	14116	120947	1242	20438	537	6614	53	118
兴宁市	5264	99575	438	11496	154	9813		
平远县	5322	79389	2464	44973	286	3207		
惠州市	**57513**	**818020**	**17834**	**274872**	**9383**	**319266**	**406**	**5591**
惠城区	5470	40712	86	1961	707	11737	36	244
惠东县	10317	97230	1425	17735	593	7930	306	4696
惠阳区	8077	36938	202	1597	326	9000	25	203
博罗县	12157	192087	2115	30412	2466	92303	37	424
龙门县	21493	451053	14006	223168	5291	198296	3	24
汕尾市	**31836**	**259818**	**978**	**33800**	**2165**	**40257**	**1310**	**7817**
汕尾城区	1060	10117	32		30	418	1	10
红海湾区	77	316			8	63		
海丰县	5540	66741	278	7947	674	13567	45	588
陆河县	13023	94426	478	24530	975	19472	229	1350
陆丰市	12135	88218	189	1323	478	6737	1035	5869
东莞市	**12728**	**54583**	**6**	**54**	**1692**	**39051**	**1**	**15**
中山市	**3264**	**85284**	**91**	**2583**	**1306**	**50710**	**421**	**6088**
江门市	**20316**	**274380**	**5724**	**118238**	**2566**	**81226**	**31**	**387**
蓬江区	88	2129	20	363	51	1569		
江海区	186	5927	54	1940	61	1979		
新会区	4574	105307	2720	65959	748	24468	11	214
台山市	5607	48960	715	11516	534	16433		
开平市	3812	46751	697	12265	609	17913		
恩平市	3978	53017	1194	20653	474	15698	1	24
鹤山市	2071	12289	324	5542	89	3166	19	149
阳江市	**48127**	**354314**	**5057**	**85706**	**4033**	**79189**	**60**	**635**
江城区	2477	9949	30	237	72	395	38	467
阳东区	17276	59691	1184	15705	705	8502		
阳西县	7385	39360	298	1828	217	4187	22	168
阳春市	20988	245314	3545	67936	3040	66105		
海陵区	58	1059						
湛江市	**89404**	**2454779**	**4596**	**61188**	**27122**	**1193066**	**26086**	**844401**
赤坎区	16	287			5	103		
霞山区	9	273			5	197		

8-11 续表 2

(2017年)　　单位：公顷、吨

县(市)区别	一、水果合计		1.柑、桔、橙		2.香(大)蕉		3.菠萝	
	年末实有面积	总产量	年末实有面积	总产量	年末实有面积	总产量	年末实有面积	总产量
坡头区	911	24034	11	242	496	19894		
麻章区	851	20743	4	54	496	14174	5	147
东海区	1567	62162			1182	56228		
吴川市	2730	73571	75	1975	1464	56879		
徐闻县	25138	958076			8223	406067	15588	539785
雷州市	21555	669391	193	2191	7610	326954	10155	294557
遂溪县	8168	234877	103	1770	4261	179267	308	8821
廉江市	28458	411365	4210	54956	3380	133303	29	1091
茂名市	**232721**	**3434454**	**7653**	**89342**	**29176**	**1438960**	**197**	**2744**
茂南区	5539	39577	83	510	100	2259		
电白区	39642	378580	354	4464	2123	96514		
信宜市	55684	905892	6457	76529	6114	256007	129	1911
高州市	86526	1482838	383	2624	16329	825879		
化州市	45330	627567	375	5216	4510	258301	68	833
肇庆市	**72976**	**1548670**	**51431**	**1225655**	**6265**	**136775**	**424**	**4941**
端州区	10	145			9	140		
鼎湖区	1029	25020	135	1090	727	22031		
高要区	11071	199159	6050	115398	1219	30666	391	4577
广宁县	13617	169975	10994	139441	275	5776	17	204
四会市	7236	103959	4174	51929	2092	41639		
德庆县	15242	336278	12146	323060	245	2627	12	126
封开县	15278	376660	10755	290113	1276	25086	4	34
怀集县	9493	337474	7177	304623	423	8810		
清远市	**46356**	**682774**	**25632**	**400721**	**698**	**19588**	**7**	**53**
清城区	1334	31267	202	4518	46	1250	1	15
英德市	5659	64487	4499	57879	34	368		
佛冈县	8461	94725	4239	38244	263	4835	6	38
连山自治县	1456	31578	467	9993	4	38		
连南自治县	1102	20836	106	2602				
连州市	9881	112813	2572	26956				
阳山县	6761	81180	3732	60476	17	376		
清新区	11702	245887	9816	200054	333	12721		
潮州市	**16404**	**247673**	**2308**	**40364**	**927**	**28175**	**344**	**6404**
湘桥区	2010	76946	218	5792	268	9664	1	19
饶平县	10000	124200	1633	26329	361	8250	80	1268
潮安区	4394	46527	457	8243	298	10261	264	5117
揭阳市	**47870**	**430637**	**4817**	**62752**	**4564**	**93243**	**3260**	**60132**
榕城区	2226	34716	103	1230	946	28764	61	1480
揭东区	3989	35306	118	1453	615	12513	104	1413
惠来县	13177	112989	110	1256	401	7141	1427	40142
普宁市	21048	173258	3362	43700	1700	20055	1555	14616
揭西县	7430	74368	1124	15113	902	24770	112	2481
云浮市	**45492**	**450281**	**16347**	**216341**	**3352**	**54365**	**108**	**1605**
云城区	3159	37202	2160	23916	160	1182	7	117
新兴县	7481	96809	844	14902	1024	22577	19	200
郁南县	21459	175447	7972	109660	1252	14243	25	287
罗定市	7613	70718	1833	17270	539	9961	44	873
云安区	5780	70104	3538	50593	377	6401	12	127

8-11 续表 3

(2017年) 单位：公顷、吨

县(市)区别	4.荔枝		5.龙眼		6.梨		7.柿子(鲜)	
	年末实有面积	总产量	年末实有面积	总产量	年末实有面积	总产量	年末实有面积	总产量
广州市	**30483**	**49052**	**7911**	**37842**	**14**	**45**	**2192**	**13974**
海珠区	30	278	322	524				
天河区	26	99	21	75				
白云区	739	1130	496	1481			0	
黄埔区	1728	2396	636	1384			2	30
荔湾区								
花都区	2026	7850	1496	7416			11	137
从化区	13444	25374	2060	13335	14	45	1673	9783
增城区	11548	8500	2610	10400			505	4024
番禺区	15	63	87	1191				
南沙区	928	3362	183	2036				
深圳市	**4337**	**12069**	**748**	**5054**	**42**	**115**	**23**	**170**
福田区	661							
罗湖区	99	567	8	30				
南山区	1120	6632	204	2425				
宝安区	775	417	102	114				
龙岗区	406	1584	218	1289				
盐田区	654	10	13	2				
龙华区								
坪山区	114	204	94	143				
深汕合作区	507	2655	109	1051	42	115	23	170
珠海市	**1796**	**4278**	**568**	**2501**				
香洲区	218	517	160	706				
金湾区	595	1415	166	730				
斗门区	984	2347	242	1065				
汕头市	**2212**	**7236**	**305**	**3104**	**26**	**78**	**88**	**531**
金平区			1	13				
龙湖区			1	7				
澄海区	124	1178	100	1062	3		4	28
濠江区	8	57	2	25				
潮阳区	33	190	11	108	3	44	36	219
潮南区	2020	5691	175	1794	17	21	48	284
南澳县	28	121	15	96	3	14		
佛山市	**238**	**707**	**486**	**1178**	**3**	**20**		
禅城区								
南海区	1	3	5	29				
顺德区			8	95				
高明区	186	267	182	282	3	20		
三水区	51	437	291	772				
韶关市	**3**	**80**	**201**	**1491**	**719**	**9432**	**352**	**1869**
浈江区								
武江区			2	12	10	289	6	320
曲江区	1	55	17	151	19	213	10	128
南雄市					118	1616	2	31
始兴县					54	1051	5	61
翁源县	1	25	129	1167	54	786	25	319
仁化县					5	57		
新丰县			54	161	129	644	277	759
乳源自治县					54	194	25	246
乐昌市					276	4582	…	5

8-11 续表 4

(2017年) 单位：公顷、吨

县(市)区别	4.荔枝		5.龙眼		6.梨		7.柿子(鲜)	
	年末实有面积	总产量	年末实有面积	总产量	年末实有面积	总产量	年末实有面积	总产量
河源市	**3840**	**5559**	**1143**	**5427**	**295**	**3676**	**2871**	**27822**
源城区	496	1020	297	1040				
东源县	87	385	160	611	65	686	405	4874
和平县					78	1068	713	7037
龙川县	17	295	106	810	59	1116	1486	12902
紫金县	3241	3859	581	2966	64	537	221	2516
连平县					29	268	47	494
梅州市	**3309**	**19136**	**3439**	**30230**	**974**	**7018**	**3052**	**31645**
梅江区	…	1	43	681	3	6	73	1722
梅县区	158	2467	453	6558	82	1550	420	9277
蕉岭县	50	365	407	3160	5	83	61	1138
大埔县	107	1076	74	636	73	918	364	3926
丰顺县	709	6122	628	8662	15	137	66	658
五华县	2112	7298	304	2775	723	3570	1536	8135
兴宁市	173	1807	1530	7758	52	510	249	3658
平远县					21	243	283	3130
惠州市	**17455**	**90504**	**7439**	**62766**	**14**	**384**	**207**	**2286**
惠城区	2789	9647	1191	7734			12	101
惠东县	4723	32802	1585	20632			147	1772
惠阳区	5549	13252	1472	6226	2	39	4	11
博罗县	3840	30817	2397	19453			11	77
龙门县	554	3985	794	8721	13	345	34	325
汕尾市	**13737**	**92725**	**2353**	**25317**	**179**	**834**	**910**	**5311**
汕尾城区	842	7957	89	994			34	297
红海湾区	43	186	5	8				
海丰县	2482	17616	410	4754	8	39	20	105
陆河县	1809	9467	707	7541	135	729	855	4860
陆丰市	8560	57499	1142	12020	36	66	2	49
东莞市	**9210**	**2962**	**1160**	**1766**			**2**	**2**
中山市	**481**	**4733**	**290**	**2096**			**0**	**1**
江门市	**5840**	**18724**	**4063**	**21614**			**3**	**5**
蓬江区	5	49	5	56				
江海区			…	5				
新会区	595	4113	245	2230			…	2
台山市	3107	6710	882	6155				
开平市	863	1757	811	1997				
恩平市	616	5544	1585	10566				
鹤山市	655	551	534	605			3	3
阳江市	**20722**	**73469**	**10411**	**54110**	**143**	**412**	**151**	**824**
江城区	1379	5930	853	1682				
阳东区	10587	22657	3699	9194				
阳西县	5213	16699	1316	6090				
阳春市	3543	28183	4544	37144	143	412	151	824
海陵区	40	680	13	325				
湛江市	**16446**	**120676**	**4550**	**41561**	**…**	**1**	**3**	**92**
赤坎区	3	28	1	6				
霞山区	…	1	…	3				

8-11 续表 5

(2017年) 单位：公顷、吨

县(市)区别	4.荔枝		5.龙眼		6.梨		7.柿子(鲜)	
	年末实有面积	总产量	年末实有面积	总产量	年末实有面积	总产量	年末实有面积	总产量
坡头区	250	1153	61	400				
麻章区	117	1657	6	91				
东海区	3	47	1	38				
吴川市	311	2846	498	3049				
徐闻县	803	3187	65	518				
雷州市	508	5688	324	3582			3	92
遂溪县	1294	11314	464	4456				
廉江市	13155	94755	3130	29418	…	1		
茂名市	**90513**	**532923**	**52337**	**421569**	**438**	**3961**	**531**	**9308**
茂南区	3505	20036	1256	10356				
电白区	24092	153210	6673	52542				
信宜市	9005	75764	8927	90876	438	3961	508	9207
高州市	37237	206078	21399	151563			23	101
化州市	16674	77835	14082	116232				
肇庆市	**1741**	**23654**	**2066**	**20152**	**707**	**15470**	**895**	**19886**
端州区								
鼎湖区	34	319	51	540	32	196	3	66
高要区	889	16252	684	9915			69	816
广宁县	38	456	18	123	81	1163	113	1718
四会市	136	2041	299	2785			23	328
德庆县	523	2745	476	1407	72	336	65	992
封开县	120	1832	488	4923	440	11904	495	12625
怀集县	1	9	50	459	82	1871	127	3341
清远市	**1302**	**7077**	**811**	**6472**	**4043**	**58527**	**485**	**4723**
清城区	100	1176	184	1894			17	104
英德市	1	9	79	673	5	56	13	95
佛冈县	1191	5833	486	3492	324	626	101	694
连山自治县					1	25	10	65
连南自治县					74	1389	44	972
连州市					3225	55288	222	1795
阳山县					415	1143	1	16
清新区	10	59	62	413			76	982
潮州市	**2149**	**20351**	**3056**	**36923**	**66**	**401**	**197**	**1659**
湘桥区	35	1295	95	1236			6	190
饶平县	1916	15056	2784	34230	34	224	129	1205
潮安区	198	4000	178	1457	33	177	62	264
揭阳市	**11625**	**58472**	**5440**	**27258**	**497**	**2498**	**176**	**1523**
榕城区	207	1600	763	907	35	40	5	34
揭东区	766	5890	1804	8750	25	201	13	148
惠来县	6984	28716	889	7884	1	7	3	27
普宁市	2598	17010	1256	6007	426	2178	108	699
揭西县	1071	5256	728	3710	8	72	47	615
云浮市	**7950**	**30313**	**4482**	**29791**	**124**	**1145**	**227**	**2013**
云城区	86	708	141	852	…	1	6	96
新兴县	1773	7203	1235	7944	21	374	33	204
郁南县	3886	8764	861	3611	9	54	50	222
罗定市	1624	9716	1638	13176	79	597	74	893
云安区	581	3922	608	4208	15	119	64	598

8-11 续表 6

(2017年)　　单位：公顷、吨

县(市)区别	8.李子		9.其他		二、桑叶		三、茶叶	
	年末实有面积	总产量	年末实有面积	总产量	年末实有面积	总产量	年末实有面积	总产量
广州市	**2621**	**10022**	**12076**	**178307**	**10**	**39**	**119**	**33**
海珠区			556	4419				
天河区			25	85				
白云区	7	7	336	1859				
黄埔区	1	6	332	2834				
荔湾区								
花都区	6	47	396	3530	10	39		
从化区	2548	9336	4462	45460			119	33
增城区	60	626	4366	63183				
番禺区			282	6660				
南沙区			1321	50277				
深圳市	**143**	**3076**	**399**	**9423**			**69**	**42**
福田区								
罗湖区								
南山区			5	9				
宝安区			58	616				
龙岗区			21	638				
盐田区							23	2
龙华区								
坪山区	3	16	16	227				
深汕合作区	140	3060	299	7933			47	40
珠海市			**1899**	**34203**			**18**	**273**
香洲区			85	474				
金湾区			1579	29139				
斗门区			234	4591			18	273
汕头市	**24**	**344**	**6408**	**157156**			**886**	**774**
金平区			27	476			5	5
龙湖区			3	43				
澄海区	1	19	1559	66481			38	46
濠江区			33	400			3	3
潮阳区			3591	85909			146	110
潮南区	21	308	1172	3594			550	436
南澳县	2	17	23	254			144	175
佛山市			**350**	**4275**			**23**	**21**
禅城区								
南海区			106	1384				
顺德区			14	119				
高明区			168	1384			23	21
三水区			62	1388				
韶关市	**8069**	**114476**	**10017**	**136792**	**4493**	**81958**	**4509**	**5945**
浈江区	30	375	297	8095	26			0
武江区	152	2881	188	1671			34	77
曲江区	152	2116	539	6967			418	331
南雄市	1318	17883	366	2469	60	297	233	605
始兴县	1167	26857	2042	20970	1925	30312	351	1066
翁源县	668	3141	2013	58033	1985	42246	289	100
仁化县	109	1735	1725	15290	347	5100	943	1288
新丰县	2368	18194	1107	4225	6	16	509	706
乳源自治县	132	1531	468	1640	91	2975	492	469
乐昌市	1973	39763	1272	17432	53	1012	1240	1303

8-11 续表 7

(2017年) 单位：公顷、吨

县(市)区别	8.李子		9.其他		二、桑叶		三、茶叶	
	年末实有面积	总产量	年末实有面积	总产量	年末实有面积	总产量	年末实有面积	总产量
河源市	**8922**	**104291**	**8480**	**132799**	**17**	**519**	**6240**	**5504**
源城区	46	363	52	663			21	17
东源县	1162	9266	870	8657			2492	2011
和平县	860	8891	1217	17658			931	926
龙川县	1362	18468	569	9558			1141	1095
紫金县	3892	50920	1562	20268			867	852
连平县	1600	16383	4208	75995	17	519	788	603
梅州市	**5528**	**76854**	**44740**	**870101**	**56**	**448**	**14527**	**17542**
梅江区	111	2174	1319	23383			311	361
梅县区	1714	35542	18526	510202			1045	1232
蕉岭县	336	2642	1412	20798			839	2399
大埔县	566	4199	10234	155711	6	89	3551	5363
丰顺县	23	164	3482	27773			3788	2621
五华县	881	2682	6728	69315			2184	2126
兴宁市	785	16310	1883	48223	50	359	1907	2599
平远县	1111	13139	1158	14696			902	843
惠州市	**652**	**5769**	**4123**	**56582**			**808**	**556**
惠城区	41	458	606	8830			16	19
惠东县	295	1624	1243	10039			165	137
惠阳区	82	1026	417	5584			84	3
博罗县	165	2128	1126	16473			346	266
龙门县	68	533	730	15656			196	131
汕尾市	**1420**	**12690**	**8783**	**41067**			**1310**	**2126**
汕尾城区	8	191	24	250				
红海湾区	…	2	20	57				
海丰县	634	8663	989	13462			576	866
陆河县	602	2850	7233	23627			534	1000
陆丰市	175	984	517	3671			200	260
东莞市	**2**	**1**	**656**	**10732**			**37**	**1**
中山市			**673**	**19072**				
江门市	**14**	**22**	**2074**	**34164**	**21**	**222**	**910**	**876**
蓬江区			7	92			3	2
江海区			71	2003			0	1
新会区			255	8321	21	222	59	51
台山市			370	8146			267	275
开平市			831	12819			323	291
恩平市			107	532			129	121
鹤山市	14	22	434	2251			128	135
阳江市	**1234**	**6525**	**6316**	**53444**	**5966**	**172349**	**191**	**455**
江城区			105	1238				
阳东区	4	13	1098	3620	23	243	7	10
阳西县	13	201	308	10187	322	4558	36	10
阳春市	1217	6311	4806	38399	5620	167548	149	435
海陵区			5	54				
湛江市	**38**	**430**	**10564**	**193364**	**3473**	**143244**	**1983**	**6207**
赤坎区			7	150				
霞山区			3	72			5	10

8-11 续表 8

(2017年) 单位：公顷、吨

县(市)区别	8.李子		9.其他		二、桑叶		三、茶叶	
	年末实有面积	总产量	年末实有面积	总产量	年末实有面积	总产量	年末实有面积	总产量
坡头区			93	2345			5	12
麻章区			223	4620			12	22
东海区			381	5849			3	7
吴川市			382	8822			12	28
徐闻县			459	8519	1155	48269	301	429
雷州市	3	51	2759	36276	442	5085	97	339
遂溪县			1738	29249	931	42901	108	259
廉江市	35	379	4519	97462	944	46989	1440	5101
茂名市	**18838**	**248972**	**33038**	**686674**	**6045**	**363540**	**1089**	**1017**
茂南区			596	6416				
电白区			6400					
信宜市	18715	248078	5390	143559			557	746
高州市	50	386	11106	296207	364	898	75	17
化州市	73	508	9547	168642	5681	362642	458	254
肇庆市	**1723**	**25925**	**7724**	**76213**	**640**	**18745**	**2132**	**5967**
端州区			…	5				
鼎湖区	7	56	40	722			17	20
高要区	74	1647	1696	19888			262	889
广宁县	104	1167	1978	19927	91	5927	262	1597
四会市	8	117	504	5120			173	340
德庆县	366	1889	1338	3096	530	12682	201	209
封开县	695	13941	1005	16202	3	21	450	1062
怀集县	470	7108	1163	11253	15	115	768	1850
清远市	**1429**	**16449**	**11950**	**169165**	**4546**	**110428**	**6402**	**7189**
清城区	6	111	778	22199			251	71
英德市	29	193	998	5215	3192	87766	4008	5475
佛冈县	246	2558	1606	38405			120	1
连山自治县	181	5668	793	15789			168	155
连南自治县	93	3433	786	12441	842	12622	455	745
连州市	279	2082	3584	26693	45	685	234	126
阳山县	560	1225	2035	17945	467	9355	453	90
清新区	35	1180	1370	30478			713	527
潮州市	**105**	**1152**	**7251**	**112244**			**10550**	**17282**
湘桥区	6	380	1381	58370			589	1565
饶平县	79	559	2985	37079			5954	10531
潮安区	20	213	2885	16795			4007	5186
揭阳市	**2164**	**30854**	**15327**	**93905**			**4619**	**17865**
榕城区	3	100	103	561			19	111
揭东区	34	641	510	4297			795	1584
惠来县	606	11171	2756	16645			308	1750
普宁市	921	11818	9120	57175			1106	1708
揭西县	600	7124	2839	15227			2392	12712
云浮市	**573**	**7210**	**12329**	**107498**	**7829**	**263138**	**1995**	**3214**
云城区	65	472	534	9857			108	102
新兴县	11	688	2521	42717	2	53	314	242
郁南县	150	2801	7254	35804	3668	47580	147	307
罗定市	242	2658	1540	15574	2989	174240	1227	2392
云安区	106	591	479	3545	1170	41265	198	170

8-12 全省水稻品种种植面积

2017年　　单位：万亩

品　种	面积（早稻）	品　种	面积（晚稻）
总面积	**1363.3**	**总面积**	**1467.4**
1.常规稻	614.2	1.常规稻	615.5
其中：美香占2号	29.7	其中：美香占2号	53.5
五山丝苗	28.4	五山丝苗	33.9
金农丝苗	28.3	华航31号	27.9
华航31号	28.2	粤农丝苗	25.2
玉香油占	21.9	粤晶丝苗2号	21.2
粤农丝苗	21.3	合美占	19.2
合美占	19.6	金农丝苗	18.1
粤晶丝苗2号	18.1	特籼占25	16.4
特籼占25	15.7	合丰占	13.5
黄莉占	15.2	三澳占	12.8
2.杂交稻	749.1	2.杂交稻	851.9
其中：五丰优615	40.1	其中：深两优5814	43.6
深优9516	31.4	吉丰优1002	41.6
五优308	19.7	广8优165	28.9
Y两优3088	18.7	五丰优615	23.5
恒丰优387	15.5	深优9516	22.3
广8优金占	15.2	深两优870	18.6
五优1179	15.1	Y两优3088	16.3
吉丰优3301	13.5	丰优9802	14.2
广8优2168	13.4	广8优169	13.6
恒丰优华占	13.2	广8优金占	13.3
3.优质稻(含国标、省标优质，以及外观一级以上品种)	999.5	3.优质稻(含国标、省标优质，以及外观一级以上品种)	1081.5
其中：深优9516	31.4	其中：美香占2号	53.5
美香占2号	29.7	深两优5814	43.6
五山丝苗	28.4	五山丝苗	33.9
金农丝苗	28.3	华航31号	27.9
华航31号	28.2	粤农丝苗	25.2
玉香油占	21.9	深优9516	22.3
粤农丝苗	21.3	粤晶丝苗2号	21.2
五优308	19.7	合美占	19.2
合美占	19.6	深两优870	18.6
Y两优3088	18.7	金农丝苗	18.1

8-13 主要农作物病虫草鼠螺发生、防治面积及挽回损失

(2017年)　　单位：万亩次；吨

项　　目	发生面积	防治面积	挽回损失	实际损失	发生程度
生物灾害总计	**34273.94**	**47491.08**	**4010706.91**	**740968.35**	**3**
一、病虫害合计	**25283.90**	**36293.20**	**2754937.42**	**509850.38**	**3**
1.病害小计	7675.38	11071.47	1034100.13	227294.59	2
2.虫害小计	17608.52	25221.73	1720837.29	282555.79	3
二、农田草害合计	**5528.54**	**7246.13**	**526616.62**	**67044.61**	**3**
三、农田鼠害合计	**2588.45**	**2935.33**	**586162.88**	**143068.70**	**3**
四、农田螺害合计	**873.04**	**1016.41**	**142989.99**	**21004.66**	**1**

注：发生程度：1——轻发生；2——中偏轻；3——中等；4——中等偏重；5——大发生，下同。

8-14 各市农作物病虫草鼠螺发生面积、防治面积及挽回损失（2017年）

市别	病虫草鼠螺总计					病虫害合计				
	发生面积（万亩次）	防治面积（万亩次）	挽回损失（吨）	实际损失（吨）	发生程度	发生面积（万亩次）	防治面积（万亩次）	挽回损失（吨）	实际损失（吨）	发生程度
全省	34273.94	47491.08	4010706.91	740968.35	3	25283.90	36293.20	2754937.42	509850.38	3
广州	1349.03	1926.77	115499.29	14139.90	3	784.48	1289.76	61129.48	6444.79	3
韶关	2718.88	4731.84	201909.48	43508.38	3	2059.70	3072.91	124660.16	16734.15	3
深圳	18.03	59.65				18.03	59.65			
珠海	56.17	75.80	6255.00	3459.00	1	51.27	62.40	5255.00	3219.00	1
汕头	546.19	1167.93	66567.27	12333.71	2	385.73	890.21	34475.74	4465.30	2
佛山	411.40	469.67	14376.97	1537.36	3	411.40	469.67	14376.97	1537.36	3
江门	2290.69	3088.16	414621.83	49481.63	3	1502.78	2213.53	241968.13	34458.41	3
湛江	3600.08	5114.28	519180.83	92006.86	4	2370.65	3790.42	379558.07	66134.29	4
茂名	3750.81	3849.43	347756.26	109585.91	4	2881.20	3059.92	291963.96	88605.91	4
肇庆	1871.57	3281.99	213246.64	16507.35	3	1449.45	2643.18	150010.68	12738.37	3
惠州	2223.23	2790.40	218082.29	43479.21	3	1715.06	2178.53	169065.70	35636.90	3
梅州	1705.63	2612.99	292923.53	20936.49	3	1296.62	2063.70	220913.85	16813.31	3
汕尾	1412.12	2234.10	172244.61	25942.97	2	990.94	1676.27	97341.94	15993.82	2
河源	2331.61	3145.17	249729.80	44162.71	3	1914.06	2664.54	202804.70	37171.88	3
阳江	2693.63	3450.18	259727.81	96068.29	3	2066.56	2750.00	198800.78	70679.04	3
清远	3643.02	4372.90	379550.45	36871.25	3	2859.22	3568.42	221748.92	21867.60	3
东莞	299.45	312.43	8780.00	750.00	2	237.05	252.93	2455.00	375.00	2
中山	253.24	329.20	45138.50	27849.00	2	111.69	145.21	7413.00	4554.00	2
潮州	482.04	630.08	68920.62	20333.61	2	339.92	493.19	43436.23	15035.51	2
揭阳	1324.86	1874.60	244126.81	63590.74	3	1020.07	1498.70	174671.49	49224.72	3
云浮	1056.41	1762.85	145688.92	14664.82	3	818.07	1450.16	112887.62	8161.02	3

8-14 续表 1

市别	病害合计					虫害合计				
	发生面积（万亩次）	防治面积（万亩次）	挽回损失（吨）	实际损失（吨）	发生程度	发生面积（万亩次）	防治面积（万亩次）	挽回损失（吨）	实际损失（吨）	发生程度
全省	7675.38	11071.47	1034100.13	227294.59	2	17608.52	25221.73	1720837.29	282555.79	4
广州	194.58	337.04	17174.60	2241.27	2	589.90	952.72	43954.88	4203.52	4
韶关	714.69	1000.22	36359.67	6159.08	3	1345.01	2072.69	88300.49	10575.07	4
深圳	2.98	10.84				15.05	48.81			1
珠海	26.09	19.55	2105.00	2114.00		25.18	42.85	3150.00	1105.00	1
汕头	71.93	168.17	10880.50	2174.08	2	313.80	722.04	23595.24	2291.22	2
佛山	123.34	125.75	3517.10	515.00	2	288.06	343.92	10859.87	1022.36	3
江门	494.61	787.18	58469.79	6662.62	2	1008.17	1426.35	183498.34	27795.79	3
湛江	975.64	1325.68	208072.85	38700.91	3	1395.01	2464.74	171485.22	27433.38	4
茂名	833.14	820.15	145229.18	52947.90	3	2048.06	2239.77	146734.78	35658.01	4
肇庆	444.05	944.08	56544.88	5607.69	2	1005.40	1699.10	93465.80	7130.68	3
惠州	522.63	720.39	55783.86	11891.72	2	1192.43	1458.14	113281.84	23745.18	3
梅州	435.22	778.89	89570.16	8750.13	2	861.40	1284.81	131343.69	8063.18	3
汕尾	330.07	551.08	50902.89	8163.22	2	660.87	1125.19	46439.05	7830.60	2
河源	638.72	926.44	76140.60	14964.10	2	1275.34	1738.10	126664.10	22207.78	3
阳江	507.96	694.55	60849.44	27957.35	2	1558.60	2055.45	137951.34	42721.69	4
清远	714.47	845.85	62242.36	9767.32	2	2144.75	2722.57	159506.56	12100.28	4
东莞	71.40	70.53	645.00	130.00	2	165.65	182.40	1810.00	245.00	2
中山	26.21	34.04	1903.00	1170.00	1	85.48	111.17	5510.00	3384.00	2
潮州	92.11	133.91	14725.13	7676.50	2	247.81	359.28	28711.10	7359.01	2
揭阳	229.83	362.98	54846.08	17634.96	2	790.24	1135.72	119825.41	31589.76	3
云浮	225.76	414.25	28138.04	2066.74	2	592.31	1035.91	84749.58	6094.28	3

8-14 续表 2

市别	农田草害合计					农田鼠害合计				
	发生面积（万亩次）	防治面积（万亩次）	挽回损失（吨）	实际损失（吨）	发生程度	发生面积（万亩次）	防治面积（万亩次）	挽回损失（吨）	实际损失（吨）	发生程度
全省	5528.54	7246.13	526616.62	67044.61		[illegible]88.45	[illegible]	[illegible]66162.88	143068.70	3
广州	311.32	320.83	16734.01	3315.41	2	[illegible]01.[illegible]	264.31	29326.20	3885.30	3
韶关	478.64	1438.36	27599.99	4199.46	3	107.[illegible]	122.89	45671.42	21632.27	2
深圳										
珠海	0.50	0.80	500.00	50.00		4.00	12.00	400.00	160.00	2
汕头	88.21	95.42	4914.33	908.71	2	70.75	180.20	26971.90	6903.20	2
佛山					2					3
江门	374.11	421.09	95073.60	3418.12	3	316.30	326.10	59387.10	9959.10	3
湛江	629.88	730.32	23983.30	3240.77	3	479.53	473.42	110849.97	20927.98	3
茂名	554.81	540.81	24728.00	8782.00	3	261.20	199.20	27256.30	10661.30	3
肇庆	300.71	428.02	27428.98	1720.98	3	93.20	152.47	27772.73	1645.07	2
惠州	328.00	399.23	16123.87	2638.49	2	111.13	130.38	20513.17	3242.67	2
梅州	259.66	357.73	37359.78	1047.17	3	85.23	112.27	32255.55	2053.63	2
汕尾	305.90	356.60	60379.83	4388.53	2	96.71	179.21	12594.01	5326.57	2
河源	292.43	333.13	24354.10	4156.73	2	70.04	82.28	11584.00	1337.46	2
阳江	416.50	471.64	35161.68	15338.48	3	130.48	139.32	15167.12	6264.43	3
清远	553.93	593.59	89402.04	5267.47	2	137.76	115.67	24282.65	6535.84	3
东莞	48.50	41.90	195.00	65.00	2	13.40	17.00	6000.00	250.00	2
中山	40.65	52.84	4937.50	3115.00	1	98.40	127.92	31980.00	19680.00	3
潮州	81.85	84.15	10923.24	1448.28	2	50,03	39.94	11202.01	3376.91	2
揭阳	221.35	276.22	15872.57	1958.10	2	65.68	76.95	49730.75	11529.92	2
云浮	154.19	218.59	10150.80	1931.50	2	61.90	71.80	18732.00	4442.30	2

8-14 续表 3

市别	农田螺害合计					水稻病虫害合计				
	发生面积（万亩次）	防治面积（万亩次）	挽回损失（吨）	实际损失（吨）	发生程度	发生面积（万亩次）	防治面积（万亩次）	挽回损失（吨）	实际损失（吨）	发生程度
全省	873.04	1016.41	142989.99	21004.66	1	10813.88	16331.39	2404512.12	439483.18	3
广州	51.77	51.87	8309.60	494.40	1	196.49	401.28	47549.36	5233.36	3
韶关	73.09	97.68	3977.91	942.50	1	800.58	1328.14	105637.70	14305.18	3
深圳										
珠海	0.40	0.60	100.00	30.00		19.75	28.99	4055.00	2580.00	1
汕头	1.50	2.10	205.30	56.50	1	191.92	506.67	33295.20	4334.17	2
佛山					1	77.93	107.15	12270.69	679.72	2
江门	97.50	127.44	18193.00	1646.00	2	1011.00	1454.15	216040.50	32032.50	4
湛江	120.01	120.11	4789.49	1703.82	2	1171.57	2284.77	335027.33	57268.52	4
茂名	53.60	49.50	3808.00	1536.70	1	1272.80	1259.76	266972.95	80312.00	4
肇庆	28.21	58.32	8034.25	402.93	1	542.28	1081.59	141572.86	11146.12	3
惠州	69.04	82.26	12379.55	1961.15	1	497.38	623.10	123336.62	25620.86	3
梅州	64.12	79.29	2394.35	1022.38	1	709.87	1184.00	212696.21	15354.34	3
汕尾	18.57	22.02	1928.83	234.05	1	403.20	668.35	61313.25	9665.80	2
河源	55.08	65.22	10987.00	1496.64	1	1016.35	1501.14	180320.50	33173.10	3
阳江	80.09	89.22	10598.23	3786.34	1	635.46	880.45	172943.76	64353.36	3
清远	92.11	95.22	44116.84	3200.34	1	1146.73	1303.39	192876.82	16975.26	3
东莞	0.50	0.60	130.00	60.00		3.80	4.50	1350.00	235.00	1
中山	2.50	3.23	808.00	500.00		17.80	23.16	5796.00	3560.00	1
潮州	10.24	12.80	3359.14	472.91		202.17	305.39	36498.12	12788.81	2
揭阳	17.76	22.73	3852.00	878.00		482.27	699.95	145031.75	42057.28	3
云浮	22.25	22.30	3918.50	130.00	1	414.53	685.46	109927.50	7807.80	3

8-14 续表 4

市别	水稻病害小计					水稻稻瘟病				
	发生面积（万亩次）	防治面积（万亩次）	挽回损失（吨）	实际损失（吨）	发生程度	发生面积（万亩次）	防治面积（万亩次）	挽回损失（吨）	实际损失（吨）	发生程度
全省	3577.86	[illegible]	[illegible]	[illegible]	2	499.68	850.77	97780.31	17919.15	2
广州	63.23	146.86	[illegible]	[illegible]	2	1.07	29.64	202.25	24.35	2
韶关	281.07	428.05	30187.82	5[illegible]8.93	2	39.74	64.82	8718.27	1529.25	3
深圳										
珠海	6.25	9.59	1610.00	1830.00		0.05	0.09	110.00	30.00	
汕头	51.78	122.66	9991.50	2086.08	2	0.02	4.90	26.50	1.80	
佛山	18.93	30.41	3257.10	315.00	2	6.60	18.10	191.00	18.00	
江门	341.81	499.15	47623.20	5676.85	2	23.70	66.75	6566.35	864.35	2
湛江	520.20	675.80	185802.62	35024.32	3	109.13	123.19	5080.63	972.53	3
茂名	386.69	403.62	135201.30	50042.50	3	42.30	43.18	9591.20	2131.20	3
肇庆	181.32	467.73	52862.12	4870.34	2	38.26	59.35	14497.61	1238.98	2
惠州	142.38	200.89	34969.35	6846.44	2	18.39	35.94	5620.46	749.80	2
梅州	258.73	496.64	85306.68	7820.06	2	19.88	69.75	4441.29	393.93	2
汕尾	152.50	234.98	39582.20	4982.95	2	11.33	11.81	2909.37	276.81	2
河源	317.75	509.08	66193.50	13206.76	2	73.47	152.07	17530.60	4043.35	2
阳江	185.31	250.13	49025.71	25038.48	2	22.38	30.28	7172.10	3384.81	2
清远	338.46	353.81	51545.72	6931.80	2	64.18	67.44	4948.92	388.83	2
东莞	1.30	1.50	425.00	85.00						
中山	3.56	4.60	1157.00	712.00						
潮州	59.52	90.28	13088.84	6868.17	2	12.63	23.61	3297.36	1281.16	2
揭阳	137.02	202.57	41396.20	12532.66	2	1.46	2.75	977.50	218.40	2
云浮	130.05	239.31	26572.90	1859.40	2	15.09	47.10	5898.90	371.60	2

8-14 续表 5

市别	水稻纹枯病					水稻白叶枯病				
	发生面积（万亩次）	防治面积（万亩次）	挽回损失（吨）	实际损失（吨）	发生程度	发生面积（万亩次）	防治面积（万亩次）	挽回损失（吨）	实际损失（吨）	发生程度
全省	2400.47	3187.59	623225.70	127957.15	3	160.45	258.35	59544.00	10703.21	2
广州	58.71	109.66	12668.68	1469.79	2	1.40	3.30	500.00	208.00	2
韶关	158.62	219.41	18562.45	3051.97	3	1.10	1.90	93.00	36.00	
深圳										
珠海	4.20	6.50	750.00	200.00		2.00	3.00	750.00	1600.00	
汕头	34.25	70.63	6181.00	711.30	2	12.81	36.00	3368.00	1359.00	2
佛山	12.30	12.28	3063.60	296.70	2	0.01	0.01	2.50	0.30	
江门	300.30	395.70	31732.80	3793.50	3	11.78	16.07	5902.00	536.15	2
湛江	275.91	291.06	118220.07	15882.62	3	48.90	82.72	27298.45	2425.95	3
茂名	276.70	275.00	108498.00	40279.20	3	10.10	10.00	2953.50	1461.20	3
肇庆	123.50	171.15	34503.78	3083.96	3	5.58	11.90	1504.96	55.37	2
惠州	106.92	143.53	27082.85	5714.20	3	1.90	2.46	112.49	34.96	2
梅州	185.82	315.42	71941.45	6300.87	3	12.06	10.77	3598.92	234.82	2
汕尾	88.72	144.14	30808.35	3711.67	2	17.19	20.15	1842.18	300.61	2
河源	185.87	265.81	37572.60	7229.75	3	7.32	13.02	846.50	171.00	2
阳江	117.86	160.61	29690.83	15213.78	3	11.05	15.72	2875.26	1332.69	2
清远	200.77	217.72	33811.45	5101.57	3	8.36	11.05	3883.99	272.[illegible]	2
东莞	1.30	1.50	425.00	85.00						
中山	3.56	4.60	1157.00	712.00						
潮州	42.52	57.08	9159.09	5370.51	2	0.11	2.00	115.00	18.0[illegible]	2
揭阳	114.44	165.29	30746.70	8696.76	3	3.98	[illegible].09	879.25	311.3[illegible]	2
云浮	108.20	160.50	16650.00	1052.00	3	4.80	13.19	3018.00	345.[illegible]	2

8-14 续表 6

市别	水稻虫害小计					水稻三化螟				
	发生面积(万亩次)	防治面积(万亩次)	挽回损失(吨)	实际损失(吨)	发生程度	发生面积(万亩次)	防治面积(万亩次)	挽回损失(吨)	实际损失(吨)	发生程度
全省	7235.02	10961.73	1514758.41	245845.74	3	620.22	1043.28	151600.80	19423.97	2
广州	133.26	254.42	33603.41	3440.66	3	2.30	4.80	948.00	85.70	1
韶关	519.51	900.09	75449.88	9196.25	3	27.80	67.40	10170.30	1002.62	2
深圳										
珠海	13.50	19.40	2445.00	750.00	1	0.80	1.20	300.00	80.00	
汕头	139.14	382.01	23294.70	2241.09	2	9.56	34.38	690.00	18.65	2
佛山	59.00	76.74	9013.59	364.72	3	6.20	15.40	70.99	15.62	2
江门	669.19	955.00	168417.30	26355.65	3	10.80	13.06	2780.90	497.40	2
湛江	651.37	1608.97	149224.71	22244.20	3	44.59	189.54	5754.12	958.19	2
茂名	886.11	856.14	131771.65	30269.50	3	50.88	50.78	6225.50	1289.04	2
肇庆	360.96	613.86	88710.74	6275.78	3	37.34	59.75	7233.70	483.17	2
惠州	355.00	422.21	88367.27	18774.42	3	12.40	18.06	2637.39	798.99	2
梅州	451.14	687.36	127389.53	7534.28	3	97.05	159.38	21639.43	1143.20	2
汕尾	250.70	433.37	21731.05	4682.85	3	2.60	2.10	910.00	180.00	2
河源	698.60	992.06	114127.00	19966.34	3	91.55	117.22	16458.80	3205.80	2
阳江	450.15	630.32	123918.05	39314.88	3	26.15	34.51	6487.52	3778.58	2
清远	808.27	949.58	141331.10	10043.46	3	162.93	207.19	56860.35	2884.71	2
东莞	2.50	3.00	925.00	150.00	1					
中山	14.24	18.56	4639.00	2848.00	1	1.78	2.30	575.00	356.00	2
潮州	142.65	215.11	23409.28	5920.64	2	4.35	5.46	109.80	28.50	
揭阳	345.25	497.38	103635.55	29524.62	3	24.99	36.60	10119.00	2477.80	2
云浮	284.48	446.15	83354.60	5948.40	3	6.15	24.15	1630.00	140.00	2

8-14 续表 7

市别	水稻稻纵卷叶螟					水稻稻飞虱				
	发生面积(万亩次)	防治面积(万亩次)	挽回损失(吨)	实际损失(吨)	发生程度	发生面积(万亩次)	防治面积(万亩次)	挽回损失(吨)	实际损失(吨)	发生程度
全省	2345.65	3247.23	425665.95	82462.45	3	3122.89	4420.28	771337.76	108884.31	3
广州	61.39	116.10	11929.52	1678.98	3	63.72	112.40	19786.04	1442.26	3
韶关	143.76	248.14	16177.47	2083.43	3	258.68	454.46	42594.24	4274.25	3
深圳										
珠海	6.00	8.00	900.00	260.00		5.70	8.30	930.00	255.00	
汕头	44.45	106.10	10463.70	515.28	2	33.99	92.45	4519.70	866.26	2
佛山	22.80	24.68	5348.80	177.80	3	22.00	21.96	3396.80	157.60	3
江门	281.42	437.36	32901.18	3707.58	3	312.74	435.75	126850.59	19682.90	3
湛江	274.33	360.33	63620.25	9220.33	3	233.89	323.62	52363.42	7534.87	3
茂名	352.30	338.30	56954.30	10426.60	3	400.80	395.00	61874.40	15720.30	3
肇庆	119.12	203.76	29147.19	1741.32	3	165.51	289.16	45882.44	3552.27	3
惠州	100.29	127.98	27308.53	6201.53	3	159.79	200.86	48875.54	10027.35	3
梅州	109.49	139.36	5684.34	470.31	3	188.87	260.33	95779.50	5135.03	3
汕尾	54.00	88.50	5037.90	1244.61	3	81.99	148.83	9717.90	1648.97	3
河源	180.96	237.89	27589.00	5029.75	3	299.10	461.10	48978.90	7806.65	3
阳江	172.76	240.62	48121.46	21912.30	3	207.12	288.56	57551.70	7284.40	3
清远	166.22	204.01	21949.06	1425.31	3	284.50	323.30	36031.17	3388.42	3
东莞	1.20	1.40	500.00	105.00		1.30	1.60	425.00	45.00	
中山	5.34	7.00	1750.00	1068.00		7.12	9.26	2314.00	1424.00	
潮州	42.70	56.20	10598.25	2488.52	2	66.80	114.46	10984.22	2889.16	2
揭阳	112.82	155.26	33107.00	10112.80	3	155.47	221.88	41461.40	12850.52	3
云浮	94.30	146.24	16578.00	2593.00	3	173.80	257.00	61020.80	2899.10	3

8-14 续表 8

市别	花生病虫害合计					柑桔病虫害合计				
	发生面积(万亩次)	防治面积(万亩次)	挽回损失(吨)	实际损失(吨)	发生程度	发生面积(万亩次)	防治面积(万亩次)	挽回损失(吨)	实际损失(吨)	发生程度
全省	1300.91	1650.89	148387.42	34042.46	2	2589.14	3899.76	702111.61	175704.78	3
广州	16.07	26.24	2692.00	387.15	2	21.45	35.74	3994.30	1425.00	2
韶关	155.54	213.97	19498.71	2470.42	2	259.73	399.98	49836.55	10335.33	3
深圳										
珠海	0.67	2.03	60.00	17.00						
汕头	2.06	3.12	190.52	9.91	2	21.52	49.21	7800.61	149.23	2
佛山	9.71	8.80	249.00	179.00	2	1.25	1.85	925.00	50.71	
江门	37.25	64.95	3434.58	413.31	2	37.70	58.72	16917.05	3009.11	3
湛江	168.07	220.77	25144.17	4159.12	2	59.34	59.34	3579.50	578.70	2
茂名	178.76	156.30	18619.94	10073.16	2	44.20	44.70	3605.00	1344.50	2
肇庆	44.99	79.92	4340.85	484.23	2	346.39	707.58	82239.59	9535.46	3
惠州	130.15	171.58	16112.27	3212.59	2	279.17	307.32	70954.58	9454.84	3
梅州	33.62	45.91	2168.99	676.72	2	273.39	450.35	43306.81	5654.37	3
汕尾	54.22	87.21	6956.70	1422.56	2	10.30	14.06	6298.45	1091.60	2
河源	110.45	142.38	19622.00	3433.13	2	219.92	287.81	71164.00	12155.56	2
阳江	151.40	194.76	14248.45	4152.29	2	169.28	244.45	21600.70	7410.80	3
清远	148.26	161.19	8129.06	1155.36	2	670.86	839.93	282399.00	103615.20	3
东莞										
中山										2
潮州	5.10	6.59	1171.41	434.36	2	19.35	35.47	8565.04	2342.68	2
揭阳	32.24	33.27	3289.80	635.50	2	15.16	27.22	13965.43	3475.19	2
云浮	22.35	31.90	2458.97	726.65	2	140.13	336.03	14960.00	4076.50	3

8-14 续表 9

市别	蔬菜病虫害合计				
	发生面积(万亩次)	防治面积(万亩次)	挽回损失(吨)	实际损失(吨)	发生程度
全省	5868.28	7973.07	2508022.12	442868.41	4
广州	344.87	530.85	144306.76	35155.01	3
韶关	455.00	673.30	318441.57	47383.80	4
深圳	9.89	32.90	1440.00	40.19	2
珠海	12.75	25.55	5100.00	2400.00	2
汕头	142.41	279.34	33377.11	2036.27	3
佛山	290.23	325.46	102092.00	13552.47	3
江门	265.65	357.33	180358.50	24081.10	4
湛江	481.18	625.67	196811.94	26580.11	4
茂名	257.44	231.31	79054.75	38086.25	3
肇庆	401.54	567.14	182697.85	22345.17	4
惠州	520.70	681.06	140374.27	28796.91	4
梅州	195.14	274.19	114743.85	8535.51	3
汕尾	157.92	235.62	106946.05	23766.86	3
河源	275.29	352.92	96567.60	14835.01	3
阳江	706.86	917.84	143669.29	48772.28	4
清远	704.16	1038.70	291412.84	28621.92	3
东莞	145.70	178.73	45832.50	7651.00	3
中山	91.51	118.96	74351.38	45755.00	3
潮州	56.18	77.82	27670.42	2015.77	3
揭阳	221.55	271.65	183367.04	12741.78	3
云浮	132.31	176.73	39406.40	9716.00	3

九、林业

省委书记李希、省长马兴瑞参加义务植树活动。

省林业厅厅长陈俊光参加“九城同创国家森林城市”佛山活动。

春季造林及乡村绿化。

《广东省森林防火条例》新闻发布会。

春季造林及乡村绿化。

森林病虫害防治。

小鸟天堂。

最美乡村——东莞清溪镇。

城市的郊外。

林　业

2017年，全省林业系统深入学习贯彻党的十九大精神和习近平新时代中国特色社会主义思想，特别是对广东工作的重要批示指示精神，牢固树立新发展理念，继续深入推进新一轮绿化广东大行动，大力实施造林绿化和林业重点生态工程建设，不断强化生态修复和森林资源保护管理，着力发展绿色惠民产业，加快林业改革，有效提升了我省的林业支撑保障能力。2017年全省完成营造林75.03万公顷，截止年末，全省森林蓄积量5.83亿立方米，森林覆盖率达59.08%，林业产业产值达8022亿元。

一、生态建设与保护

（一）营造林总体情况。

2017年，全省完成人工造林80739公顷，新封山（沙）育林89007公顷，退化林修复66025公顷，人工更新34817公顷，森林抚育509687公顷。

人工造林按区域划分：珠三角九市完成人工造林面积5287公顷，占全省6.5%。山区五市完成人工造林面积46259公顷，占全省57.3%。东翼完成人工造林面积20899公顷，占全省25.9%。西翼完成人工造林面积8294公顷，占全省10.3%。

人工造林按林种用途划分，用材林造林32894公顷，占比40.7%。经济林造林2680公顷，占比3.3%。防护林造林41416公顷，占比51.3%。薪炭林造林291公顷，占比0.4%。特种用途林造林3458公顷，占比4.3%。从中看出，我省人工造林用材林造林和防护林造林为主体，两项合计占人工造林面积的92.0%。

（二）林业重点工程。

1. 全面开展国土绿化行动。深入实施四大重点林业生态工程建设，新建和完善提升生态景观林带694公里，绿化美化乡村1986个，新建森林公园165个（总数达1516个）、湿地公园34个（总数达224个）。

2. 大力推进森林城市建设。印发实施了《珠三角国家森林城市群建设规划》和《关于大力推进森林小镇建设的意见》，佛山市、江门市被国家林业局授予“国家森林城市”称号，认定了首批“广东森林小镇”38个。

3. 大力实施重大生态修复工程。大力推动雷州半岛生态修复，建立热带季雨林示范基地473多公顷、热带树种示范苗圃基地1个，完成桉树纯林改造1300多公顷，新增生态公益林4000多公顷，高位虾塘退塘还林70多公顷。岩溶地区石漠化治理造林833公顷。出台了《广东省湿地保护修复制度实施方案》和《珠江三角洲地区湿地生态保护规划（2016–2020年）》，探索“三厅一市”（省林业厅、省水利厅、省环保厅、惠州市）共建潼湖国家湿地公园新模式，新增国家湿地公园建设试点5个，启动省级湿地公园建设。

4. 珠江流域和沿海防护林体系建设工程。2017年我省持续强化珠江流域和沿海防护林体系建设，全省共完成沿海和珠江防护林工程营造林50822公顷。其中人工造林10781公顷，当年新封山育林23453公顷，退化林修复215公顷，人工更新662公顷，森林抚育15711公顷。

分工程看，沿海防护林体系工程营造林共33670公顷，珠江流域防护林体系工程营造林共17152公顷。

（三）濒危野生动植物抢救性保护及林业自然保护区工程建设情况。

2017年我省积极推进野生动植物保护，规范野生动物疫源疫病监测防控。全省现有野生动植物保护管理站21个，野生动物救护中心8个，野生动植繁育机构49个，野生动物疫源疫病监测站118个。

2017年我省持续强化森林资源保护监管，初步划定森林、林地、湿地、物种四条林业生态保护线，积极推进自然保护区建设管理。截至2017年末，全省林业部门建立各种类型、不同级别的自然保护区290个，总面积130.2万公顷，约占全省国土面积的

7.25%。其中国家级野生动植物保护区 8 个，国际重要湿地 2 个。

2017 年全省从事野生动植物及自然保护区建设的职工人数 1142 人，其中各类专业技术人员 435 人。

二、林业产业发展

2017 年，我省林业产业致力提升林业惠民富民效益，积极推进林业供给侧结构性改革，充分发挥林业在精准扶贫中的作用，不断优化林业产业结构。

（一）林业产业总产值稳步增长。在受经济环境和环保等因素的影响下，2017 年全省林业产业总产值仍增长 4.2%，达 8022 亿元。其中第一产业产值 946 亿元，第二产业产值 5243 亿元，第三产业产值 1833 亿元，一、二、三产占比分别为 11.8%、65.4% 和 22.8% 。但整体增速较 2016 年下滑 3.4 个百分点。

分行业看，2017 年，以包括干鲜果品、茶、中药材以及森林食品等在内的经济林产品种植与采集业的第一产业产值为 946 亿元，增长 7.1%，增速高于平均增速 2.9 个百分点。以家具制造，木、竹、苇浆造纸和纸制品制造的第二产业产值为 5243 亿元，增长 4.4%，同全行业增速持平。而以林业旅游和休闲服务为主体的第三产业产值为 1833 亿元，增长 2.4%，较全行业增速低 1.8 个百分点，自 2014 年来，第三产业首次低于林业产业全行业增速。

分地区看，珠三角地区林业产业产值为 6170 亿元，占全省林业产业产值的 76.9%，同比增长 4.4%；山区韶关、河源、梅州、清远和云浮 5 市林业产业产值为 807 亿元，占全省林业产业产值的 10.1%，增长 3.7%；东西两翼地区林业产业产值为 1045 亿元，占全省林业产业产值的 13.0%，增长 3.6%。山区五市和东西两翼林业产业发展增速均低于珠三角地区。

2017 年，林业产业产值超过 300 亿元的地市共有 8 个，同上年持平，分别是广州、深圳、佛山、东莞、中山、肇庆、江门、湛江。8 市林业产业产值合计 6181 亿元，占全省林业产业总产值的 77.1%，较 2016 年占比提高 1.96 个百分点。

（二）2017 年全省商品材总产量 793.5 万立方米，比上年增长 5.0%。其中原木 722.0 万立方米，增长 4.1%；薪材 71.5 万立方米，增长 14.2%。

商品材产量按生产单位分，其中林业系统内国有企业单位生产商品材 21.9 万立方米，较上年增长 251.9%；系统内国有林场、事业单位生产商品材 71.0 万立方米，增长 10.3%；系统外企、事业单位采伐自营地商品材 57.1 万立方米，下降 38.9%；乡镇集体企业及单位生产的商品材 50.6 万立方米，下降 10.7%；村及村以下各级组织和农民个人生产的商品材 592.9 万立方米，增长 10.8%。

（三）2017 年全省大径竹产量为 2.04 亿根，比上年增长 20.5%。其中毛竹 5986 万根，其他竹 14415 万根，分别占全部大径竹产量的 29.3%和 70.7%。村及村以下各级组织和农民所生产的大径竹 1.04 亿根。

经济林产品产量和竹产业产量平稳增长。2017 年全省各类经济林产品总量达到 1114.6 万吨，比上年增长 9.4%。其中水果产量 1037.1 万吨，增长 9.6%；干果产量 6.8 万吨，增长 6.7%；林产饮料产品产量 9.7 万吨，下降 7.8%；林产调料产品产量 5.9 万吨，增长 6.2%；竹笋干、食用菌等森林食品产量 7.7 万吨，增长 4.0%；森林药材产量 7.8 万吨，增长 115.3%；木本油料产量 13.0 万吨，下降 14.27%；林产工业原料产量 26.6 万吨，增长 11.45%。

（五）2017 年末全省实有花卉种植面积 7.56 万公顷，较上年下降 8.8%。其中切花切叶产量 41.02 亿支，盆栽植物 8.9 亿盆，观赏苗木 3.44 亿株，草坪 2246 万平方米。全省现有花卉市场 154 个，花卉企业 9610 个，花卉从业人员 12.2 万人，花农 3.8 万户，控温温室面积 209 万平方米,日光温室面积 1600 万平方米。

（六）2017 年全省油茶种植面积 17.14 万公顷，比上年下降 7. 7 %。当年油茶籽产量 7.56 万吨，下降 14.7%

（七）2017 年全省人造板产量 1057 万立方米，下降 23.9%。

（八）2017 年全省松香及其深加工产品产量 15.6 万吨，比上年下降 23.4%；松节油产量 3.3 万吨，增长 8.5%；木竹热解产品 1.03 万吨，下降 23.2%。

（九）2017 年全省林业旅游与休闲人次达 2.58 亿

人次，比上年下降 3.6%；旅游收入 1796 亿元，增长 10. 5 %，直接带动其他产业产值 345 亿元。

三、林业投资

2017 年全省林业累计完成投资 81.7 亿元，比上年增加 2.64 亿元，增长 3.3%。

（一）按资金投入项目分，其中用于生态建设与保护方面的投资为 45.19 亿元，占全部林业投资完成额的 55.3%;用于林木种苗、森林防火、有害生物防治等林业支撑与保障方面的投资为 27.51 亿元，占全部林业投资完成额的 33.6%；用于林业产业发展方面的资金为 4.63 亿元，占全部林业投资完成额的 5. 7 %；林区基础设施建设 4.37 亿元，占全部林业投资完成额的 5. 4 %。

（二）分区域看，2016 年珠三角地区累计完成林业投资 36.06 亿元，占全部林业投资完成额的 44. 2 %；山区五市林业完成投资 32.77 亿元，占全部林业投资完成额的 40.1%；东翼林业完成投资 5.81 亿元，占全部林业投资完成额 7.1%；西翼林业完成投资 7.02 亿元，占全部林业投资完成额 8.6%。

各区域与上年完成投资额相比，珠三角地区增加 6.8%，东西两翼增长 4.3%，山区五市下降 0.5%。

四、林业系统从业人员和安全生产情况

截至 2017 年底，全省林业系统各种经济类型单位共计 1699 个，其中企业 40 家、事业单位 1396 个家、机关 263 家。

2017 年全省林业系统年末实有人数 28563 人，单位从业人员 27975 人。

2017 年全省林业系统在岗职工年平均工资 89339 元，比上年增长 35.6%；离退休人员平均年生活费 39392 元，增长 11.0%。

分行业看，林业工程技术与规划管理年平均工资仍最高，为 157268 元，增长 28.1%；制造业年平均工资最低，为 25025 元，增长 10.7%

2017 年，全省林业系统因工轻伤 7 人，未发生重大责任事故。

9-1 主要年份林业主要指标

年 份	林业用地面积（千公顷）	有林地面积（千公顷）	活立木总蓄积量（万立方米）	森林覆盖率（%）
1957	10284	3503	14878	20.2
1965	10855	4214	15186	24.1
1975	10973	5198	16737	29.9
1978	10518	5165	16894	30.2
1980	10518	5165	16894	30.2
1985	10204	4638	14983	27.2
1990	10713	7998	21243	48.4
1995	10848	9083	27313	55.9
2000	10823	9226	31634	56.9
2005	11022	9212	36459	59.1
2010	10981	9532	43936	57.0
2015	10959	9954	56636	58.88
2016	10920	9932	57855	58.98
2017				59.08

注：1.从2002年起，森林资源数据包括红树林。
2.从2006年起，森林覆盖率采用新的计算方法。
3.2017年林业用地面积、有林地面积、活立木总蓄积量暂缺。

9-1 续表 1

年份	造林面积（千公顷）	人工造林	飞机造林	迹地更新面积（千公顷）	人工更新	低效林改造面积（千公顷）
1952	55	55				
1957	242	242				
1962	110	110		7	6	9.3
1965	419	411	8	21	15.3	4.7
1970	474	279	195	11	7.3	1.3
1975	359	288	71	35	34.7	8
1978	301	301		41	38	17
1980	371	201	170	46	39	23
1985	612	353	259	77	64	33
1990	312	259	53	52	51	113
1995	21	21		87	83	109
2000	17	17		106	97	125
2005	18	18		96	92	46
2010	95	92		48	48	19
2015	123	118		81	81	71
2016	101	101		48	48	
2017	81	81		35	35	54

9-1 续表 2

年份	育苗面积（本年新育）（千公顷）	幼林抚育实际面积（千公顷）	幼林抚育作业面积（千公顷）	成林抚育面　积（千公顷）	零星植树（万株）
1952	0.07				
1957	1.84	97	115		
1962	1.79	95	108	43	3969
1965	6.24	226	389	114	1202
1970	1.60	281	339	147	1120
1975	2.85	331	390	96	5384
1978	2.57	439	506	123	6975
1980	1.82	314	367	159	5425
1985	3.19	331	403	152	8252
1990	5.47	536	652	268	8834
1995	1.88	390	453	274	8232
2000	1.83	222	294	288	6653
2005	1.00	146	175	122	6201
2010	0.96	173	207	182	6923
2015	7.93				8066
2016	6.60				7108
2017	5.21				8180

9-1 续表 3

年　份	油桐籽（吨）	油茶籽（吨）	棕片（吨）	松脂（吨）	竹笋干（吨）	板栗（吨）	乌桕籽（吨）
1952							
1957							
1962	3435	6854					4
1965	5831	6868					
1970	3001	30649					
1975	1780	17985	327	90654	74	245	108
1978	1231	11721	381	96680	55	303	39
1980	976	13109	340	119829	125	400	20
1985	865	16303	248	95917	249	589	68
1990	2622	23736	466	100230	2770	1614	5
1995	3536	24997	606	114568	9004	3577	59
2000	3817	26268	663	110877	14132	5440	70
2005	5193	30470	1640	154593	17825	8637	253
2010	6050	82417	2536	181141	30291	10616	527
2015	7500	149374	3463	235109	39805	21229	900
2016	6904	146833	3541	225805	45118	22556	956
2017	7469	125195	3871	238825	57503	25922	1034

9-1 续表 4

年 份	木 材 总产量 (万立方米)	原木	薪材	人造板 产 量 (万立方米)
1952	20.10	20.10		
1957	203.30	203.30		
1962	155.30	115.40	39.90	0.19
1965	234.70	190.40	44.30	0.11
1970	213.90	173.50	40.40	1.21
1975	252.00	217.10	34.90	2.70
1978	305.80	240.80	65.00	4.06
1980	306.40	259.50	46.90	5.23
1985	403.90	314.40	89.50	6.10
1990	211.60	188.00	23.60	21.39
1995	306.70	275.40	31.30	89.06
2005	362.15	323.97	38.18	340.05
2010	654.91	611.56	43.35	784.11
2015	790.83	711.74	79.09	1815.92
2016	756.01	693.43	62.58	1389.18
2017	793.50	722.05	71.45	1056.88

9-1 续表 5

年 份	胶合板	纤维板	刨花板	松香类 产 品 (万吨)
1952				1.09
1957				4.50
1962	0.03	0.16		1.21
1965		0.11		5.72
1970	0.73	0.48		7.11
1975	0.94	1.56	0.20	8.63
1978	1.05	2.90	0.11	8.97
1980	1.39	3.53	0.31	10.18
1985	1.26	4.60	0.24	8.89
1990	7.80	4.30	9.30	9.42
1995	24.99	27.09	23.38	11.11
2005	58.55	261.60	15.69	7.38
2010	208.53	387.48	94.65	12.91
2015	1108.40	552.01	138.30	14.00
2016	668.53	501.01	205.42	20.34
2017	316.70	513.74	208.89	15.58

9–2 林业主要指标

项　　目	计算单位	1985	1990	1995	2000	2005	2010	2015	2016	2017
一、森林资源										
有林地面积	千公顷	4638	7998	9083	9226	9212	9532	9954	9932	
活立木总蓄积量	万立方米	14983	21243	27313	31634	36459	43936	56636	57855	
森林覆盖率	%	27.2	48.4	55.9	56.9	59.1	57.0	58.9	59.0	59.1
二、营林生产										
造林面积	千公顷	612	312	21	17	18	95	123		
人工造林	千公顷	353	259	21	17	18	92	118	101	81
飞播造林	千公顷	259	53							
新育苗面积	千公顷	3.19	5.47	1.9	1.9	1.00	0.96			
幼林抚育实际面积	千公顷	330	536	390	236	146	173			
成林抚育面积	千公顷	152	268	274	289	122	182			
迹地更新面积	千公顷	77	52	87	115	96	48	81	48	35
其中：人工更新	千公顷	64	51	83	106	92	48	81	48	35
低效林改造面积	千公顷	33	113	109	127	46	19	71	60	54
三、主要林产品产量										
油桐籽	吨	865	2622	3536	3817	5193	6050	7500	6904	7469
油茶籽	吨	16303	23736	24997	26268	30407	82417	149374	146833	125195
松脂	吨	95917	100230	114568	113118	154593	181141	235109	225805	238825
竹笋干	吨	248	2770	9004	14132	17825	30291	39805	45118	57503
板栗	吨	589	1614	3936	5440	8637	10616	21229	22556	25922
四、森工主要产品产量										
木材	万立方米	404	212	307	275	362	655	791	756	794
原木	万立方米	314	188	275	256	324	612	712	693	722
薪材	万立方米	90	24	31	19	38	43	79	62	72
大径竹	万根	888	4823	7180	6809	11180	13252	12754	16931	20401
毛竹	万根		2072	2451	2889	2669	3478	4094	5197	5986
篙竹	万根		2751	4729	3921	8510	9774	8660	11734	14415
人造板	万立方米	6	21	89	145	340	784	1816	1389	1057
胶合板	万立方米	1	8	25	66	59	209	1108	668	317
纤维板	万立方米	5	4	27	51	262	387	552	501	514
刨花板	万立方米		9	23	28	16	95	138	205	209
松香类产品	万吨	9	9	11	10	7	13	14	20	16
紫胶	吨	80	179	395		20	357	1119	1031	702
五、林业系统机构人员										
单位个数	个	1302	1932	2062	2002	1871	2159	1810	1722	1699
在岗职工人数	人	95148	90661	79952	52227	37232	35916	30424	26265	25526

注：2017年有林地面积、活立木总蓄积量暂缺。

9-3 各市全部林业生产情况

(2017年) 单位：公顷

市别	当年造林面积								
	总计	人工造林	当年新封山(沙)育林面积	无林地和疏林地新封	有林地和灌木林地新封	退化林修复	低效林改造	退休林防护林改造	人工更新
全省	270628	80739	89007	6536	82471	66025	54446	11579	34817
广州	2268		1334		1334				934
深圳									
珠海	1105	139	451	337	114	266	266		249
汕头	5520	1775	2667		2667	827	827		251
佛山	1697	255	134		134	408	408		900
韶关	26868	8472	7710		7710	8727	4665	4062	1919
河源	34761	12737	12574		12574	7578	7578		1872
梅州	34725	15365	6633	3265	3368	8216	4230	3986	4511
惠州	11070	459	3867	2200	1667	5689	5689		1055
汕尾	30052	13958	11068	667	10401	4121	2973	1148	905
东莞	239								239
中山	220					220	220		
江门	14498	227	1953		1953	2168	2168		10150
阳江	7509	3087	1716		1716	2534	2534		172
湛江	6374	1275	1181		1181	2536	1940	596	1382
茂名	14461	3932	4880		4880	4803	3803	1000	846
肇庆	11395	3858	1900		1900	4445	4445		1192
清远	31624	4912	18412		18412	6035	5635	400	2265
潮州	1763	556	644		644	320		320	243
揭阳	14097	4610	6761		6761	2013	2013		713
云浮	12801	4554	2629	67	2562	4794	4794		824
雷州林业局	2906								2906
省直属林场	4588	568	2493		2493	238	238		1289
国家级保护区	87					87	20	67	

9-3 续表 1

(2017年) 单位：公顷

市别	零星(四旁)植树(万株)	林木种子采集量(吨)	育苗面积	其中：国有育苗面积	中、幼龄林抚育
全省	8180.23	67	5210	492	509687
广州	124.6		1953	38	6667
深圳					1517
珠海	41.41				2713
汕头	172.49	1	100	9	5580
佛山	84.17		3	3	3534
韶关	477.64	13	281	41	46977
河源	273.86		197	33	49579
梅州	977.43	1	237	15	82100
惠州	452.57	1	116	12	33753
汕尾	75.13		163	44	20467
东莞	354.01		306		2203
中山			3	3	673
江门	195.47	1	375	77	26200
阳江	555.7		28	11	17667
湛江	596.6		686	41	10763
茂名	1148.57	10	44	20	20132
肇庆	667.45		81	7	43053
清远	418	10	104	18	46000
潮州	288.3	11	94	35	2800
揭阳	910.8	11	230	33	20667
云浮	365		149	11	26666
雷州林业局	0.5		15	15	22016
省直属林场	0.04		36	26	17960
国家级保护区	0.5	8	9		

9–3 续表 2

(2017年) 单位：吨

市别	主要林产品产量					
	1.油桐籽	2.油茶籽	3.棕 片	4.松 脂	5.竹笋干	6.板 栗
全 省	7469	125195	3871	238825	57503	25922
广 州		162			4371	
深 圳						
珠 海						
汕 头		238			236	
佛 山						
韶 关	1248	13621	183	23081	7531	1763
河 源	2302	37607	8	2125	694	1941
梅 州	720	30372	17	402	628	692
惠 州					120	
汕 尾		6		358	150	
东 莞						
中 山						
江 门				4337		7
阳 江				2400	980	
湛 江		650		1640	107	
茂 名	217	4247		34942	387	
肇 庆	696	8680		82905	4817	6907
清 远	1343	25082	3578	7974	28533	10358
潮 州						
揭 阳	6	1233	40	190	5939	
云 浮	937	3293	45	78371	3010	4254
雷州林业局						
省直属林场		4		100		
国家级保护区						

9-4 各县（市、区）造林更新低产林改造面积

(2017年) 单位：公顷

县(市)区别	人工造林(荒山造林)	人工更新	退化林修复(森林改培)	无林地和疏林地新封	有林地和灌木林地新封
广东省	**80739**	**34817**	**66025**	**6536**	**82471**
广州市		**934**			**1334**
市辖区					
天河区					
白云区		167			
黄埔区					
番禺区					
花都区		67			
南沙区					
增城市		467			667
从化区		233			667
流溪河林场					
大岭山林场					
增城林场					
梳脑林场					
深圳市					
市辖区					
龙华区					
大鹏新区					
罗湖区					
福田区					
南山区					
宝安区					
龙岗区					
盐田区					
光明新区					
坪山区					
内伶仃福田国家级自然保护区					
珠海市	**139**	**249**	**266**	**337**	**114**
市辖区					
香洲区			132		
斗门区	40	92	67		
金湾区	75				
万山海洋开发实验区公共建设局		40		337	
高新技术产业开发区		17			
高栏港经济区海洋和农渔局	24		67		87
横琴新区		100			27
淇澳－担杆岛自然保护区					
汕头市	**1775**	**251**	**827**		**2667**
龙湖区					
金平区					

9-4 续表 1

(2017年) 单位：公顷

县(市)区别	人工造林(荒山造林)	人工更新	退化林修复(森林改培)	无林地和疏林地新封	有林地和灌木林地新封
濠江区		27	60		
潮阳区	617	140	347		1467
潮南区	890	84	287		1067
澄海区					
南澳县	268		133		133
市局本部					
佛山市	**255**	**900**	**408**		**134**
市辖区					
禅城区					
南海区	18	408	18		
顺德区		80			
三水区		67	34		100
高明区	237	345	356		27
云勇林场					7
市林科所					
韶关市	**8472**	**1919**	**8727**		**7710**
武江区	107	173	27		220
浈江区			17		133
曲江区	268	50			300
始兴县	322	23	763		1400
仁化县	271		351		142
翁源县	2060	167	1276		1433
乳源瑶族自治县	1201	207	1405		1893
新丰县	1098	145	859		200
乐昌市	1535	187	2066		1920
南雄市林	1610	200	1915		
国有韶关林场		133	48		
国有曲江林场		243			69
国有仁化林场		246			
国有河口林场		40			
国有九曲水林场		65			
国有华溪林场		40			
华南虎自然保护区					
林业科学研究所(中心苗圃)					
市野生动植物和自然保护区办					
市林业局、韶关市森林分局					
市属国有林场管理处					
河源市	**12737**	**1872**	**7578**		**12574**
市辖区(含江东新区)		333			
源城区					
紫金县	4403		2359		8287

9-4 续表 2

(2017年) 单位：公顷

县(市)区别	人工造林(荒山造林)	人工更新	退化林修复(森林改培)	无林地和疏林地新封	有林地和灌木林地新封
龙川县	3649	333	1666		2000
连平县	1967	667	867		833
和平县	2149	393	1776		1387
东源县			377		
新丰江			533		
牛岭水林场		133			
下石林场		13			
黎明林场	130				
桂山林场	2				
红星林场	305				
坪山林场	132				
梅州市	**15365**	**4511**	**8216**	**3265**	**3368**
梅江区	268	307	600		
梅县	1151	667	361	300	
大埔县	500	253	772		
丰顺县	4562	400	1333		1102
五华县	4025	1067	2653		1533
平远县	1127	167	513		533
蕉岭县	83	117	651		200
兴宁市	3649	1533	1333	2965	
梅南林场					
洲瑞林场					
大埔林场					
水口林场					
七畲径林场					
林业科学研究所					
惠州市	**459**	**1055**	**5689**	**2200**	**1667**
市辖区					
惠城区	33		750		
惠阳区		200	800		333
大亚湾区					
仲恺区		67			
博罗县		153	1667		667
惠东县	274	410	2372	1883	
龙门县		67	100	317	
梁化林场	52				
九龙峰林场		11			
罗浮山林场					
象头山林场		47			
汤泉林场					
平安林场					

9-4 续表 3

(2017年) 单位：公顷

县(市)区别	人工造林（荒山造林）	人工更新	退化林修复（森林改培）	无林地和疏林地新封	有林地和灌木林地新封
鸡笼山林场					
水东陂林场		100			
油田林场	100				
东江林场					
市林科所					
市局本部					
罗浮山省级自然保护区					
龙门南昆山省级自然保护区					667
惠东古田省级自然保护区					
惠东莲花山白盆珠省级自然保护区					
汕尾市	**13958**	**905**	**4121**	**667**	**10401**
城区	507	232	287		1667
红海湾经济开发区农林水务局	427	120	100	667	53
海丰县	3859	233	647		3200
陆河县林业局	2360	66	478		666
陆丰市林业局	5681	167	2195		3795
黄羌林场	413				667
吉溪林场	253	87	80		20
红岭林场	200		127		333
罗经嶂林场	67				
东海岸林场	124		120		
湖东林场	67		87		
市局本部					
东莞市		**239**			
市自然保护区森林公园管理办					
银瓶山森林公园					
大岭山森林公园		29			
大屏嶂森林公园					
市林科所					
市公安局森林分局					
市局本部		210			
中山市			**220**		
江门市	**227**	**10150**	**2168**		**1953**
蓬江区		311			
江海区					
新会区		1333			300
台山市	227	261	1147		567
开平市		2800	867		333
鹤山市		2600	20		186

9-4 续表 4

(2017年) 单位：公顷

县(市)区别	人工造林(荒山造林)	人工更新	退化林修复(森林改培)	无林地和疏林地新封	有林地和灌木林地新封
恩平市		1666	134		567
古兜山林场					
大沙林场		240			
狮山林场		135			
河排林场		198			
西坑林场		340			
古斗林场		21			
四堡林场		245			
林业科学研究所					
市局本部					
阳江市	**3087**	**172**	**2534**		**1716**
江城区林业局					
海陵岛试验区		25			
高新区林业局					
阳西县林业局	537		1000		333
阳东区林业局	805		467		1000
阳春市林业局	1664	147	1000		333
阳江林场	81				25
花滩林场			67		25
森林公园管理处					
河尾山林场					
市公安局森林公安分局					
野生动植物保护站					
市局本部					
林业有害生物防治检疫					
百涌自然保护区					
湛江市	**1275**	**1382**	**2536**		**1181**
坡头区		33	100		
麻章区		133			
开发区					
遂溪县		261	123		380
徐闻县	161	325	1000		
廉江市	537	133	1040		267
雷州市林业局	210	67	200		467
吴川市	167	237			
国营防护林场		73	73		
国营东海林场		20			
国营吴川林场	200	100			
市林业良种繁育场					
市林科所					
市局本部					67

9-4 续表 5

(2017年) 单位：公顷

县(市)区别	人工造林(荒山造林)	人工更新	退化林修复(森林改培)	无林地和疏林地新封	有林地和灌木林地新封
茂名市	**3932**	**846**	**4803**		**4880**
市辖区					
茂南区		138			
高州市林业局	2173		1000		2504
化州市林业局	268	200	135		333
信宜市	1175	267	2962		1710
电白区林业局	316	33	706		333
八一林场					
厚元林场					
大雾岭林场					
东镇林场					
新田林场		40			
荷塘林场		80			
文楼林场		40			
播扬林场					
平定林场		48			
丽岗林场					
电白林场					
河尾山林场					
云开山自然保护区					
市林科所					
市森林公园管理处					
市野生动物救护研究中心					
市防治检疫办					
市生态中心					
市保护办					
肇庆市	**3858**	**1192**	**4445**		**1900**
高新区					
端州区		33			
鼎湖区					
广宁县	807	133	1060		200
怀集县	1073	500	1060		940
封开县	1878	200	1400		233
德庆县		200	395		500
高要市			167		
四会市			280		
市国有北岭山林场	27	40	16		27
清桂林场		33	20		
葵洞林场		26			
大南山林场	20				
大水口林场	26				

9-4 续表 6

(2017年) 单位：公顷

县(市)区别	人工造林(荒山造林)	人工更新	退化林修复(森林改培)	无林地和疏林地新封	有林地和灌木林地新封
市国有大坑山林场		27	47		
市国有新岗林场	27				
市局本部					
清远市	**4912**	**2265**	**6035**		**18412**
清城区			333		53
佛冈县	11	27	687		373
阳山县	1198	1333	340		6385
连山壮族瑶族自治县	267		334		334
连南瑶族自治县林业局	267	133	334		600
清远市清新区林业局	1127	182	1800		2500
英德市林业局	1369	257	1700		7133
连州市	640	333	400		933
银盏林场					
笔架山林场					26
天堂山林场					5
英德林场					
长江坝林场	12				7
金鸡林场					
铁溪林场					42
国营羊角山林场					
小龙林场			107		
龙坪林场					
杨梅林场	21				21
市局本部					
潮州市	**556**	**243**	**320**		**644**
市辖区					
湘桥区农林业局	40				
枫溪区农林水局					
潮安区林业局	83	63	120		50
饶平县林业局	433	180	200		594
韩江林场					
凤凰山自然保护区					
揭阳市	**4610**	**713**	**2013**		**6761**
市辖区					
榕城区					307
揭东区	33	133	186		667
揭西县	2529	260	884		3367
惠来县	886	107	525		1400
普宁市	1020	213	400		1020
大南山侨区	133				

9-4 续表 7

(2017年) 单位：公顷

县(市)区别	人工造林（荒山造林）	人工更新	退化林修复（森林改培）	无林地和疏林地新封	有林地和灌木林地新封
空港经济区					
蓝城区	9		18		
后溪林场					
云浮市	**4554**	**824**	**4794**	**67**	**2562**
云城区	477	188	206		167
新兴县	723	113	441	67	
郁南县	897	240	1579		967
云安区	1184	133	1180		695
罗定市	1020	13	1388		733
大云雾林场	67				
市国有龙埇林场	86				
飞马林场	100	40			
同乐林场					
水台林场		97			
市林业科学和技术推广中心					
市苗圃场					
市局本部					
雷州林业局		**2906**			
省直属林场	**568**	**1289**	**238**		**2493**
西江林业局	349	303	55		695
乳阳林业局					93
沙头角林场					
龙眼洞林场					
天井山林场	48	509			1611
樟木头林场		73			
乐昌林场		20	83		47
连山林场	133	63	50		
东江林场		284			
九连山林场	38	37	50		47
国家级自然保护区			**87**		
南岭国家级自然保护区					
湛江红树林国家级自然保护区			87		
车八岭国家级自然保护区					
象头山国家级自然保护区					
石门台国家级自然保护区					

9-5 主要经济林产品及花卉生产情况

(2017年) 单位：吨

项　目	本年实际
主要经济林产品生产情况	
一、水果产量	**10371713**
1.苹果	
2.柑橘	2632688
3.梨	93028
4.葡萄	2598
5.桃	73094
6.杏	
7.荔枝	1247847
8.龙眼	843134
9.猕猴桃	4433
10.其他水果	5474891
二、干果产量	**68516**
1.核桃	
2.板栗	25922
3.枣(干重)	2100
4.柿子(干重)	36366
5.仁用杏	
6.山杏仁	
7.银杏(白果)	
8.榛子	
9.松子	
10.其他干果	4128
三、林产饮料产品(干重)	**63272**
1.毛茶	62437
2.可可豆	
3.咖啡	
4.其他林产饮料产品	835
四、林产调料产品(干重)	**58881**
1.花椒	
2.八角	5360
3.桂皮	53128
4.其他林产调料产品	393
五、森林食品(干重)	**76993**
1.竹笋干	57503
2.食用菌	18249
3.山野菜	303
4.其他森林食品	938
六、森林药材	**77722**
1.银杏(白果)	903
2.杜仲	48
3.厚朴	
4.五味子	
5.山茱萸	
6.其他木本药材	76771
七、木本油料	**129815**
1.油茶籽	125195
2.油橄榄	
3.文冠果	
4.其他木本油料	4620
八、林产工业原料	**265568**
1.生漆	
2.油桐籽	7469
3.乌桕籽	1034
4.天然橡胶	13621
5.棕片	3871
6.松脂	238825
7.紫胶(原胶)	748
花卉生产情况	
一、年末实有花卉种植面积(万公顷)	**7.56**
二、切花切叶产量(万支)	**410193**
三、盆栽植物产量(万盆)	**88983**
四、观赏苗木产量(万株)	**34442**
五、草坪产量(万平方米)	**2246**
六、花卉市场(个)	**154**
七、花卉企业(个)	**9610**
其中:大中型企业(个)	1103
八、花农(户)	**37859**
九、花卉从业人员(人)	**122350**
其中:专业技术人员(人)	10850
十、控温温室面积(万平方米)	**209**
十一、日光温室面积(万平方米)	**1600**

9-6 全部林业产业产值

(2017年)　　单位：万元

指　　标	总产值	指　　标	总产值
林业产业产值	**80223880**	(2)人造板制造	3636218
一、第一产业	**9460707**	(3)木质制品制造	1818326
(一)涉林产业合计	9338486	(4)竹、藤、棕、苇制品制造	382512
1.林木育种和育苗	116958	2.木、竹、藤家具制造	17923435
(1)林木育种	9303	3.木、竹、苇浆造纸和纸制品	20741022
(2)林木育苗	107655	(1)木、竹、苇浆制造	426454
2.营造林	491837	(2)造纸	9002087
3.木材和竹材采运	849207	(3)纸制品制造	11312481
(1)木材采运	560107	4.林产化学产品制造	968376
(2)竹材采运	289100	5.木质工艺品和木质文教体育用品制造	71385
4.经济林产品的种植与采集	5574024	6.非木质林产品加工制造业	4361982
(1)水果种植	3784631	(1)木本油料、果蔬、茶饮料等加工制造	3130843
(2)坚果、含油果和香料作物种植	226054	(2)野生动物食品与毛皮革等加工制造	638343
(3)茶及其他饮料作物的种植	311447	(3)森林药材加工制造	592796
(4)森林药材种植	191767	7.其他	1347558
(5)森林食品种植	284520	(二)林业系统非林产业	6872
(6)林产品采集	775605	**三、第三产业**	**18331900**
5.花卉及其他观赏植物种植	2278523	(一)涉林产业合计	18225227
6.陆生野生动物繁育与利用	27937	1.林业生产服务	11516
(二)林业系统非林产业	122221	2.林业旅游与休闲服务	17962268
二、第二产业	**52431273**	3.林业生态服务	225155
(一)涉林产业合计	52424401	4.林业专业技术服务	3118
1.木材加工和木、竹、藤、棕、苇制品制造	7010643	5.林业公共管理及其他组织服务	23170
(1)木材加工	1173587	(二)林业系统非林产业	106673

9-7 各市全部林业产业产值

(2017年) 单位：万元

市　　别	林业产业产值	第一产业	第二产业	第三产业
全　　省	80223880	9460707	52431273	18331900
广　　州	9116140	862322	4639462	3614356
深　　圳	9833909	933410	4952776	3947723
珠　　海	1105711	43200	621271	441240
汕　　头	721235	40338	529610	151287
佛　　山	11506904	287963	11207561	11380
韶　　关	2183278	574755	470570	1137953
河　　源	1345985	437559	256665	651761
梅　　州	1400010	497111	416240	486659
惠　　州	2396384	491931	1128788	775665
汕　　尾	703057	72181	511445	119431
东　　莞	13056985	29221	12121017	906747
中　　山	6051730	245387	5103116	703227
江　　门	3813498	440560	2562506	810432
阳　　江	1906473	216905	1010010	679558
湛　　江	3635049	241783	3100089	293177
茂　　名	2049901	1283249	335049	431603
肇　　庆	4800561	1243393	2559092	998076
清　　远	2442673	613220	497830	1331623
潮　　州	418940	173914	19682	225344
揭　　阳	900399	183683	309310	407406
云　　浮	677012	494246	70239	112527
雷州林业局	115099	31328	4063	79708
省直属林场	42140	22968	4882	14290
国家级自然保护区	807	80		727

9-8 各市商品材产量

(2017年)

单位：立方米

市别	总产量	系统内国有企业单位生产木材	系统内国有林尝事业单位生产木材	系统外企、事业单位采伐自营林地木材	乡(镇)集体企业及单位生产的木材	村及村以下各级组织和农民个人生产的木材
全省	7934959	219285	709769	570752	505507	5929646
广州	223854		2408			221446
深圳	485	485				
珠海						
汕头	4437					4437
佛山	90721		1600	3000		86121
韶关	845365	16720	71061	50603	180170	526811
河源	648223		49441	1724	62868	534190
梅州	364143			86314	52489	225340
惠州	404114	2622	19855	26411	6965	348261
汕尾	42388		7721	3424	17648	13595
东莞	4087		4087			
中山	15107		372	2660		12075
江门	1012016		90522	1128	2780	917586
阳江	396748		63287			333461
湛江	399292		2300	3800	39653	353539
茂名	230978		25399			205579
肇庆	1508653		94071	338103		1076479
清远	848384	3336	61239	5217	142934	635658
潮州	63010			31824		31186
揭阳	52507			16544		35963
云浮	431393	9640	53834			367919
雷州林业局	186482	186482				
省直属林场	162572		162572			
国家级自然保护区						

9-8 续表

(2017年) 单位：立方米

市别	商品材总产量		
	合计	原木	薪材
全省	7934959	7220498	714461
广州	223854	215513	8341
深圳	485	485	
珠海			
汕头	4437		4437
佛山	90721	90721	
韶关	845365	648084	197281
河源	648223	555847	92376
梅州	364143	352700	11443
惠州	404114	404114	
汕尾	42388	32216	10172
东莞	4087		4087
中山	15107		15107
江门	1012016	1012016	
阳江	396748	376847	19901
湛江	399292	298075	101217
茂名	230978	230978	
肇庆	1508653	1327410	181243
清远	848384	846074	2310
潮州	63010	44276	18734
揭阳	52507	47814	4693
云浮	431393	431377	16
雷州林业局	186482	146654	39828
省直属林场	162572	159297	3275
国家级保护区			

9-9 各市大径竹生产情况

（2017年） 单位：万根

市别	大径竹总产量		
	合计	毛竹	其他
全省	20401	5986	14415
广州	236	197	39
深圳			
珠海			
汕头	13	13	
佛山			
韶关	2424	1105	1319
河源	341	286	56
梅州	152	152	
惠州	844	418	426
汕尾	56	42	14
东莞			
中山			
江门	147	20	127
阳江	120	31	89
湛江	766	171	595
茂名	8434	1415	7019
肇庆	4886	1319	3567
清远	1084	348	736
潮州	1	1	
揭阳	478	274	205
云浮	419	196	223
省直属林场			
国家级保护区			

9-10　林产工业主要产品产量

(2017年)

项　　目	计量单位	全部产量	项　　目	计量单位	全部产量
木材加工及竹藤棕草制品			4.竹地板(含竹木复合地板)	平方米	2500
一、锯材	立方米	2118160	5.其他木地板(含软木地板、	平方米	48848
1.普通锯材	立方米	2090527	集成材地板等)		
2.特种锯材	立方米	27633	**林产化学产品**		
3.枕木及其他锯材	立方米		一、松香类产品	吨	155828
二、木片、木粒加工产品	实积立方米	2892166	1.松香	吨	101831
三、人造板	立方米	10568812	2.松香深加工产品	吨	53997
(一)胶合板	立方米	3167023	二、松节油类产品	吨	33193
1.木胶合板	立方米	2958939	1.松节油	吨	31599
2.竹胶合板	立方米	47036	2.松节油深加工	吨	1594
3.其他胶合板	立方米	161048	三、樟脑	吨	
(二)纤维板	立方米	5137387	其中：合成樟脑	吨	
1.木质纤维板	立方米	5068387	四、冰片	吨	
(1)硬质纤维板	立方米	705560	其中：合成冰片	吨	
(2)中密度纤维板	立方米	4362827	五、栲胶类产品	吨	
(3)软质纤维板	立方米		1.栲胶	吨	
2.非木质纤维板	立方米	69000	2.栲胶深加工产品	吨	
(三)刨花板	立方米	2088882	六、紫胶类产品	吨	702
1.木制刨花板	立方米	1983180	1.紫胶	吨	702
2.非木制刨花板	立方米	105702	2.紫胶深加工产品	吨	
(四)其它人造板	立方米	175520	七、木材热解产品	吨	10281
其中：细木工板	立方米	102183	1.木炭	吨	9264
四、木竹地板	平方米	11936836	2.竹炭	吨	
1.实木地板	平方米	4607462	3.木质活性炭	吨	1017
2.实木复合木地板	平方米	7278026	4.其他	吨	
3.浸渍纸层压木质地板	平方米		八、木质生物质成型燃料	吨	87
(强化木地板)			九、林产天然香料	吨	850

9-11 各市林产工业主要产品产量

(2017年)　　单位：立方米

市别	锯材	木片、木粒加工	人造板					实木地板
			合计	胶合板	纤维板	刨花板	其它	
全　省	2118160	2892166	10568812	3167023	5137387	2088882	175520	4607462
广　州	106504		422615	224383	21764	148492	27976	1680662
深　圳	327590		84853	25812	5711	15995	37335	
珠　海								
汕　头								2800000
佛　山	32000		1390620	786096	474170	36771	93583	
韶　关	104550	78421	1649280	210547	274710	1162023	2000	
河　源	89342	80	258805	52555	193300	12500	450	50000
梅　州	51205	8095	92240	83920	5020	3300		
惠　州	218323	3800	327773	27580	80193	220000		
汕　尾	11500		90000		65000	25000		
东　莞			247276	110488	81318	49320	6150	
中　山								
江　门	715134	150168	956908	190340	766568			76800
阳　江		11000	1453249	86000	1367249			
湛　江	16030	2322343	1243158	864028	83406	295724		
茂　名	45608	63910	658540	295411	277823	85306		
肇　庆	301717	106436	1204951	16667	1148107	34451	5726	
清　远	28003	38034	305048	100000	205048			
潮　州	21580	18600	16900	14600			2300	
揭　阳	22044		34596	34596				
云　浮	27030		132000	44000	88000			
雷州林业局		91279						

9-11 续表

(2017年)　　单位：立方米

市别	松香类产品(吨)	松香	松节油类产品(吨)	松节油	樟脑(吨)	冰片(吨)	木炭(吨)
全　省	155828	101831	33193	31599			9264
广　州							
深　圳							
珠　海							
汕　头							
佛　山							
韶　关	14920	14920	150	150			
河　源	1816	1816					7
梅　州							
惠　州							
汕　尾							
东　莞							
中　山							
江　门	3800	3800					
阳　江	2272	2272	711	711			648
湛　江	1640	1640					7420
茂　名	113	113					1023
肇　庆	107595	53598	30887	29549			110
清　远	5711	5711	1189	1189			
潮　州							
揭　阳							56
云　浮	17961	17961	256				
雷州林业局							

9-12 各县（市、区）主要林产品产量

(2017年)

县(市)区别	商品材(立方米)			大径竹(万根)			松香类产品(吨)	松节油类产品(吨)
	合计	原木	薪材	合计	毛竹	其他		
广东省	**7934959**	**7220498**	**714461**	**20401.2**	**5986**	**14415.2**	**155828**	**33193**
广州市	**223854**	**215513**	**8341**	**235.9**	**196.8**	**39**		
市辖区				150.9	119.8	31		
天河区								
白云区	7931		7931					
黄埔区	1365	955	410	8		8		
番禺区								
花都区	20739	20739						
南沙区								
增城市	106504	106504						
从化区	84911	84911		76.6	76.6			
流溪河林场	27	27		0.4	0.4			
大岭山林场								
增城林场	1477	1477						
梳脑林场	900	900						
深圳市	**485**	**485**						
龙华区								
大鹏新区								
罗湖区								
福田区								
南山区								
宝安区	485	485						
龙岗区								
盐田区								
光明新区								
坪山区								
内伶仃自然保护区								
珠海市								
市辖区								
香洲区								
斗门区								
金湾区								
万山海洋开发实验区								
高新技术产业开发区								
高栏港经济区								
横琴新区								
汕头市	**4437**		**4437**	**13.2**	**13.2**			
龙湖区								
金平区								
濠江区								
潮阳区				13.2	13.2			

9-12 续表 1

(2017年)

县(市)区别	商品材(立方米)			大径竹(万根)			松香类产品(吨)	松节油类产品(吨)
	合计	原木	薪材	合计	毛竹	其他		
潮南区	528		528					
澄海区	1409		1409					
南澳县	2500		2500					
市局本部								
佛山市	**90721**	**90721**						
市辖区								
禅城区								
南海区	2215	2215						
顺德区								
三水区	8506	8506						
高明区	80000	80000						
云勇林场								
韶关市	**845365**	**648084**	**197281**	**2424.2**	**1104.8**	**1319.4**	**14920**	**150**
武江区	48466	36342	12124	5.1	5.1			
浈江区	38659	28636	10023	26	22	4	200	
曲江区	90247	77640	12607	146.6	42.8	103.8		
始兴县	98008	68810	29198	556.4	186.3	370.1	2500	150
仁化县	64876	43754	21122	440	384	56		
翁源县	195922	139734	56188	253.9	64.9	189		
乳源瑶族自治县	45814	31777	14037	9.4	2.5	6.9	100	
新丰县	135975	106944	29031	13.5	7.9	5.6		
乐昌市	67399	64926	2473	139.8	44	95.8	400	
南雄市	37944	28123	9821	833.5	345.3	488.2	11720	
国有韶关林场	6535	6535						
国有曲江林场	1469	1469						
国有仁化林场	2961	2961						
国有河口林场	6374	6374						
国有九曲水林场	2940	2940						
国有华溪林场	1776	1119	657					
河源市	**648223**	**555847**	**92376**	**341.5**	**285.9**	**55.6**	**1816**	
市辖区(含江东新区)								
源城区	16954	16954						
紫金县	229342	192416	36926	34	34			
龙川县	84970	78401	6569	105	105			
连平县	48319	48319		5	5		50	
和平县	54227	43382	10845	184.4	128.8	55.6	1766	
东源县	143760	119780	23980	2.4	2.4			
新丰江	21210	15698	5512					
牛岭水林场	1300	1300		0.7	0.7			
下石林场	663	557	106					
黎明林场				10	10			
桂山林场								
红星林场	46798	38360	8438					
坪山林场	680	680						

9-12 续表 2

(2017年)

县(市)区别	商品材(立方米)			大径竹(万根)			松香类产品(吨)	松节油类产品(吨)
	合计	原木	薪材	合计	毛竹	其他		
梅州市	**364143**	**352700**	**11443**	**152**	**152**			
梅江区	8095	8095						
梅县	74983	74983		29	29			
大埔县	83536	72093	11443	72	72			
丰顺县	60000	60000						
五华县	90972	90972						
平远县	20470	20470						
蕉岭县	15487	15487		50	50			
兴宁市	10600	10600		1	1			
梅南林场								
洲瑞林场								
大埔林场	4305	4305						
水口林场								
国有七畲径林场								
惠州市	**404114**	**404114**		**844.1**	**418.2**	**425.8**		
市辖区								
惠城区	51970	51970		36.8	19.4	17.4		
惠阳区	18535	18535						
大亚湾区								
仲恺区	2144	2144						
博罗县	157852	157852		559	308.5	250.5		
惠东县	86751	86751		64.2	64.2			
龙门县	64625	64625		184	26.1	157.9		
梁化林场	6622	6622						
九龙峰林场								
罗浮山林场								
象头山林场	2178	2178						
汤泉林场	88	88						
平安林场	550	550						
鸡笼山林场	497	497						
水东陂林场	4964	4964						
油田林场	7338	7338						
东江林场								
罗浮山自然保护区								
龙门南昆山自然保护区								
惠东古田自然保护区								
惠东莲花山白盆珠自然保护区								

9-12 续表 3

(2017年)

县(市)区别	商品材(立方米)			大径竹(万根)			松香类产品(吨)	松节油类产品(吨)
	合计	原木	薪材	合计	毛竹	其他		
汕尾市	**42388**	**32216**	**10172**	**56.2**	**42.2**	**14**		
城区								
红海湾经济开发区								
海丰县	17019	13977	3042					
陆河县	17648	10518	7130	28.9	16.5	12.4		
陆丰市	3691	3691		27.3	25.7	1.6		
黄羌林场	2843	2843						
吉溪林场	1187	1187						
红岭林场								
罗经嶂林场								
东海岸林场								
湖东林场								
东莞市	**4087**		**4087**					
银瓶山森林公园								
大岭山森林公园								
大屏嶂森林公园								
市局本部	4087		4087					
中山市	**5133**		**5133**					
江门市	**1012016**	**1012016**		**146.9**	**19.5**	**127.4**	**3800**	
蓬江区	18610	18610						
江海区	580	580						
新会区	180337	180337		19.5	19.5			
台山市	269580	269580					3800	
开平市	159829	159829		127.4		127.4		
鹤山市	202817	202817						
恩平市	102757	102757						
古兜山林场	2855	2855						
大沙林场	10965	10965						
狮山林场	9897	9897						
河排林场	3197	3197						
西坑林场	22306	22306						
古斗林场	17001	17001						
四堡林场	11285	11285						
阳江市	**396748**	**376847**	**19901**	**119.6**	**30.6**	**89**	**2272**	**711**
江城区	5980	5980						
海陵岛试验区	1413	1413						
高新区	10065	6512	3553					
阳西县	21732	21732					1440	576
阳东区	74066	74066						
阳春市	220205	220205		119.6	30.6	89	832	135
阳江林场	51000	39000	12000					
花滩林场	12287	7939	4348					
河尾山林场								

9-12 续表 4

(2017年)

县(市)区别	商品材(立方米)			大径竹(万根)			松香类产品(吨)	松节油类产品(吨)
	合计	原木	薪材	合计	毛竹	其他		
湛江市	**399292**	**298075**	**101217**	**765.8**	**170.6**	**595.2**	**1640**	
坡头区	2449	1249	1200					
麻章区	4613	4613		4.6		4.6		
开发区	3646	3646						
遂溪县	23853	23853		76.3		76.3		
徐闻县	36950	36950						
廉江市	126764	82397	44367	558.1	49.8	508.3	1640	
雷州市	159064	111345	47719	126.8	120.8	6		
吴川市	39653	31722	7931					
国营防护林场								
国营东海林场								
国营吴川林场	2300	2300						
茂名市	**226795**	**226795**		**71017909**	**12625696**	**58392213**	**102**	
市辖区								
茂南区	230978	230978		8433.7	1414.8	7018.9	113	
高州市								
化州市	4831	4831		11.6	2.7	8.9		
信宜市	40284	40284		786.8	216.9	569.9		
电白区	56942	56942		248.7	197.4	51.3	113	
八一林场	71000	71000		6249.9	465	5784.9		
厚元林场	27697	27697		1136.7	532.8	603.9		
大雾岭林场	3081	3081						
东镇林场								
新田林场								
荷塘林场	356	356						
文楼林场	2610	2610						
播扬林场	2612	2612						
平定林场	8972	8972						
丽岗林场	262	262						
电白林场	6432	6432						
河尾山林场	5899	5899						
云开山自然保护区								
肇庆市	**1508653**	**1327410**	**181243**	**4885.9**	**1319.2**	**3566.8**	**107595**	**30887**
端州区	1663	1663						
鼎湖区	11691	9937	1754	40.7	11.6	29.1		
肇庆高新区	1966	1966						
广宁县	213300	213300		539.5	539.5			
怀集县	434330	327419	106911	3515.9	640.2	2875.7	29051	

9-12 续表 5

(2017年)

县(市)区别	商品材(立方米)			大径竹(万根)			松香类产品(吨)	松节油类产品(吨)
	合计	原木	薪材	合计	毛竹	其他		
封开县	198032	198032		127.8	127.8		13280	565
德庆县	175782	156521	19261				54610	27980
高要市	286458	286458					10651	2342
四会市	116800	66717	50083	631		631		
国有北岭山林场	11278	11278						
清桂林场	4664	4664						
葵洞林场	4513	4513						
大南山林场	5414	5414						
大水口林场	8279	8279					3	
国有大坑山林场	13342	13342		31		31		
国有新岗林场	21141	17907	3234					
清远市	**848384**	**846074**	**2310**	**1084.3**	**347.9**	**736.4**	**5711**	**1189**
清城区	100634	100634		99.1	21.4	77.7		
佛冈县	123222	123222		182.1	132.2	49.9	106	19
阳山县	43959	43959		212.5	75.2	137.2	239	51
连山壮族瑶族自治县	47996	47996		52.7	35.1	17.6	3694	776
连南瑶族自治县	48775	48775		5.6	5.6		321	68
清远市清新区	173295	173295						
英德市	202676	202676		478.8	24.9	453.9	189	31
连州市	43338	43338		53.5	53.5		1162	244
银盏林场								
笔架山林场	2480	2480						
天堂山林场	2836	2836						
英德林场	21287	19605	1682					
长江坝林场	1012	1012						
金鸡林场	5300	4917	383					
铁溪林场	6777	6777						
羊角山林场	3225	3220	5					
小龙林场	13757	13517	240					
龙坪林场								
杨梅林场								
市局本部	7815	7815						
潮州市	**63010**	**44276**	**18734**	**0.6**	**0.6**			
湘桥区	4049	4049						
枫溪区				0.6	0.6			
潮安区	20635	13001	7634					
饶平县	32513	21413	11100					
韩江林场	5813	5813						
凤凰山自然保护区								

9-12 续表 6

(2017年)

县(市)区别	商品材(立方米)			大径竹(万根)			松香类产品(吨)	松节油类产品(吨)
	合计	原木	薪材	合计	毛竹	其他		
揭阳市	**52507**	**47814**	**4693**	**478.3**	**273.6**	**204.7**		
市辖区								
榕城区								
揭东区	7410	7410						
揭西县	12677	7984	4693	207.3	3	204.4		
惠来县	15488	15488		241.4	241.1	0.3		
普宁市	16544	16544		29.5	29.5			
大南山侨区								
空港经济区								
蓝城区	388	388						
后溪林场								
市局本部								
云浮市	**431393**	**431377**	**16**	**419.1**	**196.1**	**223**	**17961**	**256**
云城区	52220	52220		350.3	137.2	213.1	6000	
新兴县	74794	74794					620	256
郁南县	78866	78866		23.1	21.5	1.6	6075	
云安区	64648	64648		45.8	37.4	8.3	5257	
罗定市	98614	98614						
大云雾林场	9640	9640						
龙埇林场	40373	40373						
飞马林场	8247	8247						
同乐林场	3882	3882						
水台林场	109	93	16				9	
雷州林业局	**186482**	**146654**	**39828**					
省直属林场	**162572**	**159297**	**3275**					
西江林业局	109376	109376						
乳阳林业局								
沙头角林场								
龙眼洞林场	79	79						
天井山林场	4104	4104						
樟木头林场	7980	7980						
乐昌林场	10950	7675	3275					
连山林场	8738	8738						
东江林场	18294	18294						
九连山林场	3051	3051						
国家级自然保护区								
南岭国家级自然保护区								
湛江红树林国家级自然保护区								
车八岭国家级自然保护区								
象头山国家级自然保护区								
石门台国家级自然保护区								

9-13 各市生态公益林重点工程建设投资完成情况

(2017年)　　单位:万元

	合计	沿海防护林工程	珠江流域防护林工程	平原绿化工程
全省	20728	17041	3687	
广州				
深圳				
珠海				
汕头	530	530		
佛山				
韶关				
河源	3440		3440	
梅州				
惠州	436	436		
汕尾	8348	8348		
东莞				
中山				
江门	224	224		
阳江	2301	2301		
湛江	420	420		
茂名	1968	1968		
肇庆				
清远				
潮州	974	974		
揭阳	1840	1,840		
云浮	120		120	
雷州林业局				
省直属林场	127		127	
国家级保护区				

9-14 林业投资完成与资金来源情况

单位:万元

项 目	2016年	2017年	2017比2016增长(%)
一、本年计划投资			
二、自年初累计完成投资	**790191**	**816578**	**3.34**
其中:国家投资			
1.生态建设与保护	502344	451912	-10.04
(1)营造林	208188	428498	105.82
(2)湿地恢复与保护	3867	6292	62.71
(3)沙地治理与封禁	1680	1915	13.99
(4)野生动植物保护及自然保护区	13935	15207	9.13
(5)生态保护补偿	199503		
(6)其他(含生态工程补助资金)	75171		
2.林业支撑与保障	128069	117760	-8.05
(1)林木种苗	12625	7580	-39.96
(2)森林防火与森林公安	40235	56343	40.03
(3)林业有害生物防治	8381	11949	42.57
(4)科技教育	1926	14038	628.87
(5)林业信息化	1388	2328	67.72
(6)其他	54625	25522	-53.28
3.林业产业发展	41066	46254	12.63
(1)工业原料林	4517	9989	121.14
(2)特色经济林(不含木本油料)	1640	2100	28.05
(3)木本油料	7691	1512	-80.34
(4)花卉	1698	2539	49.53
(5)林下经济	3106	4851	56.18
(6)其他	22414	25263	12.71
4.林业民生工程	8889	43677	391.36
(1)棚户区(危旧房)改造	736	1172	59.24
(2)社会性基础设施	8153	8645	6.03
(3)其他		33860	
5.其他投资			
其中:财政事业费	118712	156975	32.23

9-15 林业系统从业人员与劳动报酬

(2017年)

项目	单位个数(个)	单位从业人员(人)				离岗仍保留劳动关系的职工(人)	年末离退休人员(人)	在岗职工年平均人数(人)	在岗职工年工资总额(千元)	在岗职工年平均工资(元/人)	离退休人员年生活费(千元)
		合计	在岗职工		其他从业人员(人)						
			小计	其中:专业技术人员							
总　计	**1699**	**27975**	**25526**	**4849**	**2449**	**588**	**29572**	**26063**	**2328452**	**89339**	**1164907**
一、企业	40	2250	2094	352	156	26	4299	2148	78872	36719	133766
二、事业	1396	19388	17318	4497	2070	553	21089	17676	1585532	89700	753457
三、机关	263	6337	6114		223	9	4184	6239	664048	106435	277683
按行业分:											
(一)农林牧渔业	574	12794	11520	2259	1274	552	21292	11906	1069145	89799	711729
1.林木育种育苗	49	565	557	155	8		780	561	32987	58799	26889
2.营造林	254	8194	7306	1407	888	320	15746	7576	777523	102630	529582
3.木竹采运	27	402	392	81	10	60	863	386	25719	66630	20696
4.经济林产品种植与采集	11	148	130	34	18	2	156	92	5977	64970	819
5.花卉及其他观赏植物种植	1	1	1	1				1	36	36000	
6.陆生野生动物繁育与利用	2	10	10	5			1	10	924	92361	59
7.其他	230	3474	3124	576	350	170	3746	3280	225979	68896	133685
(二)制造业	12	134	134				174	134	3353	25025	2297
1.木材加工及木、竹、藤、棕、苇制品业	6	67	67				132	67	1366	20382	1334
2.木、竹、藤家具制造业											
3.木、竹、苇浆造纸业											
4.林产化学产品制造											
5.其他	6	67	67				42	67	1988	29668	963
(三)服务业	1105	14961	13786	2587	1175	36	8085	13937	1247550	89514	449580
1.林业生产服务	117	777	739	254	38	17	426	717	53726	74931	15673
2.野生动植物保护和自然保护区管理	100	1216	905	299	311	2	179	935	86382	92388	8618
3.林业工程技术与规划管理	13	252	231	177	21		149	252	39632	157268	19806
4.林业科技交流和推广服务	78	1167	1065	558	102	6	1072	1076	107639	100036	47758
5.林业公共管理和社会组织	454	8286	7804	632	482	11	5195	7935	803622	101276	319880
①林业行政管理、公安及监督检查机构	370	7296	6826	132	470	9	4559	6881	711163	103352	285198
②林业专业性、行业性团体	84	990	978	500	12	2	636	1054	92460	87723	34681
6.其他	343	3263	3042	667	221		1064	3022	156549	51803	37844
(四)其他行业	8	86	86	3			21	86	8403	97708	1300

9-16 各市林业系统从业人员与劳动报酬

(2017年)

市　　别	单位个数(个)	年末单位从业人员(人)	在岗职工	专业技术人员	离岗仍保留劳动关系的职工(人)	在岗职工年工资总额(千元)	在岗职工年平均工资(元/人)	离退休人员年生活费(千元)	年末离退休人员(人)	离退休人员年平均工资(元/人)
全　省	1699	28563	25526	4849	588	2328452	89339	1164907	29572	39392
广　州	54	1764	1720		32	189780	106798	111911	1545	72434
深　圳	20	310	305	25		21985	73530	398	28	14214
珠　海	26	351	326	7		17812	50746	2499	34	73488
汕　头	51	388	370	42		25605	65991	5908	122	48428
佛　山	18	308	307	69		22592	71493	9054	269	33658
韶　关	255	3665	3247	572	92	218480	64070	103484	3293	31426
河　源	207	1843	1798	615	4	108973	71318	51759	2010	25751
梅　州	124	1441	1359	334	2	104615	76754	53175	1208	44019
惠　州	89	1612	1504	164	43	144950	94369	72305	1634	44250
汕　尾	49	967	822	18	137	37086	45337	14314	788	18165
东　莞	7	774	285	80		40988	142816	19101	301	63458
中　山	4	92	92	30		17298	188020	6614	72	91860
江　门	48	902	752	109		78273	103948	61841	1290	47938
阳　江	67	1073	916	196	130	64398	68875	37946	1122	33820
湛　江	87	731	656	209	8	43676	64994	19412	557	34850
茂　名	55	1164	1012	113	8	65519	63364	54837	1811	30280
肇　庆	123	1888	1447	230	39	122572	79129	65125	2200	29602
清　远	140	2631	2376	452	22	192811	77186	142531	2360	60395
潮　州	42	437	424	32		25009	58984	13948	508	27457
揭　阳	82	1003	965	67	28	43406	44980	14582	607	24023
云　浮	93	737	677	123		57686	77639	22130	767	28853
雷州林业局	1	1443	1443	278		50370	34126	110750	2940	37670
省直属林场	33	1985	1735	499	43	459520	259616	103972	3485	29834
国家级保护区	7	187	140	56		19360	137308	1276	31	41158
省直单位	17	867	848	529		156	3138192	66034	590	111922

9-17 林业系统职工伤亡事故情况

(2017年)

项　　目	轻伤(人次)	重伤(人次)	死亡(人)	项　　目	轻伤(人次)	重伤(人次)	死亡(人)
合　　计	**7**		**2**	按事故类别分:			
按行业分:				1.物体打击			
1.营造林	7			2.车辆伤害	4		
2.木竹采运				3.机械伤害	1		
3.木竹加工制造				4.触电			
4.森林防火				5.火灾			
5.其他			2	6.其他	2		2

十、畜牧业与饲料工业

畜牧业与饲料工业

一、畜牧业生产

（一）畜禽生产。2017 年，全省各级农牧部门认真贯彻落实中央农村工作会议、全国农业工作会议和全省农村农业工作会议精神，坚持问题导向，深入调查研究，积极推进畜牧业供给侧结构性改革，大力调整优化畜牧业产业结构布局，加快转变畜牧业发展方式，促进了畜牧业绿色健康发展。2017 年全省畜牧业总产值 1202 亿元，比 2016 年下降 0.8%；肉类产量 444.08 万吨，下降 1.0%；禽蛋 38.50 万吨，增长 6.5%；奶类 13.88 万吨，增长 2.0%。出栏生猪 3712.00 万头，下降 3.6%；出栏家禽 10.87 亿只；下降 4.5%；牛出栏 33.27 万头，增长 0.5%；羊出栏 110.41 万头，增长 1.6%。2017 年生猪价格平稳，全年生猪平均价格为 15 元 / 公斤，养殖利润合理，出栏一头 120 公斤肉猪可盈利近 200 元。家禽价格前低后高。上半年在 H7N9 流感疫情的等因素影响下，家禽市场受到严重冲击，行情低迷，进入下半年，我省家禽业生产与市场形势明显好转，家禽价格一路走高，全年扭亏为盈。

（二）饲料生产。2017 年，全省共有饲料和饲料添加剂企业 918 家，生产许可证数 1120 个，其中浓配饲料 577 个、单一饲料 128 个、添加剂预混料 226 个、饲料添加剂 189 个。饲料总产量 2951 万吨、产值 1018 亿元，产量同比增长 4.5%，再创历史新高，连续 15 年位居全国首位。在饲料总产量中，配合饲料 2831.73 万吨、增长 4.5%，浓缩饲料 46.23 万吨、下降 2.0%，添加剂预混合饲料 73.16 万吨，增长 7.3%。在配合饲料产量中，猪料 1304.73 万吨、蛋禽料 177.07 万吨、肉禽料 826.09 万吨、水产料 502.55 万吨、精补料 3.79 万吨、其他饲料 17.5 万吨，分别比上年增长 16.3%、-12.0%、-9.4%、12.8%、11.6%、-30.9%。饲料添加剂（含混合型）产量 9.77 万吨、产值 23.11 亿元，产量同比下降 12.5%。

主要特点：一是质量水平高。全省饲料产品质量安全水平持续提高，饲料产品质量例行监测抽检合格率 99.8%，保持较高水平，饲料中“瘦肉精”等违禁添加物保持“零检出”，生猪养殖环节“瘦肉精”监测合格率 100%，保障了畜禽水产产品质量安全；二是产业集中度高。集团化、规模化及产业链融合发展进程明显加快，行业发展主体力量不断壮大，规模化、现代化水平进一步提高，转型升级加快。全省 577 个浓缩配饲料企业平均产量 5 万吨 / 个，远高于全国平均水平。年产 10 万吨以上企业 122 个、产量占总产量 69%；年产 50 万吨集团企业 9 个、年产 100 万吨以上企业 5 个；三是绿色安全产品加快发展。积极引导和支持饲料企业研发安全环保饲料产品，促进药物饲料添加剂减量使用，推广低氮、低磷、低矿物质和无抗饲料产品，严格控制饲料中铜、锌用量及总砷含量，推进微生物发酵技术在饲料产品中的应用，构建精准配方技术体系，提高饲料使用效率，促进绿色发展；四是创新动力足。集团化大型企业建立研发中心，积极研究探索构建精准配方技术体系，推广低氮、低磷和低矿物质饲料产品。饲料专业化和精细化加工快速发展，饲料膨化、微粉碎、高效调质、熟化等先进工艺广泛应用，饲料散装运输、自动饲喂的“厂场对接”方式快速发展，码垛机器人快速推广。同时，省内多数饲料企业积极进行设备改造更新和产品升级，科技投入稳步增加，技术和经营模式创新能力明显增强；五是产品品牌响。饲料质量安全管理规范全面实施，饲料企业积极进行设备改造和产品升级，科技投入稳步增加，技术和经营管理模式创新能力明显增强，全省累计创建了部级示范企业 11 家、省级示范企业 41 家，全省共有 165 个广东省名牌饲料产品，占农业名牌产品的 13.8%。

（三）兽药生产。2017 年，全省有兽药 GMP 生产企业 102 家，排全国第六，其中，生物制品企业 8 家（全国唯一的鸡球虫疫苗和水产疫苗生产厂均在我省），原料药生产企业 5 家。据统计，全省年产兽药约30亿元。全省有兽药经营企业4477家，通过实施GSP，经营领域的转型升级取得重大突破，经营者全部为公司性质的企业，不再存在个体经营户。

二、畜牧业扶持政策

2017年中央下达我省南方现代草地畜牧业推进行动项目资金800万元，重点建设8个草地规模较大，养殖基础较好、发展优势明显、示范带动能力较强的牛羊肉生产基地。下达我省鹤山市等16个生猪调出大县直接分配到县奖励资金8572万元，省级统筹资金2396万元（统筹用于病死畜禽无害化处理）。生猪调出大县奖励政策的实施，提高了生猪标准化规模养殖水平，有效地推动了规模养殖场户对养殖粪污处理设施的投入，进一步加快推进畜牧业转型升级。2017年省级财政安排畜禽良种保护与开发利用和草食动物示范基地建设项目4000万元，扶持畜禽保种场、特色养殖场和种畜禽场、牧草种子场以及肉牛、肉羊养殖场建设，促进我省地方畜禽品种保护开发利用、畜禽种业建设及特色畜牧业、草地畜牧业发展。

三、畜牧业行业管理

（一）推进畜牧业供给侧结构性改革

一是明确改革思路。在深入调研、反复研讨的基础上，研究确定了改革方向，省政府印发了《广东省推进农业供给侧结构性改革的实施方案》（粤府〔2017〕118号），为畜牧业供给侧结构性改革打下坚实基础。

二是大力发展草地畜牧业。组织实施南方现代草地业行动，建设和提升全省肉牛、肉羊等草食动物标准化规模养殖示范基地，省财政扶持500万元建设1个种公牛站（湛江），扶持300万元建设2个牧草种子基地（湛江、阳江），突破“种”和“草”两大发展瓶颈。

三是加强种业建设。组织实施畜禽遗传改良计划、畜禽良种工程及畜禽良种保护与开发利用项目，加强地方品种资源保护和开发利用。新修订了《广东省地方畜禽遗传资源保护名录》，在原来17个地方保护品种的基础上，增加了陆丰黄牛、中山石岐鸽、华南中蜂3个品种资源，进一步加强了地方特色遗传资源保护。2017年新建1个狮头鹅国家级遗传资源保种场，1个国家级华南中蜂保护区，国家级保种场（区）达到12个，数量位居全国前列。全省育成经过国家审定的畜禽新品种（配套系）31个，占全国28%，排名全国第一。

四是大力发展畜禽标准化规模养殖，组织全省开展标准化示范创建活动，新增国家级标准化示范场27个，总数达到215家。

（二）全面推进畜禽养殖废弃物资源化利用

一是加强组织领导。省政府出台了《广东省畜禽养殖废弃物资源化利用工作方案》，建立了25项重点工作任务清单。省农业厅成立了由厅主要领导任组长、各有关处室单位为成员的资源化利用领导小组。组织各地级以上市、县分别制定工作方案和实施方案，构建了地方政府主导、部门分工协调、上下联动推进的工作机制。

二是加强部署推进。召开了全省畜禽养殖资源化利用现场会（河源），举办了两期培训班暨推进会（清远、广州），加强工作部署。

三是总结推广资源化综合利用模式。总结了广东“养殖－沼气－种植”等9种综合利用模式，大力推广“超大容量薄膜沼气”“水肥一体化”“高床发酵”“异位发酵床”等新型实用技术，指导各地因地制宜采用相应模式。

四是全力推进养殖污染治理。按照中央第四环境保护督察组反馈意见和要求，联合省环保厅制定畜禽养殖污染防治整改方案，实行整治整改工作月报制和通报制、联合省环保厅派出督导组、对禁养区清理进度排后地市进行约谈，督促各地按时按质完成禁养区清理整治。各地认真按照整改要求，制定了禁养区清理工作方案，建立了禁养区清理工作台账，逐场明确清理工作的路线图和时间表。全省禁养区内搬迁或关闭畜禽养殖场户22240家，按期全面完成了禁养区清理整治任务。

四、畜牧投入品及畜产品质量安全监管

（一）强化饲料行业管理。一是强化日常监管。以辖区监管为主体，强化检查督导，督促企业依法依规完善各项管理制度，强化企业责任，提高企业责任意识和管理水平。同时，组织开展全省专项监督检查

行动，加大监督管理力度。二是强化监督监测。全省各级着力强化监督检测，促进饲料产品质量提升。全省共抽检饲料产品 1856 个次，合格率 99.8%。省级抽检各类饲料产品 587 批，其中合格 586 批，合格率 99.8%；抽检 641 个养殖场（户）样品 1282 批次，合格率 100%。三是严肃查处违法行为。重点加大对举报案件及抽查检测中问题产品生产经营企业的查处力度，全省查处违法饲料生产企业 3 个,查处 8 宗不合格饲料产品案件及 1 宗“瘦肉精”案件。通过严格执法，对不法分子形成强大震慑，对饲料生产企业和畜禽养殖场起到了有效的警示作用。四是加强服务与指导。积极引导企业开展技术和管理创新、及时调整战略布局。开展 5 期饲料检验化验员、维修工培训班，培训 376 人。强化饲料统计与分析，严格企业年度备案促统计，做好与各地饲料管理部门和企业的对接工作，力求准确，为行业发展预测及规划提供可靠的数据支持。

（二）强化兽药行业监管。2017 年，我省以兽药管理残留监控为重点，提升畜禽产品安全水平。一是依法行政许可,严把准入门槛。全年核换发兽药生产许可证 28 个，研制新兽药临床试验核准 5 个，完成 2114 个产品批准文号申请材料的技术协助。二是组织开展“一个行动”（兽用抗菌药专项行动），实施“三个计划”（动物产品兽药残留监控计划、兽药质量监督抽检计划和动物源细菌耐药性监测计划）。三是全力推进兽药产品“二维码”追溯管理。我省生产企业上市销售兽药产品 100%赋码出厂，100%兽用生物制品经营企业已经实施追溯管理。四是开展违法使用兽用抗菌药物和兽药残留集中排查工作，开展兽药质量安全工作督查并对督查结果进行通报。

（三）生猪屠宰专项整治。制定了 2017 年广东省生猪屠宰监管“扫雷行动”“百日行动”实施方案，召开了工作会议，部署全省开展生猪屠宰监管“扫雷行动”和屠宰行业安全生产工作。组织全省开展生猪屠宰专项整治“扫雷行动”行动。2017 年，全省各地共开展“扫雷行动”媒体宣传 1061 次，发放宣传材料 15.5 万份，举办培训班 403 次，培训监管队伍及行业从业人员 7757 人，接到各类举报 761 起，查实群众举报案件 657 起，开展联合执法 3141 次，共立案查处 773 件，案件曝光 80 件，移送公安机关案件 23 件，追究刑责 3 人；清理小型屠宰场点 313 个，捣毁私屠滥宰窝点 401 个。

（四）“瘦肉精”专项整治。一是制定方案、落实责任。制订印发了《2017 年广东省“瘦肉精”等违禁添加物整治工作方案》、《2017 年广东省养殖场（户）“瘦肉精”专项监测工作实施方案》，明确整治目标和任务，突出重点区域和环节，落实监管主体责任。二是落实经费，加大投入。各级政府高度重视“瘦肉精”监管工作，加大监管经费投入，全省共投入监管经费 2800 万元，其中省财政安排 500 万元，为监管工作提供了有力保障。三是精心整治、保障安全。认真开展饲料生产经营、生猪养殖和收购贩运、屠宰环节“瘦肉精”专项整治，重点强化生猪养殖、屠宰环节“瘦肉精”监测，不定期派出检查组开展“瘦肉精”等违禁添加物飞行检查。四是强化宣传，提高认识。进一步强化《最高人民法院最高人民检查院关于办理危害食品品安全刑事案件适用法律若干问题的解释》宣贯工作，印发了《广东省严禁使用“瘦肉精”等违禁物质告知书》、《无“瘦肉精”等禁用物质承诺书》，提高饲料生产、经营及养殖者的守法意识。全省共对 58525 个企业（场、户）开展“瘦肉精”抽检，抽检样品数（含饲料生产、养殖、屠宰等环节）232 万多个，合格率 99.99%;省级现场筛查 608 个养殖场，检测 1346 个样品，合格率 100%；饲料产品“瘦肉精”保持“零检出。

(五)生鲜乳专项整治。组织对生鲜乳收购站和运输车进行了检查及监督抽样，全省共出动执法人员 1112 人次，检查生鲜乳收购站 38 个、奶牛场 187 个，检测生鲜乳样品 340 批次，监测覆盖全部生鲜乳收购站、运输车和规模奶牛场，受检生鲜乳中三聚氰胺等违禁添加物、抗生素等多项指标检测结果均 100%合格。

五、重大动物疫病防控

（一）高度重视，狠抓动物防疫措施落实。省委、省政府高度重视重大动物疫病防控工作。省委、省政府领导多次就重大动物疫病防控工作作出重要批示指示。全省认真贯彻农业部2017年全国重大动物疫病防控工作视频会议精神，通过召开视频会议、下发文件等方式，对重大动物疫病防控工作进行全面部署。一是狠抓强制免疫，确保全覆盖。我省推行散养畜禽"巡查免疫、报告免疫"和规模养殖畜禽"按程序免疫"，整村逐户推进强制免疫注射、标识佩戴、档案记录等工作，确保免疫注射全覆盖。规定每月第一周为补免周，对新补栏、监测免疫抗体未达标及达到应免要求的畜禽进行补免，确保"应免尽免，不留空当"。2017年重大动物疫病群体免疫密度分别为：高致病性禽流感免疫密度为99.4%，口蹄疫为99.3%，高致病性猪蓝耳病为99.2%，猪瘟为99.3%，新城疫为99.2%。二是加强监测预警，确保免疫效果。全省按照监测方案的要求，认真开展重点场所、重点环节的疫情监测与流行病学调查工作。2017年，全省累计监测样品73.69万份。禽流感H5抗体合格率88.0%；新城疫抗体合格率为89.3%；猪、牛、羊O型口蹄疫抗体合格率分别为86.9%、85.2%、77.4%，奶牛A型口蹄疫抗体合格率为83.8%；高致病性猪蓝耳病抗体合格率为88.5%；猪瘟抗体合格率为90.4%；小反刍兽疫抗体合格率为78.3%。总的来看，主要动物疫病的免疫抗体水平维持在较高水平，达到抵抗相应疫病的效果。三是加强应急准备。2017年11月9日，省农业厅与茂名市政府在茂名茂港区举行联合应急演练，进一步锻炼应急队伍，提高应对突发重大动物疫情的能力和水平。省、市、县三级都落实了应急储备制度，储备了应急防疫物资。省级专门设置省动物防疫物资储备中心强化动物防疫应急物资的储备管理。省农业厅在各地发生疫情预警和洪涝灾害后，第一时间下拨消毒药，并指导当地开展应急处置工作，据统计，2017年全省共下拨615.23吨消毒药强化应急处置工作。

（二）全力以赴，高效完成农业部布置的H7N9免疫试点。6月下旬，农业部确定我省为H7免疫试点之一，我省高度重视，省分管领导要求省农业厅要切实抓好免疫试点工作。郑伟仪厅长要求将H7N9免疫试点工作作为H7N9源头防控的重要措施抓好、抓实。郑惠典副厅长、局长多次专门研究和部署试点工作。省农业厅召开了全省H7N9免疫启动会，制定了《H7N9免疫效果监测和评价实施方案》，建立了试点工作进度通报机制，并明确对因组织H7N9免疫工作不力，发生高致病性禽流感疫情的，依法追究相关责任。截至2018年1月上旬，已组织2.08亿毫升疫苗下发各地开展免疫注射，免疫家禽近3.2亿只，群体免疫密度达到99.4%；累计监测免疫血清20469份，免疫合格16988份，免疫合格率83.0%；监测病原学样品14795份，结果均为阴性。H7N9免疫的实施，减少了家禽感染、排毒，降低了活禽交易市场的H7N9病毒载量，间接保护了易感人群，大幅减少了人感染病例发生一举扭转了防控被动局面。我省认真贯彻落实农业部部署，开展免疫试点的做法得到了农业部充分肯定，于康震副部长作出了批示："主动实施H7全面免疫是正确的和必要的，一举扭转了前三年的被动局面，为十九大召开创造良好社会氛围的第一目标已经实现，对两广和各地的工作应予充分肯定"。

（三）创新手段，全面加强动物卫生监督。构建了市、县、镇、村四级分工明确的巡查网络，实现了对动物饲养、屠宰、经营、诊疗以及动物产品经营、贮藏等场所的100%监管。积极推进产地检疫申报点建设，全省累计建设检疫申报点达2273个。全省检疫生猪5181.5万头，屠宰检疫4863万头。同时创新检疫监管手段。一是在2015年全省电子出证工作全面完成的基础上，总结推广"现场检疫——报检点出证"经验，从程序上遏制了随意出证、违法出证的情况。共出具动物检疫证明2723.9万份，比去年增长42.0%，平均每月出证227万份，每天出证7.46万份，其中省内证明2714.7万份，出省证明9.1万份；二是建成70个连接屠宰场－县－市动物卫生监督机构的三级屠宰检疫视频系统，初步构建了全省"看得见、查得到、控得住"的屠宰检疫监管体系；三是建成动物防疫和动物卫生监督信息化系统，完成了省级平台与农业部中央平台对接工作，实现了跨省调运畜禽检疫证明关键信息的互联互通，强化了动物及动物产品的追踪溯源能力。2017年，据中国动物疫病预防控制中心通报，我省生猪耳标佩戴信息上传率长期居全国首位。

（四）多措并举，推进动物疫病区域化管理。一是制定并下发《2017年广东省从化无疫区动物疫病控制计划实施方案》和《广东省从化无疫区输入动物检疫操作手册》，认真落实免疫监测、虫媒治理、野生动物净化、检疫监督、动物移动控制等维护管理措施，通过了农业部年检。二是积极支持香港马会马匹快速往返从化试运项目，制定香港马匹输入无疫区检疫监管程序（试行），快速规范开展马匹检疫监督，成功进行了10次香港马会马匹往返从化活动。专门召开会议推进从化无疫区信息化建设，积极探索同香港马会信息管理系统互通互联。三是探索生物安全隔离区建设。省财政安排200万元给惠州、清远、湛江、阳江四个地市开展生物安全隔离区试点建设，2017年5月19日举办了生物安全隔离区建设培训班，进一步明确了试点思路和方向。目前，四个试点项目正在建设中。四是继续推进种畜禽动物疫病净化工程。通过举办全省动物疫病净化培训班、成立了专家组、印发净化验收指南、委托第三方实验室开展检测复核等推进疫病净化工作。截至目前，全省共有34个种畜禽场通过省级动物疫病净化评估验收，6个种畜禽场通过了国家级动物疫病净化场、示范场评估。

（五）持续聚焦狂犬病防控。2017年报告人间病例较2011年降幅达90.6%。我省坚持不懈，连续多年狠抓狂犬病防控，取得显著成效：2017年我省报告狂犬病人间病例19例，较2011年202例降幅达90.6%，是近十年来人间病例最少的一年。一是保障经费，全面免疫。自2008年开始，省农业厅逐年增加狂犬病防控经费专门用于购置狂犬病疫苗和免疫注射补助，2016年、2017年连续两年近800万元。二是健全网络，强化监测。省市县构建了狂犬病监测网络，并在春秋大防疫期间组织对农村犬只集中免疫和定点采样监测。三是加强宣传，联防联控。发放“狂犬病防控”挂图10000多份、小册子8000多册；媒体宣传10次以上，专题宣传活动、培训讲座30次以上。四是加强管理，法制保障。广州、深圳等市都出台了相应的法规，强化犬只饲养管理。我省新修订的《广东省动物防疫条例》也专门规定了犬只饲养者的免疫义务。

六、动物防疫（无害化处理）体系建设

为加快构建科学完备、运转高效的病死畜禽无害化处理机制，省财政一次性投入2亿元建设10个病死畜禽无害化处理中心示范项目。省农业厅认真落实定点联系制度和倒逼机制，每季度总结上报项目进度，切实加强与省府办公厅沟通，以省政府层面加强督办、高位推进。2017年2月10号，省府办公厅组织农业、国土、林业、住建等省直部门召开座谈会，专项协调项目选址用地问题。2月23日，省政府办公厅又专门发文通报各市政府并抄送市长、各相关县（市、区）政府一把手，并列入专项督查内容。5月10–11日，省政府组织省府办公厅、农业厅、国土资源厅、林业厅组成两个联合督导组对4个进度缓慢的病死畜禽无害化处理中心示范项目开展现场专项督查。积极与省国土资源厅沟通，促其解决示范项目中的土地调规难题。9月20日，省国土资源厅分别向各地级市政府就相关县的土地利用总体规划调整完善方案作了批复（乐昌、惠城、新兴、饶平、怀集和河源灯塔盆地等六个示范项目用地包含在各县的土地利用总体规划之中），解决了示范项目建设中最大的实际困难。目前，10个示范项目选址均已确定，高州、遂溪、阳春、四会已经完成用地手续，乐昌、惠城、新兴、饶平、怀集和河源灯塔盆地等六个示范项目的土地调规手续已经省国土资源厅审批同意。茂名高州、湛江遂溪项目已完成招标并在加紧建设；韶关乐昌市、肇庆怀集县、阳江阳春市完成了项目招标工作；惠州惠城区完成了项目设计招标。新兴、四会、河源市灯塔盆地国家现代农业示范区、饶平项目也正有序开展。近期，省财政又新增2396万元病死畜禽无害化处理项目建设资金，给6个项目县开展小型专业无害化处理场建设。

其他市县因地制宜，合理规划构建符合当地实际的无害化处理体系：广州市、深圳市、珠海市、蕉岭县、惠东县已建成专业的无害化处理场，并构建了较为完善的收集处理体系，对区域内病死畜禽进行集中无害化处理；广东温氏集团也正在布局相对区域集中的无害化处理模式，构建以龙头企业为主体的无害化处理体系。这些均为全省无害化处理体系建设起到了积极的示范带动作用。

七、畜禽屠宰管理工作

2017年底，全省生猪定点屠宰厂1032家，生猪规模厂（年屠宰量2万头以上）357家，占34.6%。2017年全省生猪定点屠宰厂年屠宰生猪4406万头，其中规模厂（年屠宰量2万头以上）生猪屠宰量3380万头，占76.7%。

（一）出台屠宰管理工作意见。省政府出台了《广东省人民政府关于深化屠宰行业改革 健全完善畜宰管理体制机制的意见》（粤府函〔2017〕364号），督促落实属地管理责任，推进屠宰企业标准化建设和产加销融合发展。《意见》明确“力争用5年时间，全省培育200家标准化屠宰示范企业，20家养殖、屠宰、加工、配送一体化的屠宰龙头企业”的工作目标。

（二）着力推进屠宰企业审核清理。贯彻落实农业部和省政府关于屠宰企业资格审核清理工作要求，督促各级农牧部门在当地政府的统一领导下，深入推进生猪定点屠宰资格审核清理。对各地资格审核清理情况进行通报并抄送各地市政府，督促做好清理扫尾工作。截止2017年底，全省有13个地市基本完成了审核清理工作。

（三）加强屠宰环节“瘦肉精”监测和病死畜禽无害化处理监管。全面完成了农业部下达的“瘦肉精”监测任务；组织实施省级“瘦肉精”专项检测项目，下达了监督抽查任务1.6万份。全年省级累计抽样10401份；各地累计检测盐酸克伦特罗53万份、莱克多巴胺52万份、沙丁胺醇23万份，共128万份，屠宰环节“瘦肉精”抽检合格率达99.99%以上，对检出阳性样品的屠宰企业、生猪及产品均已依法处理。协调落实屠宰环节病害生猪及产品无害化处理补贴资金，加强对无害化处理过程监督管理，开展督促检查和调查核实，严防弄虚作假骗取国家补助资金行为，全年屠宰环节无害化处理病死猪7.15万头。

（四）加强屠宰行业监测预警预报。加强生猪屠宰统计监测，完善全省畜禽屠宰行业管理系统样本企业信息，进一步健全省、市、县及屠宰企业四级监测系统，不断完善信息员队伍和报送机制。截止目前，全省周报企业59家，月报企业330家，半年报和年报分别为381家和1068家。完善生猪预警监测，做好全省屠宰生猪及肉品价格周报、月报及信息发布工作。

（五）加强对屠宰企业的日常监管。各级农牧部门严格按照《生猪屠宰管理条例》和农业部《生猪屠宰厂（场）监督检查规范》《生猪屠宰厂（场）飞行检查办法》等法规要求，加大对屠宰企业日常监管，督促定点屠宰厂（场）落实生猪进厂（场）查验管理、车间卫生、肉品卫生管理和肉品召回等制度和生猪进厂登记、生猪产品检验出厂登记、“瘦肉精”自检、病死猪及肉品无害化处理登记等台帐，制定印发了《生猪定点屠宰厂告知书》、《生猪定点屠宰厂承诺书》，督促企业落实质量安全和安全生产主体责任，确保屠宰环节肉品安全。

（六）加强屠宰宣传培训。在《农民日报》刊登《广东：大力推进屠宰行业供给侧结构性改革》，就我省大力推进屠宰行业转型升级，促进屠宰行业持续健康发展，在审核清理、压点提质、制度建设等方面工作进行总结报道。举办2期屠宰法律法规和屠宰行业管理系统培训班，培训屠宰企业负责人和信息员共计500多人。各地采取多种形式，组织开展了屠宰监管和肉品质量安全宣传教育和从业人员培训。

（七）配合推进家禽集中屠宰、冷链配送和生鲜上市。贯彻落实省委省政府关于推进家禽集中屠宰、冷链配送和生鲜上市的工作部署和《广东省家禽经营管理办法》等“一令三规范”，推进家禽集中屠宰厂设置、督促现有家禽屠宰厂和活禽批发市场代宰点按规范标准进行升级改造等工作。全省现有登记家禽屠宰厂43家，活禽代宰区（点）24个，共有60个区（县）划定了活禽经营限制区，实行家禽生鲜上市。

10－1 种畜禽场情况

(2017年)

项 目	场个数(个)	单位	年末存栏	能繁母畜	当年出场种畜禽	当年生产胚胎(枚)	当年生产冻精(万份)
一、种畜禽场总数	**654**						
(一)种牛场	7	头	8097	2766		732	
1.种乳牛场	3	头	6092	2026		732	
2.种肉牛场	4	头	2005	740			
3.种水牛场		头					
4.种牦牛场		头					
(二)种马场	1	匹	107	8	6		
(三)种猪场	425	头	1968487	413173	1607322		
(四)种羊场	4	只	5104	3140	4334	400	
1.种绵羊场		只					
其中：种细毛羊场		只					
2.种山羊	4	只	5104	3140	4334	400	
其中：种绒山羊场		只					
(五)种禽场	197						
1.种蛋鸡场	18	套	749790				
其中：祖代蛋鸡场	3	套	196200		177446		
父母代蛋鸡场	15	套	553590				
2.种肉鸡场	111	套	11183028				
其中：祖代肉鸡场	18	套	2118268		11327000		
父母代肉鸡场	93	套	9064760				
3.种鸭场	33	只	279323				
4.种鹅场	35	只	177932				
(六)种兔场	3	只	13823				
(七)种蜂场	2	箱	250				
(八)其它	15						
二、种畜站总数	**10**						
1.种公牛站		头					
2.种公羊站		只					
3.种公猪站	10	头	1621				1214161

注：1.本表只统计已颁发许可证的种畜场、站；
2.凡已颁发许可证且未列入的第一类(一)至(七)项中的种畜场均列入其它，如种鹿场、种鹤场、种鸽场、种犬场、种狐狸场、种貂场、种鸵鸟场等。

10-2 省、市、县畜牧技术机构基本情况

(2017年)

指 标 名 称	计算单位	畜牧站	家畜繁育改良站	草原工作站	饲料监察所
一、省级机构	**个**	**1**			**1**
在编干部职工	人	19			16
其中按职称分					
高级技术	人	8			9
中级技术	人	3			6
初级技术	人	5			
其中按学历	人				
研究生	人	6			7
大学本科	人	5			8
大学专科	人	2			1
中专	人				
离退休人员	人	10			12
二、地(市)级机构	**人**	**11**	**2**		**1**
在编干部职工	人	154	100		7
其中按职称分	人				
高级技术	人	26	12		1
中级技术	人	41	3		1
初级技术	人	28	18		4
其中按学历					
研究生	人	14	1		
大学本科	人	62	18		6
大学专科	人	39	29		
中专	人	8	10		1
离退休人员	人	82	191		1
三、县市级机构	**人**	**109**	**17**	**1**	**8**
在编干部职工	人	1325	270	5	125
其中按职称分					
高级技术	人	35	2		11
中级技术	人	276	10	2	31
初级技术	人	420	69	1	48
其中按学历	人				
研究生		25			1
大学本科	人	337	6		24
大学专科	人	483	41	2	53
中专	人	263	79		22
离退休人员	人	955	163		71

10-3 乡镇畜牧兽医机构基本情况

(2017年)

项　　目	计算单位	畜牧兽医站	项　　目	计算单位	畜牧兽医站
一、畜牧兽医站站数	**个**	**1071**	**四、经营情况**		
二、畜牧兽医站职工总数	**人**	**6467**	**畜牧兽医站盈余站数**	**个**	**103**
畜牧兽医站在编人数	人	4882	畜牧兽医站盈余金额	万元	174.64
畜牧兽医站离退休人员	人	3061	畜牧兽医站亏损站数	个	202
三、技术职称状况			**畜牧兽医站亏损金额**	**万元**	**1357.61**
畜牧兽医站高级技术职称	人	23	**五、畜牧兽医站全年总收入**	**万元**	**60166.57**
畜牧兽医站中级技术职称	人	612	其中：畜牧兽医站经营服务收入	万元	5097.39
畜牧兽医站初级技术职称	人	1712	**六、畜牧兽医站全年总支出**	**万元**	**61349.54**
畜牧兽医站技术员	人	1118	其中：畜牧兽医站工资总额	万元	31628.57

10-4 全省生猪饲养规模情况

(2017年)

计量单位：个、头

项　　目	场(户)数	年出栏数
年出栏数1---49头	459691	4853370
年出栏数50---99头	29715	2033363
年出栏数100---499头	33829	6900031
年出栏数500---999头	7694	5209997
年出栏数1000---2999头	4653	7046459
年出栏数3000---4999头	833	3092944
年出栏数5000---9999头	459	3093553
年出栏数10000---49999头	305	5117319
年出栏数50000头以上	22	1459129
合　计	**537201**	**38806165**

10−5　全省肉鸡饲养规模情况

(2017年)　　计量单位：个、只

项　　目	场(户)数	年出栏数
年出栏数1−−−−−1999只	1704607	136233684
年出栏数2000−−−−−9999只	15687	78964770
年出栏数10000−−−49999只	13866	272466719
年出栏数50000−−−99999只	1229	74422738
年出栏数100000−−499999只	335	58050555
年出栏数500000−−999999只	21	14626970
年出栏数100万只以上	22	32375218
合　计	**1749633**	**939607373**

10−6　全省蛋鸡饲养规模情况

(2017年)　　计量单位：个、只、吨

项　　目	场(户)数	年存栏数	鸡蛋产量
年存栏数499只以下	409279	2762576	33134.22
年存栏数500−−1999只	368	422959	4708.65
年存栏数2000−−9999只	177	819565	9364.76
年存栏数10000−−49999只	148	3040325	36782.86
年存栏数50000−−99999只	39	2547741	31298.22
年存栏数100000−−499999只	27	5417990	62825.57
年存栏数500000只以上	1	1471589	17658
合　计	**410039**	**16482745**	**195772.28**

10-7 全省奶牛饲养规模情况

(2017年)　　　　计量单位：个、头、吨

项　　目	场(户)数	年存栏数	牛奶产量
年末存栏数1--49头	486	2800	7688.35
年末存栏数50--99头	42	2711	6696.52
年末存栏数100--199头	13	1935	5210
年末存栏数200--499头	7	2463	9204
年末存栏数500--999头	10	7619	26742.71
年末存栏数1000--1999头	6	8108	29424.04
年末存栏数2000--4999头	8	23973	81521.07
合　计	**572**	**49609**	**166486.69**

10-8 全省肉牛饲养规模情况

(2017年)　　　　计量单位：个、头

项　　目	场(户)数	年出栏数
年出栏数1---9头	195538	497590
年出栏数10---49头	2574	63808
年出栏数50---99头	366	25493
年出栏数100---499头	139	28832
年出栏数500---999头	6	4537
年出栏数1000头以上	2	2898
合　计	**198625**	**623158**

10-9 全省养羊饲养规模情况

(2017年) 计量单位：个、只

项　　目	场(户)数	年出栏数
年出栏数1---29只	14334	217569
年出栏数30---99只	2964	172867
年出栏数100---499只	858	157316
年出栏数500---999只	34	22240
年出栏数1000只以上	11	18721
合　计	**19059**	**746029**

10-10 主要年份畜牧业生产情况

单位：万头、万只

年　份	黄水牛年末存栏头数	奶牛年末存栏头数	山羊年末存栏只数	生猪年末存栏量	能繁殖母猪	三鸟饲养量
1949						
1952	303.42		3.73	477.86	34.45	
1957	331.28		11.98	721.78	50.52	
1962	270.46		14.70	543.22	38.03	
1965	298.61		17.16	161.82	83.57	
1970	314.82	1.21	11.72	1425.24	123.27	773.00
1975	309.90	1.18	13.70	1757.38	143.52	1034.38
1978	295.67	1.51	16.38	1777.39	135.80	7192.70
1980	306.02	1.52	13.38	1704.59	115.70	13337.20
1985	414.58	2.01	10.23	1884.02	154.49	31646.50
1990	473.55	2.95	14.21	2058.89	141.98	53199.88
1995	468.97	2.56	27.30	2183.95	137.25	100729.14
2000	416.92	3.72	29.33	2034.79	143.75	124800.95
2005	367.43	4.83	39.20	2143.50	162.77	127070.31
2010	169.92	5.57	50.52	2332.51	262.65	150315.03
2015	127.13	5.79	83.55	2308.54	242.52	133755.82
2016	114.17	5.95	92.82	2263.36	240.22	135397.62
2017	114.70	5.98	93.30	2132.82	229.43	141953.53

10-11 主要年份畜牧业主要产品产量

单位：万头、万吨

年 份	生猪出栏头数	猪肉产量	出售和自宰的肉用牛	牛肉产量	羊肉产量	牛奶产量
1949	196.73	8.09				
1952	282.54	11.62			0.01	
1957	429.63	19.60	22.90	1.75	0.02	
1962	324.57	11.02	7.64	0.59	0.03	
1965	677.66	24.71	8.49	0.64	0.04	
1970	919.55	40.17	6.91	0.51	0.01	1.36
1975	956.00	45.47	5.95	0.43	0.01	1.33
1978	942.70	48.09	3.17	0.34	0.02	1.66
1980	1026.10	62.62	7.41	0.55	0.03	2.18
1985	1285.20	97.59	17.36	1.46	0.09	4.09
1990	1792.85	145.35	28.21	2.88	0.16	5.51
1995	2395.21	188.75	51.85	5.68	0.44	5.49
2000	2954.98	206.85	47.64	5.17	0.43	9.19
2005	3616.74	256.28	67.08	7.21	0.71	11.64
2010	3863.23	285.14	42.41	4.97	1.24	15.00
2015	3959.62	296.31	34.58	4.14	1.83	13.61
2016	3850.61	288.24	33.12	3.96	1.93	13.61
2017	3712.00	277.96	33.27	4.08	1.96	13.88

10-12 主要年份畜禽头数及肉类产量

项　　目	单位	1990	1995	2000	2005	2010
一、黄、水牛年末存栏头数	**万头**	**473.54**	**468.97**	**416.92**	**367.43**	**169.92**
二、奶牛年末存栏头数	**万头**	**2.95**	**2.56**	**3.72**	**4.83**	**5.57**
牛奶产量	万吨	5.51	5.49	9.19	11.64	15.00
三、山羊年末存栏只数	**万只**	**14.21**	**27.3**	**29.33**	**39.2**	**50.52**
四、生猪年末存栏头数	**万头**	**2058.89**	**2183.95**	**2034.79**	**2143.5**	**2332.51**
#能繁殖母猪	万头	141.98	137.25	143.75	162.77	262.65
肉猪出栏头数	万头	1792.85	2395.21	2954.98	3616.74	3863.23
五、肉类产量	**万吨**	**202.45**	**305.06**	**324.48**	**384.31**	**454.86**
猪肉	万吨	145.35	188.75	206.85	256.28	285.14
牛肉	万吨	2.88	5.68	5.17	7.21	4.97
羊肉	万吨	0.15	0.44	0.43	0.71	1.24
禽肉	万吨	54.02	109.94	111.5	113.66	158.04
兔肉	万吨	0.05	0.24	0.53	0.64	0.65
六、三鸟饲养量	**万只**	**53199.88**	**100729.14**	**124800.94**	**127070.31**	**150315.03**
鸡	万只	36964.58	76349.95	92969.13	93681.21	112066.35
鸭	万只	12073.08	19458.22	25682.07	27111.68	30921.04
鹅	万只	4162.22	4920.97	6149.74	6277.42	7327.64
七、禽蛋产量	**万吨**	**18.76**	**31.11**	**33.08**	**33.19**	**35.50**
八、蚕茧产量	**万吨**	**2.55**	**3.32**	**3.09**	**6.52**	**9.14**

10-12 续表

项　　目	单位	2015	2016	2017	2017年比上年增长(%)
一、黄、水牛年末存栏头数	**万头**	**127.13**	**114.17**	**114.70**	**0.5**
二、奶牛年末存栏头数	**万头**	**5.79**	**5.95**	**5.98**	**0.5**
牛奶产量	万吨	13.61	13.61	13.88	2.0
三、山羊年末存栏只数	**万只**	**83.55**	**92.82**	**93.30**	**0.5**
四、生猪年末存栏头数	**万头**	**2308.54**	**2263.36**	**2132.82**	**-5.8**
#能繁殖母猪	万头	242.52	240.22	229.43	-4.5
肉猪出栏头数	万头	3959.62	3850.61	3712.00	-3.6
五、肉类产量	**万吨**	**454.71**	**448.70**	**444.08**	**-1.0**
猪肉	万吨	296.31	288.24	277.96	-3.6
牛肉	万吨	4.14	3.96	4.08	3.0
羊肉	万吨	1.83	1.93	1.96	1.5
禽肉	万吨	145.01	146.50	151.73	3.6
兔肉	万吨	0.90	0.93	0.98	5.6
六、三鸟饲养量	**万只**	**133755.82**	**135397.62**	**141953.53**	**4.8**
鸡	万只	94811.02	95783.58	97093.63	1.4
鸭	万只	30394.60	30647.47	32818.52	7.1
鹅	万只	8550.21	8966.57	12041.39	34.3
七、禽蛋产量	**万吨**	**36.40**	**36.15**	**38.50**	**6.5**
八、蚕茧产量	**万吨**	**11.00**	**11.26**	**11.65**	**3.5**

10-13 各市畜牧业生产情况

(2017年) 单位：万头、万只

市别	一、牛年末存栏头数	(1)役用牛	(2)肉用牛	(3)奶牛	二、山羊年末存栏只数	三、猪年末存栏头数
全省	120.68	34.80	79.90	5.98	93.30	2132.82
广州市	1.77	0.16	0.36	1.26	1.62	34.02
深圳市	0.27	0.06		0.21	0.03	3.71
珠海市	0.11	0.01	0.02	0.08	0.28	23.93
汕头市	0.88	0.24	0.54	0.10	0.40	37.95
佛山市	0.57	0.14	0.33	0.10	0.75	66.90
韶关市	4.50	1.35	3.09	0.05	7.45	138.84
河源市	5.43	1.63	3.75	0.04	3.87	72.03
梅州市	9.52	2.84	6.53	0.14	8.86	132.92
惠州市	6.87	1.62	3.63	1.62	2.13	78.79
汕尾市	4.46	1.28	3.07	0.11	0.98	28.64
东莞市	0.06	0.02	0.04	0.00	0.23	1.80
中山市	0.05	0.01	0.03	0.00	0.08	12.80
江门市	1.76	0.49	1.13	0.15	1.63	135.51
阳江市	10.13	2.99	6.88	0.26	3.06	155.71
湛江市	24.31	7.25	16.73	0.33	17.71	218.27
茂名市	15.68	4.75	10.90	0.04	6.30	357.56
肇庆市	17.96	5.30	12.17	0.50	8.32	243.21
清远市	7.96	2.19	5.02	0.76	22.39	202.15
潮州市	1.14	0.34	0.78	0.01	0.72	35.59
揭阳市	4.99	1.46	3.34	0.19	2.01	75.19
云浮市	2.26	0.68	1.56	0.02	4.48	77.29

10-13 续表

(2017年) 单位：万头、万只

市别	能繁殖母畜	四、家禽年末存栏只数	鸡	鸭	鹅	五、兔年末存栏只数
全省	229.43	37692.13	27476.82	6671.57	2149.03	150.35
广州市	3.66	1454.99	1058.01	257.86	87.48	1.32
深圳市	0.54	40.58	12.90	12.10	1.31	
珠海市	2.57	298.79	217.27	52.95	17.96	0.05
汕头市	4.08	707.51	514.47	125.39	42.54	
佛山市	7.20	1680.47	1221.96	297.82	101.03	0.16
韶关市	14.93	1233.30	896.80	218.57	74.15	3.32
河源市	7.75	1604.49	1166.71	284.36	96.46	8.43
梅州市	14.30	2483.66	1909.63	440.17	43.62	51.70
惠州市	8.48	2075.87	1509.47	367.90	124.80	0.65
汕尾市	2.94	562.59	416.92	92.86	34.29	0.33
东莞市	0.17	86.01	42.37	8.72	5.17	
中山市	1.38	198.31	144.21	35.15	1.20	0.06
江门市	14.58	3010.82	2189.33	533.60	181.01	1.73
阳江市	16.75	1008.59	733.40	178.75	60.64	0.47
湛江市	23.48	2927.35	2128.63	518.80	176.00	2.09
茂名市	38.46	6047.80	4397.69	1071.83	363.60	31.62
肇庆市	26.16	2507.68	1823.47	444.43	150.77	14.25
清远市	21.76	3383.33	2454.34	599.61	203.41	3.78
潮州市	3.83	531.97	386.82	94.28	31.98	0.56
揭阳市	8.09	866.88	630.35	153.63	52.12	0.79
云浮市	8.31	4981.16	3622.07	882.79	299.47	29.04

10-14 各县（市、区）畜牧业生产情况

(2017年)　　单位：头、只

县(市)区别	牛年末存栏头数	山羊年末存栏只数	猪年末存栏头数	猪年末能繁殖母畜	家禽年末存栏只数	兔年末存栏只数
广州市	**17746**	**16177**	**340223**	**36598**	**14549950**	**13182**
天河区						
白云区	1434	922	26564	3108	2503114	352
黄埔区	965	553	60375	6503	795804	
花都区	170	1726	72564	8058	2024676	14197
从化区	4748	2556	123090	14976	1834519	22582
增城区	8026	9964	7829	171	5706677	1505
番禺区	991	41	1452		1094708	1054
南沙区	1411	415	48348	3782	590451	
深圳市	**2688**	**349**	**37094**	**5418**	**405764**	
宝安区		110				
龙岗区		239			71757	
光明区	2120				56569	
坪山区					2636	
深汕合作区	568		37094	5418	274801	
珠海市	**1118**	**2820**	**239289**	**25740**	**2987935**	**500**
香洲区	85	69	860	17	625603	
金湾区	79	745	35704	3052	227359	500
斗门区	954	2006	202725	22671	2134973	
汕头市	**8761**	**3953**	**379544**	**40828**	**7075091**	
金平区	78	109	19442	2018	218647	
龙湖区	152	75	51090	5259	988755	
澄海区	900	479	91161	10288	3126168	
濠江区	1488	25	12359	1279	188832	
潮阳区	1415	1329	94733	9996	1861653	
潮南区	3712	1264	98060	10579	584073	
南澳县	1015	672	12698	1409	106964	
佛山市	**5726**	**7537**	**668990**	**71963**	**16804675**	**1636**
禅城区						
南海区	63		54404	1830	1246823	
顺德区	58	544	47077	3487	1444985	
高明区	847	1290	266365	28526	5636218	120
三水区	4757	5703	301145	38121	8476649	1516
韶关市	**44956**	**74470**	**1388363**	**149347**	**12332983**	**33192**
浈江区	2540	10629	98485	6725	676548	
武江区	1567	3082	77256	8472	442495	
曲江区	3038	7269	218610	21741	2143138	2106
南雄市	9557	8814	290652	36519	1813463	
始兴县	3880	2804	81685	9380	821087	
翁源县	5535	9658	152655	10891	1998127	9085
仁化县	3671	10105	123414	14282	1736024	351
新丰县	6181	8423	74652	8671	1400966	18948
乳源瑶族自治县	3588	7685	84561	10458	410702	
乐昌市	5399	6002	186392	22209	890433	2702

10-14 续表 1

(2017年) 单位：头、只

县(市)区别	牛年末存栏头数	山羊年末存栏只数	猪年末存栏头数	能繁殖母畜	家禽年末存栏只数	兔年末存栏只数
河源市	**54309**	**38707**	**720333**	**77486**	**16044914**	**84326**
源城区	319		17020	3085	1514720	
东源县	9578	10637	84831	10403	2519318	6075
和平县	9866	10384	106860	11317	3240121	5506
龙川县	12172	13861	242856	32176	3945012	58641
紫金县	15886		125128	11015	2792362	7016
连平县	6489	3826	143639	9490	2033381	7088
梅州市	**95198**	**88558**	**1329156**	**142978**	**24836599**	**517006**
梅江区	1246	1952	53580	7125	732045	3795
梅县区	7781	18227	175639	11956	3211158	162720
蕉岭县	5020	10888	97403	14042	903349	22531
大埔县	12390	7452	107655	5641	1551273	40112
丰顺县	17465	9725	151892	16411	5808654	24174
五华县	42138	19015	377522	43005	4982275	186901
兴宁市	4626	12721	278322	33141	6529181	21757
平远县	4532	8580	87142	11657	1118666	55016
惠州市	**68690**	**21276**	**787927**	**84757**	**20758651**	**6528**
惠城区	8264	2317	168929	17143	6013565	
惠东县	25871	8193	238587	24569	3377744	
惠阳区	3423	4780	16272	2296	1945886	
博罗县	26764	4581	308262	36477	8134039	
龙门县	4368	1405	55878	4272	1287417	6528
汕尾市	**44640**	**9757**	**286394**	**29380**	**5625871**	**3310**
汕尾城区	914	332	27546	1259	155848	
红海湾区	462		1407	418	11741	
海丰县	7909	327	52339	8609	1110830	
陆河县	11166	1511	55829	8666	381978	1484
陆丰市	24190	7588	149274	10429	3965474	1826
东莞市	**563**	**2340**	**17981**	**1745**	**860052**	
中山市	**461**	**843**	**128035**	**13773**	**1983142**	**590**
江门市	**17623**	**16295**	**1355111**	**145770**	**30108189**	**17294**
蓬江区	141		31782	3419	371762	525
江海区	131		23345	2511	44455	
新会区	179	390	221976	23878	5996020	
台山市	6311	5051	208964	22478	4146152	9099
开平市	4155	8005	325897	35057	13247987	7670
恩平市	4436	1798	178654	19218	1648097	
鹤山市	2269	1052	364493	39209	4653717	
阳江市	**101314**	**30624**	**1557064**	**167494**	**10085899**	**4664**
江城区	8144	1000	87071	12433	866900	
阳东区	24107	24219	364717	33479	2648275	
阳西县	23079	977	191340	20196	1996136	922
阳春市	42703	3826	910149	101194	4463304	3742
海陵区	3281	604	3787	191	111284	
湛江市	**243093**	**177143**	**2182697**	**234793**	**29273453**	**20883**
赤坎区	62				75838	
霞山区	505				89187	
坡头区	9745	3364	71007	7480	1261139	
麻章区	4352	7453	67542	10060	797048	110

10-14 续表 2

(2017年)　　单位：头、只

县(市)区别	牛年末	山羊年末	猪年末		家禽年末	兔年末
	存栏头数	存栏只数	存栏头数	能繁殖母畜	存栏只数	存栏只数
东海区	2766	4204	27756	2427	803381	
吴川市	15848	6085	153853	23502	6209845	5085
徐闻县	20419	33265	105959	12405	1722468	1276
雷州市	52808	53233	225280	22619	4220754	2623
遂溪县	50654	35776	514300	52800	8206875	4514
廉江市	85933	33763	1017000	103500	5886919	7275
茂名市	**156830**	**63018**	**3575628**	**384631**	**60478042**	**316228**
茂南区	7716	4687	411661	65533	6128196	1642
电白区	30986	18865	870759	88318	8145449	35416
信宜市	32205	5713	567792	34280	27682936	192078
高州市	44051	1643	865718	71215	11388028	60348
化州市	41871	32110	859697	125285	7133434	26744
肇庆市	**179608**	**83183**	**2432134**	**261625**	**25076771**	**142500**
端州区			1096		2161	
鼎湖区	6797	5180	311860	29207	1295192	
高要区	9054	4306	447267	40585	5850742	20412
广宁县	14566	15255	150657	26780	2186590	11267
四会市	12720	9736	727795	77619	4152853	2360
德庆县	11879		93405	6838	3019188	
封开县	35976	29436	158037	21470	3097306	29150
怀集县	88616	19270	542017	59126	5472740	79311
清远市	**79648**	**223884**	**2021507**	**217644**	**33833256**	**37770**
清城区	5067	13401	179934	17695	13120516	28750
英德市	23100	20946	425749	53959	4175615	2674
佛冈县	2272	14265	136100	28427	1727973	
连山自治县	1617	18070	40955	4330	457237	632
连南自治县	4822	8343	34920	3832	601001	1810
连州市	9848	54715	397500	39547	2126853	2228
阳山县	25662	74879	429092	33832	4458482	1676
清新区	7259	19264	377257	36022	7165579	
潮州市	**11385**	**7151**	**355934**	**38288**	**5319685**	**5633**
湘桥区	1064	410	28205	3585	538545	
饶平县	6911	5340	238451	29275	3454813	5633
潮安区	3410	1401	89278	5429	1326327	
揭阳市	**49879**	**20071**	**751931**	**80885**	**8668779**	**7920**
榕城区	1563	2307	40336	3679	916341	
揭东区	2585	3175	102095	19441	1599002	2295
惠来县	18759	8516	216742	10127	2872447	
普宁市	17139	2860	181484	19551	1343141	40
揭西县	9834	3214	211274	28087	1937848	5585
云浮市	**22570**	**44849**	**772892**	**83140**	**49811579**	**290374**
云城区	629	607	109670	12174	1600749	33192
新兴县	1694	17255	381752	46709	35238352	40258
郁南县	1380	3567	74419	5453	4318519	465
罗定市	15333	20568	141897	12599	7853553	210679
云安区	3533	2852	65155	6206	800405	5780

10−15 各市畜牧业主要产品产量

(2017年)　　单位：万头、万只、吨

市别	当年出栏肉猪头数	当年出售和自宰的肉用牛	当年出售和自宰的肉用羊	当年出售和自宰的肉用狗	当年出售和自宰的家禽
全省	3712.00	33.27	110.41	281.55	108703.32
广州市	76.35	0.62	1.73	4.19	6038.10
深圳市	7.01	0.08		0.51	127.90
珠海市	31.42	0.01	0.26		619.39
汕头市	78.33	0.42	0.60		2129.66
佛山市	129.51	0.11	0.87	1.08	5905.73
韶关市	222.85	0.76	7.24	8.38	3279.78
河源市	96.40	1.49	3.59	16.84	3918.59
梅州市	226.64	2.78	11.80	43.63	7401.83
惠州市	140.07	1.45	2.74	7.68	5565.91
汕尾市	58.26	2.40	1.62	7.66	1924.56
东莞市	3.40	0.12	0.33		351.44
中山市	24.59	0.02	0.10	0.20	682.19
江门市	239.34	0.43	1.89	7.23	8188.29
阳江市	235.61	3.62	3.25	8.70	2878.02
湛江市	394.38	6.73	18.53	22.45	8499.96
茂名市	679.19	2.11	9.40	46.42	16872.12
肇庆市	449.60	3.68	16.17	43.48	8875.68
清远市	311.24	2.26	20.23	17.20	8389.97
潮州市	54.67	0.51	0.82	0.11	1255.91
揭阳市	122.71	2.94	2.20	17.11	3308.77
云浮市	130.41	0.73	7.01	28.70	12489.54

10−15 续表 1

(2017年)　　单位：万头、万只、吨

市别	1. 鸡	2. 鸭	3. 鹅	4. 鸽	5. 其他家禽	当年出售和自宰的兔
全省	69616.81	26146.94	6020.69	5733.65	1185.22	327.12
广州市	3651.02	1089.92	262.36	1033.32	1.48	5.75
深圳市	43.81	11.56	9.69	62.84		
珠海市	301.23	140.89	25.11	135.24	16.92	0.05
汕头市	1386.25	374.27	326.95	1.23	40.97	
佛山市	3492.35	1768.19	601.60	35.80	7.79	0.42
韶关市	2073.50	1081.79	40.85	75.80	7.85	4.74
河源市	2549.63	1261.18	97.10	5.66	5.01	10.66
梅州市	5018.44	1749.07	171.62	211.80	250.90	87.54
惠州市	3849.98	1184.29	361.70	161.24	8.70	0.32
汕尾市	1216.98	505.87	139.00	51.77	10.94	1.99
东莞市	240.24	56.17	16.90	38.13		
中山市	377.86	197.24	16.08	87.87	3.14	0.33
江门市	5813.25	1111.83	689.68	453.02	120.50	8.75
阳江市	2065.00	332.04	452.52	20.23	8.22	1.76
湛江市	5542.57	2655.66	146.84	109.52	45.37	4.11
茂名市	9557.56	4785.92	230.65	2221.08	76.90	56.89
肇庆市	5500.15	2305.29	728.20	259.46	82.57	69.30
清远市	5944.03	986.58	1170.15	283.51	5.70	3.06
潮州市	549.16	424.05	266.97	15.73		0.82
揭阳市	2094.16	958.71	110.89	92.80	52.20	5.22
云浮市	8349.63	3166.42	155.83	377.60	440.07	65.41

10-15 续表 2

(2017年) 单位：万头、万只、吨

市 别	肉类产量合 计	猪肉产量	牛肉产量	羊肉产量	家禽肉产量	兔肉产量
全 省	4440814	2779636	40798	19639	1517334	9810
广州市	138147	57256	837	303	79030	123
深圳市	8019	6077	105		1794	
珠海市	35431	25402	10	51	9965	2
汕头市	97798	57473	537	132	39656	
佛山市	198878	98179	136	163	100254	4
韶关市	214516	164322	914	1261	46389	119
河源市	132387	73156	1756	640	53695	290
梅州市	282518	169303	3487	2157	95459	2420
惠州市	184731	106267	1534	495	74938	5
汕尾市	73629	43020	2783	266	25590	100
东莞市	6624	2465	120	70	3969	
中山市	25231	16945	27	19	8197	12
江门市	280722	176055	484	313	97617	176
阳江市	229175	176483	3887	556	46545	45
湛江市	434892	294991	8650	3204	123289	125
茂名市	749314	518171	2408	1641	216531	1425
肇庆市	485250	338987	4806	2788	123976	2436
清远市	362263	224072	2728	3557	128907	78
潮州市	69819	41321	662	182	25628	25
揭阳市	156365	92169	4125	493	49325	226
云浮市	275108	97521	801	1348	166578	2200

10-15 续表 3

(2017年) 单位：万头、万只、吨

市 别	其他肉产量	奶类产量	蜂蜜产量	蜂蜡产量	禽蛋产量	蚕茧产量
全 省	73598	138834	22551	5708	385040	116529
广州市	597	37854	1121	154	13465	
深圳市	42	8364	52	62	1349	
珠海市		2652			10485	
汕头市		4134	476		6097	
佛山市	141	218			6193	
韶关市	1512	1397	1647	685	18926	8655
河源市	2850		2972	382	11278	22
梅州市	9692	2058	4393	534	41359	22
惠州市	1492	31434	1411	561	15719	
汕尾市	1871		578	28	9687	
东莞市			124	2	767	
中山市	31	9	94	3	6058	
江门市	6077	4151	109	2	36916	
阳江市	1658	8909	254	46	12169	24807
湛江市	4633	6547	697	236	34695	17802
茂名市	9138	550	595	118	60200	26063
肇庆市	12257	14332	3470	1460	30584	770
清远市	2921	12600	359	20	23321	19828
潮州市	2000	59	629	17	2349	
揭阳市	10027	3567	1795	687	28050	
云浮市	6660		1775	712	15361	18560

10-16 各县（市、区）畜牧业主要产品产量

(2017年)

单位：头、只、吨

县(市)区别	当年出栏肉猪头数	当年出售和自宰的肉用牛	当年出售和自宰的肉用羊	当年出售和自宰的肉用狗	当年出售和自宰的家禽	当年出售和自宰的兔	猪肉产量
广州市	**763548**	**6208**	**17345**	**41919**	**60381027**	**57458**	**57256**
天河区							
白云区	74387	164	678		16823158	76	5578
黄埔区	150251	81	1167		2892535		11267
花都区	185132	25	3770		8544318	8111	13883
从化区	199898	993	3166		5395257	46793	14990
增城区	18887	4299	8128		17475201	1959	1416
番禺区	3443	166	40		4683421	519	258
南沙区	131550	480	397		4567137		9865
深圳市	**70139**	**805**		**5094**	**1278981**		**6077**
宝安区							
龙岗区					262681		
光明区					402418		
坪山区	24588				6660		2129
合作区	45551	805			607222		3948
珠海市	**314221**	**79**	**2635**		**6193854**	**470**	**25402**
香洲区	1093	26	65		1405653		88
金湾区	56107	10	703		576466	470	4536
斗门区	257021	43	1867		4211736		20778
汕头市	**783345**	**4174**	**6030**		**21296552**		**57473**
金平区	40087	28	205		1018854		2926
龙湖区	105340	64	114		2508658		7690
澄海区	188220	431	726		11547151		13836
濠江区	25483	712	38		508412		1860
潮阳区	195587	677	2014		3711594		14374
潮南区	202446	1776	1915		1796431		14875
南澳县	26182	486	1019		205451		1911
佛山市	**1295065**	**1134**	**8654**	**10798**	**59057288**	**4234**	**98179**
禅城区							
南海区	89199	49			4784405		7382
顺德区	189789		103		3187606		12171
高明区	394005	236	592		16135637	460	31152
三水区	622072	850	7960		34949641	3773	47475
韶关市	**2228541**	**7628**	**72426**	**83797**	**32797844**	**47373**	**164322**
浈江区	121948	178	9631		1778842		8990
武江区	119084	471	2362		1234859		8813
曲江区	334670	452	8481		3269293	6966	24739
南雄市	505288	1950	6898		8798931		37308
始兴县	178735	1078	2581		3646884		12887
翁源县	153947	1177	7657		3989574	12620	11462
仁化县	232959	935	18569		4420416	1497	17183
新丰县	111647	532	3965		2227156	19519	8273
乳源自治县	100286	443	4093		502453		7394
乐昌市	369977	413	8189		2929436	6770	27273

10-16 续表 1

(2017年) 单位：头、只、吨

县(市)区别	当年出栏肉猪头数	当年出售和自宰的肉用牛	当年出售和自宰的肉用羊	当年出售和自宰的肉用狗	当年出售和自宰的家禽	当年出售和自宰的兔	猪肉产量
河源市	**963980**	**14853**	**35920**	**168394**	**39185887**	**106607**	**73156**
源城区	54888	168			3421458		4125
东源县	171362	3526	9804		7691649	18626	13523
和平县	171789	2254	8470		9042610	12278	13432
龙川县	246685	3123	9621		5522777	52206	19666
紫金县	183751	3754			10016472	8412	13570
连平县	135506	2028	8024		3490921	15086	8839
梅州市	**2266447**	**27845**	**118048**	**436276**	**74018320**	**875374**	**169303**
梅江区	156125	844	1427		3185060	3902	12830
梅县区	336522	2514	26246		9665307	282015	25461
蕉岭县	210611	3782	24215		3629917	52689	15983
大埔县	195169	1526	5920		6178475	57738	13705
丰顺县	234552	4126	6526		22770441	94029	16542
五华县	493409	9566	21356		9700459	294232	37044
兴宁市	511073	2978	18333		16603455	37110	37626
平远县	128987	2508	14025		2285206	53659	10111
惠州市	**1400731**	**14463**	**27392**	**76818**	**55659131**	**3190**	**106267**
惠城区	314924	2150	1613		8791117		23892
惠东县	338187	3061	6329		8964164		25656
惠阳区	53869	1343	6448		6495876		4087
博罗县	624617	6500	12391		27388686		47386
龙门县	69134	1409	612		4019289	3190	5245
汕尾市	**582595**	**23989**	**16235**	**76599**	**19245607**	**19919**	**43020**
汕尾城区	56378	407	250		1637599		4072
红海湾区	3680	332			122018		271
海丰县	103917	5185	1578		4878124		7688
陆河县	110856	5599	1821		1939207	18652	8479
陆丰市	307764	12466	12587		10668658	1267	22510
东莞市	**33995**	**1182**	**3265**		**3514413**		**2465**
中山市	**245898**	**230**	**967**	**1962**	**6821908**	**3254**	**16945**
江门市	**2393434**	**4349**	**18930**	**72330**	**81882888**	**87532**	**176055**
蓬江区	56134	44			2046095	1488	4129
江海区	41233	43			248947		3033
新会区	392060		442		21643719	2108	28839
台山市	369078	1765	4160		11527913	8875	27148
开平市	575608	884	12345		31222979	75061	42340
恩平市	315544	557	1347		6992342		23211
鹤山市	643778	1056	636		8200892		47355
阳江市	**2356112**	**36214**	**32548**	**86967**	**28780174**	**17596**	**176483**
江城区	218820	2844	603		2220050		16391
阳东区	542310	4341	15056		6593680		40621
阳西县	424590	15824	1881		7203567	1725	31804
阳春市	1152986	12347	13671		12216875	15871	86364
海陵区	17406	857	1337		546003		1304
湛江市	**3943783**	**67276**	**185346**	**224457**	**84999611**	**41109**	**294991**
赤坎区		27	38		84690		
霞山区		13	738		425040		
坡头区	303330	2265	5102		3165371		22643
麻章区	174871	1006	7035		3253518	353	12905

10-16 续表 2

(2017年)　　单位：头、只、吨

县(市)区别	当年出栏肉猪头数	当年出售和自宰的肉用牛	当年出售和自宰的肉用羊	当年出售和自宰的肉用狗	当年出售和自宰的家禽	当年出售和自宰的兔	猪肉产量
东海区	67712	926	4215		1862909		5237
吴川市	391998	3721	5254		15219211	5290	29879
徐闻县	224126	4119	38705		4591078	723	16446
雷州市	437248	13609	67988		11692237	5967	33381
遂溪县	922600	10906	28010		25379359	8858	69200
廉江市	1421900	30684	28262		19326198	19919	105300
茂名市	**6791880**	**21052**	**94011**	**464191**	**168721158**	**568895**	**518171**
茂南区	676577	1070	2741		26425221	4712	53206
电白区	1613237	4056	12541		25181926	49948	123190
信宜市	1145663	5445	60442		57768994	310487	87508
高州市	1666200	4968	12001		39341083	168745	127339
化州市	1690204	5513	6287		20003934	35003	126926
肇庆市	**4496035**	**36826**	**161679**	**434767**	**88756751**	**693039**	**338987**
端州区	2531				6911		162
鼎湖区	591165	1070	2800		5548278		45120
高要区	849067	2834	9700		20072943	67095	66287
广宁县	268050	2607	17940		8430981	96907	17567
四会市	1316130	3676	6661		18196084	12351	110150
德庆县	167430	2499			8154039		10576
封开县	260948	10530	22517		9930916	58676	17022
怀集县	1040714	13610	102061		18416599	458010	72103
清远市	**3112365**	**22649**	**202298**	**171987**	**83899680**	**30607**	**224072**
清城区	267993	1812	8839		33514796	18158	19823
英德市	509468	8333	16986		9900234	2801	38610
佛冈县	143428	459	9367		2877028		10345
连山自治县	102678	660	14780		1603522	751	7893
连南自治县	61319	891	3563		1678510	945	4646
连州市	705378	2383	45894		4779673	3749	48400
阳山县	765500	3967	52359		9620037	4203	52654
清新区	556600	4144	50509		19925882		41700
潮州市	**546692**	**5082**	**8223**	**1128**	**12559070**	**8153**	**41321**
湘桥区	33425	463			1158714		2598
饶平县	370869	3459	6704		7909193	8153	27715
潮安区	142398	1160	1518		3491163		11008
揭阳市	**1227131**	**29419**	**22015**	**171088**	**33087655**	**52230**	**92169**
榕城区	92064	509			3122433	9168	7601
揭东区	236661	1181	683		6248525	6488	13553
惠来县	232439	11070	10154		8901095		17164
普宁市	307897	5665	1216		4813654	408	26439
揭西县	358069	10995	9962		10001948	36167	27413
云浮市	**1304082**	**7284**	**70149**	**286978**	**124895395**	**654112**	**97521**
云城区	187616	957	99		9042375	145474	14085
新兴县	680204	1616	31455		86112716	75241	54017
郁南县	84748	348	9691		13801134	13049	6658
罗定市	251146	3375	22119		13998877	409219	15459
云安区	100367	989	6785		1940293	11128	7301

10-16 续表 3

(2017年) 单位：头、只、吨

县(市)区别	牛肉产量	羊肉产量	家禽肉产量	牛奶产量	蜂蜜产量	禽蛋产量
广州市	**837**	**303**	**79030**	**37854**	**1121**	**13465**
天河区						
白云区	22	12	20327	3952	105	600
黄埔区	11	20	2529	2774		693
花都区	4	66	14218	399		842
从化区	134	55	6490	15606	503	5227
增城区	579	143	14657	6940	499	4003
番禺区	22	1	11735	2157	14	1974
南沙区	64	7	9074	6026		125
深圳市	**105**		**1794**	**8364**	**52**	**1349**
宝安区						
龙岗区			128	70139		
光明区			147	8364		
坪山区			14			
深汕合作区	105		1505		52	1359
珠海市	**10**	**51**	**9965**	**2652**		**10485**
香洲区	3	1	2080			1265
金湾区	1	14	849			61
斗门区	6	36	7036	2652		9159
汕头市	**537**	**132**	**39656**	**4134**	**476**	**6097**
金平区	3	4	1826			195
龙湖区	8	3	5154	109		791
澄海区	56	16	23120	129		2747
濠江区	92	1	712	2101		144
潮阳区	87	44	5837	133		1690
潮南区	228	42	2718	1628	400	443
南澳县	63	22	288	33	76	88
佛山市	**136**	**163**	**100254**	**218**		**6193**
禅城区						
南海区	6		8627	42		212
顺德区		2	4240	44		193
高明区	27	13	22236			875
三水区	103	149	65151	131		4913
韶关市	**914**	**1261**	**46389**	**1397**	**1647**	**18926**
浈江区	21	167	1623	133	305	362
武江区	56	40	2452	1260		1682
曲江区	54	152	4540		50	1796
南雄市	233	120	4036		25	4650
始兴县	128	45	12971		335	1936
翁源县	145	122	5526		93	1783
仁化县	111	321	5109		49	1787
新丰县	63	80	3041	5	683	1389
乳源自治县	53	72	6377		74	780
乐昌市	49	142	714		33	2760

10-16 续表 4

(2017年) 单位：头、只、吨

县(市)区别	牛肉产量	羊肉产量	家禽肉产量	牛奶产量	蜂蜜产量	禽蛋产量
河源市	**1756**	**640**	**53695**		**2972**	**11278**
源城区	23		4458			102
东源县	406	128	11292		1484	4521
和平县	255	149	11398		53	1197
龙川县	378	213	7808		105	2229
紫金县	447		14017		1287	2594
连平县	247	149	4723		43	634
梅州市	**3487**	**2157**	**95459**	**2058**	**4393**	**41359**
梅江区	104	43	5942	101	106	593
梅县区	313	516	14494	326	1306	3948
蕉岭县	453	394	5054	168	1475	614
大埔县	189	122	8870	220	513	2109
丰顺县	514	108	30050	283	461	3445
五华县	1232	378	11452	271	86	15428
兴宁市	368	329	16675	582	151	13653
平远县	315	267	2922	108	295	1568
惠州市	**1534**	**495**	**74938**	**31434**	**1411**	**15719**
惠城区	228	34	11876	439	399	7752
惠东县	325	91	12449		241	2682
惠阳区	142	125	8677		16	483
博罗县	690	233	36309	28431	666	4153
龙门县	149	11	5628	2564	89	648
汕尾市	**2783**	**266**	**25590**		**578**	**9687**
汕尾城区	49	4	2064		10	1231
红海湾区	39		163			125
海丰县	572	31	6448		209	4579
陆河县	684	36	2954		179	548
陆丰市	1439	195	13961		181	3204
东莞市	**120**	**70**	**3969**		**124**	**767**
中山市	**27**	**19**	**8197**	**9**	**94**	**6058**
江门市	**484**	**313**	**97617**	**4151**	**109**	**36916**
蓬江区	5		2439		18	38
江海区	5		297			473
新会区		10	25932	653	10	1177
台山市	195	66	13743	128	35	7761
开平市	98	207	37066	3037	38	11105
恩平市	64	19	8379			15380
鹤山市	116	12	9761	334	8	982
阳江市	**3887**	**556**	**46545**	**8909**	**254**	**12169**
江城区	269	14	2959			1732
阳东区	463	239	10936	8909	30	2306
阳西县	1486	31	11666		24	3658
阳春市	1574	246	20200		200	4439
海陵区	95	26	784			34
湛江市	**8650**	**3204**	**123289**	**6547**	**697**	**34695**
赤坎区	4	1	126			83
霞山区	2	13	633			119
坡头区	330	88	4567			4099
麻章区	144	122	4933	733		1066

10-16　续表 5

(2017年)　　单位：头、只、吨

县(市)区别	牛肉产量	羊肉产量	家禽肉产量	牛奶产量	蜂蜜产量	禽蛋产量
东海区	105	73	2773			190
吴川市	485	90	22532		6	6379
徐闻县	488	669	6835		2	527
雷州市	2071	1175	16567		5	7538
遂溪县	1340	484	36802	5814	132	7062
廉江市	3680	488	27522		552	7632
茂名市	**2408**	**1641**	**216531**	**550**	**595**	**60200**
茂南区	123	59	34308		55	4759
电白区	463	221	32139		117	21464
信宜市	623	1029	77051	510	72	8043
高州市	568	229	46309	12	201	20786
化州市	631	103	26724	27	150	5149
肇庆市	**4806**	**2788**	**123976**	**14332**	**3470**	**30584**
端州区			9			
鼎湖区	128	47	7411	14332	129	645
高要区	365	174	28082		1289	10930
广宁县	334	236	11826		1485	1063
四会市	477	135	25529		24	9489
德庆县	325		11416		118	2035
封开县	1390	397	13887		265	1712
怀集县	1787	1799	25816		160	4710
清远市	**2728**	**3557**	**128907**	**12600**	**359**	**23321**
清城区	218	155	53751	3137	3	7331
英德市	1004	313	11893	5556	124	1350
佛冈县	56	147	4200		24	10204
连山自治县	79	309	2563		29	138
连南自治县	107	77	3641	5	45	358
连州市	287	758	6123	3903	3	1023
阳山县	478	878	13329		106	1537
清新区	500	920	33407		25	1379
潮州市	**662**	**182**	**25628**	**59**	**629**	**2349**
湘桥区	58		3058			48
饶平县	449	155	15395	59	433	1709
潮安区	156	27	7175		196	592
揭阳市	**4125**	**493**	**49325**	**3567**	**1795**	**28050**
榕城区	92		4069	781	100	1769
揭东区	176	14	8201	950	204	2868
惠来县	1608	265	13452		473	9806
普宁市	790	30	7413	1271	31	3429
揭西县	1459	183	16189	565	987	10178
云浮市	**801**	**1348**	**166578**		**1775**	**15361**
云城区	113	2	14177		9	1471
新兴县	182	676	112743		21	932
郁南县	45	164	17845		750	4344
罗定市	364	410	18552		965	7987
云安区	97	96	3260		30	628

10−17 全省饲料加工企业主要年份饲料生产情况

项　　目	单位	2005	2010	2013	2014	2015	2016	2017	2017比2016增减(%)
生产能力	吨/小时	3698	14126.35	15828	15828	15828	15860.87	15860.87	——
全年实际产量	吨	12420678	18807084	22505545	23988428	25730232	28248133	29511163	4.47
配合饲料	吨	11967447	17997638	21579625	22873804	24644169	27094318	28317267	4.51
配合饲料家禽料	吨	6772565	8422722	7864209	8310798	9719511	11129650	10031563	-9.87
蛋禽料	吨	983978	1502723	1220324	1290907	1683368	2011529	1770699	-11.97
肉禽料	吨	5788588	7009366	6643885	7019891	8036144	9118121	8260863	-9.4
配合饲料猪料	吨	2855709	6339038	9706576	1027947	10425051	11222083	13047301	16.26
配合饲料水产料	吨	2264139	3145836	3844199	4174404	4346688	4455353	5025540	12.8
配合饲料其他	吨	71805	81315	144563	109124	152919	287232	212863	-25.89
浓缩饲料	吨	186615	289878	355049	449642	438174	471739	462323	-2
浓缩饲料猪料	吨	128704	232234	324565	416983	406222	432525	434016	0.34
添加剂预混料	吨	266616	519567	570870	664981	647889	682076	731573	7.26
预混料猪料	吨	187067	391820	402138	453232	441675	458229	489564	6.84
预混料禽料	吨	42122	48237	66405	71277	72823	81037	73331	-9.51
全年营业收入	亿元	291	582	723	833	862	899	1002	11.46
工业总产值	亿元	300	593	703	863	962	935	1018	8.88

10−18 各市主要年份饲料生产总量

单位：吨

市　别	1990	1995	2000	2005	2010	2014	2015	2016	2017
合　计	**2853406**	**6223168**	**8507764**	**12420679**	**18807084**	**23988428**	**25730232**	**28248133**	**29511163**
广　州	436899	829278	1392240	2276190	2940760	3027862	3234175	3254435	3140106
深　圳	557379	1103488	1023976	718856	688406	332817	323968	280266	393340
珠　海	132235	227831	183353	507512	626343	766766	909826	1002431	1095494
汕　头	155620	351445	357863	341779	428775	445201	466057	477296	530525
佛　山	720649	1509331	2485870	3978825	4653046	4133314	4264050	4662189	4411336
韶　关	20815	69369	24535	163492	385013	575670	586719	567952	650829
河　源	1137		5589	94934	147001	262820	330799	331816	347914
梅　州	9462	31600	14867	63120	139830	283921	334648	324351	374351
惠　州	105833	98580	116222	126459	399958	1000785	1276757	1557852	1570987
汕　尾	4246			910	1215	7060	8574	6727	24769
东　莞	50720	199210	303211	379736	594626	935931	1026796	1185701	1157797
中　山	120106	116736	220899	237299	452231	371197	352742	406670	427167
江　门	301190	711549	626794	800724	2136088	3511015	3795172	4116234	4230194
阳　江	7036	8632	22835	23283	22310	519697	646335	1050762	1317956
湛　江	103417	411309	658061	1065288	1340679	2027649	2030280	2296118	2556824
茂　名	62181	156335	211229	337855	1282489	2208544	2025907	2298952	2765584
肇　庆	42698	91647	56603	200247	515213	775349	902746	1073791	1201034
清　远	18131	8022	8602	190184	491797	901997	1147692	1175842	1410317
潮　州	3652	29985	16506	52620	53352	86645	109835	110198	103663
揭　阳		46303	81400	75088	261647	513477	538147	603953	722855
云　浮		221894	697109	786279	1246297	1300710	1419004	1484286	1078117

十一、渔业

2017 年 3 月 22 日,农业部渔业渔政管理局局长张显良在广东调研。

2017 年 5 月 4 日，港澳流动渔民来访交流。

2017年6月8日，海洋日启动仪式。

2017年7月13日省级行政职权事项签署协议。

2017 年 8 月 25 日广东省水产品质量安全条例宣传月启动仪式。

2017 年 8 月 25 日广东现代渔业工作现场会。

2017 年 9 月 25 日广东海洋科技联盟成立大会。

2017 年 11 月 20 国家海洋督察。

渔业

2017年，在省委、省政府的正确领导下，在农业部的正确指引下，我省各级渔业主管部门认真贯彻落实十九大精神，大力实施乡村振兴战略，切实落实中央农村工作会议、中央1号文件等有关决策部署，加快推进渔业供给侧结构性改革，深入推进渔业转方式调结构，按照“提质增效、减量增收”的原则，持续推进渔业绿色、安全、融合、开放、规范发展，促进绿色兴渔、质量兴渔、品牌强渔。坚决贯彻落实《农业部关于进一步加强国内渔船管控实施海洋渔业捕捞资源总量管理的通知》精神，坚持渔船投入和渔获产出双向控制，进一步完善海洋渔船“双控”制度和配套管理措施，实行渔业资源总量管理,促进海洋渔业资源科学养护和合理利用，逐步建立起以投入控制为基础、产出控制为闸门的海洋渔业资源管理基本制度，实现海洋渔业持续健康发展。

一、我省渔业发展面临的形势

我省是渔业大省，发展渔业历史悠久，渔业一直以来在我省经济社会发展中具有不可替代的重要作用。党的十八大以来，国家和省对现代渔业作出了系列新部署、提出了新要求。

一是近年来，党中央、国务院对包括渔业在内的农业工作高度重视，先后出台了《关于深入推进农业供给侧结构性改革加快培育农业农村发展新动能的若干意见》《关于促进海洋渔业持续健康发展的若干意见》等文件，农业部出台了《关于加快渔业转方式调结构的指导意见》。省政府制定了《关于推进海洋渔业转型升级提高海洋渔业发展水平的意见》，省第十二次党代会专门对推进农业供给侧结构性改革作出了部署，其中大部分内容都包含了渔业。

二是渔业作为大农业的重要组成，更是重要的民生产业，是沿海沿江居民赖以生存的重要支柱。渔业具有土地利用率高、产出率高、比较效益好等优势，已由过去的副业成为不少地区的主业，成为我省农业结构调整的重要方向，不少地方都把发展水产养殖作为扶持农民脱贫致富的主要途径。同时，渔港建设、渔船安全、水域生态保护等涉及民生工程，都是渔业主管部门的重要职责，需要我们从保障渔民生命财产安全、促进贫困地区居民脱贫致富的战略高度扎实做好。

三是我省渔业发展指标在诸多方面已落后于兄弟省份。2016年的渔业发展近20项主要统计指标中，我省只有海洋捕捞渔船数量、淡水苗种产量两项位居全国首位，海洋捕捞渔船数量多，说明我省小旧木质渔船多，更是落后的表现，其他数据远远落后于山东、浙江等省。2016年我省渔业经济总产值2863亿元，位居全国第三位，比第一的山东省少1039亿元；水产品总产量818万吨，位居全国第二位，比山东省少72万吨；海洋捕捞产量151万吨，比第一的浙江省少222万吨；海水养殖产量291万吨，比山东省少222万吨；远洋渔船数量177艘，比第一的浙江省少373艘；国家级良种场只有5家，比山东省少8家，等等。

二、2017年我省渔业经济运行总体情况

2017年，全省各级渔业行政主管部门深入学习贯彻十九大精神和习近平总书记系列重要讲话，认真落实省委省政府和农业部决策部署，坚持“创新、协调、绿色、开放、共享”五大发展理念，着力推进渔业供给侧改革和转型升级，渔业新模式、新品种、新品牌不断涌现，渔业经济效益稳步提升，为渔业“十三五”规划目标顺利实现开了好头。

2017年全省渔业经济总产值3146亿元；水产品总产值1276亿元，同比增长3.7%；水产品总产量834万吨，增长1.9%。

海水养殖产量303万吨，增长4.3%；淡水养殖产量370万吨，增长1.4%。

海洋捕捞产量149万吨，下降1.4%。淡水捕捞产量 12 万吨，下降 0.7%。

渔民人均纯收入 16695 元，增长 15.3%。

全年水产品进出口总量 67.6 万吨，增长 15.3%。进出口总额 40.2 亿美元，增长 4.7%。

财政资金投入逐年加大，2017 年中央资金投入 31.8 亿元，省级资金投入 7.4 亿元，总计 39.2 亿元。

三、2017 年渔业经济发展新的亮点

十八大以来，我省渔业发展的特点是不断夯实发展基础，不断调整产业结构，不断涌现新的亮点，不断提升经济效益。

一是特色优势养殖更加稳固。

对虾、罗非鱼、鲈鱼、鳜鱼等特色优势品种占全省养殖面积 50%。

茂名市罗非鱼养殖面积近 30 万亩，年产量 20 万吨，成为全国最大的罗非鱼出口养殖优势区域。

湛江市对虾年产量 15 万吨，产值近 30 亿元，年产优质虾苗 1300 亿尾，占全国近 20%。

江门市拥有锦鲤养殖企业超百家，年产锦鲤 1500 万尾，年交易额近 3 亿元。珠海海鲈 、南沙青蟹、台山鳗鱼、中山脆肉鲩、肇庆罗氏虾等大宗产品养殖面积逐年扩大，效益逐年提高。

二是绿色生态养殖发展迅猛。

清远、韶关、河源利用丰富的山泉、水库进行瘦身养殖，极大提高成品鱼品质，市场价格提高近 50%。

连南县积极发展稻田养鱼，水产品市场价格为同品种塘鱼价格的 4–5 倍，连续 3 年举办“稻田鱼节”。

韶关市设立专项资金支持发展稻田养殖，举办“禾花鱼”节系列活动。全省稻田养鱼面积已近 4 万亩。

茂名市大力扶持氹仔鱼山泉流水养殖，获得了国家农产品地理标志登记证书。

梅州市积极扶持发展水库草鱼，效益十分可观。

三是新模式新业态不断涌现。

高效设施养殖已成为我省现代渔业发展的主要方向。养殖设施持续改善，全省已建成深水网箱 2240 个、工厂化养殖面积 100 多万立方水体、标准化池塘 7 万公顷，水产养殖平均单产从 2010 年的每公顷 10 吨上升到 2016 年的 12 吨，水产养殖集约化水平大幅提高。

新模式新业态层出不穷，冷链运输、产销对接、集装箱养殖等已成为广东渔业发展的亮点。湛江对虾工厂化养殖实现了全过程无人化控制；集装箱循环水高效养殖、微电解水质调节等健康、高效养殖技术快速推广。

四是休闲渔业蓬勃发展。

截至 2017 年，全省已建成国家级休闲渔业示范基地 19 个、省级休闲渔业示范基地 31 个，获农业部认定“国家级示范性节庆（会展）”3 个、“最美渔村”1 个。休闲渔业成为以生态观光、渔业体验、休闲游钓为主的新兴产业，带动饲料、鱼药及器材设施等 10 个大类、100 多个相关产业发展，拉动水族产业年产值 200 多亿元。

观赏龟（金钱龟、黑颈龟等）产业预计年产值超过 80 亿元。珠海万山海岛生态渔业休闲旅游快速发展，探索出一条渔业资源保护修复与海岛休闲旅游发展有效结合的新路子。

五是龙头企业带动力不断增强。

湛江国联、恒兴；珠海强竞、世海；广州海大、澳洋、新农人；汕头侨丰；汕尾国泰；中山水出；阳江粤富；潮州新华海等，均是各市养殖优势主导品种和养殖区域的主要带动力，是渔业持续发展的重要保障，也是广东渔业创新发展和转型升级的重要主体。

六是渔业品牌建设成效初显。

2017 年我们组织开展了“一月一品牌”活动，先后召开珠海白蕉海鲈等品牌推广会 11 次。通过广州渔业博览会、青岛渔业博览会、昆明农交会、湛江海博会、中国（江门）锦鲤博览会等，推广我省水产品牌。举办中国水产品牌大会，茂名罗非鱼、斗门白蕉海鲈等五个品种被评为 2016 年最具影响力水产品区域公用品牌。培育形成了何氏锦湖鲈鱼、绿卡中华鳖、中山脆肉鲩、台山鳗鱼等一批国内外知名水产品牌。

11-1　主要年份水产品产量及养殖面积

年 份	水产品产量(万吨)	海水产品	海水捕捞	海水养殖	淡水产品	淡水捕捞	淡水养殖	养殖面积(千公顷)	海水养殖	淡水养殖
1957	49.89	34.44	32.79	1.65	15.45	1.06	14.39	142.26	25.64	116.62
1962	34.45	24.46	23.16	1.3	9.99	0.9	9.09	167.02	21.2	145.82
1965	49.49	34.85	33.23	1.62	14.64	1.76	12.88	180.95	28.94	152.01
1970	57.32	41.71	40.41	1.3	15.61	1.12	14.49			
1975	71.84	53.83	52.81	1.02	18.01	1.14	16.87	193.08	17.41	175.67
1978	65.5	46.47	45.67	0.8	19.03	0.98	18.05	187.23	16.05	171.18
1980	63.34	41.54	40.78	0.76	21.8	0.85	20.95	200.29	21.54	178.75
1985	109.44	58.74	56.26	2.48	50.7	1.93	48.77	290.16	56.13	234.03
1990	207.66	124.53	110.74	13.79	83.13	4.19	78.94	43.67	92.33	251.34
1995	449.86	189.41	178.71	10.7	164.23	14.45	149.78	445.82	116.15	329.67
2000	593.19	360.46	191.46	168.98	323.73	13.52	219.21	564.51	194.89	369.62
2005	695.23	397.75	172.05	225.7	297.29	13.03	284.26	604.65	224.4	380.25
2010	729.03	401.5	152.43	249.07	327.53	12.86	314.67	563.41	199.26	364.16
2011	762.53	418.22	152.65	265.57	344.31	12.84	331.47	573.91	203.41	370.5
2012	789.5	432.34	156.61	275.74	357.16	13.06	344.09	575.21	201.83	373.38
2013	816.13	436.08	155.4	287	373.72	12.98	360.74	570.14	197.2	372.94
2014	836.34	450.6	156.2	294.4	385.74	12.58	373.16	564.99	193.69	371.3
2015	858.22	459.23	156.01	303.22	398.99	12.43	386.56	565.68	194.86	370.82
2016	818.28	441.53	151.01	290.52	376.75	12.12	364.63	480.8	166.2	314.6
2017	833.54	451.81	148.91	302.9	381.73	12.04	369.69	473.77	161.69	312.08

注：2000年以后的水产品产量数据按照新的标准统计，2006年以后年份的数据以第三次全国农业普查结果为基础做了调整。

11-2 水产生产概况

项　　目	计量单位	2017	2016	2017比2016 增长(%)
水产品总产量	万吨	833.54	818.29	1.9
海洋捕捞(包括外海)	万吨	148.91	151.01	-1.4
海水养殖	万吨	302.91	290.52	4.3
淡水捕捞	万吨	12.04	12.12	-0.7
淡水养殖	万吨	369.69	364.63	1.4
渔业总产值(按现价计算)	亿元	3146.08	2863.09	9.9
水产品产值(不包括种苗)	亿元	1306.65	1223.44	6.8
海洋捕捞	亿元	158.63	141.1	12.4
海水养殖	亿元	530.89	457.22	16.1
淡水捕捞	亿元	15.51	15.84	-2.1
淡水养殖	亿元	571.08	581.17	-1.7
水产种苗	亿元	30.53	27.82	9.7
第二产业产值	亿元	396.93	361.48	9.8
其中：水产品加工	亿元	233.12	218.41	6.7
渔机修造	亿元	4.16	3.92	6.1
绳网制造	亿元	1.89	1.68	12.5
建筑业	亿元	8.94	8.12	10.1
第三产业产值	亿元	1442.51	1278.17	12.9
出口水产品数量	万吨	55.76	50.93	9.5
创汇	亿美元	32.08	29.33	9.4
渔民人均纯收入	元/人	16695	14486	15.2
海洋捕捞产量	万吨	144.14	151.01	-4.5
其中：鱼类	万吨	102.16	109.54	-6.7
虾类	万吨	15.17	15.79	-3.9
蟹类	万吨	8.29	8.13	2.0
贝类	万吨	5.43	5.4	0.6
藻类	万吨	0.64	0.73	-12.3
头足类	万吨	7.62	7.63	-0.1
海水养殖总面积	千公顷	161.69	153.65	5.2
产量	万吨	302.9	290.52	4.3
单产	千克/公顷	18733.38	18907.9	-0.9
其中：鱼类面积	千公顷	27.26	25.2	8.2
产量	万吨	54.04	45.25	19.4
单产	千克/公顷	19823.92	17956.34	10.4
虾类面积	千公顷	53.64	49.07	9.3
产量	万吨	47.64	44.76	6.4
单产	千克/公顷	8881.43	9121.66	-2.6
蟹类面积	千公顷	9	6.6	36.4
产量	万吨	6.63	6.51	1.8
单产	千克/公顷	7366.66	9863.63	-25.3
贝类面积	千公顷	65.14	65.84	-1.1
产量	万吨	186.11	185.42	0.4
单产	千克/公顷	25807.49	28162.21	-8.4
藻类面积	千公顷	2.37	2.37	
产量	万吨	7.52	7.58	-0.8
单产	千克/公顷	31729.96	31983.12	-0.8

11-2 续表

项　　目	计量单位	2017	2016	2017比2016增长(%)
淡水养殖总面积	千公顷	312.08	314.6	-0.8
产量	万吨	369.69	364.63	1.4
单产	千克/公顷	11846	11590.27	2.2
其中：池塘养殖面积	千公顷	232.03	245.87	-5.6
产量	万吨	335.71	336.07	-0.1
单产	千克/公顷	14468.33	13668.61	5.9
其中：鱼类产量	万吨	337.77	334.02	1.1
虾类产量	万吨	25.51	25.5	0.0
蟹类产量	万吨	0.87	0.7	24.3
淡水捕捞产量	万吨	12.04	12.12	-0.7
其中：鱼类	万吨	7.58	7.71	-1.7
虾类	万吨	0.83	0.89	-6.7
蟹类	万吨	0.28	0.36	-22.2
贝类	万吨	3.26	3.01	8.3
水产冷库数量	座	539	564	-4.4
制冰能力	吨/日	22429	38797	-42.2
冻结能力	吨/日	22429	23993	-6.5
冷藏能力	吨/次	352747	359942	-2.0
水产加工品数量	万吨	152.65	149.97	1.8
其中：冷冻品	万吨	42.45	40.84	3.9
渔业乡(镇)	个	99	97	2.1
渔业村	个	1045	976	7.1
渔业人口	万人	227.74	232.71	-2.1
渔业从业人员	万人	124.22	125.91	-1.3
其中：专业	万人	81.39	82.78	-1.7
兼业	万人	35.7	36.14	-1.2
机动渔船合计艘数	艘	58232	62995	-7.6
吨位	吨	1021245	995384	2.6
功率	千瓦	2328333	2490186	-6.5
其中：生产渔船艘数	艘	53662	58204	-7.8
吨位	吨	939343	916132	2.5
功率	千瓦	2056437	2217034	-7.2
非机动渔船艘数	艘	2832	3299	-14.2
吨位	吨	6905	7576	-8.9

11–3 各市渔业生产基本情况

(2017年)

市别	水产品总产量(吨)					渔业经济总产值(万元)	其中水产品
	合计	海洋捕捞(包括外海)	海水养殖	淡水捕捞	淡水养殖	产值	产值
全省	8335387	1489063	3029070	120370	3696884	31460797.05	13066450.92
广州	447595	16255	76141	41315	313884	1265576.53	312094.85
深圳	82905	72379	7785		2741	824336.28	195645.58
珠海	309635	21194	83292	1781	203368	1460303.00	725997.30
汕头	458773	149731	220496	3476	85070	1403708.01	556766.92
韶关	79207			2969	76238	163154.31	93456.60
河源	41827			1494	40333	611183.40	43199.60
梅州	105060			9758	95302	753280.64	113339.52
惠州	164801	22231	60164	1119	81287	876585.70	256301.00
汕尾	557736	237342	276077	3244	41073	1573659.11	652406.80
东莞	45536	6298	1184	1096	36958	282490.10	64869.00
中山	322898	1478	4508	1652	315260	1699586.70	575736.00
江门	753935	97948	209376	12596	434015	2393329.02	1646573.32
佛山	643644			6255	637389	3647710.82	1573500.02
阳江	1188111	377842	711651	8350	90268	3011259.28	1940221.88
湛江	1221696	262162	785160	5365	169009	5524402.55	2282392.98
茂名	894738	151030	450019	4371	289318	2012923.47	787102.35
肇庆	454347			5036	449311	1122109.57	506983.48
清远	129114			1857	127257	739754.16	172813.46
潮州	191677	19091	123212	3513	45861	833590.70	227500.00
揭阳	144237	54082	20005	3645	66505	873565.96	226751.26
云浮	97915			1478	96437	388287.70	112799.00
其他(省直属)							

11-3 续表

(2017年)

市　别	水产养殖面积合计(公顷)	海水养殖	淡水养殖	渔业船舶合计 艘	总吨	千瓦
全　省	473771	161690	312081	61408	1022663	2328333
广　州	22816	3999	18817	2168	20899	88432
深　圳	804	554	250	1055	34791	92407
珠　海	26249	14646	11603	2217	33740	79736
汕　头	15349	11058	4291	2803	80823	179102
韶　关	15970		15970	758	903	9478
河　源	5630		5630	780	784	6953
梅　州	10703		10703	461	838	5010
惠　州	17962	3567	14395	2294	16485	64768
汕　尾	18004	12692	5312	5599	108683	292797
东　莞	4809	185	4624	259	18705	26690
中　山	20626	1547	19079	876	4391	18125
江　门	55259	19559	35700	4504	130664	233703
佛　山	35741		35741	1905	2874	18038
阳　江	32613	20011	12602	5536	226877	398203
湛　江	78642	51570	27072	19299	171154	407503
茂　名	36623	14619	22004	3299	123673	206420
肇　庆	33944		33944	1564	2170	10877
清　远	16484		16484	1259	1731	13265
潮　州	10591	5901	4690	2314	15753	59520
揭　阳	8190	1782	6408	1859	25295	100598
云　浮	6762		6762	599	1430	6718
其　他(省直属)						

11-4 各市海洋捕捞产量

(2017年) 单位：吨

市别	海洋捕捞(包括外海)	鱼类	甲壳类			贝类	藻类	头足类	其它
				虾	蟹				
全省	1441363	1021609	234570	151714	82856	54257	6423	76199	48305
广州	16255	12056	1565	776	789	2347		152	135
深圳	41776	23517	8871	4890	3981	1216		1372	6800
珠海	12679	107	1506	949	557	630	115	263	10058
汕头	149731	118852	17691	9108	8583	2957	118	9667	446
惠州	22231	16035	3101	1993	1108	1359	22	1405	309
汕尾	237342	156575	43517	21670	21847	9827	1214	26043	166
东莞	6298	4994	1178	890	288	36		86	4
中山	1478	1124	317	217	100	24	1	10	2
江门	97948	78595	15121	8962	6159	2811	162	408	851
阳江	377842	263306	72824	59937	20979	14273	2343	11157	13939
湛江	253580	178813	43939	29295	14644	13935	733	9431	6729
茂名	151030	118003	14807	12984	1823	3225	1616	8930	4449
潮州	19091	12238	2521	2132	389	1135	5	376	2816
揭阳	54082	37394	7612	5238	2374	482	94	6899	1601

11-4 续表

(2017年) 单位：吨

市别	合计	按捕捞渔具分					
		拖网	围网	刺网	张网	钓业	其他
全省	1441363	736851	133828	423585	7027	87167	52905
广州	16255	4583	1743	9021	183	15	710
深圳	41776	23712	220	4712	140	8738	4254
珠海	12679	2971	348	6020	280	743	2317
汕头	149731	101117	3736	29811	1093	9804	4170
惠州	22231	2814	6137	12293		973	14
汕尾	237342	163840	16274	33108	738	16178	7204
东莞	6298	4535	478	1179	99		7
中山	1478	170	79	854	3	206	166
江门	97948	37374	15820	37940		3387	3427
阳江	377842	131216	76883	138654		25811	5278
湛江	253580	119860	4024	98376	2933	5546	22841
茂名	151030	104549	3982	28514		13296	689
潮州	19091	6834	4049	5698	430	701	1379
揭阳	54082	33276	55	17405	1128	1769	449

11-5 各市海水养殖产量

(2017年) 单位：吨

市别	合计	鱼类	甲壳类			贝类	藻类	其他
				虾	蟹			
全省	3029070	540350	542762	476424	66338	1861066	75243	9649
广州	76141	70224	5897	3527	2370	10		10
深圳	7785	215	4510	4510		3060		
珠海	83292	60016	8132	6381	1751	14750	163	231
汕头	220496	38628	34811	20134	14677	91621	52716	2720
惠州	60164	12126	12559	11751	808	33574	350	1555
汕尾	276077	42666	44548	34505	10043	184391	4349	123
东莞	1184	1074	110	108	2			
中山	4508	733	1146	548	598	2629		
江门	209376	22557	35607	29926	5681	150908	32	272
阳江	711651	100647	98652	84571	14081	512202		150
湛江	785160	92306	190262	184992	5270	501727	636	229
茂名	450019	77368	68039	64545	3494	287404	13199	4009
潮州	123212	18129	26970	22106	4864	77661	102	350
揭阳	20005	3661	11519	8820	2699	1129	3696	

11-5 续表

(2017年) 单位：吨

市别	按养殖水域分			其中：养殖方式分						
	海上	滩涂	其他	深水网箱	普通网箱	工厂化	池塘	筏式	吊笼	底播
全省	1140636	1228302	660132	26407	117458	7239	656559	399870	84358	644541
广州			76141				76141			
深圳	7785				300	425	7000			
珠海	14525	5858	62909	8249	1490		57198	6400	1200	4153
汕头	80727	89257	50512		2631	1072	50107	87585	5989	23999
惠州	29869	16833	13462	18	6230	440	14539	17403	3011	6032
汕尾	134364	102850	38863	1043	9623	1834	16670	890	6225	9321
东莞		997	187				1184			
中山	680	1968	1860					680		1860
江门	21867	101151	86358		2467		54112	73686		62176
阳江	397630	197370	116651	1603	41061		81726	105615	6592	97730
湛江	249130	403231	132799	14503	29614	150	201761	69750	60581	213401
茂名	155369	248111	46539	137	12611	188	54481			194642
潮州	48690	57962	16560	854	11431	2001	20786	37861	760	31227
揭阳		2714	17291			1129	20854			

11-6 各市海水养殖面积

(2017年) 单位：公顷

市 别	合 计	鱼类	甲壳类			贝类	藻类	其他
				虾	蟹			
全 省	161690	27255	62641	53642	8999	65136	2365	4293
广 州	3999	2793	1194	1008	186	6		6
深 圳	554	60	204	204		290		
珠 海	14646	3368	3335	1743	1592	5928	68	1947
汕 头	11058	2115	3295	2022	1273	3974	1612	62
惠 州	3567	658	749	651	98	1791	34	335
汕 尾	12692	2711	6063	4188	1875	3310	456	152
东 莞	185	180	5	3	2			
中 山	1547	101	1170	585	585	276		
江 门	19559	2743	6464	5396	1068	10270	7	75
阳 江	20011	2030	7392	6604	788	10514		75
湛 江	51570	7893	26093	25384	709	15910	33	1641
茂 名	14619	1431	3326	2958	368	9799	63	
潮 州	5901	1027	1959	1792	167	2848	67	
揭 阳	1782	145	1392	1104	288	220	25	
其 他								

11-6 续表

(2017年) 单位：公顷

市 别	按养殖水域分			其中：养殖方式分						
	海上	滩涂	其他	深水网箱立方水体	普通网箱平方米	工厂化立方水体	池塘	筏式	吊笼	底播
全 省	161690	49477	64221	802119	2877146	756246	63799	15224	3898	33185
广 州	3999						4220			
深 圳	554	554		3600	450	59700	350			
珠 海	14646	5361	3256	170002	50000		6385	815	217	5840
汕 头	11058	3360	4252		632	149865	3703	2581	333	1775
惠 州	3567	2358	641	22323	676100	76000	1022	461	307	2144
汕 尾	12692	4774	5669	9000	94968	55114	1957	56	381	1347
东 莞	185		172			6500	185			
中 山	1547		1314				1711	50		283
江 门	19559	4247	6589		30914		7397	3554		5106
阳 江	20011	6893	9207	131102	404120		6468	2658	507	3046
湛 江	51570	12054	27035	403516	553616	9	23590	3113	2120	7559
茂 名	14619	8401	3616	20000	3690	3000	3480			3370
潮 州	5901	1475	2315	42576	1062656	5200	1185	1936	33	2715
揭 阳	1782		155			400858	2146			
其 他										

11-7 各市淡水捕捞产量

(2017年)　　单位：吨

市别	合计	鱼类	甲壳类			贝类	其他
				虾	蟹		
全省	120370	75774	11117	8276	2841	32562	917
广州	41315	22990	1670	1353	317	16582	73
珠海	1781	1698	64	41	23	19	
汕头	3476	2519	725	536	189	97	135
韶关	2969	1968	334	235	99	654	13
河源	1494	1281	190	175	15	22	1
梅州	9758	7760	791	715	76	1123	84
惠州	1119	797	56	56		266	
汕尾	3244	2732	458	365	93	13	41
东莞	1096	1002	76	39	37	18	
中山	1652	1391	149	99	50	97	15
江门	12596	5052	1986	1109	877	5355	203
佛山	6255	1361	870	831	39	4012	12
阳江	8350	5385	1639	990	649	1251	75
湛江	5365	4743	155	86	69	441	26
茂名	4371	2511	172	148	24	1593	95
肇庆	5036	3932	498	387	111	593	13
清远	1857	1537	201	178	23	117	2
潮州	3513	2671	640	568	72	111	91
揭阳	3645	3162	303	226	77	142	38
云浮	1478	1282	140	139	1	56	

11-8 各市淡水养殖产量

(2017年) 单位：吨

市 别	合 计	鱼 类	甲壳类			贝 类	藻 类	其 他
				虾	蟹			
全 省	3696884	3377700	263869	255125	8744	14288	36	40991
广 州	313884	289727	13500	12243	1257	6445		4212
深 圳	2741	2683	56	37	19			2
珠 海	203368	164261	39079	39079				28
汕 头	85070	62566	20591	16754	3837	315		1598
韶 关	76238	75787	213	163	50	122		116
河 源	40333	39515	271	239	32	46		501
梅 州	95302	93815	424	327	97	512		551
惠 州	81287	78663	75	75		10		2539
汕 尾	41073	39411	1478	1073	405	24		160
东 莞	36958	34334	1393	1332	61	18		1213
中 山	315260	257282	51222	51211	11	46	36	6674
江 门	434015	331736	91073	90581	492	2681		8525
佛 山	637389	632764	2306	2210	96	335		1984
阳 江	90268	86695	3125	3125		2		446
湛 江	169009	167409	1000	843	157	392		208
茂 名	289318	277360	9441	8786	655	1914		603
肇 庆	449311	425295	19237	19225	12	963		3816
清 远	127257	125532	318	281	37	165		1242
潮 州	45861	40350	4604	4163	441			907
揭 阳	66505	57320	4299	3214	1085			4886
云 浮	96437	95195	164	164		298		780
其 他								

11-8 续表

(2017年) 单位：吨

市 别	合 计	其中按水域分					其中养殖方式		
		池 塘	湖 泊	水 库	河 沟	稻 田	围 栏	网 箱	工厂化
全 省	3696884	3357127	25696	244854	13868	2920	2534	4046	1453
广 州	313884	307543		5744					
深 圳	2741	200	1500	500					
珠 海	203368	203320		48					
汕 头	85070	81196		634	2104				
韶 关	76238	56541		19152		545		250	65
河 源	40333	32644		7689					
梅 州	95302	57794	1215	32166	8	107		834	376
惠 州	81287	76931		3865	19				
汕 尾	41073	25456	2290	7201	2904	120	457		
东 莞	36958	36187		412			1682		520
中 山	315260	315150				46		178	182
江 门	434015	410567		3380	220				
佛 山	637389	632333		4375	655				310
阳 江	90268	74590	2903	10260	1037		5		
湛 江	169009	134513	595	31464	1859		390	200	
茂 名	289318	236639	95	51276		58		352	
肇 庆	449311	378607	15377	36862	3440	1202		1025	
清 远	127257	113065	1721	9824	414	565		1062	
潮 州	45861	38829		4411	97				
揭 阳	66505	57686		7615	646				
云 浮	96437	87336		7976	465	277		145	
其 他									

11–9　各市淡水养殖面积

（2017年）　　　　单位：公顷

市　别	合计	按水域分						集约化养殖方式		
		池塘	湖泊	水库	河沟	其它	稻田	围栏（平方米）	网箱（平方米）	工厂化（立方水体）
全　省	312081	232031	3812	66893	1454	7891	3293	254303	196095	38327
广　州	18817	17946		825		46				
深　圳	250	50	50	50		100				
珠　海	11603	11567		36						
汕　头	4291	4003		58	120	110				
韶　关	15970	7757		8213			1293		70000	5300
河　源	5630	4730		900						
梅　州	10703	4920	115	5240	2	426	608		12893	4150
惠　州	14395	8492	354	5300	28	221				11000
汕　尾	5312	3328	312	932	242	498				
东　莞	4624	3872	235	484		33		5430		4760
中　山	19079	18582				497	14		2790	9617
江　门	35700	28838	673	4483	162	1544				
佛　山	35740	35005		627	108					3500
阳　江	12603	8267	366	3561	283	126		1600		
湛　江	27072	10893	688	15101	133	257		247273	22272	
茂　名	22004	14182		7692		130			6609	
肇　庆	33944	24233	508	6441	144	2618	59		13727	
清　远	16484	11543	511	3575	89	766	1213		49092	
潮　州	4690	3748		612	29	301				
揭　阳	6408	4778		1528	54	48				
云　浮	6762	5297		1235	60	170	106		18712	
其　他										

11-10 各市海淡水养殖苗

(2017年)

市别	海水鱼苗 (万尾)	虾类苗种量 (亿尾)	贝类苗种量 (万粒)	淡水鱼苗产量 (万尾)	淡水鱼种产量 (吨)	投放鱼种数量 (吨)
全省	661575	4100	255032	84848700	321853	175361
广州	55660	356		1464982	20358	18245
深圳	2000	15	5000			
珠海	810	177		448310	2880	2380
汕头	990	241	30820	79450	53	66
韶关				140460	8176	7959
河源				14058	4459	4240
梅州				379162	6274	5817
惠州	99796	12	352	589337	6766	7404
汕尾	56271	160	37989	11289	5	5
东莞				43091	537	1428
中山		146		2234100	2341	2247
江门	417	1271		6429971	16657	9227
佛山				32727895	118077	13008
阳江	4910	81	21896	32710848	2520	1617
湛江	385207	1345	109525	525234	1428	311
茂名	234	227	900	2779444	22149	22445
肇庆		12		1910714	87858	63679
清远				467056	10727	8373
潮州	55280	34	16700	25260	548	580
揭阳		23	31850	194309	841	520
云浮				1673730	9199	5810

11-11 各市水产加工

(2017年)

市别	一、水产加工企业数量(个)	加工能力(吨/年)	二、水产冷库座数	冻结能力(吨/日)	冻藏能力(吨/次)	制冰能力(吨/日)
全省	1046	2338432	539	22429	352747	22429
广州	2	35055	1	170	4058	40
深圳		20470	3			
珠海	11	60748	22	144	3353	279
汕头	63	191190	76	1517	43403	3223
韶关			1	24	25	20
河源						
梅州	2	28				
惠州	5	18670	3	235	226	85
汕尾	55	137666	64	630	9242	1022
东莞	33	7620				
中山	23	90400	31	361	2788	230
江门	93	111920	50	942	36120	1280
佛山	9	94612	31	1845	54510	125
阳江	37	285477	56	1690	16760	1599
湛江	201	499261	112	7585	109267	10616
茂名	206	581860	28	6441	52953	2690
肇庆	10	78137	9	181	6775	30
清远						
潮州	13	31490	12	176	7180	590
揭阳	281	33828	32	188	4087	560
云浮	2	60000	8	300	2000	40

11-11 续表 1

(2017年)

市别	三、水产加工品总量(吨)	淡水加工产品	(一)水产品冷冻(吨)	冷冻加工品	(二)鱼糜制品及干腌制品(吨)	鱼糜制品	干腌品
全省	1526477	377776	1095538	671069	182182	96066	86166
广州	15603	15603	11000		4603	4553	50
深圳	14470	11470	14470	14470			
珠海	27056	14000	26638	10312	416		416
汕头	153912	10841	115582	81675	10883	10589	294
韶关							
河源							
梅州	2739	2739			2728	2457	271
惠州	9484	54	6566	951	2893	325	2568
汕尾	188473	16627	110149	41576	52307	13260	39047
东莞	7636	7256			536	156	380
中山	28125	27780	19387	8450	5372	2336	3036
江门	74744	25054	41703	14806	4998	2268	2730
佛山	46079	46079	23887	1439	797		797
阳江	197614	21954	136193	66726	35197	24645	10463
湛江	370950	43636	325884	259210	16015	2109	13906
茂名	294786	81524	186744	134506	29916	24546	5370
肇庆	43860	43860	43847	17876			
清远							
潮州	24810	1400	16400	6300	7780	4800	2980
揭阳	18237		9288	4972	7642	4022	3620
云浮	7899	7899	7800	7800	99		99

11-11 续表 2

(2017年)

市别	藻类加工(吨)	(三)罐制品(吨)	(四)水产饲料(吨)	(五)鱼油制品(吨)
全省	4841	41594	85094	46
广州				
深圳				
珠海	2			
汕头	1670	429	335	19
韶关				
河源				
梅州	11			
惠州				
汕尾	3047	8180	2220	
东莞			7100	
中山		3066		
江门	50	7156	104	
佛山		21300		
阳江		1428	20358	
湛江		22	18734	27
茂名	61		36243	
肇庆		13		
清远				
潮州				
揭阳				
云浮				

11-11 续表 3

(2017年)

市别	(六)其它水产加工品(吨)	助剂和添加剂(吨)	珍珠(公斤)	四、用于加工的水产品量(吨)	淡水产品
全省	117182		6468	1853338	543408
广州				26955	26955
深圳					
珠海				31635	6751
汕头	24994		3700	221200	34400
韶关					
河源					
梅州				3867	1609
惠州	25			11398	208
汕尾	12570			145075	8000
东莞				50	50
中山	300			30832	30286
江门	20733			95020	42762
佛山	95			17325	17325
阳江	4438			264545	33948
湛江	10268		2768	354920	56985
茂名	41822			474122	183922
肇庆				77381	77381
清远					
潮州	630			46510	710
揭阳	1307			30387	
云浮				22116	22116

11-12 各市渔业船舶拥有量

市别	总计			机动渔船								
							生产渔船					
										捕捞渔船		
	艘	总吨	千瓦	艘	总吨	千瓦	艘	总吨	千瓦	艘	总吨	千瓦
全省	61408	1022663	2328333	58232	1021245	2328333	53662	939343	2056437	48774	917536	1992923
广州	2168	20899	88432	2141	20872	88432	1930	17275	67666	1930	17275	67666
深圳	1055	34791	92407	1055	34791	92407	855	33828	86040	763	33572	83508
珠海	2217	33740	79736	2202	30805	79736	1848	20225	52992	1650	18998	51898
汕头	2803	80823	179102	2591	80799	179102	2274	67304	141217	2123	66300	138161
韶关	758	903	9478	748	896	9478	741	746	8777	741	746	8777
河源	780	784	6953	757	770	6953	756	767	6909	756	767	6909
梅州	461	838	5010	461	838	5010	453	794	4621	453	794	4621
惠州	2294	16485	64768	2290	15593	64768	2018	10509	42761	1883	8462	34944
汕尾	5599	108683	292797	5037	108089	292797	4833	100972	273176	4550	100565	272763
东莞	259	18705	26690	259	18705	26690	253	18536	26362	253	18536	26362
中山	876	4391	18125	875	4390	18125	828	3900	12672	828	3900	12672
江门	4504	130664	233703	4362	130637	233703	3758	120802	194441	3551	119023	186537
佛山	1905	2874	18038	1807	2821	18038	1763	2485	14949	1763	2485	14949
阳江	5536	226877	398203	5449	226752	398203	4316	209958	351712	3883	208190	342976
湛江	19299	171154	407503	18283	169702	407503	17483	162206	381748	15007	154953	361902
茂名	3299	123673	206420	3299	123673	206420	3138	118819	191985	3125	118819	191914
肇庆	1564	2170	10877	1555	2158	10877	1530	2056	10242	1530	1426	10242
清远	1259	1731	13265	1249	1731	13265	1238	1684	13064	1238	1684	13064
潮州	2314	15753	59520	1845	15108	59520	1766	14387	56895	934	9804	46214
揭阳	1859	25295	100598	1769	25257	100598	1733	24610	97652	1729	24607	97640
云浮	599	1430	6718	599	1430	6718	583	1331	5967	583	1331	5967

11-12 续表 1

市别	机动渔船								
	生产渔船			辅助渔船					
	养殖渔船						捕捞辅助船		
	艘	总吨	千瓦	艘	总吨	千瓦	艘	总吨	千瓦
全省	4888	21807	63514	4570	82623	271896	4262	75299	201908
广州				211	3597	20766	185	2710	10404
深圳	92	256	2532	200	963	6367	185	393	4717
珠海	198	1227	1094	354	10580	26744	290	9388	21586
汕头	151	1004	3056	317	13495	37885	302	12376	27538
韶关				7	150	701			
河源				1	3	44			
梅州				8	44	389			
惠州	135	2047	7817	272	5084	22007	256	4639	14349
汕尾	283	407	413	204	7117	19621	195	7069	18057
东莞				6	169	328	3	169	328
中山				47	490	5453	34	175	1015
江门	207	1779	7904	604	9835	39262	583	9324	31604
佛山				44	336	3089	31	76	381
阳江	433	1768	8736	1133	16794	46491	1122	16242	41301
湛江	2476	7253	19846	800	7496	25755	774	6821	17496
茂名	13		71	161	4854	14435	156	4842	14370
肇庆		630		25	102	635	18	39	237
清远				11	47	201	8		
潮州	832	4583	10681	79	721	2625	43	427	1451
揭阳	4	3	12	36	647	2946	32	587	1502
云浮				16	99	751	11	22	171

11-12　续表 2

市别	机动渔船					
	辅助渔船					
	渔业执法船			其它		
	艘	总吨	千瓦	艘	总吨	千瓦
全省	189	4950	61993	119	2374	7995
广州	26	887	10362			
深圳				15	570	1650
珠海	3	17	764	61	1175	4394
汕头	15	1119	10347			
韶关	7	150	701			
河源	1	3	44			
梅州	8	44	389			
惠州	16	445	7658			
汕尾	9	48	1564			
东莞	3					
中山	13	315	4438			
江门	18	376	7204	3	135	454
佛山	13	260	2708			
阳江	9	357	4927	2	195	263
湛江	24	670	8199	2	5	60
茂名	5	12	65			
肇庆	7	63	398			
清远	3	47	201			
潮州				36	294	1174
揭阳	4	60	1444			
云浮	5	77	580			

11-12　续表 3

市别	机动渔船按船长分								
	24米以上			12-24米			12米以下		
	艘	总吨	千瓦	艘	总吨	千瓦	艘	总吨	千瓦
全省	3179	490189	930554	10175	373642	847726	44878	157414	442519
广州	14	2123	7782	908	13367	46664	1209	3222	15843
深圳	135	32343	74368	46	475	3203	874	1973	17229
珠海	104	21712	38011	120	4840	13388	1973	4045	32500
汕头	211	29286	62461	1134	42493	91972	1246	9030	23677
韶关							748	896	
河源							759	741	
梅州				1	38		457	800	
惠州	28	4684	9664	114	6054	20825	2142	4703	29854
汕尾	833	57395	186909	803	30319	69578	3380	13097	44080
东莞	43	18623	11465	111	11304	6650	99	1352	180
中山			434	127	2144	7661	735	1931	7616
江门	242	93468	123312	819	26567	62321	3299	10649	37409
佛山	1	50		135	1027	56	1665	1698	155
阳江	792	160404	235167	925	53407	119284	3732	12994	43298
湛江	254	41298	76085	2567	69324	166048	15462	59645	164455
茂名	523	86307	125404	448	18060	39465	2328	19306	40696
肇庆	1	50		7	57		1435	2011	
清远				16	67		1224	1665	
潮州	215	8243	25441	663	3630	23080	967	3235	11235
揭阳	47	1480	5562	864	22122	88443	856	1609	1879
云浮				13	187		586	1018	

11-12 续表 4

市别	捕捞渔船按功率分					
	441千瓦以上(600马力以上)			45-440千瓦　(61-559马力)		
	艘	总吨	千瓦	艘	总吨	千瓦
全　省	524	163122	297538	8582	590162	1204810
广　州	9	1233	5046	524	10462	29302
深　圳	56	23055	53665	74	9505	20767
珠　海	28	6225	12679	123	9683	19717
汕　头	14	736	2580	930	56193	121177
韶　关						
河　源					551	
梅　州						
惠　州				77	4967	11154
汕　尾	22	3773	14257	1465	78965	218381
东　莞	6	1573	1503	148	15611	16773
中　山				43	1397	3558
江　门	93	61795	85424	449	44380	64643
佛　山						
阳　江	60	20190	37268	1331	176071	282154
湛　江	35	16808	26078	1584	68542	173089
茂　名	69	18354	34470	505	82834	122141
肇　庆	96					
清　远						
潮　州	1	160	441	389	3940	38585
揭　阳				873	22856	91598
云　浮						

11-12 续表 5

市别	捕捞渔船按功率分			非机动渔船合计	
	44千瓦以下　(60马力以下)				
	艘	总吨	千瓦	艘	总吨
全　省	39668	164252	387225	2832	6905
广　州	1397	5580	17365	27	27
深　圳	633	1012	11468		
珠　海	1499	3090	17307	15	2935
汕　头	1179	9371	14405	212	24
韶　关	741	746		10	7
河　源	756	216		23	14
梅　州	453	794			
惠　州	1806	3495	19945	4	892
汕　尾	3063	17827	40125	562	594
东　莞	99	1352	18		
中　山	785	2503	6798	1	1
江　门	3009	12848	26197	142	27
佛　山	1763	2485	211	98	53
阳　江	2492	11929	23100	87	125
湛　江	13388	69603	161831	1016	1452
茂　名	2551	17631	34519		
肇　庆	1434	1426		9	12
清　远	1238	1684		10	
潮　州	544	5704	7424	469	645
揭　阳	856	1751	1673	90	38
云　浮	583	1331			

11-12 续表 6

市 别	海洋渔业机动渔船								
				生产渔船					
							捕捞渔船		
	艘	总吨	千瓦	艘	总吨	千瓦	艘	总吨	千瓦
全 省	46394	987984	2220799	42067	909959	1952953	37460	889846	1889573
广 州	1458	16382	70289	1280	13078	51713	1280	13078	51713
深 圳	1055	34791	94800	855	33828	88433	763	33572	85900
珠 海	1850	29979	83899	1510	19428	57233	1319	18389	49703
汕 头	2483	80406	178110	2225	67149	140800	2120	66208	138162
韶 关									
河 源									
梅 州									
惠 州	1848	15058	60343	1580	10016	38916	1445	7969	31099
汕 尾	4946	103121	300567	4742	96004	274610	4656	95891	272763
东 莞	88	14761	18295	87	14760	18294	87	14760	18294
中 山	562	3615	15711	513	3151	10356	513	3151	10356
江 门	3260	127754	223042	2674	118154	184168	2467	116375	176264
佛 山	8	81	211	8	81	211	8	81	211
阳 江	5427	226722	397749	4294	209928	351258	3861	208160	342522
湛 江	18048	169587	406588	17248	162091	380833	14788	155355	360998
茂 名	3113	123383	205565	2952	118529	191130	2952	118529	191130
肇 庆									
清 远									
潮 州	1582	14818	59756	1503	14097	57131	671	9514	46450
揭 阳	1061	24049	95884	1027	23448	93278	1025	23447	93271
云 浮									

11-12 续表 7

市 别	海洋渔业机动渔船								
	生产渔船			辅助渔船					
	养殖渔船						捕捞辅助船		
	艘	总吨	千瓦	艘	总吨	千瓦	艘	总吨	千瓦
全 省	4607	20113	63380	4327	78025	267846	4090	71724	201272
广 州				178	3304	18576	162	2685	10294
深 圳	92	256	2533	200	963	6367	185	393	4717
珠 海	191	1039	7530	340	10551	26666	281	9369	21508
汕 头	105	941	2638	258	13257	37310	243	12138	26963
韶 关									
河 源									
梅 州									
惠 州	135	2047	7817	268	5042	21427	256	4639	14349
汕 尾	86	113	1847	204	7117	25957	195	7069	24393
东 莞				1	1	1	1	1	1
中 山				49	464	5355	37	152	1137
江 门	207	1779	7904	586	9600	38874	567	9092	31389
佛 山									
阳 江	433	1768	8736	1133	16794	46491	1122	16242	41301
湛 江	2460	6736	19835	800	7496	25755	774	6821	17496
茂 名				161	4854	14435	156	4842	14370
肇 庆									
清 远									
潮 州	832	4583	10681	79	721	2625	43	427	1451
揭 阳	2	1	7	34	601	2606	32	587	1502
云 浮									

11-12 续表 8

市别	海洋渔业机动渔船					
	辅助渔船					
	渔业执法船			其它		
	艘	总吨	千瓦	艘	总吨	千瓦
全 省	123	3936	53579	114	33923	7995
广 州	16	619	8282		738	
深 圳				15	5570	1650
珠 海	3	16	764	56	235	4394
汕 头	15	1119	10347		35	
韶 关						
河 源						
梅 州						
惠 州	12	403	7078		69	
汕 尾	9	48	1564		1286	
东 莞						
中 山	12	312	4218			
江 门	16	373	7031	3	381	454
佛 山						
阳 江	9	357	4927	2	176	263
湛 江	24	670	8199	2	24934	60
茂 名	5	12	65		62	
肇 庆						
清 远						
潮 州				36	289	1174
揭 阳	2	14	1104			
云 浮						

11-12 续表 9

市别	海洋渔业捕捞渔船按作业类型分								
	拖网			围网			刺网		
	艘	总吨	千瓦	艘	总吨	千瓦	艘	总吨	千瓦
全 省	4770	390417	831901	1299	108421	174239	26238	307239	678327
广 州	12	1427	4743	4	759	2431	1165	10154	41512
深 圳	43	7303	18445	8	3779	7635	631	1785	15033
珠 海	59	12511	23592	14	2179	3182	1061	3307	17384
汕 头	455	30837	65115	16	2392	4490	1387	29992	60242
韶 关									
河 源									
梅 州									
惠 州	16	1539	3436	70	2072	6041	1350	4257	21237
汕 尾	1486	64556	177048	297	3905	13364	2328	20524	59680
东 莞	66	12744	15183	11	651	2437	10	1365	674
中 山	3	193	349	1	22	88	507	2845	9720
江 门	189	49655	65597	101	38776	50960	2108	26748	57419
佛 山									
阳 江	292	57470	97035	311	45952	66806	3014	96030	157943
湛 江	722	39322	101113	354	4606	10136	11020	75768	168627
茂 名	317	81906	118141	104	7926	13010	2319	21697	44304
肇 庆									
清 远									
潮 州	296	6111	29130	17	568	2283	245	1757	9666
揭 阳	660	17560	73992	3	160	652	307	4403	15046
云 浮									

11−12 续表 10

市别	海洋渔业捕捞渔船按作业类型分								
	张网			钓业			其它		
	艘	总吨	千瓦	艘	总吨	千瓦	艘	总吨	千瓦
全　省	308	1577	4568	1881	48269	117036	2964	33923	83502
广　州	6						93	738	3027
深　圳				52	15135	32540	29	5570	12247
珠　海	33	96	546	51	61	3529	101	235	1470
汕　头	134	299	887	82	2653	7205	46	35	223
韶　关									
河　源									
梅　州									
惠　州				8	32	290	1	69	95
汕　尾	85	242	876	274	5378	14771	186	1286	7024
东　莞									
中　山					91	199	2		
江　门				16	815	1389	53	381	899
佛　山	8	81	211						
阳　江				183	8532	20161	61	176	577
湛　江	42	859	2048	380	9866	22633	2270	24934	56441
茂　名				184	6938	15486	28	62	189
肇　庆									
清　远									
潮　州				81	789	4328	32	289	1043
揭　阳				55	1324	3581			
云　浮									

11−12 续表 11

市别	海洋渔业机动渔船按船长分								
				24米以上			12−24米		
	艘	总吨	千瓦	艘	总吨	千瓦	艘	总吨	千瓦
全　省	46394	987984	2220799	3179	490189	930554	9808	372603	847726
广　州	1458	16382	70289	11	1677	7782	738	10991	46664
深　圳	1055	34791	94800	135	32279	74368	46	1463	3203
珠　海	1850	29979	83899	103	21712	38011	120	4840	13388
汕　头	2483	80406	178110	211	29286	62461	1138	42493	91972
韶　关									
河　源									
梅　州									
惠　州	1848	15058	60343	28	4685	9664	119	6166	20825
汕　尾	4946	63824	300567	833	33654	186909	797	23709	69578
东　莞	88	14761	18295	40	10770	11465	46	3987	6650
中　山	562	3615	15711	448	118	434	113	2206	7661
江　门	3260	127754	223042	241	93789	123312	743	26952	62321
佛　山	8	81	211				2	25	56
阳　江	5427	226722	397749	792	160404	235167	925	53407	119284
湛　江	18048	169587	406588	254	40673	76085	2567	69021	166048
茂　名	3113	123383	205565	409	86307	125404	248	18060	39465
肇　庆									
清　远									
潮　州	1582	14818	59756	215	8243	25441	663	3616	23080
揭　阳	1061	24049	95884	47	1480	5562	865	22122	88443
云　浮									

11−12 续表 12

市别	海洋渔业机动渔船按船长分 12米以下			海洋渔业捕捞渔船按功率分			441千瓦以上(600马力以上)		
	艘	总吨	千瓦	艘	总吨	千瓦	艘	总吨	千瓦
全　省	33407	125192	442519	37460	889846	1889573	430	162876	297538
广　州	709	3714	15843	1280	13078	51713	8	1382	5046
深　圳	874	1049	17229	763	33572	85900	62	23055	53665
珠　海	1627	3427	32500	1319	18389	49703	28	6278	12679
汕　头	1134	8627	23677	2120	66208	138162	14	736	2580
韶　关									
河　源									
梅　州									
惠　州	1701	4207	29854	1445	7969	31099			
汕　尾	3316	6461	44080	4656	95891	272763	22	3773	14257
东　莞	2	4	180	87	14760	18294	3	1125	1503
中　山	1	1291	7616	513	3151	10356			
江　门	2276	7013	37409	2467	116375	176264	93	61795	85424
佛　山	6	56	155	8	81	211			
阳　江	3710	12911	43298	3861	208160	342522	60	20190	37268
湛　江	15227	59893	164455	14788	155355	360998	35	16808	26078
茂　名	2456	19016	40696	2952	118529	191130	71	18354	34470
肇　庆									
清　远									
潮　州	704	2959	11235	671	9514	46450	1	160	441
揭　阳	149	447	1879	1025	23447	93271			
云　浮									

11−12 续表 13

市别	海洋渔业捕捞渔船按功率分 45−440千瓦　(61−559马力)			44千瓦以下　(60马力以下)			非机动渔船合计	
	艘	总吨	千瓦	艘	总吨	千瓦	艘	总吨
全　省	8406	584535	1204810	28624	142435	387225	2311	6559
广　州	514	7371	29302	758	4325	17365		
深　圳	74	9505	20767	627	1012	11468		
珠　海	122	9678	19717	1169	2433	17307	12	2932
汕　头	930	56193	121177	1176	9279	14405	200	
韶　关								
河　源								
梅　州								
惠　州	77	4967	11154	1368	3002	19945	2	890
汕　尾	1362	78965	218381	3272	13153	40125	562	594
东　莞	82	13631	16773	2	4	18		
中　山	43	1397	3558	470	1754	6798		
江　门	449	44380	64643	1925	10200	26197		
佛　山				8	81	211		
阳　江	1331	176071	282154	2470	11899	23100		
湛　江	1584	68542	173089	13169	70005	161831	995	1432
茂　名	503	82834	122141	2378	17341	34519		
肇　庆								
清　远								
潮　州	389	3940	38585	281	5414	7424	469	645
揭　阳	873	22856	91598	152	591	1673	14	7
云　浮								

11-13　各市渔业人口与从业人员

(2017年)

市　别	渔业乡(个)	海洋渔业	渔业村(个)	海洋渔业	渔业户(个)	海洋渔业	渔业人口(人)	海洋渔业
全　省	99	65	1045	632	509365	224735	2277404	1062374
广　州	1	1	16	9	11018	3330	47811	9522
深　圳					303	303	650	100
珠　海	5	4	26	15	19982	1238	93612	4867
汕　头	7	9	34	38	26647	18768	142351	91659
韶　关			1		17947		86483	
河　源			19		6219		27675	
梅　州			40		39038		99637	
惠　州	3	3	30	21	9931	6301	63424	35686
汕　尾	30	11	183	88	36883	35864	176076	172741
东　莞	3		45	1	4842	620	19169	9143
中　山	7		73		8069	30	24986	139
江　门			54	34	29704	9332	121556	38292
佛　山			41		45469		169880	
阳　江	5	5	93	89	33044	22318	165611	111868
湛　江	14	14	231	217	100820	81611	477796	358375
茂　名	9	9	62	59	37494	13337	192846	81626
肇　庆	6		12		14898		59381	
清　远			17		5406		19636	
潮　州	7	7	28	28	13886	13886	56245	56245
揭　阳	2	2	35	33	45122	17797	215204	92111
云　浮			5		5884		24895	

11-13　续表 1

(2017年)

市　别	渔业人口与从业人员（人）						
	传统渔民	海洋渔业	渔业从业人员	专业从业人员	女　性	兼业从业人员	女　性
全　省	694042	507990	1242203	813935	134878	356964	70565
广　州	7603	5701	30839	23668	4292	5628	5103
深　圳	100	668	1446	1402	305	24	3
珠　海	4031	7417	57083	51028	21430	2623	5462
汕　头	59313	39740	63837	45311	3201	14415	2290
韶　关			48020	22408	5214	22643	5363
河　源			16035	12998	675	2827	565
梅　州			52271	31735	5768	15630	1927
惠　州	21103	22190	41898	21982	4453	14884	3696
汕　尾	122985	69189	59904	46796	4445	10315	1707
东　莞	5015	640	4818	3332	665	1116	254
中　山	119	270	20015	15461	5656	2663	515
江　门	34446	26871	81289	45325	6796	31765	7797
佛　山		16	96593	84897	17628	10481	1584
阳　江	79535	66462	98994	70740	8377	23308	5390
湛　江	216561	154874	269789	166042	25962	83003	15658
茂　名	52029	40079	120269	72689	3467	42120	759
肇　庆			32728	27567	5419	3004	3350
清　远			16820	9335	2301	6325	782
潮　州	20548	22171	27238	16066	1233	10626	524
揭　阳	70654	51702	93135	39255	5253	50331	6523
云　浮			14794	9640	2338	3233	1313

11-13　续表 2

(2017年)

市别	渔业人口与从业人员（人）					海洋渔业人口与从业人员（人）		
			专业从业人员中			海洋渔业从业人员		
	临时从业人员	女性	捕捞	养殖	其它		专业从业人员	女性
全省	71304	22358	250698	500009	63228	507990	372934	49402
广州	1543	334	4960	18517	191	5701	4807	1998
深圳	20	2	1158	244		668	660	
珠海	3432	422	4109	45745	1174	7417	5497	2429
汕头	4111	1016	23018	18755	3538	39740	31177	1264
韶关	2969	709	1741	20468	199			
河源	210	193	1345	8381	3272			
梅州	3036	742	1476	25771	746			
惠州	5032	884	6629	14084	1269	22190	12374	2665
汕尾	2793	587	30419	13408	2969	69189	59567	4128
东莞	370	57	1337	1698	297	640	640	266
中山	1891	345	1728	12317	1416	270	220	35
江门	4199	1926	13915	23610	7800	26871	19937	1205
佛山	1215	251	3185	79193	2519	16	16	
阳江	4946	4293	35391	27853	7496	66462	52308	7034
湛江	20744	7617	74402	82404	9236	154874	115314	22772
茂名	5460	544	21983	42864	7842	40079	30062	408
肇庆	2157	840	2724	24778	65			
清远	1160	215	1675	7632	28			
潮州	546	135	5744	9895	427	22171	15036	1121
揭阳	3549	277	12645	13866	12744	51702	25319	4077
云浮	1921	969	1114	8526				

11-13　续表 3

(2017年)

市别	海洋渔业人口与从业人员（人）						
					专业从业人员中		
	兼业从业人员	女性	临时从业人员	女性	捕捞	养殖	其它
全省	107031	25886	28025	12535	218062	116473	38399
广州	776	472	118	75	2998	1673	136
深圳	8				660		
珠海	1570	1136	350	345	2614	1995	888
汕头	7132	935	1431	630	22401	5743	3033
韶关							
河源							
梅州							
惠州	5478	1482	4338	773	6060	5990	324
汕尾	6854	1522	2768	567	47556	9154	2857
东莞					640		
中山	26	5	24	8	170		50
江门	6271	567	663	460	11607	5591	2739
佛山					16		
阳江	10786	4555	3368	2769	28708	17965	5635
湛江	30119	9959	9441	6091	60065	49670	5579
茂名	5809	257	4208	501	18642	7119	4301
肇庆							
清远							
潮州	5819	436	1316	316	5380	8860	796
揭阳	26383	4560			10545	2713	12061
云浮							

11-14 渔业灾情

(2017年)

市 别	受灾养殖面积(公顷)	台风、洪涝	病害	干旱	污染	其它
全 省	72924	43229	10426	261	1258	17749
广 州	2034	2001	22		3	8
深 圳						
珠 海	19198	18958	200			40
汕 头	2065	1989	30		36	10
韶 关	427	287	81	25		34
河 源	199	170	22		5	2
梅 州	2975	752	1932	140	63	88
惠 州	147	2	75			70
汕 尾	7777	2953	1220		850	2754
东 莞	542	253	3			286
中 山	4117	4075	31		1	10
江 门	1713	17	1546		67	83
佛 山	272	218	53			2
阳 江	14490	4347	109	6	8	10020
湛 江	6517	3789	2417	40	191	80
茂 名	95	95				
肇 庆	2888	241	709			1938
清 远	69			50		19
潮 州	3874	606	1048			2220
揭 阳	2447	2447				
云 浮	1080	31	929		34	86

11-14 续表 1

(2017年)

市 别	水产品损失(吨)	台风、洪涝	病害	干旱	污染	其它
全 省	113277	70473	26394	411	1662	14337
广 州	7474	7349	18		4	103
深 圳						
珠 海	25655	25415	200			40
汕 头	1836	1645	88		71	32
韶 关	660	508	118	19		15
河 源	518	436	69		8	5
梅 州	5445	1304	3725	116	194	106
惠 州	158	7	52			99
汕 尾	4240	3168	215		850	7
东 莞	1734	1081	14			639
中 山	7735	7640	78		1	16
江 门	4935	338	4160		194	243
佛 山	1425	970	430			25
阳 江	4532	3791	345	31	100	265
湛 江	26200	11431	14161	220	195	193
茂 名	286	286				
肇 庆	12298	1785	491			10022
清 远	90			25		65
潮 州	6450	2350	1700			2400
揭 阳	830	830				
云 浮	776	139	530		45	62

11-14 续表 2

(2017年)

市别	损毁渔业设施(台风、洪涝)					
	池塘(公顷)	网箱(箱)	围栏(千米)	沉船(艘)	船损(艘)	堤坝(米)
全省	6943	11157	1109	19	94	5831
广州	329					
深圳						
珠海	3603	10		14	26	
汕头						
韶关	48	56				70
河源	70					
梅州	283	30	950			360
惠州	396	50			63	
汕尾	44	8680	150		1	500
东莞	217					
中山	149					
江门	135					
佛山	15					
阳江	557	715	9	2		723
湛江	816	1146		2	2	1843
茂名						
肇庆	66					200
清远						
潮州	164	450			2	2000
揭阳	47			1		
云浮	5	20				135

11-14 续表 3

(2017年)

市别	损毁渔业设施(台风、洪涝)						
	泵站(座)	涵闸(座)	码头(米)	护岸(米)	防波堤(米)	工厂化养殖(座)	苗种繁育场(个)
全省	4691	1911	705	2028	5531	1	11
广州							
深圳							
珠海			650		100		
汕头							
韶关		2					2
河源							1
梅州		6			800		
惠州			30	527	240		
汕尾			25				
东莞							
中山	1				2000	1	5
江门					1000		
佛山							
阳江				1001	1075		
湛江		9		500	50		2
茂名							
肇庆		2			50		
清远							
潮州	4690	1892					1
揭阳					216		
云浮							

11-14 续表 4

(2017年)

市 别	人员损失(台风、洪涝)(人)	失 踪	死 亡	重 伤	直接经济损失合计(万元)
全 省					241183
广 州					11581
深 圳					
珠 海					54075
汕 头					2182
韶 关					855
河 源					557
梅 州					6107
惠 州					1867
汕 尾					32480
东 莞					2665
中 山					18833
江 门					20661
佛 山					2404
阳 江					6261
湛 江					48334
茂 名					228
肇 庆					11469
清 远					156
潮 州					16676
揭 阳					2750
云 浮					1045

11-14 续表 5

(2017年)

市 别	水产品损失(万元)	台风、洪涝	病害	干旱	污染	其它
全 省	178170	77853	37478	788	3321	58731
广 州	8144	8144				
深 圳						
珠 海	26933	12858	1000			13075
汕 头	2182	1846	203		97	36
韶 关	791	593	144	37		17
河 源	519	440	71		5	3
梅 州	5391	1720	3153	137	202	179
惠 州	1830	1423	68			339
汕 尾	32480	560	200		250	31470
东 莞	2660	1849	24			787
中 山	15500	15358	111		1	30
江 门	14545	1132	10213		2294	906
佛 山	2004	1475	444			85
阳 江	1008	183	581	41	101	102
湛 江	40425	23263	15885	523	311	442
茂 名	228	228				
肇 庆	11358	665	661			10032
清 远	156			50		106
潮 州	8697	3600	4030			1067
揭 阳	2330	2330				
云 浮	992	184	692		60	56

11-14 续表 6

(2017年)

市别	损毁渔业设施(台风、洪涝)(万元)	池塘	网箱	围栏	沉船	船损	堤坝
全省	63012	39192	3014	65	1631	1396	1555
广州	3437	3432					5
深圳							
珠海	27142	20021	500		1500	360	
汕头							
韶关	64	36	4				3
河源	38	30					
梅州	717	592	13	23			33
惠州	37					23	
汕尾							
东莞	5	5					
中山	3333	1243					390
江门	6116	4096				1010	
佛山	400	400					
阳江	5253	3274	821	42	5		89
湛江	7909	5234	1556		66	3	895
茂名							
肇庆	111	111					
清远							
潮州	7979	679	120		10		130
揭阳	420	20			50		
云浮	53	20	1				10

11-14 续表 7

(2017年)

市别	损毁渔业设施(台风、洪涝)(万元)							
	泵站	涵闸	码头	护岸	防波堤	工厂化养殖	苗种繁育场	其它
全省	4655	2401	1156	628	4617		36	2667
广州								
深圳								
珠海			1150		2300			1311
汕头								
韶关		3					4	15
河源		1					7	
梅州		11			30		14	1
惠州			6					8
汕尾								
东莞								
中山					400			1300
江门					1000			10
佛山								
阳江				510	512			
湛江		11		118	25		1	
茂名								
肇庆								
清远								
潮州	4655	2375					10	
揭阳					350			
云浮								22

11-15 渔业经济总产值

(2017年) 单位：万元

市别	合计	一、渔业（水产品）	海洋捕捞	海水养殖	淡水捕捞
全省	31460797.05	13066450.92	1586257.60	5308912.90	155106.70
广州	1265576.53	312094.85	20324.00	58000.00	11745.30
深圳	824336.28	195645.58	181980.52	3000.00	
珠海	1460303.00	725997.30	16737.00	191421.00	2676.60
汕头	1403708.01	556766.92	181302.31	259853.61	4038.73
韶关	163154.31	93456.60			4120.82
河源	611183.40	43199.60			1583.69
梅州	753280.64	113339.52			8632.98
惠州	876585.70	256301.00	41031.00	104469.00	795.00
汕尾	1573659.11	652406.80	246346.80	352931.38	3641.64
东莞	282490.10	64869.00	13314.40	816.40	387.88
中山	1699586.70	575736.00	3514.00	4332.00	3448.00
江门	2393329.02	1646573.32	160977.57	246922.01	7613.57
佛山	3647710.82	1573500.02			12583.70
阳江	3011259.28	1940221.88	515520.86	942595.77	10630.27
湛江	5524402.55	2282392.98	408189.96	1332341.68	2635.00
茂名	2012923.47	787102.35	184149.00	311567.00	4223.86
肇庆	1122109.57	506983.48			5473.28
清远	739754.16	172813.46			3234.00
潮州	833590.70	227500.00	27814.00	127471.00	4847.00
揭阳	873565.96	226751.26	54328.61	47400.57	5768.36
云浮	388287.70	112799.00			2309.00

11-15 续表 1

(2017年) 单位：万元

市别	淡水养殖	水产苗种	二、渔业工业和建筑业	水产品加工	渔业机具制造
全省	5710845.50	305328.22	3969253.19	2331226.48	70898.24
广州	190735.55	31290.00	282668.63	19453.00	
深圳	2665.06	8000.00	41400.00	36400.00	
珠海	496941.70	18221.00	58994.00	34773.00	454.00
汕头	109967.64	1604.63	341826.50	334781.76	5331.74
韶关	85466.68	3869.10			
河源	38756.91	2859.00	74.00		74.00
梅州	91421.52	13285.02	13037.02	1807.32	117.00
惠州	93268.00	16738.00	13125.00	6820.00	650.00
汕尾	49224.98	262.00	192234.61	176059.00	13420.00
东莞	49449.04	901.28	11733.48	7728.14	140.00
中山	546946.00	17496.00	108529.00	61742.00	
江门	891000.17	60.00	414828.00	130355.00	8728.00
佛山	1178555.32	42361.00	152876.20	98422.30	
阳江	109784.44	21690.54	370736.04	353908.12	6342.00
湛江	156536.37	44873.71	1295294.13	603820.42	8359.20
茂名	250891.76	26270.73	369611.42	333980.42	16631.00
肇庆	489390.47	12119.73	42519.00	40692.00	223.00
清远	153061.86	16517.60			
潮州	46748.00	20620.00	22570.00	22570.00	
揭阳	96040.23	23213.49	51811.00	19003.00	9534.00
云浮	103518.00	6972.00	31312.00	27107.00	862.00

11-15 续表 2

(2017年) 单位：万元

市别	渔船渔机修造	渔用绳网制造	渔用饲料	渔用药物	建筑	其它
全省	41580.62	18948.70	1446198.44	9063.82	89403.68	22462.53
广州			263215.63			
深圳			5000.00			
珠海	110.00	130.00	23200.00	55.00	512.00	
汕头	1518.12	621.70	1127.00			586.00
韶关						
河源	65.00	9.00				
梅州	74.00	43.00	8626.70	1678.32	127.06	680.62
惠州	559.00	85.00	155.00		5500.00	
汕尾	6871.00	5401.00	114.00		1328.00	1313.61
东莞	120.00	20.00	3540.34	22.00		303.00
中山			38150.00	3657.00	2825.00	2155.00
江门	5260.00	972.00	273230.00	967.00	1521.00	27.00
佛山			53253.90	1200.00		
阳江	4643.00	1504.00	5387.00		2028.62	3070.30
湛江	5068.00	1905.00	681719.40	887.11	322.00	186.00
茂名	11453.00	3460.00	12303.00		5029.00	1668.00
肇庆	31.00	177.00	896.50	34.50	465.00	208.00
清远						
潮州						
揭阳	5039.00	4495.00	2482.00	428.00	7999.00	12365.00
云浮	742.00	120.00	1290.00	157.00	1871.00	25.00

11-15 续表 3

(2017年) 单位：万元

市别	三、渔业流通和服务业	水产流通	水产(仓储)运输	休闲渔业	其它
全省	14425092.94	13800394.25	183609.41	352619.19	88470.09
广州	104022.35	88045.05		4267.30	11710.00
深圳	20500.00	18000.00	2000.00		500.00
珠海	108521.00	106170.00		1351.00	1000.00
汕头	238323.89	236308.32	1375.57	560.00	80.00
韶关	2907.01	2430.21		476.80	
河源	1119.10	1073.10		46.00	
梅州	60113.40	53715.52	277.11	5231.40	889.37
惠州	40369.00	24868.00	9255.00	1511.00	4735.00
汕尾	162227.00	91932.00	21415.00	13249.00	35631.00
东莞	139096.92	133580.30		5516.62	
中山	148531.00	140769.00	5937.00	1605.00	220.00
江门	105137.00	79470.00	8360.00	665.00	16642.00
佛山	1194543.90	1071788.00	120902.00	1853.90	
阳江	73510.66	64753.66	1561.00	5704.00	1492.00
湛江	1217741.00	1211921.00	3541.00	1442.00	837.00
茂名	299419.00	293307.00	3859.00	2197.00	56.00
肇庆	5816.39	3536.00	987.00	616.00	677.39
清远	150.00			150.00	
潮州	16730.00	16694.00			36.00
揭阳	28213.00	7362.00	3762.00	2869.00	14220.00
云浮	77386.00	70853.00	299.00	6209.00	25.00

十二、农垦

2017年6月7日，农业部副部长屈冬玉、广东省副省长邓海光前往燕塘乳业股份有限公司视察在建广东省食品安全放心工程示范基地——燕塘乳业广州开发区旗舰工厂。

2017年10月12-14日，中央部委联合督察组第二督察组组长、农业部党组成员宋建朝调研广东农垦旗下生鲜连锁品牌——佳鲜农庄旗舰店。

2017年9月21—24日，广东农垦集团公司及旗下9家企业组团参加第十五届中国国际农产品交易会。垦区“银月牌”白砂糖和“三叶牌”糖水菠萝罐头荣获本届参展农产品金奖。图为省农垦集团公司（省农垦总局）党组书记、董事长（局长）陈少平向副省长邓海光介绍广东农垦参展情况。

2017年5月30日，泰东公司标胶厂成功试产，成为广垦橡胶在泰国自主设计、自主建设、全程自主管理并投入运营的第5个现代化天然橡胶加工厂。至此，广垦橡胶已在泰国管理运营的橡胶加工厂达22家，年产能超过110万吨。

2017 年 9 月，广东农垦湛江垦区现代农业产业园成功申报第二批国家级现代农业产业园。该产业园是一个以甘蔗为主产业、畜牧养殖和其它作物轮作相结合、一二三产业融合发展的现代农业产业园，着力打造集蔗糖规模生产、加工转化、科技示范、品牌营销、现代服务、文化旅游融合互动发展的“中国糖谷”。

2017 年 9 月 19 日，广垦生猪产业创新发展论坛在广州隆重举行，旨在建立广垦畜牧集团与业内智力资源的联系合作机制，建设养殖环境智能监测与控制技术创新平台,提升广垦畜牧集团社会知名度和影响力。

2017年12月8日，湛江垦区红江农场举行2017正宗红江橙采摘节暨分选加工中心启动仪式。红江农场引进的国内先进橙类筛选分级生产线和一条糖度检测生产线能够按照红江橙大小、颜色、甜度、水分等自动分类。

2017年8月24日，广垦置业有限公司与火星农场签订留用地合作开发协议，标志着垦区首宗留用地开发项目正式落地。由广垦置业公司负责项目开发建设资金、火星农场以项目土地折价投入的形式进行合作开发，火星农场可实现留用地价值转换为经营性物业长期持有经营。

2017 年 12 月 25 日，广东省农垦集团公司与中国人保资产管理有限公司、南方联合产权交易中心战略合作协议暨粤垦小贷公司股权合作项目签约仪式隆重举行，标志着广东农垦迈出深化改革发展、推进普惠金融领域的新步伐。

2017 年 12 月 29 日，汕尾垦区首批 9 所基础教育中小学移交地方政府统一管理交接仪式隆重举行，这是垦地双方推进国有农场办社会职能改革的重大举措。

2017年2月1日，广东农垦社区服务创新改革试点正式启动——广东农垦社区服务创新试点合同签约仪式暨工作推进会隆重举行。广前糖业公司、丰收糖业公司、南华农场、湖光农场等四个试点单位分别与华南农业大学公共管理学院、广东省北斗星社会工作服务中心签订了委托社区服务与项目研究合同书。

2017年10月26日，省农垦集团公司热烈欢迎党的十九大代表、湛江农垦华海糖业公司陈燕华同志载誉归来，并请陈燕华同志作专题报告，第一时间向垦区各级传达党的十九大精神。

农　垦

2017 年，广东农垦深入贯彻落实中央和省委省政府深化农垦改革文件精神，以推进供给侧结构性改革为主线，坚持“巩固提高、稳中求进”的工作基调，围绕“做强、做优、做大”垦区优势产业，扎实有效的推进各项工作，垦区经济社会发展实现了稳中向好、好中向优，圆满完成了全年目标任务。

一、综合

2017 年，广东农垦实现生产总值 172.76 亿元，比上年增长 7.1 %，其中：第一产业增加值 58.23 亿元，增长 8.4 %，对 GDP 增长的贡献率为 39.4%；第二产业增加值 69.14 亿元，增长 9.2 %，对 GDP 增长的贡献率为 50.9%；第三产业增加值 45.39 亿元，增长 2.5 %，对 GDP 增长的贡献率为 9.7%；三次产业结构由上年的 33.31：39.24：27.45 变为 33.71:40.02:26.27。人均农垦生产总值达 44600 元，增长 5.7%。国有在岗职工年均纯收入 54309 元，增长 10.4%，垦区居民人均纯收入 24469 元，增长 6.6%。全年国有企业营业总收入达 256.0 亿元，同比增加 23.5 亿元，增幅 10.1%，实现利润 33288.3 万元，增幅 2.2%。

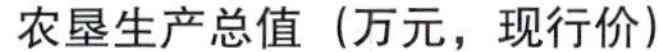

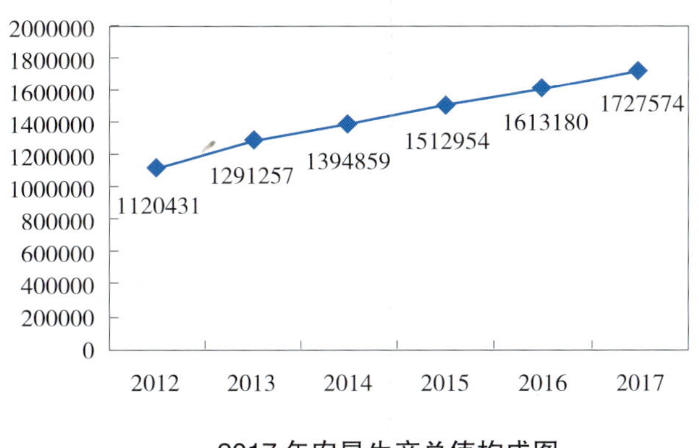

2017 年农垦生产总值构成图

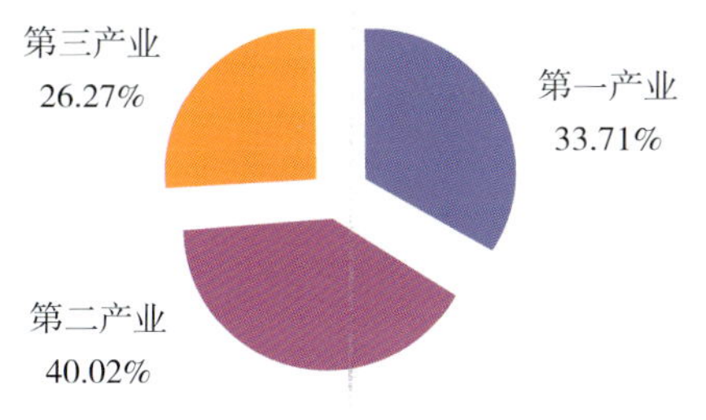

一年来，垦区经济社会稳步向好向优发展，为全面实现垦区“十三五”发展规划、实现十九大的良好开局之年奠定了扎实的基础。在总结成绩的同时，我们也要清醒地看到存在的问题，在发展中逐步解决。一是垦区主产业产品盈利能力不足，垦区农产品品牌不少，但大而不强、多而不优等问题比较突出；初级产品多、附加值高的精深加工、个性化产品不足，品牌的企业价值有待进一步挖掘。二是新培育产业板块虽呈现趋稳向好势态，但混合所有制企业的运营管控仍需加强，准入退出机制不够健全，对关键环节的监管掌控能力仍然不足。三是深化农垦改革“两个三年”任务繁重，大规模的基础教育移交和社企分离的大趋势不可逆转，垦区医疗和职业教育产业的发展也需精准定位协同推进，这需要更多的主动担当和智慧勇气去面对。四是东西两翼发展不平衡，资源好有产业支撑的粤西垦区已具备一定的现代农业发展基础；汕尾局这几年在项目引进、产业对接上有所突破，但粤东垦区受自然条件、人力资源约束，整体发展基础仍比较薄弱、创新不够、后劲不足。五是人力资源与经济发展不相适应的矛盾依然突出，企业经营经营性人才不足、梯队断层现象依然存在。

二、农业

2017 年，实现第一产业增加值 58.23 亿元，增长 8.4%。农业总产值按现行价计算达 107.69 亿元，增长 8.3%，农业商品产值为 100.45 亿元，农业商品率为 93.3%。

2017 年，实现农作物总播种面积 4.5 万公顷，增长 4.5%，其中：粮食播种面积 0.76 万公顷，负增长 5.3%；糖蔗种植面积 2.54 万公顷，增长

12.3%；油料播种面积 0.25 万公顷，负增长 9.8%；蔬菜播种面积 0.84 万公顷，增长 1.7%。

垦区国内外橡胶年末实有面积 7.07 万公顷，其中：国内基地橡胶年末实有面积 4.5 万公顷，增长 3.6 %，其中当年新定植、更新定植 11791.5 亩；油茶年末实有 9272.7 公顷，其中当年新种 11161.5 亩；水果年末实有面积 3.28 万公顷，增长 1.0 %；剑麻 3055 公顷，增长 13.6 %；茶叶 556 公顷，增长 4.1 %。

全年生猪饲养量 183.23 万头，增长 1.3%，其中年末存栏 68.9 万头；牛年末存栏 2.78 万头，其中奶牛 1.22 万头；家禽饲养量 2049.92 万只，增长 6.9%；全年水产养殖面积 3806.9 公顷。

全年粮食产量 5.42 万吨，负增长 5.3%；糖蔗产量 215.09 万吨，增长 15.9%；油料产量 0.67 万吨，负增长 10.1%；蔬菜产量 16.53 万吨，负增长 5.4%；干胶产量 60.33 万吨（包含海外、海南和云南），增长 212.5%；水果产量 89 万吨，负增长 0.8%；剑麻直纤维产量 2715 吨，负增长 17.2%；茶叶产量 702 吨，增长 2.5%。

全年肉类总产量 12.85 万吨，增长 7.3%，其中猪肉产量 10.24 万吨，增长 7.3%；禽肉产量 2.49 万吨，增长 8.1%，禽蛋产量 3084 吨，下降 4%。全年水产品产量 4.39 万吨，增长 13%，其中海水养殖 1.15 万吨，淡水养殖 3.23 万吨。鲜牛奶产量 5.83 万吨，增长 21%。

全年农业固定资产投入 5.86 亿元，负增长 39.7%。年末农业机械总动力为 44.04 万千瓦，增长 2.6%。全年农用化肥施用量（折纯）6.71 万吨；农用塑料薄膜用量 805 吨；农药施用量 6081 吨；农场用电量 36012 万千瓦时；有效灌溉面积达 20031 公顷。

三、工业和建筑业

2017 年，实现第二产业增加值 61.88 亿元，增长 10.5%，占生产总值的 35.8%。

2017 年，垦区各类工业企业 557 家，其中：国有及非国有规模以上工业企业 103 家，全年实现工业增加值 61.88 亿元，增长 10.5%，其中：国有及非国有规模以上工业增加值 54.53 亿元，占 88.1%。全年实现工业总产值按现行价计算（下同）为 244.51 亿元,增长 36.8%，其中：轻工业产值 225.5 亿元，占工业总产值的 92.2%；重工业产值 19.01 亿元，占工业总产值的 7.8%；国有及非国有规模以上工业总产值 222.95 亿元，占工业总产值的 91.2%。工业产品销售率为 95.2%。全年实现工业利润是 31.5 亿元，应交税金 12348 万元。

2017 年垦区二十二大类工业产品中，产值排前十位的行业是：食品制造业产值 87.69 亿元，占 35.9%；其他制造业产值 69.34 亿元，占 28.4%；食品加工业产值 38.62 亿元，占 15.8%；金属制品业 10.56 亿元，占 4.3%；塑料制品业 10.41 亿元，占 4.3%；家具制造业 6 亿元，占 2.5%；建筑材料及其他非金属矿物制造品业产值 4.2 亿元，占 1.7%；服装及其他纤维制品制造业 3.13 亿元，占 1.3%；木材加工及竹藤、棕草制造业 2.69 亿元，占 1.1%；纺织业 2.45 亿元，占 1%。这十大产业总产值 235.09 亿元，占工业总产值的 96.1%。

2017 年垦区工业主要产品产量及其增减情况

产品名称	单位	产量	比上年增减(%)
机制糖	吨	339925	-2.9
罐头	吨	3195	41.1
酒精	吨	5699	-78.6
乳制品	吨	138973	16.8
食用油	吨	99347	-47.2
有机复混肥	吨	41048	-42.7
剑麻（绳、布、条）	吨	5126	-25.6
地毯	万平方米	18	9.8
水泥	吨	250807	-14.6
家具	万件	311.1	-21

2017 年，全年完成建筑业产值 19.79 亿元，增长 3.9%,房屋施工面积 62.48 万平方米,房屋竣工面积 55.18 万平方米。建筑业增加值达 7.25 亿元，下降 0.7%,实现利润总额 -480 万元，应交税金 1039 万元。

四、固定资产投资

2017 年，全年全社会固定资产投资总额 25.76 亿元，负增长 12.6%，其中国有固定资产投资完成

16.98 亿元，增长 9.3%，非国有投资完成 8.78 亿元，负增长 63.1%。在国有固定资产投资额中，基本建设投资 14.66 亿元，占 56.9%，更改措施投资 2.31 亿元，占 9%。

分三次产业看，第一产业投资 5.86 亿元，负增长 39.7%。第二产业投资 9.92 亿元，增长 80.5%。第三产业投资 9.97 亿元，负增长 30%。主要投向两大产业板块和公益民生工程。

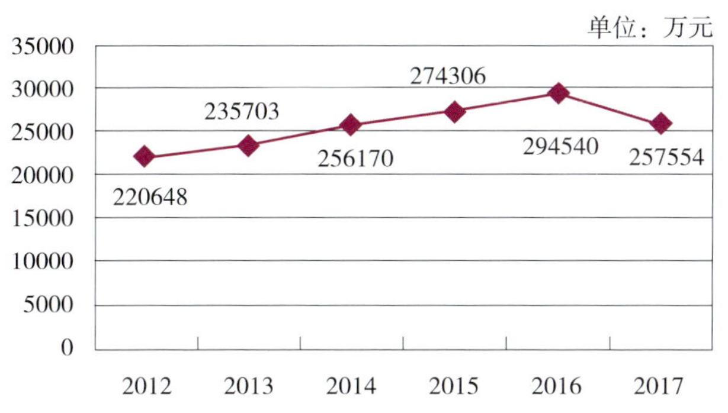

五、交通运输业、批零贸易业、餐饮业、服务业、房地产业及出口商品

2017 年，全年完成交通运输业总产值 7.56 亿元，比上年负增长 4.6%，全年盈利 9140 万元，应交税金 4194 万元。全年完成交通运输业增加值 4.6 亿元，比上年增长 3.3%。现有载货汽车 1292 辆，载客汽车 1509 辆；全年货运量 570.41 万吨，货运周转量 53.06 万吨公里；客运量 670.97 万人，旅客周转量 92599 万人公里。

2017 年，全年实现社会消费品零售额 21.43 亿元，增长 9.1%。年末批零贸易业、餐饮业、居民服务业营业单位总数达 4924 个，从业人员 19945 人，年末固定资产原值 26.45 亿元，营业用房 77.33 万平方米，销售和营业总额 199.25 亿元，利润总额 64082 万元，应交税金 30971 万元。

2017 年，垦区房地产开发企业 1 个，从业人员 93 人，年内销售商品房 61478 平方米，利润总额 3152 万元，缴纳税金 2885 万元。

2017 年，年末共有物业管理公司 13 个，物业管理人员达 912 人，年末实有可出租房屋面积 83.7 万平方米,已出租房屋面积 83.47 万平方米,出租率达 99.7%,物业管理公司营业或服务收入达 24195 万元，增长 41.9%，其中物业管理费收入 7139 万元,占总收入的 29.5%;出租写字楼及宿舍收入达 7392 万元,占总收入的 30.6%;出租厂房收入 3975 万元,占总收入的 16.4%。

2017 年，出口商品总金额达到 79.17 亿元，增长 3.6%。出口创汇金额 114954 万美元，增长 3.4%。其中:工业品出口达 71.92 亿元，占出口总额的 90.8%。

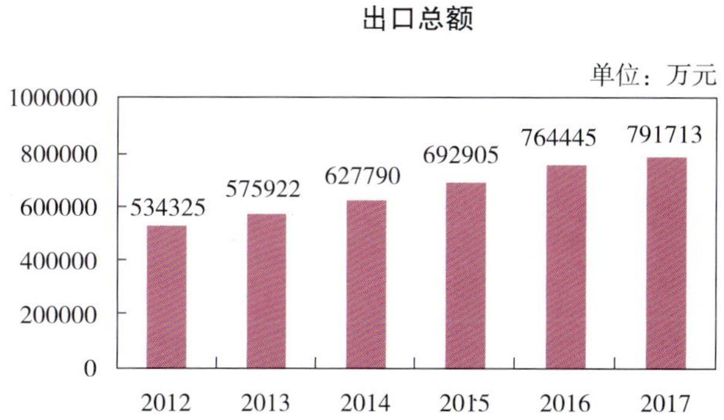

六、科技生产、土地

2017 年，垦区共有科研单位 49 家，其中省地级 6 家，共有科研从业人员 135 人。2017 年末垦区农技推广站 43 个。共投入科研经费 2297 万元。2017 年，垦区农业综合机械化水平、农业科技贡献率和良种覆盖率分别达到 72%、65.8%和 100%。

科技创新与应用。通过割胶制度改革，采用超低频割制人均割胶株数达到 2658 株，比常规割胶（四天一刀）的 2289 株提高了 16.1%；人均产胶达到 5.99 吨，比常规割胶 5.01 吨提高了 19.6%；胜利、团结、火星、新时代试验区胶工 136 人，比 2015 年试验前（208 人）节省胶工 72 人，减幅为 34.8%。通过推广甘蔗生产全程机械化，完成甘蔗地机耕 12.3 万亩，占新植面积的 60.7%；机种面积 8.82 万亩，占新植蔗的 45.7%，同比提高 15.7%；通过推广病虫害防治新技术，完成无人机防治 4.13 万亩，赤眼蜂防治甘蔗螟虫 25.6 万亩。通过加强抗性麻苗选育和红江橙脱毒种苗繁育，共繁育健康剑麻苗 203.6 万株，新增种植面积 8001 亩；繁育红江橙脱毒苗7.8万株，新增种植面积2677亩，有效促进了剑麻、红江橙等垦区特色产业的恢复性发展。

品牌宣传与建设。通过加强垦区农产品的品牌建设和质量安全监管，强化基地标准化建设，大力推广农产品质量追溯，树立质量安全意识，“太阳牌”剑麻纤维等7个产品获2017年广东省名牌产品，“华煌牌”红茶等13个产品获广东省名特优新农产品称号。同时，精心组织谋划参加农业部举办的第十五届中国国际农产品交易会和第八届广东现代农业博览会等活动，获得有史以来最佳效果，也得到农业部和广东省等领导的高度评价，“三叶”牌菠萝罐头和“银月”牌白砂糖等2个产品获第十五届中国国际农产品交易会金奖，充分展示了垦区建设“国家现代农业的示范区、城市安全食品生产保障基地”的丰硕成果。

产学研交流与合作。与航天五院合作开展航天搭载培育甘蔗、剑麻种苗项目，其中2个航天搭载甘蔗品种已进入试种阶段；与中国热科院合作，在胜利、南华等4个农场开展机械化采胶试验；与中科院过程工程研究所和广州中糖公司合作，成功开展了膜技术处理甘蔗混合汁研究，试验达到预期效果。与中国农科院、省农科院等合作组建了由畜牧工程研究院核心科技人员和院外专家相结合的学科团队，打造了一支技术过硬、人才精良的畜牧产业技术支撑团队。

2017年，垦区年末土地总面积228364.3公顷，其中：已开垦利用地216643公顷，占94.9%，内有耕地37197.9公顷。截至2017年底，垦区累计完成农场土地确权发证20.71万公顷（其中包含与国土证不相覆盖的0.70万公顷林权证），已发证占应发证比率约达96%，居全国农垦系统前列。加强土地管理，加大力度追收土地租金、补偿金等土地收益。结合地籍管理工作，强化垦区农场土地权益保护，实现当年被占土地全部收回。创新土地管理，建设推进垦区国有资源有偿使用电子交易平台及土地租赁电子合同网签系统，从制度上确保了土地租赁的公平、公正、公开。

七、教育和卫生

教育事业。制订垦区优秀教师和优秀教育工作者评选工作方案，2017年共评选55名优秀教师和14名优秀教育工作者。完成了湛江农垦湖光第二小学、前进一小、广丰小学、幸福小学、东方红一小5所学校的撤并。完成了湛江农垦红江一小示范性学校检查验收工作，垦区新增1所义务教育示范性学校。通过聘请广州市中小学名师授课和参观交流广州市中小学名校，培训了60名垦区中小学校长。开展了垦区基础教育、职业教育和幼儿园资产、人员、经费、债务情况调查，以及揭阳、汕尾2个垦区中小学校资产清查工作。揭阳垦区7所基础教育学校，汕尾垦区9所基础教育学校举办了移交属地政府管理的仪式，拉开了垦区基础教育学校移交的序幕。

2017年末，垦区有各类学校139所，实有在职教职工3468人，在校学生73861人。其中：普通高等学校1所，在校学生19312人，当年新招生人数6765人，当年毕业生5906人；中专1所，在校学生4872人，当年毕业生2170人。技工学校2所，在校学生1542人，当年毕业生339人。普通中学42所，在校学生15295人，当年毕业生4863人,小学93所,在校学生32840人,当年毕业生5522人；幼儿园58所，入园儿童11068人，当年毕业儿童3144人。

新型职业农工培育取得新进展，全年共培育各类新型职业农工367人，开展农工科技培训346人次。农广校体系建设取得突破，首次将学院和湛江、茂名、阳江等三个科研所，广前、丰收、华海等3个产业化龙头企业，东方红、火星、红阳、红峰等4个农场和曙光猪场及垦外单位广西“五彩田园”纳入农广校培训基地建设管理系列，与农广校总校、分校一起，形成适应不同层次和不同方式培训需求的立体培育体系和培育网络。宣传、推优工作取得新进展，幸福农场职工陈远获2017年全国“风鹏行动·新型职业农民”项目资助；中央电视台7套农广天地继“从田头到餐桌”之后，再次走进广东农垦，对广东农垦农广校和新型职业农工培育工作和培育典型人物进行拍摄，拟拍 3–5 个典型农工培育成长事迹。

卫生事业。垦区医疗卫生事业稳步推进。7 月份，全省启动了公立医院药品零差价改革工作，垦区各医院参与属地公立医院改革；湛江垦区组建以广东省农垦中心医院、湛江农垦第二医院为核心的广东农垦湛江健康有限公司，推进场办医院职能内部分开、管办分离，以实现垦区医疗资源共享、信息互通、优势互补，将垦区医疗健康养老产业做大做强；垦区医院医疗管理，特别是精神病专科管理逐步规范，垦区医院社会职能剥离与改革正在起步。垦区医疗卫生基础设施项目建设进度加快，长山等一批农场医院门诊综合大楼先后竣工使用，大幅提升了垦区职工的就医环境和医疗水平。

2017 年末，垦区现有医疗单位 59 个，其中：三级医院 1 所，二级医院 3 所，农场医院 44 个，病床 6502 张，卫生技术人员 3999 人,其中：医生 1462 人。

八、公路、小城镇和安居工程建设

2017 年，投入一事一议、税改、水库移民等项目资金近 3.24 亿元，用于改善生产生活环境，农场面貌进一步改善，城镇化率达到 70%。基本实现职工安全饮水和生活垃圾、生活污水的无害化处理；以 10 个“美丽乡村”建设示范点为抓手，突出农垦特色，完成农场卫生净化、环境绿化、道路亮化等 800 多个工程建设；水库移民危房改造项目的收尾工作加快，累计完成移民安居工程建设 19735 户、63697 人，基本完成目标任务。

九、扶贫攻坚

2017 年垦区在 10 个扶贫农场实施财政扶贫资金项目 20 个，投入财政资金 3210 万元。贫困农场扶贫开发贯彻产业扶贫优先的原则，着重提高农场自我造血能力。其中，投入产业扶贫项目资金为 2462 万元，占比 76.7%，安排了 11 个产业发展项目。共计种植橡胶面积 910 亩，油茶面积 4250 亩，茶叶面积 500 亩，红江橙面积 500 亩，优质蔬菜基地 200 亩，牧草面积 2000 亩，涵盖垦区主导产业和优势特色产业。另外，投入 732 万元实施一批基建项目，建设道路 7.2 公里，收胶站 1040 平方米，新增仓库仓储能力 3600 吨，有效改善农场职工生产、储运等生产条件。全面落实湛江雷州市水标村的对口帮扶工作，2017 年水标村争取地方财政资金 743.8 万元，省农垦集团公司投入 123 万元，均比去年大幅增长。行政村水标村经过改造初具新农村面貌，其中自然村南山乙村被评为广东省新农村示范村。水标村 2017 年贫困户人均纯收入达 7043 元，比省划定的年度标准 6883 元高 160 元，村集体收入 6 万多元，高于省划定的年度标准。积极配合农业部开展援藏扶贫工作。

十、人口、职工与垦区居民收入

2017 年全垦区年末总人口 38.93 万人，全年出生人口 4513 人，年内死亡人口 2310 人。

2017 年末垦区国有职工总数 4.39 万人,其中:国有在岗职工为 4.33 万人，内:长期职工为 3.43 万人。全年国有在岗职工纯收入合计 237889 万元，国有在岗职工年均纯收入 54309 元，增长 10.4 %。

2017 年末从业人员 125612 人，其中：从事第一产业 54430 人，占从业人员总数的 43.3%；从事第二产业 35099 人，占从业人员总数的 27.9%；从事第三产业 36083 人，占从业人员总数的 28.7 %。从业人员年平均收入 41217 元，增长 4.2%。

2017 年垦区居民人均纯收入 24469 元,增长 6.6%。

十一、农综、农业产业化重点龙头企业和境外企业基本情况

2017 年，投入财政资金 2500 万元，实施一批农业综合开发项目；建设 2.3 万亩高标准农田和 83 个小型农田水利设施，改良土壤 1.67 万亩。

2017 年，完成龙头企业的申报和监测工作，至 2017 年末，新增广东广垦绿色食品有限公司为省级龙头企业，垦区共有 11 家省级以上龙头企业，其中 4 家为国家级龙头企业。11 家省级龙头企业（不含华粮、长晟）落实贷款贴息 100 多万元.

2017年末，垦区境外企业达21家，并表单位境外企业从业人员6181人，境外企业全年总收入81.21亿元。

十二、财务状况

资产负债情况：由于畜牧、粮油等产业的迅速发展，垦区国有资产规模进一步扩大。2017年末垦区资产总额为376.9亿元，比年初数增加20.4亿元，负债总额211.2亿元，比年初增加9亿元，资产负债率为56.0%，与上年57.1%有所下降，处于财务安全值的有效范围内。

所有者权益增减变动情况：2017年末垦区所有者权益165.7亿元，比年初增加11.4亿元，增加的主要原因：一是垦区实现盈利未分配利润增加25976.5万元；二是2017年国有资本经营预算项目（支持广东农垦农业对外合作—收购控股泰华公司）获得国家财政拨款5.65亿元；其他是少数股东投入导致少数股东权益增加了28411.6万元。

资产运营效率及债务风险情况：2017年垦区资产负债率为56.0%，处于较低的水平，有效地控制了企业的债务风险；流动比率108%，比上年上升2个百分点，短期偿债能力有所提高；应收帐款周转率14.89，垦区企业正常资金周转效率较高，资金运营情况较好；净资产利润率和总资产报酬率分别为1.5%和1.9%，企业资产的运营效率较好。

国有营业总收入、利润情况：2017年垦区实现营业收入256.0亿元，同比增加23.5亿元，增幅10.1%。主要是收购泰华公司后橡胶集团营业规模实现了大幅增长。实现利润总额33288.3万元，增幅2.2%。

利　润

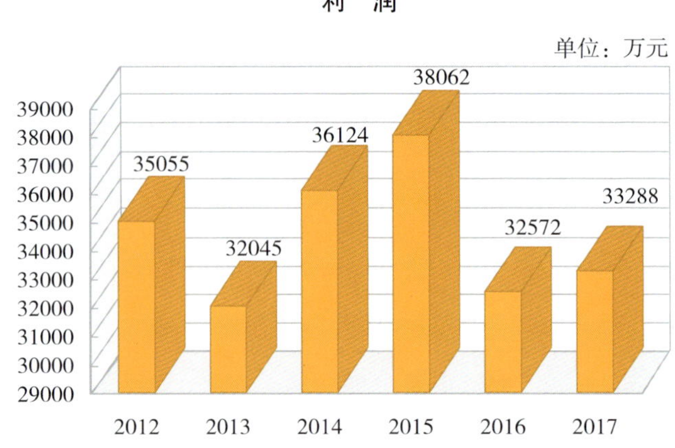

税金缴纳情况：2017年垦区共实现各项税费55215万元。

十三、非国有经济

2017年，垦区实现非国有经济生产总值80.63亿元，增长4.5%，占垦区经济总量的46.7%。其中第一产业增加值10.44亿元，第二产业增加值47.77亿元，第三产业增加值22.42亿元，各产业占非国有经济总量的比重分别为12.9%、59.2%、27.8%。非国有经营单位个数6298个，从业人员达6万人，其中第一产业1.9万人，第二产业2.1万人，第三产业2万人。从业人员总收入26.5亿元，从业人员年平均报酬44433元。全年共实现利税6.75亿元，增长4.4%，其中：利润296820亿元，增长3.5%。

12-1 主要年份广东农垦统计指标

项 目	计量单位	1957	1962	1965	1970	1975	1978	1980	1985	1990	1995
土地总面积	公顷	198620	347113	236953	254767	250980	251129	252294	238980	220026	219038
农垦总人口	人		117529	158740	248600	295340	318060	318059	317136	347144	337737
国有在岗职工人数	人	21181	61066	77856	130255	151145	167555	168687	169606	167169	123892
国有职工工资总额	万元	1094	2305	2671	4358	6441	8110	9926	16199	37206	75000
工农业总产值(可比价)	万元	5202	8754	19716	26258	42980	54586	59726	88141	152786	232930
农业总产值(可比价)	万元	4418	6530	13071	19233	30746	39387	44409	57194	82628	99311
工业总产值(可比价)	万元	784	2224	6645	7025	12234	15199	15317	30947	70158	133619
农垦社会总产值(现价)	万元						41176	45485	63405	162320	432018
农垦生产总值(现价)	万元						20176	22424	31233	71970	176407
利润总额	万元	-357	75	1520	1734	3367	4684	3425	3582	3825	23521
交纳税金	万元	19	121	828	1230	481	481	1002	2109	7449	15900
国有固定资产原值	万元							66421	95570	125191	213315
国有固定资产净值	万元							53340	70312	89256	168452
出口商品总金额	万元	118	125	446	32	193	219	168	217	10134	31833
出口创汇金额	万美元							111	757	2073	3826
农产品销售金额	万元	174	357	810	738	12374	19694	11666	26165	59015	121698
干胶总产量(国内基地)	吨		1388	3426	7232	12361	16288	18501	24408	30241	27158
剑麻纤维产量	吨	64	74	1337	3016	5695	7271	8900	10893	10538	16889
干毛茶产量	吨		1	2	1	8	35	87	1431	3135	2613
水果总产量	吨	875	966	1002	2426	795	1726	3450	16783	62134	74575
年末林地面积	公顷	33099	30223	36297	39716	39972	39960	34136	32385	38077	33680
鲜牛奶产量	吨	106	250	604	656	1469	1912	2355	3162	3423	5062
肉类产量	吨	808	1265	681	2400	2834	4012	7967	13033	15306	21736
水产品产量	吨	9	1043	32	79	423	227	227	791	2834	8128
机制糖产量	吨	393	1878	13281	13134	12168	15557	12603	39111	79506	113893
水泥产量	吨					21023	39353	42602	120598	171199	594066
固定资产投资额	万元	1239	2355	2385	4766	4454	5882	5342	9596	8580	88376

12-1 续表

项目	计量单位	2000	2005	2010	2011	2012	2013	2014	2015	2016	2017
土地总面积	公顷	217705	221793	226031	227053	227299	226878	228696	228305	228834	228364
农垦总人口	人	352608	350249	375095	382056	371718	377214	379765	377975	382887	389346
国有在岗职工人数	人	101698	65714	59370	57510	50806	49608	48575	47512	46127	43264
国有职工工资总额	万元	65145	64852	101106	115318	126661	151177	204725	221171	227502	237889
工农业总产值(可比价)	万元	322265									
农业总产值(可比价)	万元	136071									
工业总产值(可比价)	万元	186194									
农垦社会总产值(现价)	万元	522935	750248	1938973	2317956	2621921	2945667	3218085	3475143	3581996	4392123
农垦生产总值(现价)	万元	171361	323933	836254	976335	1120431	1291257	1394859	1512954	1613180	1727574
利润总额	万元	-20713	14568	33848	46019	35055	32045	36124	38062	32572	33288
交纳税金	万元	14279	15361	26551	31688	40933	32352	40234	30608	46724	53649
国有固定资产原值	万元	469584	682053	772743	1323608	1383863	1426796	1520104	1583426	1817613	1877682
国有固定资产净值	万元	336609	546608	580666	1115246	1151826	1182017	1241348	1272136	1364954	1450760
出口商品总金额	万元	28123	78937	452321	512324	534325	575922	627790	692905	764445	791713
出口创汇金额	万美元	3386	9915	69400	74371	86109	93532	100899	108071	111204	114954
农产品销售金额	万元	132871	210751	367085	438004	518616	643816	622950	789697	821199	912964
干胶总产量(国内基地)	吨	20034	21307	13383	13766	15382	16012	11968	12970	12923	14006
剑麻纤维产量	吨	17873	14410	13610	13125	9103	8351	6140	7929	3279	2715
干毛茶产量	吨	2320	1737	1092	1155	985	1021	779	617	685	702
水果总产量	吨	143415	236156	401505	442195	508151	651313	661381	875421	896783	889913
年末林地面积	公顷	24755	24635	23225	22737	23847	24788	25188	28002	28628	29532
鲜牛奶产量	吨	3158	19711	26303	28641	40986	38234	37866	45618	48196	58300
肉类产量	吨	37905	42117	64140	73482	85594	107649	114404	119212	119812	128517
水产品产量	吨	15391	21755	30386	31306	34512	35262	36328	36746	38871	43908
水泥产量	吨	432540	483468	520730	617356	516692	372192	401000	309376	293584	250807
固定资产投资额	万元	30250	59761	202232	215582	220648	235703	256170	274278	294540	257554

12-2 广东农垦主要指标完成情况

(2017年)

指 标 名 称	单位	总局合计		湛江局	茂名局	阳江局	揭阳局	汕尾局	广州直属单位
		完成数	增长(%)						
一、企业个数	**个**	**292**	**-1.4**	**82**	**32**	**30**	**9**	**4**	**135**
其中：第一产业	个	165	0.6	41	27	22	9	4	62
第二产业	个	45	36.4	17	2	3			23
第三产业	个	82	-17.2	24	3	5			50
二、农垦总人口	**人**	**389346**	**1.7**	**162699**	**95812**	**15048**	**49552**	**37150**	**29085**
其中：从业人数	人	125612	4.8	38868	26874	3898	14858	14782	26332
内：国有在岗职工	人	43264	-6.2	22989	7881	2384	838	1951	7221
离退休人员	人	85545	-0.3	48809	24774	5479	2438	2216	1829
三、土地总面积	**公顷**	**228364**	**-0.2**	**115895**	**56294**	**34569**	**11960**	**9478**	**169**
其中：已开垦利用	公顷	216643	0.2	107412	55141	34373	11663	7885	169
内：耕地	公顷	37198	-1.8	32788	546	1307	1087	1460	10
四、农业生产									
1.橡胶年末面积	公顷	45048	3.6	7293	26747	8304	1642	1062	
橡胶年末株数	万株	1504.92	0.1	244.77	854.03	277.38	78.32	50.42	
开割到达面积	公顷	25711	19.7	2842	16706	6013	133	19	
开割到达株数	万株	667.83	10.3	62.46	470.99	126.3	7.16	0.92	
全年干胶总产	吨	603304	212.5	881	10468	2590	60	7	589298
其中:国内基地干胶总产	吨	14006	8.4	881	10468	2590	60	7	
单株年产干胶	公斤	2.2	-8.3	1.6	2.3	2.3	1.6	0.8	
公顷年产干胶	公斤	610	-9.9	339	663	572	3297	376	
2.剑麻年末面积	公顷	3055	13.6	2536			519		
纤维总产	吨	2715	-17.2	2278			437		
3.茶叶年末面积	公顷	556	4.1	203	148	8	173	23	
茶叶总产	吨	702	2.5	212	64	19	379	28	
4.水果年末面积	公顷	32837	1	21996	4577	1310	3613	1252	89
其中：柑桔橙	公顷	835	19.6	681	6	53	95		
内：红江橙	公顷	630	25.2	630					
菠萝	公顷	11818	5.6	11558	27		115	117	1
荔枝	公顷	6557	-0.8	1917	2254	366	1155	859	7
龙眼	公顷	3076	-0.4	364	1413	580	573	136	10
香(大)蕉	公顷	6876	-9.1	6223	378	105	113	57	
水果总产量	吨	889913	-0.8	819326	42121	5599	16579	6103	185
其中：柑桔橙	吨	8342	-11.6	5037	179	1248	1878		
内：红江橙	吨	4971	-23.5	4971					
菠萝	吨	454826	1.4	452253	26		234	2306	7
荔枝	吨	39329	14.3	10070	19283	340	7723	1903	10
龙眼	吨	15612	14.2	2256	9302	484	2705	850	15
香(大)蕉	吨	322043	-9.7	306996	10894	3178	504	471	
5.年末林地面积	公顷	29532	3.2	6184	10889	6754	2609	2176	920
木材总产	M3	106356	-13.1	68875	23925	4471	12	9073	
6.粮食播种面积	公顷	7628	-5.3	2282	968	396	1815	2167	

12-2 续表 1

(2017年)

指 标 名 称	单位	总局合计		湛江局	茂名局	阳江局	揭阳局	汕尾局	广州总直单位
		完成数	增长(%)						
粮食总产量	吨	54183	-2.6	20382	6142	2241	9923	15495	
其中：水稻播种面积	公顷	4372	-10.2	981	432	115	961	1884	
水稻总产量	吨	29093	-14.2	6564	3172	666	5332	13359	
7.糖蔗播种面积	公顷	25423	12.3	25353	18	52			
糖蔗总产量	吨	2150921	15.9	2147625	1524	1772			
8.油料播种面积	公顷	2541	-9.8	1344	748	200	191	58	
油料总产量	吨	6724	-10.1	3411	2138	630	416	129	
9.蔬菜种植面积	公顷	8350	1.7	5380	1201	219	712	839	
蔬菜产量(含菜用瓜)	吨	165307	-5.4	101190	22743	2836	14663	23875	
10.猪全年饲养量	头	1832256	1.3	839383	650912	164428	77731	99802	
年末存栏量	头	689088	-2.2	297644	255891	66242	29290	40021	
11.牛年末存栏量	头	27781	1.6	10394	1035	886	2603	890	11973
其中：奶牛	头	12183	17.8	195			15		11973
12.肉类总产量	吨	128517	7.3	62726	38457	9827	6258	11249	
其中：猪肉	吨	102427	7.3	51571	32409	8747	4686	5014	
13.水产养殖面积	公顷	3807	-8.1	961	439	1368	146	893	
水产品产量	吨	43908	13	10253	7953	19897	1050	4755	
14.农业机械总动力	千瓦	440420	2.6	149698	70513	74195	11015	34858	100141
五、工业生产									
1.工业企业个数*	个	557	-2.8	184	168	14	64	64	63
2.工业产品产量									
其中：水泥	吨	250807	-14.6			250807			
机制糖	吨	339925	-2.9	339925					
罐头	吨	3195	41.1	3195					
木片(绝干吨)	吨	22648	-36	18258	4113			277	
配合饲料	吨	98854	2505.5		3175			691	94988
酒精	吨	5699	-78.6	3600					2099
成品茶	吨	547	1.3	198	35	10	279	25	
乳制品	吨	138973	16.8	707					138266

12-2 续表 2

(2017年)

指标名称	单位	总局合计		湛江局	茂名局	阳江局	揭阳局	汕尾局	广州总直单位
		完成数	增长						
模压复合家具	万件	311.1	-13.3	309	2.1				
凉果	吨	7621	2.1				7141		480
复混肥	吨	41048	-42.7	11080	18613	11355			
砖	万块	57628	4.3	20141	17437	6600	10159	3291	
食用油	吨	99347	-47.2	646	2595				96106
六、全部固定资产投资	**万元**	**257554**	**-12.6**	**59523**	**49240**	**8606**	**12518**	**20770**	**106897**
1.第一产业	万元	58644	-39.7	24351	19766	2901	4774	4571	2281
2.第二产业	万元	99217	80.5	5144	7930	478	2409	9234	74022
3.第三产业	万元	99693	-30	30028	21544	5227	5335	6965	30594
其中：国有固定资产投资	万元	169778	9.3	44294	25230	3971	3814	7625	84844
七、农垦生产总值	万元	1727574	7.1	619067	273031	89370	54429	71372	620305
1.第一产业增加值	万元	582334	8.4	336386	124309	57433	24816	20446	18944
2.第二产业增加值	万元	691367	9.2	142621	53695	9838	14967	35587	434659
工业	万元	618843	10.5	114166	26062	4820	9573	29563	434659
3.第三产业增加值	万元	453873	2.5	140060	95027	22099	14646	15339	166702
八、出口商品总金额	**万元**	**791713**	**3.6**	**10787**	**1958**	**38500**		**58150**	**682318**
九、创汇金额	**万美元**	**114954**	**3.4**	**1658**		**5500**		**8307**	**99489**
十、全年利税总额	**万元**	**86937**	**9.6**	**30783**	**4837**	**3997**	**153**	**62**	**47105**
其中：利润	万元	33288	2.2	12859	3605	2418	145	56	14205
十一、按农垦人口计算									
1.人均农垦生产总值	元	44600	5.7	38504	28363	60048	11071	19250	21256
2.国有在岗职工年均收入	元	54309	10.4	49024	40851	40894	39940	42020	94779
3.农垦人口年均纯收入	元	24469	6.6	22877	22136	25457	15838	20886	59528
4.从业人员年平均纯收入	元	41217	4.2	43086	33550	38540	23017	31598	62015

12−3 广东农垦人口构成及自然增长

(2017年) 单位:人

指 标 名 称	农垦总局	湛江局	茂名局	阳江局	揭阳局	汕尾局	广州直属单位
农垦总人口年平均人数	387350	160781	96264	14883	49163	37076	29183
农垦总人口年末人数	389346	162699	95812	15048	49552	37150	29085
其中:国有在岗职工总数	43927	23632	7881	2398	838	1953	7225
国有离退休人员	85545	48809	24774	5479	2438	2216	1829
非国有经济劳动者	49438	7577	15156	1219	7892	5942	11652
外出谋业人员	64835	21796	21047	2842	12732	5915	503
无业人员	8132	4223	3909				
家属小孩人数	108522	47760	22934	3045	20030	13832	921
国有单位其他从业人员	28947	8902	111	65	5622	7292	6955
全年出生人数	4513	2058	859	107	988	409	92
全年死亡人数	2310	1295	482	146	213	137	37
在农垦总人口中：农场总人口	341700	141896	93748	14442	49437	37060	5117
少数民族人口	7528	4995	1746	696			91
水库移民人口	102488	57262	38517	1233	1481	3995	

12-4 广东农垦土地资源与利用情况

(2017年)　　　　单位:公顷

指 标 名 称	农垦总局	湛江局	茂名局	阳江局	揭阳局	汕尾局	广州直属单位
年末土地总面积	228364.3	115895	56294.4	34569	11959.7	9478	168.6
一、已开垦利用土地	**216643**	**107412**	**55140.8**	**34372.8**	**11663.3**	**7885.3**	**168.6**
(一)园地面积小计	83944.4	32713.3	32810.6	9735.7	6306.1	2378.7	
1.橡胶地	45039.3	7292.7	26747.1	8304.3	1642.2	1053	
2.热作地	3057.5	2514.5	49		494		
内：剑麻地	2967.7	2473.7			494		
3.茶园	555.5	203.3	148.1	8	173	23.1	
4.果园	29607.7	18890.8	4574	1303.4	3611.9	1227.6	
5.桑园	329.8	322.8		7			
6.南药地	18	18					
7.苗圃地	91.3	62	18.3	5	6		
8.其他园地	5245.3	3409.2	1274.1	108	379	75	
(二)耕地小计	37197.9	32787.5	545.5	1307.2	1087.3	1460.4	10
1.水田	2884.5	928.6	134.1	43	683	1095.8	
2.旱地	34313.4	31858.9	411.4	1264.2	404.3	364.6	10
内：水浇地	17146.9	16224.8	162	128.5	305	316.6	10
(三)林地小计	28088.8	6177.2	10888.9	6753.6	2553.7	1715.4	
(四)牧地小计	193.4	56.9		136.5			
(五)水域小计	5983.5	2014	490.7	1480.5	613	1385	0.3
其中：山塘、水库	1432.6	969	52.3	5	269.3	137	
鱼塘	3629.8	963	375.6	1303.5	94.7	893	
(六)工厂用地	2152.7	1100.2	595.6	280.4	42.7	61	72.8
(七)居民点用地	11219.3	6210	3219.7	891.1	471	349.8	77.7
(八)交通用地	14250.1	11479.6	1614.6	698.6	294.7	162.6	
(九)外单位占用地	15355.1	11648.4	3365.7		5	336	
(十)长期作物淘汰地	3566.5	1566.7	300.6	1475	187.8	36.4	
其中：橡胶地	1653.1	194.1	242	1203		14	
(十一)其他已开垦利用地	14691.3	1658.4	1308.9	11614.2	102		7.8
二、已开垦未利用地	**1770.5**	**1375.7**	**82.4**	**127.3**	**83**	**102.1**	
三、未利用土地	**9950.8**	**7106.7**	**1071.2**	**68.9**	**213.4**	**1490.6**	
其中：1.荒山、荒地	3033.9	1546.4	260.7			1226.8	
内：可垦荒地	258	258					
其中：宜林地							
宜果地	23	23					
2.外单位占用地	3390	3122	268				
另：本单位已利用界外地	246.1	136	106.7			3.4	

12-5 广东农垦耕地变动情况

(2017年)　　单位:公顷

指 标 名 称	农垦总局	湛江局	茂名局	阳江局	揭阳局	汕尾局	广州直属单位
一、年初实有耕地面积	**37866.1**	**33146.8**	**588.1**	**1573.5**	**1087.3**	**1460.4**	**10**
二、当年增加耕地面积	**253.4**	**253.4**					
1.新开荒							
2.收复弃耕地							
3.还耕	253.4	253.4					
4.其他							
三、当年减少耕地面积	**921.6**	**612.7**	**42.6**	**266.3**			
1.国家基建占用	39.7	39.7					
2.本单位基建占用							
3.农业结构调整占地	286.3		20	266.3			
其中：退耕还园	216.8		20	196.8			
退耕还林							
4. 其他减少	595.6	573	22.6				
四、年末实有耕地面积	**37197.9**	**32787.5**	**545.5**	**1307.2**	**1087.3**	**1460.4**	**10**
五、当年粮食实际占用耕地	**2812.5**	**740.8**	**51.8**	**391.5**	**741**	**887.4**	

12-6 广东农垦橡胶生产情况

(2017年)

指标名称	计量单位	农垦总局	湛江局	茂名局	阳江局	揭阳局	汕尾局	广州直属单位
1.当年调整减少面积	公顷	668.7	170.6	144	10.2		343.9	
其中：老残、低产树	公顷	46.8		36.6	10.2			
2.累计更新定植面积	公顷	12845.7	770	8457.5	3618.2			
其中：当年更新定植	公顷	354.2		328.4	25.8			
3.年末林段实有面积	公顷	45047.8	7292.7	26747.1	8304.3	1642.2	1061.5	
实有株数	万株	1504.92	244.77	854.03	277.38	78.32	50.42	
其中：当年新定植面积	公顷	431.9	65.5	351.7	14.7			
当年新定植株数	万株	18.58	3.18	14.67	0.73			
已开割面积	公顷	28618.1	3865.5	18425.6	6163.6	144.8	18.6	
已开割株数	万株	779.24	97.24	501.8	172.12	7.16	0.92	
4.未开割树本年平均增粗	cm	5.2	4.8	5.6	4.7	4.5	5.1	
5.年末苗圃存苗株数	万株	4			4			
其中：芽接苗	万株							
6.当年实际开割到达面积	公顷	25711.2	2841.5	16705.8	6012.5	132.8	18.6	
其中：当年新开割面积	公顷	1756		1552.6	144.1	40.7	18.6	
7.当年平均开割面积	公顷	22948.5	2602.3	15781.2	4528.2	18.2	18.6	
8.当年开割到达株数	万株	667.83	62.46	470.99	126.3	7.16	0.92	
其中：当年新开割株数	万株	63.94	0.34	54.39	5.56	2.73	0.92	
乙稀利刺激株数	万株	453.13	43.81	362.21	43.8	3.31		
9.当年平均开割株数	万株	628.51	55.62	455.85	112.31	3.81	0.92	
10.年内因灾实际停割株数	万株	18.27	5.89	3	9.38			
11.当年割胶株次数	万株/次	27184	2047	21182	3847	85	23	
12.年平均割胶刀数	刀	43	37	46	34	22	25	
13.鲜胶水总产量	吨	46451	2871	34087	9303	190		
14.年平均干胶含量		26	28	26	27	32		

12-6 续表

(2017年)

指 标 名 称	计量单位	农垦总局	湛江局	茂名局	阳江局	揭阳局	汕尾局	广州直属单位
15.理论干胶产量	吨	12240	808	8887	2485	60		
16.当年回收胶线(块)、胶泥	吨	1635	196	1177	255		7	
17.全年干胶总产量	吨	14006	881	10468	2590	60	7	
(1)烟胶片	吨							
(2)标准胶	吨	1848	93	1525	163	60	7	
(3)浓缩胶乳(实物量)	吨	17619	1134	12964	3521			
按60折干胶	吨	10602	685	7799	2118			
(4)白绉片	吨							
(5)胶清片	吨	1554	101	1144	309			
(6)褐绉片	吨	2	2					
18.公顷年产干胶	公斤	610	339	663	572	3297	376	
19.单株年产干胶	公斤	2.2	1.6	2.3	2.3	1.6	0.8	
20.本年收购民营胶(折干胶)	吨	68944						68944
21.未开割树总增粗	厘米	37639227	7130111	19837153	4957340	3194623	2520000	
22.橡胶倒树原木产量	立方米	13686	10089	3597				
23.海外橡胶年末实有面积	公顷	25613.5						25613.5
24.海外橡胶年末实有株数	万株	772						772
25.海外橡胶当年新定植面积	公顷	587.4						587.4
26.海外橡胶当年新定植株数	万株	25.8						25.8
27.当年海外胶园干胶产量	吨	5905						5905
28.当年海外加工厂收购加工干胶产量	吨	514449						514449

12-7 广东农垦热带作物、南药和蚕桑生产情况

(2017年)

指标名称	计量单位	农垦总局	湛江局	茂名局	阳江局	揭阳局	汕尾局	广州直属单位
一、热带作物合计								
年末实有面积合计	公顷	3144	2576	49		519		
当年新种	公顷	501	501					
收获面积合计	公顷	1660	1326	46		288		
1.剑麻								
年末实有面积合计	公顷	3055	2536			519		
当年新种	公顷	501	501					
收获面积合计	公顷	1584	1296			288		
产品产量合计	吨	2715	2278			437		
公顷产量	公斤	1714	1758			1517		
叶片产量合计	吨	64855	56454			8401		
公顷产量	公斤	40944	43560			29170		
2.胡椒								
年末实有面积合计	公顷	89	40	49				
当年新种	公顷							
收获面积合计	公顷	76	30	46				
产品产量合计	吨	192	126	66				
公顷产量	公斤	2516	4158	1435				
二、南药合计(面积)								
年末实有面积合计	公顷	375	18	357				
当年新种	公顷	361	4	357				
收获面积合计	公顷	5	5					
产品产量合计	吨	117	117					
公顷产量	公斤	23400	23400					
三、桑园								
年末实有面积合计	公顷	382	375		7			
当年新种	公顷	65	65					
收获面积合计	公顷	347	340		7			
产品产量合计	吨	13132	13007		125			
公顷产量	公斤	37888	38301		17857			
附：1.另乱纤维回收量	吨	181	181					
2.蚕茧产量	吨	1038	1033		5			

12-8 广东农垦茶叶、水果生产情况

(2017年)

指标名称	计量单位	农垦总局	湛江局	茂名局	阳江局	揭阳局	汕尾局	广州直属单位
一、茶叶(干毛茶)								
年末实有面积合计	公顷	556	203	148	8	173	23	
当年新种	公顷	21	21					
收获面积合计	公顷	477	182	94	6	172	23	
产品产量合计	吨	702	212	64	19	379	28	
公顷产量	公斤	1473	1165	684	3167	2203	1212	
二、水果合计								
年末实有面积合计	公顷	32837	21996	4577	1310	3613	1252	89
当年新种	公顷	5453	5337	3	90		22	1
收获面积合计	公顷	26243	16941	4453	742	3199	827	82
产品产量合计	吨	889913	819326	42121	5599	16579	6103	185
公顷产量	公斤	33910	48363	9460	7549	5183	7380	2264
1.柑桔橙								
年末实有面积合计	公顷	835	681	6	53	95		
当年新种	公顷	139	138		1			
收获面积合计	公顷	562	432	6	52	72		
产品产量合计	吨	8342	5037	179	1248	1878		
公顷产量	公斤	14833	11649	29833	24000	26083		
2.红江橙								
年末实有面积合计	公顷	630	630					
当年新种	公顷	131	131					
收获面积合计	公顷	429	429					
产品产量合计	吨	4971	4971					
公顷产量	公斤	11577	11577					
3.菠萝								
年末实有面积合计	公顷	11818	11558	27		115	117	1
当年新种	公顷	3835	3826				9	
收获面积合计	公顷	7910	7687	24		88	110	1
产品产量合计	吨	454826	452253	26		234	2306	7
公顷产量	公斤	57502	58835	1092		2659	20964	5833
4.荔枝								
年末实有面积合计	公顷	6557	1917	2254	366	1155	859	7
当年新种	公顷							
收获面积合计	公顷	5679	1839	2196	131	1006	500	7
产品产量合计	吨	39329	10070	19283	340	7723	1903	10
公顷产量	公斤	6926	5476	8779	2595	7677	3808	1538
5.龙眼								
年末实有面积合计	公顷	3076	364	1413	580	573	136	10
当年新种	公顷							
收获面积合计	公顷	2720	346	1403	343	516	102	10
产品产量合计	吨	15612	2256	9302	484	2705	850	15
公顷产量	公斤	5740	6524	6631	1411	5242	8333	1500

12-8 续表

(2017年)

指 标 名 称	计量单位	农垦总局	湛江局	茂名局	阳江局	揭阳局	汕尾局	广州直属单位
6.芒果								
年末实有面积合计	公顷	77	2	28		47		
当年新种	公顷							
收获面积合计	公顷	77	2	28		47		
产品产量合计	吨	167	5	53		109		
公顷产量	公斤	2169	2500	1893		2319		
7.香(大)蕉								
年末实有面积合计	公顷	6876	6223	378	105	113	57	
当年新种	公顷	1320	1222		85		13	
收获面积合计	公顷	6121	5497	376	104	112	32	
产品产量合计	吨	322043	306996	10894	3178	504	471	
公顷产量	公斤	52609	55847	28943	30646	4500	14627	
8.青梅								
年末实有面积合计	公顷	754				754		
当年新种	公顷							
收获面积合计	公顷	731				731		
产品产量合计	吨	1056				1056		
公顷产量	公斤	1445				1445		
9.青橄榄								
年末实有面积合计	公顷	334		2		332		
当年新种	公顷							
收获面积合计	公顷	241		2		239		
产品产量合计	吨	906		17		889		
公顷产量	公斤	3759		8500		3720		
10.红杨桃								
年末实有面积合计	公顷	340	8	324				8
当年新种	公顷							
收获面积合计	公顷	326	8	311				7
产品产量合计	吨	2054	400	1636				18
公顷产量	公斤	6295	50000	5255				2571
11.火龙果								
年末实有面积合计	公顷	420	374	3				43
当年新种	公顷	45	44					1
收获面积合计	公顷	366	329					37
产品产量合计	吨	19571	19456					115
公顷产量	公斤	53414	59065					3108
12.番石榴								
年末实有面积合计	公顷	683	596	66	1			20
当年新种	公顷	107	107					
收获面积合计	公顷	606	552	33	1			20
产品产量合计	吨	15683	15443	219	1			20
公顷产量	公斤	25884	27982	6636	1000			1000
13.其他								
年末实有面积合计	公顷	1069	274	77	206	429	83	
当年新种	公顷	8		3	5			
收获面积合计	公顷	903	249	73	111	388	83	
产品产量合计	吨	10324	7410	512	348	1481	573	
公顷产量	公斤	11429	29807	7043	3135	3817	6904	

12-9 广东农垦林业生产情况

(2017年)

指 标 名 称	计量单位	农垦总局	湛江局	茂名局	阳江局	揭阳局	汕尾局	广州直属单位
一、林地合计	**公顷**	**29532**	**6184**	**10889**	**6754**	**2609**	**2176**	**919.9**
1.防护林	公顷	5019	1364	715	1399	895	647	
其中：桉树	公顷	2113	1295	5	447	367		
2.用材林	公顷	10026	4688	748	3101	677	812	
其中：桉　树	公顷	6115	4491	13	694	173	744	
杉　木	公顷	375		32	208	135		
湿地松	公顷	2374	11	267	2071	26		
竹　子	公顷	455		156	24	208	68	
3.经济林	公顷	11980		8033	2243	68	717	919.9
其中：油茶	公顷	9273		7936	349	68		919.9
4.薪炭林	公顷	310		44		266		
5.其他林	公顷	2197	133	1349	11	704		
林地合计中：桉树总面积	公顷	9954	5823	1033	1143	611	1344	
其中：速生丰产面积	公顷	3284	2215	216	553		300	
当年造林育苗面积	公顷	4	4					
株数(万株)	万株	145	145					
年末实有造林育苗面积	公顷	4	4					
株数(万株)	万株	145	145					
二、木材产量合计	**立方米**	**106356**	**68875**	**23925**	**4471**	**12**	**9073**	
1.原　木	立方米	79821	43437	22840	4471		9073	
2.小规格材	立方米	24220	24208			12		
3.薪　材	立方米	2315	1230	1085				
合计中：杉木	立方米							
三、竹子产量	**万条**	**187**		**150**	**14**	**23**		
四、松脂产量	**吨**	**11**		**3**	**8**			
经济中：油茶籽产量	公顷	107		107				

12−10 广东农垦农作物播种面积和产量

(2017年)

指 标 名 称	计量单位	农垦总局	湛江局	茂名局	阳江局	揭阳局	汕尾局	广州直属单位
农作物总播种面积	公顷	44969	34666	3050	1183	2839	3231	
一、粮食作物合计								
播种面积	公顷	7628	2282	968	396	1815	2167	
总产量	吨	54183	20382	6142	2241	9923	15495	
公顷产量	公斤	7103	8934	6343	5653	5467	7151	
其中：夏收粮食								
播种面积	公顷	3153	572	465	132	795	1188	
总产量	吨	20253	4445	2977	650	5306	6875	
公顷产量	公斤	6424	7767	6402	4921	6674	5785	
(一)谷物小计								
播种面积	公顷	5170	1480	506	138	974	2073	
总产量	吨	32967	9055	3541	752	5384	14235	
公顷产量	公斤	6376	6119	6998	5469	5528	6868	
1.稻谷								
播种面积	公顷	4372	981	432	115	961	1884	
总产量	吨	29093	6564	3172	666	5332	13359	
公顷产量	公斤	6654	6694	7343	5806	5548	7092	
其中：早稻								
播种面积	公顷	2190	506	195	51	475	962	
总产量	吨	13593	3510	1125	263	2401	6294	
公顷产量	公斤	6208	6940	5769	5117	5055	6540	
2.玉米								
播种面积	公顷	755	499	44	23		189	
总产量	吨	3704	2491	251	86		876	
公顷产量	公斤	4906	4990	5705	3772		4635	
3.其他谷物								
播种面积	公顷	43		30		13		
总产量	吨	170		118		52		
公顷产量	公斤	3953		3933		4000		
(二)豆类合计								
播种面积	公顷	258	92	46	28	92		
总产量	吨	544	248	119	30	147		
公顷产量	公斤	2105	2696	2570	1068	1598		
其中：1.大豆								
播种面积	公顷	195	89	4	20	82		
总产量	吨	382	236	9	11	126		
公顷产量	公斤	1959	2652	2250	550	1537		
2.杂豆								
播种面积	公顷	63	3	42	8	10		
总产量	吨	162	12	110	19	21		
公顷产量	公斤	2555	4000	2600	2346	2100		
(三)薯类								
播种面积	公顷	2200	710	416	231	749	94	
总产量	吨	20672	11079	2482	1459	4392	1260	
公顷产量	公斤	9398	15611	5966	6321	5864	13404	
其中：番薯								
播种面积	公顷	1881	432	401	231	747	70	
总产量	吨	15851	6716	2437	1459	4379	860	
公顷产量	公斤	8426	15536	6077	6321	5862	12286	
二、油料合计								
播种面积	公顷	2541	1344	748	200	191	58	
总产量	吨	6724	3411	2138	630	416	129	
公顷产量	公斤	2646	2538	2858	3155	2178	2224	

12-10 续表

(2017年)

	计量单位	农垦总局	湛江局	茂名局	阳江局	揭阳局	汕尾局	广州直属单位
其中：1.花生								
播种面积	公顷	2355	1188	748	200	161	58	
总产量	吨	6573	3305	2138	630	371	129	
公顷产量	公斤	2791	2782	2858	3155	2304	2224	
2.芝麻								
播种面积	公顷	56	56					
总产量	吨	106	106					
公顷产量	公斤	1893	1893					
三、麻类合计								
播种面积	公顷	1					1	
总产量	吨	2					2	
公顷产量	公斤	2000					2000	
四、糖料合计								
播种面积	公顷	25423	25353	18	52			
总产量	吨	2150921	2147625	1524	1772			
公顷产量	公斤	84604	84708	84667	34077			
其中：1.糖蔗								
播种面积	公顷	25410	25353	16	41			
总产量	吨	2150806	2147625	1445	1736			
公顷产量	公斤	84643	84708	90313	42341			
2.果蔗								
播种面积	公顷	13		2	11			
总产量	吨	115		79	36			
公顷产量	公斤	8846		39500	3273			
五、蔬菜、瓜类								
播种面积	公顷	8350	5380	1201	219	712	839	
总产量	吨	165307	101190	22743	2836	14663	23875	
公顷产量	公斤	19797	18810	18943	12968	20594	28446	
其中：1.蔬菜(含菜用瓜)								
播种面积	公顷	7825	4928	1140	211	712	834	
总产量	吨	148025	84878	22028	2806	14663	23650	
公顷产量	公斤	18918	17224	19330	13318	20594	28347	
2.果用瓜								
播种面积	公顷	526	452	61	8		5	
总产量	吨	17282	16312	715	30		225	
公顷产量	公斤	32881	36120	11721	3750		45000	
六、其他农作物	**公顷**							
其中：1.青饲料								
播种面积	公顷	221	31	14	144	33		
总产量	吨	5166	1014	132	3082	938		
公顷产量	公斤	23376	33246	9429	21477	28424		
2.木薯								
播种面积	公顷	330	158	38	46	88		
总产量	吨	6660	3760	762	1170	968		
公顷产量	公斤	20206	23782	20053	25714	11000		
3.绿肥								
播种面积	公顷	315		22	127		166	
总产量	吨	3181		190	180		2811	
公顷产量	公斤	10098		8636	1417		16934	

12-11 广东农垦畜牧业生产情况

(2017年)

指 标 名 称	计量单位	农垦总局	湛江局	茂名局	阳江局	揭阳局	汕尾局	广州直属单位
一、猪饲养头数	**头**	**1832256**	**839383**	**650912**	**164428**	**77731**	**99802**	
1.年末存栏	头	689088	297644	255891	66242	29290	40021	
内：能繁殖母猪	头	97421	40284	32123	17325	4261	3428	
仔 猪	头	318297	108162	143852	33181	13372	19730	
2.出栏肉猪	头	1143168	541739	395021	98186	48441	59781	
猪肉产量	吨	102427	51571	32409	8747	4686	5014	
全年繁殖仔猪	头	1935407	779910	655020	350801	88403	61273	
内：成 活	头	1668525	676961	565093	307721	67979	50771	
二、牛年末存栏	**头**	**27781**	**10394**	**1035**	**886**	**2603**	**890**	**11973**
1.黄 牛	头	10786	6716	605	615	2030	820	
内：役 牛	头	5328	3161	117	197	1385	468	
能繁殖母牛	头	2921	1562	177	198	786	198	
仔 牛	头	1940	1002	112	182	529	115	
2.水 牛	头	4812	3483	430	271	558	70	
内：役 牛	头	3574	2854	205	131	374	10	
能繁殖母牛	头	1208	833	197	63	108	7	
仔 牛	头	897	551	204	46	91	5	
3.奶 牛	头	12183	195			15		11973
内：能繁殖母牛	头	10875	94			8		10773
仔 牛	头	1241	41					1200
全年出售和自宰肉牛	头	3909	1286	160	938	769	70	686
牛肉产量	吨	552	205	48	132	157	10	
全年鲜牛奶产量	吨	58300	786			71		57443
牛全年繁殖仔牛	头	1862	807	26	38	66		925
三、羊年末存栏	**只**	**4930**	**3126**		**1804**			
出售宰杀只数	只	4252	2544		1708			
羊肉产量	吨	114	67		47			
四、兔年末存栏只数	**只**	**14207**	**1440**	**12767**				
出售宰杀只数	只	26466	1892	24574				
兔肉产量	吨	88	6	82				
五、家禽饲养量	**万只**	**2050**	**809**	**439**	**58**	**93**	**652**	
1.家禽年末存栏	万只	502	166	162	19	23	133	
其中：鸡	万只	383	127	122	12	6	116	
鸭	万只	102	33	35	2	16	17	
鹅	万只	10	1	4	5			
2.家禽出栏只数	万只	1548	644	277	39	70	519	
其中：鸡	万只	1233	502	213	27	19	473	
鸭	万只	268	111	58	4	50	46	
鹅	万只	16	1	6	8	1		
禽肉产量	吨	24903	10717	5678	880	1403	6225	
其中：鸡	吨	18667	8116	4200	446	299	5606	
鸭	吨	5480	2509	1221	82	1049	619	
鹅	吨	558	32	139	343	44		
禽蛋产量	吨	3084	1094	1632	55	23	280	
六、肉类总产量	**吨**	**128517**	**62726**	**38457**	**9827**	**6258**	**11249**	
内：其他肉产量	吨	433	160	240	21	12		
七、蜜蜂年末饲养	**箱**	**7770**	**1712**	**4931**	**272**	**645**	**210**	
蜂蜜产量	公斤	48051	7824	16043	4800	16781	2603	

12-12 广东农垦水产业生产情况

(2017年)

指标名称	计量单位	农垦总局	湛江局	茂名局	阳江局	揭阳局	汕尾局	广州直属单位
养殖合计	**公顷**	**3807**	**961**	**439**	**1368**	**146**	**893**	
	吨	43908	10253	7953	19897	1050	4755	
一、海水养殖	**公顷**	**1280**	**6**		**475**		**799**	
	吨	11503	33		7950		3520	
1.鱼　类	公顷	225			77		148	
	吨	2590			1650		940	
2.虾蟹类	公顷	1055	6		398		651	
	吨	8913	33		6300		2580	
其中：对虾	公顷	640	6		398		236	
	吨	7732	33		6300		1399	
3.贝　类	公顷							
	吨							
4.其它	公顷							
	吨							
二、淡水养殖	**公顷**	**2527**	**955**	**439**	**893**	**146**	**94**	
	吨	32251	10176	7843	11947	1050	1235	
1.鱼　类	公顷	1995	953	437	365	146	94	
	吨	27646	10173	7841	7347	1050	1235	
2.虾蟹类	公顷	528			528			
	吨	4600			4600			
其中：对虾	公顷	400			400			
	吨	4600			4600			
3.贝　类	公顷							
	吨							
4.其它	公顷	4	2	2				
	吨	5	3	2				
三、海洋捕捞	**公顷**							
	吨							
四、淡水捕捞	**公顷**							
	吨	154	44	110				

12-13 广东农垦年末机械设备拥有量

(2017年)

指 标 名 称	计量单位	农垦总局	湛江局	茂名局	阳江局	揭阳局	汕尾局	广州直属单位
一、农业机械总动力	**千瓦**	**440420**	**149698**	**70513**	**74195**	**11015**	**34858**	**100141**
1.柴油发动机动力	千瓦	235016	118859	32130	46218	6170	18606	13033
2.汽油发动机动力	千瓦	53477	13874	24855	6767	3058	4915	8
3.电动机动力	千瓦	143956	16157	10388	19312	1223	9777	87099
4.其他机械动力	千瓦	7971	808	3140	1898	564	1560	1
(一)耕作机械	千瓦	74496	63602	5056	787	1995	2874	182
其中：大中型拖拉机	混合台	559	520	15	9	15		
	标准台	2785	2510	94	43	87	51	
大中型拖拉机	千瓦	30718	27679	1042	472	964	561	
小型及手扶机	台	3635	3136	211	27	97	146	18
	千瓦	39468	33991	2327	315	956	1697	182
大中型机引农具	部	1104	1102					2
(二)排灌机械	台	12555	2161	2069	7180	378	681	86
排灌机械	千瓦	94143	16209	8459	61932	1164	5723	656
其中：农用排灌柴油机	台	6218	940	751	3842	101	506	78
	千瓦	42827	7079	4608	24887	614	5007	632
农用排灌汽油机	台	3875	266	815	2650	71	73	
	千瓦	37544	1699	1615	33548	423	259	
农用排灌电动机	台	1529	954	428	33	8	98	8
	千瓦	9814	7324	1891	67	56	452	24
另：喷灌机械	套	331	95	223	6	7		
农用水泵	台	3844	1837	388	1252	131	233	3
(三)收获机械	千瓦	6694	4236	33	15	55	2311	44
其中：联合收割机	台	53	24			1	28	
	千瓦	4902	4103				799	
机动收割机	台	6					6	
	千瓦	120					120	

12-13 续表 1

(2017年)

指 标 名 称	计量单位	农垦总局	湛江局	茂名局	阳江局	揭阳局	汕尾局	广州直属单位
机动脱粒机	台	465		24	10		425	6
	千瓦	1448		37	15		1352	44
(四)农产品加工机械	千瓦	95904	6473	3995	661	499	1238	83038
其中：橡胶初加工机械	部	2108	113	207	43	4		1741
	千瓦	87336	1958	2160	458	80		82680
剑麻纤维加工机械	部	281	240		37	4		
	千瓦	3199	3052		147			
碾米机	部	136	30	61	3	24	13	5
	千瓦	2637	456	471	34	297	1140	239
磨面(粉)机	部	53	12	14		12	15	
	千瓦	473	129	141		108	95	
榨油机	部	67	14	38	2	1		12
	千瓦	1502	147	1201	22	14		118
(五)农用运输机械	千瓦	76410	40944	16160	4363	2187	2217	10539
其中：载重汽车	辆	891	443	174	68	55	48	103
	千瓦	74134	39998	14891	4973	2169	1564	10539
	吨	6764	4573	880	391	176	519	225
机动运输船	艘	30		15			15	
	千瓦	1681		1395			286	
	吨	118		74			44	
(六)植保机械	部	14153	3328	4060	1792	1180	3790	3
	千瓦	28257	7093	11316	2585	2326	4928	9
其中：喷雾(粉)机	部	5532	2209	1656	460	1097	110	
	千瓦	12156	3655	5032	1182	2171	116	
(七)畜牧业机械	台	4504	362	976	19	463	1671	1013
	千瓦	29638	2624	5561	200	1849	13732	5672
(八)林业机械	台	1217	11	1128	6		72	
	千瓦	1926	71	1776	12		67	
(九)渔业机动船	艘	8		1			7	
	千瓦	56		7			49	

12-13 续表 2

(2017年)

指 标 名 称	计量单位	农垦总局	湛江局	茂名局	阳江局	揭阳局	汕尾局	广州直属单位
(十)其他农业动力机械	台	3862	195	2572	1010	14	70	1
	千瓦	32896	8446	18150	3640	940	1719	1
其中：推土机	台	123	74	32	3	3	11	
	千瓦	6766	4410	1564	180	300	312	
二、固定动力设备								
1.柴油发电机组	台	2560	173	74	1646	6	542	119
	千瓦	87272	29263	3945	31184	330	4262	18288
2.汽油发电机组	台	551	11	30	13		497	
	千瓦	2521	145	90	821		1465	
3.汽轮发电机组	台	38	38					
	千瓦	175500	175500					
三、非农用汽车及拖拉机								
1.全部非农用汽车	辆	6840	1702	2331	168	113	942	1584
	千瓦	445254	105728	152848	11177	6750	53779	114972
其中：载重汽车	辆	1436	84	1056	21	40	124	111
	吨	12537	418	9551	131	240	1549	648
	千瓦	121828	12552	85986	1445	2419	8433	10993
2.大中型拖拉机	混合台	107	6	40			53	8
	标准台	193	34	70			71	17
	千瓦	2128	376	777			785	190
3.小型及手扶机	台	241	123	56	2	11	49	
	千瓦	2718	1460	745	30	88	395	
全部非农用汽车中								
工具车	辆	611	168	207	16		33	187
	吨	927.6	203.6	268.3	14.7		66	375
交通车	辆	964	70	75	5	26	37	751
	座位	8521	1188	1260	70	697	663	4643
旅行车	辆	256	136	81	3	1		35
卧(轿)车	辆	3225	1107	864	116	39	727	372
吉普车	辆	177	75	34	4	7	16	41
特殊用途车	辆	171	62	14	3		5	87

12-14 广东农垦农业机械、用电、水利、化肥情况

(2017年)

指 标 名 称	计量单位	农垦总局	湛江局	茂名局	阳江局	揭阳局	汕尾局	广州直属单位
一、农业机耕情况								
1.当年实际机耕面积	公顷	39228	36836	714	302	506	870	
其中：耕　地	公顷	31754	30037	216	206	425	870	
胶　园	公顷	3250	2730	438		81		
2.当年机械播种面积	公顷	5193	5193					
其中：机械插秧	公顷	60	60					
3.当年机械收割面积	公顷	2418	1330		137	83	869	
4.当年机械脱粒面积	公顷	1477	60		35	40	1342	
5.当年农作物中耕除草	公顷	11865	11770			95		
二、电气化情况								
1.水电站座数	座	10	4			5	1	
发电能力	千瓦	3425	2295			920	210	
2.高压输电线路	公里	1091	974	15		45	49	8
3.全年用电量	万千瓦时	79796	41711	4123	2794	1523	3754	25891
其中：农场单位用电量	万千瓦时	36012	26620	3679	739	1347	3627	
三、农田水利情况								
1.有效灌溉面积	公顷	20031	17153	296	172	988	1412	10
其中：本年新增	公顷	224	224					
(1)机灌面积	公顷	5716	5023	81		299	303	10
内：喷灌	公顷	1020	925			95		
(2)电灌面积	公顷	10409	10409					
内：喷灌	公顷	2855	2855					
(3)自流灌溉面积	公顷	3906	1721	215	172	689	1109	
2.旱涝保收农田面积	公顷	7514	7021	16		165	312	
3.机电井数量	眼	2404	1724	297	8		372	3
内：已配套	眼	2399	1719	297	8		372	3
4.现有山塘水库	宗	370	153	160	15	30	6	6
有效库容	万m^3	4489	1956	422	73	507	1330	202
5.现有排灌站	座	47	32				15	
排灌能力	m^3/秒	15	5				10	
四、农用塑料薄膜使用量	**吨**	**805**	**716**	**7**		**20**	**62**	
其中：地膜使用量	吨	794	708	6		20	60	
地膜覆盖面积	公顷	16771	16490	55		38	188	
五、化学除草面积	**公顷**	**39985**	**21301**	**9810**	**4475**	**1713**	**2671**	**15**
六、橡胶白粉病防治面积	**公顷**	**32709**	**4005**	**21591**	**5694**	**386**	**1033**	
七、农药施用量	**吨**	**6081**	**2663**	**1981**	**259**	**189**	**987**	**2**
其中：硫磺粉	吨	1349	86	1039	188	23	13	
化学除草剂	吨	1712	919	153	57	59	522	2
八、沼气池	**个**	**357**	**236**	**49**	**70**	**1**	**1**	
	m^3	130025	42950	56295	780	15000	15000	
其中：当年新建	个	17	3	14				
	m^3	16550	8300	8250				
九、农用化肥施用量(实物)	**吨**	**235804**	**183938**	**24721**	**678**	**11251**	**13011**	**2205**
1.氮肥	吨	47165	30953	7422	169	3257	5045	319
2.磷肥	吨	103757	90165	7425	49	3126	2967	25
3.钾肥	吨	32418	24878	4621	51	1398	1465	5
4.复合肥	吨	52464	37942	5253	409	3470	3534	1856
农用化肥施用量(折纯)	吨	67092	47177	7885	307	3825	5723	2175
1.氮肥	吨	19700	11869	2988	63	1470	2994	316
2.磷肥	吨	13747	11734	1182	12	355	459	5
3.钾肥	吨	14972	11669	1768	26	771	735	3
4.复合肥	吨	18673	11905	1947	206	1229	1535	1851
其中用于农作物(折纯)	吨	55237	47177	2916	73	2377	684	2010
另：有机肥	吨	174447	131564	17042	3823	12614	3740	5664

12－15　广东农垦农业总价值(现行价)

(2017年)　　单位:万元

指　标　名　称	农垦总局	湛江局	茂名局	阳江局	揭阳局	汕尾局	广州直属单位
农业总产值	**1076861**	**655438**	**198390**	**98380**	**47645**	**40131**	**36877**
(一)按部门分组							
1.农业产值	618906	525903	48210	7284	25720	9218	2571
其中：稻　谷	12072	1914	1876	303	3812	4167	
糖　蔗	106006	105597	268	141			
茶　叶	3966	1191	243	52	2340	140	
水　果	348158	308547	25889	2352	8581	2535	254
剑　麻	7550	6985			565		
2.林业产值	56726	6273	34297	5914	4117	914	5211
其中：橡胶综合产值	31523	1354	19462	3805	1451	240	5211
3.牧业产值	308028	113325	100971	31256	16307	17074	29095
其中：猪	199400	82299	79409	16820	12573	8299	
牛	38542	6239	1796	694	475	243	29095
4.渔业产值	93201	9937	14912	53926	1501	12925	

12－16　广东农垦农业商品产值(现行价)

(2017年)　　单位:万元

指　标　名　称	农垦总局	湛江局	茂名局	阳江局	揭阳局	汕尾局	广州直属单位
农业总产值	**1004508**	**618273**	**180925**	**94412**	**38075**	**36200**	**36623**
(一)按部门分组							
1.农业产值	574256	495701	43028	5738	18960	8512	2317
其中：稻　谷	8425	1405	1657	233	3158	1972	
糖　蔗	100553	100197	247	109			
茶　叶	3232	1191	240	51	1610	140	
水　果	337915	301608	25026	1952	7164	2165	
剑　麻	7317	6765			552		
2.林业产值	52047	5884	32172	5085	2805	890	5211
其中：橡胶综合产值	29159	1290	17467	3674	1277	240	5211
3.牧业产值	288196	106925	91014	29790	15011		29095
其中：猪	186353	80931	70975	16138	10265		
牛	35317	3295	1695	660	334		29095
4.渔业产值	90009	9763	14711	53799	1299		

12-17 广东农垦农业商品产量

(2017年)

指 标 名 称	计量单位	农垦总局	湛江局	茂名局	阳江局	揭阳局	汕尾局	广州直属单位
当年农产品销售收入总额	万元	912964	563868	157088	92572	36050	27276	36110
销售量：干 胶	吨	13343	881	10175	2276	11		
内：浓缩胶乳(实物)	吨	14017	1134	9695	3188			
剑麻纤维	吨	3132	2695			437		
粮食(不含大豆)	吨	41028	12752	2715	1177	9587	14797	
大 豆	吨	227	86	9	11	121		
油 料	吨	2774	1486	664	129	385	110	
糖 蔗	吨	2150806	2147625	1445	1736			
水 果	吨	874547	807999	39330	5596	15464	6058	100
肉 类	吨	126453	62156	38091	9748	5209	11249	
其中：猪 肉	吨	100101	50404	32164	8747	3772	5014	
水产品	吨	43530	10087	7810	19888	990	4755	
其中：对 虾	吨	10710	31		9280		1399	
鲜牛奶	吨	58229	786					57443

12-18　广东农垦工业企业基本情况(合计)

(2017年)

指　标　名　称	计量单位	农垦总局	湛江局	茂名局	阳江局	揭阳局	汕尾局	广州直属单位
一、企业单位个数	**个**	**557**	**184**	**168**	**14**	**64**	**64**	**63**
其中：亏损企业	个	36	16	8	1			11
停产企业	个	3	3					
二、从业人员总数	**人**	**29466**	**7961**	**2557**	**325**	**1146**	**3003**	**14474**
其中：国有在岗职工	人	6447	4089	235	73		113	1937
国有在岗工程技术人员	人	466	246	14	6		12	188
三、全部从业人员平均人数	**人**	**28552**	**7253**	**2489**	**315**	**1118**	**2973**	**14404**
其中：国有在岗职工	人	6830	4344	352	100		113	1921
国有在岗工程技术人员	人	470	261	18	6		12	173
四、产品销售收入	**万元**	**2565396**	**301055**	**63948**	**12426**	**23686**	**82890**	**2081391**
1.产品销售成本	万元	1947640	269768	42154	10762	15621	59774	1549561
2.产品销售费用	万元	158812	6881	5510	433	3847	15291	126850
3.产品销售税金及附加	万元	70364	6283	3860	117	1172	2940	55992
4.产品销售利润	万元	388580	18123	12424	1114	3046	4885	348988
五、管理费用	**万元**	**240442**	**16288**	**3253**	**943**	**508**	**4992**	**214458**
六、财务费用	**万元**	**34616**	**3391**	**1146**	**139**	**280**	**59**	**29601**
其中：利息支出	万元	22618	2263	509	77	225		19544
七、利润总额	**万元**	**194403**	**15610**	**14524**	**1257**	**2353**	**12172**	**148487**
其中：盈利企业盈利额	万元	220573	20038	14524	1414	2353	12172	170072
亏损企业亏损额	万元	26170	4428		157			21585
八、全年纳税额	**万元**	**81713**	**13432**	**4258**	**318**	**980**	**2675**	**60050**
九、固定资产原值	**万元**	**644452**	**233989**	**31654**	**10170**	**14471**	**42277**	**311891**
其中：生产经营用	万元	528479	189070	16176	6266	7175	39225	270567
十、固定资产净值	**万元**	**420490**	**109015**	**28924**	**5203**	**10980**	**42301**	**224067**
十一、固定资产本年折旧	**万元**	**57045**	**32493**	**4253**	**669**	**1072**	**614**	**17944**
十二、流动资金平均余额	**万元**	**775918**	**108832**	**20218**	**6048**	**562**	**7516**	**632742**
十三、平均资产总额	**万元**	**1438449**	**238412**	**31336**	**33749**	**9570**	**47967**	**1077415**
十四、工业总产值(现行价)	**万元**	**2445090**	**403219**	**67033**	**14076**	**25292**	**89959**	**1845511**
十五、工业销售产值(现行价)	**万元**	**2326804**	**328961**	**58911**	**13548**	**23845**	**81682**	**1819857**
十六、工业增加值(现行价)	**万元**	**618843**	**114166**	**26062**	**4820**	**9573**	**29563**	**434659**
十七、工业中间投入(现行价)	**万元**	**1826247**	**289053**	**40971**	**9256**	**15719**	**60396**	**1410852**
十八、工业从业人员劳动报酬总额	**万元**	**156541**	**36659**	**9756**	**1404**	**4993**	**14548**	**89181**
其中:国有在岗职工劳动报酬	万元	38883	18300	1081	540		732	18230

12-19 广东农垦工业总产值(现行价)

(2017年) 单位:万元

指标名称	农垦总局	湛江局	茂名局	阳江局	揭阳局	汕尾局	广州直属单位
总　计	**2445090**	**403219**	**67033**	**14076**	**25292**	**89959**	**1845511**
其中：轻工业	2254980	351032	32450	2731	15756	11017	1841994
重工业	190110	52187	34583	11345	9536	78942	3517
一、按轻重工业划分							
1.轻工业	2254980	351032	32450	2731	15756	11017	1841994
(1)以农产品为原料	1417612	330368	21705	1916	14830	8994	1039799
(2)以非农产品为原料	837368	20664	10745	815	926	2023	802195
2.重工业	190110	52187	34583	11345	9536	78942	3517
(1)采掘业	24533	20388	3888	257			
(2)原料工业	29706	11987	5716	7470	4361	172	
(3)加工制造业	135871	19812	24979	3618	5175	78770	3517
二、按工业行业划分							
(一)、建筑材料及非金属矿采选业	24533	20388	3888	257			
其中：采石业	24083	20316	3767				
(二)、采盐业(海盐)							
(三)、食品加工业	386166	263161	6882		10571	6109	99443
1.粮食及饲料加工业	35968		1633		362	6109	27864
其中：饲料加工业	28204		1208		362	168	26466
2.食用植物油加工业	75839	2128	4503				69208
3.制糖业	260671	260671					
4.其他食品加工业	13688	362	746		10209		2371
(四)、食品制造业	876879	3918	148		284		872529
1.糕点、糖果制造业	1113				138		975
2.乳制品制造业	139520	360					139160
3.罐头食品制造业	3558	3558					
4.蜜饯制造业							
5.其他食品制造业	732688		148		146		732394
(五)、饮料制造业	10074	977	2992	70	3546	2489	
1.白酒制造业	5047		2558			2489	
2.汽水制造业							
3.果菜汁饮料制造业							
4.固体饮料制造业							
5.其他软饮料制造业	228		228				
6.制茶业	4799	977	206	70	3546		

12-19 续表 1

(2017年)　　单位:万元

指标名称	农垦总局	湛江局	茂名局	阳江局	揭阳局	汕尾局	广州直属单位
(六)、纺织业	24641	18737	145	130		14	5615
1.棉织业	29	29					
2.棉针织业							
3.其他麻纺织业	24612	18708	145	130		14	5615
(七)、服装及其他纤维制品制造业	31307	22047	98				9162
1.服装制造业	31307	22047	98				9162
2.制鞋业(纺织品为料)							
(八)、皮革、毛皮及其制品业	11149	4119	6470				560
其中:皮革制造业	9717	4119	5598				
(九)、木材加工及竹藤、棕草制造业	26878	17456	5826	344	2883	369	
1.锯材加工业	8422	2564	5567		201	90	
2.胶合板制造业	2708	26			2682		
3.其他人造板制造业	9054	8905	149				
4.生产用木制品业	5505	5463	42				
5.日用木制品业	910	498	68	344			
6.竹藤棕草制品业	279					279	
(十)、家具制造业	60063	1285	4487	1372	429		52490
1.木制家具制造业	60063	1285	4487	1372	429		52490
2.竹藤家具制造业							
(十一)、造纸及纸制品业	10536	10163	373				
1.机制纸及纸制造业	8471	8450	21				
2.纸制品业	2065	1713	352				
(十二)、印刷业、记录媒介的复制	103					103	
(十三)、电力生产业	2052	492			1478	82	
1.火力发电业	323				323		
2.水力发电业	1729	492			1155	82	
(十四)、化学工业	8025	2409	4350	1266			
1.涂料及颜料制造业	1326		1326				
2.复混肥制造业	6699	2409	3024	1266			
(十五)、医药制造业							
1.化学药品原药制造业							
2.中药材及中成药加工业							
(十六)、橡胶制品业	13799	2496	10000	765			538
1.橡胶板、管带制品业	538						538

12-19 续表 2

（2017年）　　　　　　　　　　　　　　　　　　单位：万元

指 标 名 称	农垦总局	湛江局	茂名局	阳江局	揭阳局	汕尾局	广州直属单位
2.橡胶靴鞋制造业	765			765			
3.日用橡胶制品业	7017	2391	4626				
4.其他橡胶制品业	5479	105	5374				
(十七)、塑料制品业	104120	5502					98618
1.塑料簿膜制造业							
2.塑料丝、绳及编织品业	5477	5477					
3.日用塑料杂品制品业	98643	25					98618
(十八)、建筑材料及其他非金属矿物制品业	41794	11086	11802	9822	4958	2419	1707
1.水泥制造业	7470			7470			
2.水泥预制构件制造业	9279		3719		3853		1707
3.砖瓦制造业	21149	9422	7445	2175	258	1849	
4.石灰制造业	157				157		
5.建筑用石加工业	2685	1425			690	570	
6.建筑、卫生陶瓷制造业							
7.建筑用玻璃制品业	1054	239	638	177			
8.日用陶瓷制造业							
(十九)、金属制品业	105624	1877	1452		744		101551
其中：铝型材制造业	103217	1877	776		744		99820
不锈钢制造业	676		676				
(廿)、机械工业	6690	6212	164		179	135	
1.农、林、牧、渔业机械制造业	6212	6212					
2.农、林、牧、渔业机械修理业	478		164		179	135	
(廿一)、交通运输设备修理业	7270		2780		38	4122	330
其中：汽车修理业	7270		2780		38	4122	330
(廿二)、其他制造业	693387	10894	5176	50	182	74117	602968
1.工艺美术品制造业	1699	420	1097		182		
2.日用杂品制造业	590298	3352	2056	50			584840
3.生产用其他产品工业	74871		1835			72094	942
4.生活用其他产品工业	26519	7122	188			2023	17186

12-20 广东农垦工业产品产量

(2017年)

指标名称	计量单位	农垦总局	湛江局	茂名局	阳江局	揭阳局	汕尾局	广州直属单位
碎石	立方米	1883239	1718239	165000				
花岗岩板材	平方米	3374					3374	
碾米	吨	20100	80	460		5087	11738	2735
食用油	吨	99347	646	2595				96106
凉果	吨	7621				7141		480
萝卜干	吨	12					12	
成品糖	吨	339925	339925					
酒精	吨	5699	3600					2099
乳制品	吨	138973	707					138266
水果罐头	吨	3195	3195					
雪糕	吨	331						331
饮料酒	吨	3316		961			2355	
其中：白酒	吨	2952		597			2355	
成品茶	吨	547	198	35	10	279	25	
其中：精制茶	吨	87	52	35				
配合饲料	吨	98854		3175			691	94988
服装加工	万件	907.3	671.3				24	212
剑麻纱条	吨	1166	1166					
白棕绳	吨	1444	1444					
剑麻抛光布	吨	2425	2425					

12-20 续表 1

(2017年)

指 标 名 称	计量单位	农垦总局	湛江局	茂名局	阳江局	揭阳局	汕尾局	广州直属单位
剑麻抛光轮	吨	91			91			
剑麻地毯	万平方米	8	8					
水草地毯	万平方米	10	10					
皮鞋	万双	41	32		9			
锯材	立方米	44226	20459	23465			302	
板方材	立方米	8343	8343					
胶合板	立方米	23342	189			23153		
纤维板	立方米	1662		1597		65		
碎粒板	立方米							
木地板	立方米	1650				1650		
木片(绝干吨)	吨	22648	18258	4113			277	
模压复合家具	万件	311.1	309	2.1				
模压复合家具	立方米	11470	11470					
模压复合家具	万元	6569	6569					
建筑元件	万平方米	3.3	3.3					
建筑元件	立方米	558	558					
运输货盘	万个	1.04	1.04					
模压复合板家具	万件	3.1	3.1					
模压复合板家具	万元	1606	1606					
木制家具	万件	32	2.1	15.9	14			
木制家具	万元	7073	1260	4441	1372			
藤制家具	万件							
藤制家具	万元							
浸渍纸	万平方米	396	396					
机制纸	吨	24		24				
纸板	万平方米	2277	2133	144				
纸板	吨	14510	14510					
纸箱	万平方米							
发电量	万kw.h	11107	9707	135		1161	104	
其中：火电	万kw.h	9579	9052	135		392		
水电	万kw.h	1528	655			769	104	
松香	吨							
松香水	吨							

12-20 续表 2

(2017年)

指标名称	计量单位	农垦总局	湛江局	茂名局	阳江局	揭阳局	汕尾局	广州直属单位
翻新轮胎	条							
橡胶胶管	万标准米	3						3
异形胶管	吨	168						168
皮手套	万双	1081		1081				
手袋	万个							
尿醛胶	吨	2806	2806					
胶圈	吨							
胶丝	吨							
其他胶制品	吨	1471	1230	241				
塑料编织袋	吨	76	76					
塑料制品	吨	4700	4700					
水泥	吨	250807			250807			
砖	万块	57628	20141	17437	6600	10159	3291	
玻璃马赛克	万平方米							
铸钢水	吨	1239	1239					
铝型(板)材	吨	1758	893					865
橡胶初加工机械	台(套)	108	108					
剑麻纤维加工机械	套	9	9					
汽车大、中修	辆	6506		1865		18	4145	478
拖拉机大修	台	4					4	
有机复混肥	吨	41048	11080	18613	11355			

12-21 广东农垦建筑业基本情况

(2017年)

指标名称	计量单位	农垦总局	湛江局	茂名局	阳江局	揭阳局	汕尾局	广州直属单位
一、年末建筑业单位个数	**个**	**216**	**97**	**40**	**15**	**34**	**30**	
二、年末从业人员	**人**	**5633**	**1187**	**2574**	**203**	**1056**	**613**	
其中：国有在岗职工人数	人	180	141		21		18	
三、从业人员年平均人数	**人**	**5974**	**1362**	**2796**	**207**	**1022**	**587**	
其中：国有在岗职工人数	人	172	133		21		18	
四、从业人员劳动报酬	**万元**	**32963**	**13353**	**11951**	**1638**	**3743**	**2278**	
其中：国有在岗职工劳动报酬	万元	954	626		261		67	
五、固定资产原值	**万元**	**28130**	**12323**	**10293**	**3102**	**1233**	**1179**	
六、自有机械设备总台数	**台**	**874**	**331**	**501**	**12**		**30**	
机械设备总功率	千瓦	37580	11509	25237	121		713	
七、全年承包单项工程个数	**个**	**3085**	**1665**	**948**	**66**	**227**	**179**	
八、全年完成单项工程个数	**个**	**2693**	**1457**	**865**	**60**	**155**	**156**	
九、建筑业总产值(现行价)	**万元**	**197915**	**91150**	**66716**	**9616**	**15210**	**15223**	
1.建筑工程产值	万元	162021	81639	51160	8566	10116	10540	
2.安装工程产值	万元	27446	7732	11073	1050	3456	4135	
3.房屋构筑物修理产值	万元	7571	1723	3662		1638	548	
4.非标准设备制造产值	万元	877	56	821				
十、全年施工房屋面积	**平方米**	**624768**	**293002**	**204691**	**38731**	**50231**	**38113**	
全年竣工房屋面积	平方米	551778	282065	166377	38451	42487	22398	
十一、全年纳税额	**万元**	**8498**	**3479**	**3371**	**390**	**344**	**914**	
十二、全年盈亏总额	**万元**	**15285**	**4691**	**6353**	**1326**	**986**	**1929**	

12-22 广东农垦交通运输业基本情况

(2017年)

指 标 名 称	计量单位	农垦总局	湛江局	茂名局	阳江局	揭阳局	汕尾局	广州直属单位
一、年末运输单位	**个**	**791**	**84**	**565**	**31**	**25**	**82**	**4**
二、年末从业人员	**人**	**3960**	**485**	**2106**	**63**	**297**	**235**	**774**
其中：国有在岗职工人数	人	852	61	17				774
三、从业人员年平均人数	**人**	**3989**	**514**	**2044**	**63**	**288**	**232**	**848**
其中：国有在岗职工人数	人	925	60	17				848
四、从业人员劳动报酬	**万元**	**21249**	**2504**	**8969**	**469**	**1397**	**1064**	**6846**
其中：国有在岗职工劳动报酬	万元	6928	370	86				6472
五、固定资产原值	**万元**	**33551**	**8227**	**12246**	**482**	**1625**	**2213**	**8758**
六、公路运输营运汽车总计	**辆**	**2801**	**379**	**1125**	**66**	**106**	**132**	**993**
1.载客汽车	辆	1509	153	310		25	28	993
载客量	客位	11076	1476	4232		600	543	4225
2.载货汽车	辆	1292	226	815	66	81	104	
载货量	吨位	9099	2819	4068	370	368	1474	
七、机动运输船	**艘**	**15**	**4**	**3**			**8**	
载客量	客位	245	40	45			160	
净载重量	吨位	41	4	9			28	
总功率	千瓦	6577	6491	40			46	
八、客运量	**人**	**6709734**	**486299**	**1578579**		**122701**	**205530**	**4316625**
旅客周转量	万人公里	92599	3369	22132		1499	1573	64026
货运量	吨	5704092	3707048	1504412	175783	77017	239832	
货物周转量	万吨公里	530605	351203	50040	14164	8407	106791	
九、运输业总产值(现行价)	**万元**	**75631**	**25445**	**36716**	**2386**	**2371**	**3607**	**5106**
1.货运收入	万元	50037	18087	26363	2386	1116	2085	
2.客运收入	万元	22306	7358	8009		734	1099	5106
3.货物装卸收入	万元	1193		462		470	261	
4.其他杂项收入	万元	2095		1882		51	162	
十、全年纳税额	**万元**	**4194**	**565**	**2976**	**34**	**210**	**160**	**249**
十一、全年盈亏总额	**万元**	**9140**	**1349**	**5661**	**583**	**532**	**467**	**548**

12-23 广东农垦批发零售贸易业基本情况

(2017年)

指 标 名 称	计量单位	农垦总局	湛江局	茂名局	阳江局	揭阳局	汕尾局	广州直属单位
一、年末机构个数	**个**	**2762**	**1014**	**343**	**157**	**197**	**355**	**696**
其中：营业单位及网点	个	2180	999	292	156	160	355	218
二、年末固定资产原值	**万元**	**159490**	**125801**	**6691**	**2862**	**1578**	**5192**	**17366**
三、年末营业用房	**平方米**	**191753**	**65803**	**30659**	**16922**	**8232**	**15415**	**54722**
四、年末从业人员	**人**	**8070**	**1511**	**1814**	**285**	**623**	**1167**	**2670**
其中：国有在岗职工人数	人	722	91		6			625
五、从业人员年平均人数	**人**	**7925**	**1482**	**1794**	**278**	**656**	**1153**	**2562**
其中：国有在岗职工人数	人	638	98		6			534
六、从业人员劳动报酬	**万元**	**43992**	**8524**	**7576**	**1729**	**3276**	**3792**	**19095**
其中：国有在岗职工劳动报酬	万元	6180	1396		42			4742
七、商品购进总额	**万元**	**1609601**	**584962**	**53190**	**82824**	**11400**	**28141**	**849084**
八、商品销售总额或营业收入	**万元**	**1746256**	**640003**	**63755**	**103846**	**15119**	**45602**	**877931**
九、年末库存商品金额	**万元**	**99682**	**31572**	**7047**	**3256**	**1741**	**5825**	**50241**
十、总产值(现行价)	**万元**	**167544**	**64198**	**19421**	**18526**	**4732**	**17543**	**43124**
十一、全年纳税额	**万元**	**14534**	**4702**	**2386**	**1493**	**258**	**546**	**5149**
十二、全年盈亏总额	**万元**	**24262**	**4686**	**5081**	**4714**	**849**	**2344**	**6588**
另：社会消费品零售额	万元	214327	57279	35019	6362	14569	17254	83844

12-24 广东农垦住宿和餐饮业基本情况

(2017年)

指 标 名 称	计量单位	农垦总局	湛江局	茂名局	阳江局	揭阳局	汕尾局	广州直属单位
一、年末机构个数	**个**	**599**	**174**	**143**	**30**	**37**	**39**	**176**
其中：营业单位及网点	个	583	172	139	30	27	39	176
二、年末固定资产原值	**万元**	**38593**	**9019**	**4921**	**696**	**602**	**798**	**22557**
三、年末营业用房	**平方米**	**162327**	**43415**	**24005**	**7610**	**2315**	**8717**	**76265**
四、年末从业人员	**人**	**4309**	**872**	**1449**	**72**	**168**	**131**	**1617**
其中：国有在岗职工人数	人	572	73	5				494
五、从业人员年平均人数	**人**	**4289**	**825**	**1452**	**71**	**162**	**125**	**1654**
其中：国有在岗职工人数	人	615	72	5				538
六、从业人员劳动报酬	**万元**	**19864**	**3498**	**4195**	**363**	**927**	**301**	**10580**
其中：国有在岗职工劳动报酬	万元	3530	246	15				3269
七、商品销售总额或营业收入	**万元**	**93184**	**18112**	**15810**	**3723**	**1851**	**857**	**52831**
八、全年纳税额	**万元**	**6343**	**661**	**1675**	**600**	**98**	**79**	**3230**
九、全年盈亏总额	**万元**	**16251**	**2769**	**3912**	**2580**	**559**	**478**	**5953**
另：餐厅座位数	座	24970	7277	5152	1232	1079	993	9237

12-25 广东农垦居民服务业和其他服务业基本情况

(2017年)

指标名称	计量单位	农垦总局	湛江局	茂名局	阳江局	揭阳局	汕尾局	广州直属单位
一、年末机构个数	**个**	**1563**	**445**	**594**	**66**	**75**	**112**	**271**
其中：营业单位及网点	个	1544	439	594	65	64	112	270
二、年末固定资产原值	**万元**	**66427**	**18101**	**5668**	**1291**	**1055**	**701**	**39611**
三、年末营业用房	**平方米**	**419251**	**20822**	**18103**	**15740**	**3046**	**6560**	**354980**
四、年末从业人员	**人**	**7566**	**1147**	**2158**	**119**	**263**	**485**	**3394**
其中：国有在岗职工人数	人	1916	330	15	4			1567
五、从业人员年平均人数	**人**	**7490**	**1125**	**2151**	**118**	**249**	**476**	**3371**
其中：国有在岗职工人数	人	1899	322	15	4			1558
六、从业人员劳动报酬	**万元**	**42704**	**5942**	**7968**	**464**	**899**	**1738**	**25693**
其中：国有在岗职工劳动报酬	万元	14801	2117	111	42			12531
七、商品销售总额或营业收入	**万元**	**153093**	**24105**	**25052**	**5928**	**1497**	**2983**	**93528**
八、全年纳税额	**万元**	**10094**	**846**	**2287**	**228**	**104**	**276**	**6353**
九、全年盈亏总额	**万元**	**23569**	**1429**	**4094**	**832**	**282**	**941**	**15991**
另：客房总数	间	1906	529	317	42		63	955
床位总数	个	3690	1079	480	70		150	1911
出租房地产收入	万元	13871	1259	114		25		12473

12-26　广东农垦外贸出口商品数量情况

(2017年)

指　标　名　称	计量单位	农垦总局	湛江局	茂名局	阳江局	揭阳局	汕尾局	广州直属单位
1.剑麻纱条	吨							
2.白棕绳	吨	147	147					
3.剑麻地毯	万m²	0.8	0.8					
4.水草地毯	万m²	4	4					
5.抛光轮	吨							
6.抛光轮布	吨	19	19					
7.剑麻制品(数量)	万件	37						37
剑麻制品(重量)	吨							
8.皂素	吨							
9.茶叶	吨							
10.罐头	吨	86	86					
其中：菠萝罐头	吨	86	86					
11.菠萝浓缩汁	吨							
12.米酒	吨							
13.凉果	吨	450						450
14.牛奶	吨							
15.胶布鞋	万双							
16.服装	万件	87						87
17.毛衣	万打							
18.草垫	万个							
19.工艺品	万件							
20.模压复合家具	万件	14.17	14.17					
21.建筑元件	m²							
22.运输货盘	万个	0.05	0.05					
23.橡胶木地板	立方米							
24.木片	绝干吨							
25.剑麻纤维	吨							
26.磨茹	吨							
27.水果	吨							
28.瘦肉型猪	头	40717	28840	11877				
肉重	吨	4495	3307	1188				
29.对虾	吨	9256			9256			
30.鳗鱼	吨	900			900			

12-27 广东农垦外贸出口商品金额情况

(2017年)

指标名称	计量单位	农垦总局	湛江局	茂名局	阳江局	揭阳局	汕尾局	广州直属单位
一、出口商品总金额	**人民币(万元)**	**791713**	**10787**	**1958**	**38500**		**58150**	**682318**
其中：国有	人民币(万元)	73130	8196		38500			26434
工业品金额	人民币(万元)	719181	4747				58150	656284
二、出口创汇金额	**万美元**	**114954**	**1658**		**5500**		**8307**	**99489**
其中：国有	万美元	10682	1260		5500			3922
本单位收汇金额	万美元	104822	948				8307	95567
三、出口商品								
1.剑麻纱条	万元							
2.白棕绳	万元	244	244					
3.剑麻地毯	万元	59	59					
4.水草地毯	万元	235	235					
5.抛光轮	万元							
6.抛光轮布	万元	31	31					
7.剑麻制品	万元	655						655
8.皂素	万元							
9.茶叶	万元							
10.罐头	万元	63	63					
其中：菠萝罐头	万元	63	63					
11.菠萝浓缩汁	万元							
12.米酒	万元							
13.凉果	万元	400						400
14.牛奶	万元							
15.胶布鞋	万元							
16.服装	万元	993						993
17.毛衣	万元							
18.草垫	万元							
19.工艺品	万元							
20.模压复合家具	万元	859	859					
21.建筑元件	万元							
22.运输货盘	万元	2	2					
23.橡胶木地板	万元							
24.木片	万元							
25.剑麻纤维	万元							
26.磨茹	万元							
27.水果	万元							
28.瘦肉型猪	万元	7284	5326	1958				
肉重	万元							
29.对虾	万元	19345			19345			
30.鳗鱼	万元	9900			9900			

12-28 广东农垦固定资产投资完成情况

(2017年)　　单位：万元

指 标 名 称	农垦总局	湛江局	茂名局	阳江局	揭阳局	汕尾局	广州直属单位
一、本年实际完成投资总额	**257554**	**59523**	**49240**	**8606**	**12518**	**20770**	**106897**
(一)构成							
1.建安工程	134407	43214	29381	5303	8600	20770	27139
2.设备工器具购置	87072	8479	6685	843	1624		69441
3.商品房购置	2133	1509	561	60			3
4.其他费用	33942	6321	12613	2400	2294		10314
(二)按工程用途和行业分							
1.第一产业(农业)	58644	24351	19766	2901	4774	4571	2281
其中：橡胶	7126	960	2489	568	450	400	2259
2.第二产业	99217	5144	7930	478	2409	9234	74022
内：工业	38066	1994	3269	268	1906	9234	21395
3.第三产业	99693	30028	21544	5227	5335	6965	30594
其中：交通运输业	4211	141	2817	20	803	333	97
批发零售贸易餐饮业	4602	434	1205	1045	582	385	951
社会服务业	5447	522	1353	142	68	418	2944
卫生福利业	9087	4664	3707	498			218
文教广播电视业	5743	1167	940	174	89		3373
科学研究、技术服务业	774	39	539		196		
其他	69829	23061	10983	3348	3597	5829	23011
(三)按资金来源分							
1.预算内基建拨款	45299	18812	13671	2666		440	9710
2.国内银行贷款	28979	618					28361
3.利用外资							
4.企事业单位自筹	105826	18869	12133	2909	1233	4564	66118
5.其他资金	77450	21224	23436	3031	11285	15766	2708
二、当年新增固定资产	**140146**	**45336**	**34814**	**3249**	**4994**	**24450**	**27303**

12-29　广东农垦国有固定资产投资完成情况

(2017年)　　单位：万元

指 标 名 称	农垦总局	湛江局	茂名局	阳江局	揭阳局	汕尾局	广州直属单位
一、本年实际完成投资总额	**169778**	**44294**	**25230**	**3971**	**3814**	**7625**	**84844**
(一)构成							
1.建安工程	67309	31289	16159	3405	2702	7625	6129
2.设备工器具购置	81869	7675	4506	82	185		69421
3.商品房购置	18	18					
4.其他费用	20582	5312	4565	484	927		9294
(二)按工程用途和行业分							
1.第一产业(农业)	44899	21376	14120	1698	2104	3320	2281
其中：橡胶	7126	960	2489	568	450	400	2259
2.第二产业	79983	3124	2480	218	159		74002
内：工业	23918	1788	537	218			21375
3.第三产业	44896	19794	8630	2055	1551	4305	8561
其中：交通运输业	1459	100	955	20	287		97
批发零售贸易餐饮业	1411	8		472			931
社会服务业	4109	468	608	92			2941
卫生福利业	9087	4664	3707	498			218
文教广播电视业	5743	1167	940	174	89		3373
科学研究、技术服务业	774	39	539		196		
其他	22313	13348	1881	799	979	4305	1001
(三)按资金来源分							
1.预算内基建拨款	45299	18812	13671	2666		440	9710
2.国内银行贷款	7868	517					7351
3.利用外资							
4.企事业单位自筹	97423	18823	6806	571	564	4564	66095
5.其他资金	19188	6142	4753	734	3250	2621	1688
二、当年新增固定资产	**75852**	**29706**	**14752**	**1280**	**1092**	**1739**	**27283**

12-30 广东农垦国有资产投资基本建设完成情况

(2017年) 单位：万元

指 标 名 称	农垦总局	湛江局	茂名局	阳江局	揭阳局	汕尾局	广州直属单位
一、本年实际完成投资总额	**146642**	**38239**	**23093**	**3971**	**3814**	**7570**	**69955**
(一)构成							
1.建安工程	60940	27325	14876	3405	2702	7570	5062
2.设备工器具购置	66752	6471	4146	82	185		55868
3.商品房购置	18	18					
4.其他费用	18932	4425	4071	484	927		9025
(二)按工程用途和行业分							
1.第一产业(农业)	41164	18204	13672	1698	2104	3320	2166
其中：橡胶	6494	886	2046	568	450	400	2144
2.第二产业	67517	1811	1970	218	159		63359
内：工业	12429	942	537	218			10732
3.第三产业	37961	18224	7451	2055	1551	4250	4430
其中：交通运输业	1119	100	615	20	287		97
批发零售贸易餐饮业	1411	8		472			931
社会服务业	3894	420	554	92			2828
卫生福利业	8183	4045	3422	498			218
文教广播电视业	2308	1105	940	174	89		
科学研究、技术服务业	274	39	39		196		
其他	20772	12507	1881	799	979	4250	356
(三)按资金来源分：							
1.预算内基建拨款	38581	17806	12266	2666		440	5403
2.国内银行贷款	7724	373					7351
3.利用外资							
4.企事业单位自筹	82393	14813	6405	571	564	4509	55531
5.其他资金	17944	5247	4422	734	3250	2621	1670
二、当年新增固定资产	**58256**	**26383**	**14193**	**1280**	**1092**	**1684**	**13624**

12−31　广东农垦国有更改措施投资完成情况

(2017年)　　　　单位：万元

指　标　名　称	农垦总局	湛江局	茂名局	阳江局	揭阳局	汕尾局	广州直属单位
一、本年实际完成投资总额	**23136**	**6055**	**2137**			**55**	**14889**
(一)构成							
1.建安工程	6369	3964	1283			55	1067
2.设备工器具购置	15117	1204	360				13553
3.商品房购置							
4.其他费用	1650	887	494				269
(二)按工程用途和行业分							
1.第一产业(农业)	3735	3172	448				115
其中：橡胶	632	74	443				115
2.第二产业	12466	1313	510				10643
内：工业	11489	846					10643
3.第三产业	6935	1570	1179			55	4131
其中：交通运输业	340		340				
批发零售贸易餐饮业							
社会服务业	215	48	54				113
卫生福利业	904	619	285				
文教广播电视业	3435	62					3373
科学研究、技术服务业	500		500				
其他	1541	841				55	645
(三)按资金来源分：							
1.预算内基建拨款	6718	1006	1405				4307
2.国内银行贷款	144	144					
3.利用外资							
4.企事业单位自筹	15030	4010	401			55	10564
5.其他资金	1244	895	331				18
二、当年新增固定资产	**17596**	**3323**	**559**			**55**	**13659**

12-32 广东农垦年末实有及当年建设房屋情况

(2017年)　　单位：平方米

指 标 名 称	农垦总局	湛江局	茂名局	阳江局	揭阳局	汕尾局	广州直属单位
总 计	**24083105**	**1.30E+07**	**4435545**	**869453**	**1815415**	**1652883**	**1960334**
1.厂房	2500839	1661475	154872	85111	71128	71444	456809
其中：胶厂	307897	9626	7650	12603		541	277477
2.仓库	841602	510035	84985	43356	13587	35336	154303
3.商饮服务业用房	585129	142842	69603	38217	10971	43155	280341
其中：营业用房	464383	128403	47049	15436	7536	27380	238579
4.运输邮电及其他业务部门用房	24608	13956	7924		710	1420	598
5.办公室	506749	285544	72786	37945	12300	18176	79998
6.住宅	13227918	6128238	3181708	490761	1582677	1306517	538017
7.文化教育用房	970996	344456	187771	46961	50619	36657	304532
其中：教学用房	568019	209594	117624	28884	44895	32887	134135
8.科学研究用房	26660	13079	2951	1020		510	9100
9.医疗用房	371940	201242	78833	16425	2443	5452	67545
10.畜禽舍	1665264	953763	473689	45281	58315	134216	
11.其他	3361400	3094845	120423	64376	12665		69091

12-33 广东农垦从业人员与收入

(2017年)

指 标 名 称	计量单位	农垦总局	湛江局	茂名局	阳江局	揭阳局	汕尾局	广州直属单位
一、从业人员年末数	**人**	**125612**	**38868**	**26874**	**3898**	**14858**	**14782**	**26332**
其中：女性	人	39906	13379	10480	1515	5499	5019	4014
1.国有在岗职工人数小计	人	43264	22989	7881	2384	838	1951	7221
小计中：女性	人	16523	8668	3322	890	362	580	2701
长期职工	人	34328	17045	6211	1731	838	1822	6681
2.其他从业人员	人	82348	15879	18993	1514	14020	12831	19111
二、从业人员年平均人数	**人**	**122012**	**36867**	**26565**	**3924**	**14732**	**13707**	**26217**
其中：国有在岗职工人数	人	43803	23187	7967	2483	838	1941	7387
三、国有不在岗职工年末人数	**人**	**663**	**643**		**14**		**2**	**4**
其中：下岗职工	人							
内部退养职工	人	368	357		5		2	4
四、农垦人口纯收入合计	**万元**	**947818**	**367817**	**213089**	**37887**	**77865**	**77438**	**173722**
1.国有在岗职工纯收入	万元	237889	113673	32546	10154	3347	8156	70013
其中：工资性收入	万元	189498	89391	23722	7733	2957	5996	59699
非工资性收入	万元	48391	24282	8824	2421	390	2160	10314
2.其他从业人员纯收入	万元	265011	45172	56580	4969	30561	35156	92573
3.国有不在岗职工全部收入	万元	4549	1244	3175	112		8	10
4.国有离退休人员全部收入	万元	219753	125807	57305	14015	5773	5931	10922
5.外地做工经营纯收入	万元	218311	79955	63348	8637	38184	28187	
6.其它收入	万元	2305	1966	135				204
五、农垦人口年人均纯收入	**元**	**24469**	**22877**	**22136**	**25457**	**15838**	**20886**	**59528**
六、从业人员年平均收入	**元**	**41217**	**43086**	**33550**	**38540**	**23017**	**31598**	**62015**
七、国有在岗职工年平均收入	**元**	**54309**	**49024**	**40851**	**40894**	**39940**	**42020**	**94779**

12-34 广东农垦国有在岗职工按劳动岗位分类

(2017年)　　　　单位：人

指 标 名 称	农垦总局	湛江局	茂名局	阳江局	揭阳局	汕尾局	广州直属单位
国有在岗职工总计	**43264**	**22989**	**7881**	**2384**	**838**	**1951**	**7221**
一、工人和学徒	**21637**	**12787**	**3972**	**1246**	**347**	**1273**	**2012**
1.橡胶工人	4188	1015	2346	715	58	46	8
内：割胶工人	3033	520	1849	609	47		8
制胶工人	27			27			
2.热作工人	790	763			27		
内：剑麻初加工工人	298	283			15		
3.茶叶工人	96	5	47		24	20	
4.水果工人	1071	365	457	8	74	167	
5.农业工人	6995	6222	98	15	56	602	2
内：水稻工人	573	42			21	510	
甘蔗工人	6005	6001	4				
6.畜牧工人	1087	370	209	37	52	79	340
7.林业工人	552	27	480		11	34	
8.副业工人	38				24	14	
9.渔业工人	508	60	11	326	9	102	
10.水利、水电工人	103	56	15	6	11	15	
11.工业工人	3763	2998	175	48		92	450
其中：胶制品工人	114	30	84				
茶叶加工工人	104	83	21				
剑麻加工工人	334	334					
制糖工人	1632	1632					
农机修造工人	33	26				7	
建材工人	57	49				8	
木材加工制造工人							
12.建筑工人	92	78				14	
13.交通运输工人	1067	131	41	24	1		870
其中：司机、助手	852	91	28	10	1		722
14.机务及动力工人	304	163	12			7	122
15.其他工人	954	505	81	67		81	220
16.学徒	29	29					
二、工程(农牧)技术人员	**947**	**630**	**26**	**24**	**18**	**25**	**224**
三、管理人员	**7928**	**3669**	**1595**	**523**	**238**	**191**	**1712**
四、服务人员	**12106**	**5762**	**2157**	**554**	**226**	**438**	**2969**
1.炊事人员	611	165	89	23	7	8	319
2.幼师、保育人员	320	198	74	21	6	21	
3.医院外的卫生人员	20	13			7		
4.电视、电影、广播人员	6	5	1				
5.社会性服务人员	10194	4992	1722	433	184	395	2468
内：大中专教师	617	196	23				398
中小学教师	2667	1377	592	214	155	273	56
医院医务人员	3922	2588	854	174		55	251
银行邮电人员	14	13			1		
商饮服务人员	872	24			1	10	837
政法公安保安人员	874	558	203	39	11	11	52
6.其他服务人员	955	389	271	77	22	14	182
五、其他人员	**646**	**141**	**131**	**37**	**9**	**24**	**304**

12-35 广东农垦科研基本情况

(2017年)

项　　目	计量单位	合计	农业技术推广站	1.省地科研单位	农业技术推广站	1.农场科研单位	农业技术推广站
一、科研单位个数	**个**	**49**	**45**	**6**	**2**	**43**	**43**
二、年未从业人员	**人**	**345**	**248**	**135**	**55**	**210**	**193**
1.科技人员	人	209	158	99	52	110	106
内：中级	人	67	51	38	24	29	27
高级	人	14	7	9	3	5	4
2.其他人员	人	136	90	36	3	100	87
三、科技经费	**万元**	**2297**	**529**	**1863**	**95**	**434**	**434**
1.国家拨款	万元	1355	324	1126	95	229	229
2.主管部门自筹	万元	16	16			16	16
3.单位自筹	万元	926	189	737		189	189
四、实验地面积	**平方米**	**581.3**	**450.3**	**120.5**	**32.5**	**460.8**	**417.8**

12-36 广东农垦卫生事业基本情况

(2017年)

项　　目	医疗单位(个)	病床(张)	年未从业人员(人)	卫生技术人员	内：医生
合　计	**59**	**6502**	**4838**	**3999**	**1462**
1.省、地局属	4	2574	2580	2150	715
其中：医院	4	2574	2580	2150	715
疗养院					
2.场(厂)级属	53	3928	2248	1843	741
其中：医院	44	3905	2205	1803	696
3.分场(区)属	2		10	6	6
4.生产队属					

12-37 广东农垦各类学校基本情况

(2017年)

指 标 名 称	个数	年末从业人员	专任教师	在校学生	当年新招生	当 年 毕业生 (人)
合 计	**139**	**4518**	**3468**	**73861**	**19153**	**18800**
一、管理学院	**1**	**807**	**398**	**19312**	**6765**	**5906**
二、中等专业学校	**1**	**158**	**114**	**4872**	**1363**	**2170**
其中：师范学校						
中专学校	1	158	114	4762	1363	2170
三、技工学校	**2**	**127**	**105**	**1542**	**377**	**339**
四、普通中学	**42**	**1391**	**1114**	**15295**	**4755**	**4863**
其中：高中	1	200	142	2745	882	987
五、职业学校						
六、小学	**93**	**2035**	**1737**	**32840**	**5893**	**5522**
另：幼儿园	58	680	491	11068	4466	3144

12-38 广东农垦生产总值完成情况表

(2017年)

单位：万元

项 目	增加值合 计 (按当年价格算)	劳动者报酬	固定资产折旧	生产税净额	政府补贴	营业盈余	年末从业人员 (人)	年末固定资产原值
合 计	**1727574**	**719948**	**181813**	**128264**		**697549**	**125612**	**2008213**
第一产业(农业)	582334	288448	83492			210394	54430	808156
第二产业	691367	189504	64394	90211		347258	35099	672582
1.工业	618843	156541	57045	81713		323544	29466	644452
2.建筑业	72524	32963	7349	8498		23714	5633	28130
第三产业	453873	241996	33927	38053		139897	36083	527475
1.交通运输、仓储业、邮电通讯业	46358	21249	7061	4194		13854	3960	33551
2.批发、零售贸易	105098	43992	5608	14534		40964	8070	159490
3.住宿及餐饮业	53097	19864	3904	6343		22986	4309	38593
4.房地产业	7640	1554	49	2885		3152	93	355
5.居民服务业及其他社会服务业	88324	42704	5237	10094		30289	7566	66427
6.卫生、社会保障和福利事业	2652	1636	929			87	345	12361
7.教育	47157	42724	3932			501	4518	109570
8.科研研究和综合技术服务业	62755	48780	5054			8921	4838	73588
9.公共管理和社会组织	29167	13464	2071			13632	607	30913
10.其他	11625	6029	82		3	5511	1777	2627

12-39 广东农垦各管理局生产总值按产业分类

(2017年) 单位：万元

指标名称	农垦总局	湛江局	茂名局	阳江局	揭阳局	汕尾局	广州直属单位
合　计							
增加值合计(按当年价格计算)	1727574	619067	273031	89370	54429	71372	620305
其中：劳动者报酬	719948	301785	123735	21480	39105	44665	189178
固定资产折旧	181813	92476	45167	6030	4673	2892	30575
生产税净额	128264	23688	16953	3063	1994	4650	77916
另：政府补贴							
营业盈余	697549	201118	87176	58797	8657	19165	322636
年末从业人员(人)	125612	38868	26874	3898	14858	14782	26332
年末固定资产原值	2008213	1068100	183694	82345	41175	60233	572666
第一产业(农业)							
增加值合计(按当年价格计算)	582334	336386	124309	57433	24816	20446	18944
其中：劳动者报酬	288448	170608	58603	11688	19948	18456	9145
固定资产折旧	83492	49376	24700	4136	2461	453	2366
生产税净额							
另：政府补贴							
营业盈余	210394	116402	41006	41609	2407	1537	7433
年末从业人员(人)	54430	20039	12142	2284	9287	8738	1940
年末固定资产原值	808156	589529	88052	47622	18003	6377	58573
第二产业							
增加值合计(按当年价格计算)	691367	142621	53695	9838	14967	35587	434659
其中：劳动者报酬	189504	50012	21707	3042	8736	16826	89181
固定资产折旧	64394	35438	7406	750	1304	1552	17944
生产税净额	90211	16911	7629	708	1324	3589	60050
另：政府补贴							
营业盈余	347258	40260	16953	5338	3603	13620	267484
年末从业人员(人)	35099	9148	5131	528	2202	3616	14474
年末固定资产原值	672582	246312	41947	13272	15704	43456	311891
第三产业							
增加值合计(按当年价格计算)	453873	140060	95027	22099	14646	15339	166702
其中：劳动者报酬	241996	81165	43425	6750	10421	9383	90852
固定资产折旧	33927	7662	13061	1144	908	887	10265
生产税净额	38053	6777	9324	2355	670	1061	17866
另：政府补贴							
营业盈余	139897	44456	29217	11850	2647	4008	47719
年末从业人员(人)	36083	9681	9601	1086	3369	2428	9918
年末固定资产原值	527475	232259	53695	21451	7468	10400	202202

12-40 广东农垦主要物资消费

(2017年)

项 目	计量单位	全年消费量	项 目	计量单位	全年消费量
1.钢材	吨	52936	8.纯碱	吨	7
2.木材	立方米	49760	9.烧碱	吨	176
3.水泥	吨	202620	10.聚乙、丙烯	吨	198
4.煤炭	吨	21898	11.铜材	吨	74
5.成品油	吨	65679	12.铝材	吨	1391
内：汽油	吨	26094	13.硫酸	吨	676
柴油	吨	38722	14.轮胎外胎	条	12545
重油	吨	863	15.冰醋酸	吨	3
6.化肥	吨	241735	16.电石	吨	
7.电力	万千瓦时	72325			

12-41 广东农垦房地产开发投资完成情况

(2017年)

指 标 名 称	计量单位	合计	商品住宅	
				配套设施
一、房地产开发投资完成额	**万元**	**40194**	**25194**	**2205**
其中：土地开发投资额	万元	40194	25194	2205
资金来源小计	万元	40194	25194	2205
1.国家预算内资金	万元			
2.国内银行贷款	万元	10000	10000	875
3.股票	万元			
4.债券	万元			
5.利用外资	万元			
6.自筹资金	万元	30000	15000	1313
7.其他资金	万元	194	194	17
二、商品房屋建筑面积				
1.施工面积	平方米	84998	29500	2581
内：本年新开工	平方米	29998	29500	2581
2.竣工面积	平方米			
三、土地开发面积	**平方米**	**98100**	**17100**	**1496**
四、商品房屋销售建筑面积	**平方米**	**61478**	**61478**	**2964**
五、商品房屋销售额	**万元**	**48853**	**48853**	**4914**
六、房地产开发企业个数	**个**	**1**		
七、从业人员年末人数	**人**	**93**		
其中：国有在岗职工人数	人	93		
八、从业人员年平均人数	**人**	**90**		
其中：国有在岗职工人数	人	90		
九、全年从业人员劳动报酬	**万元**	**1554**		
其中：国有在岗职工劳动报酬	万元	1554		
十、企业利润总额	**万元**	**3152**		
十一、全年缴纳税金	**万元**	**2885**		

12-42 广东农垦非国有经济基本情况表

(2017年)

指 标 名 称	计量单位	合计	第一产业	第二产业	工业	第三产业
一、经营单位个数	**个**	**6298**	**61**	**676**	**457**	**5561**
1.集体经济	个					
#股份合作制经济	个					
2.个体经济	个					
3.私营经济	个	6295	61	673	454	5561
4.港澳台及外商经济	个	3		3	3	
二、从业人员	**人**	**59661**	**18588**	**20864**	**15934**	**20209**
1.集体经济	人					
#股份合作制经济	人					
2.个体、私营经济	人					
3.私营经济	人	54077	18588	15280	10350	20209
4.港澳台及外商经济	人	5584		5584	5584	
三、从业人员劳动报酬	**万元**	**265091**	**60694**	**108858**	**84077**	**95539**
1.集体经济	万元					
#股份合作制经济	万元					
2.个体经济	万元					
3.私营经济	万元	229288	60694	73055	48274	95539
4.港澳台及外商经济	万元	35803		35803	35803	
四、农垦生产总值	**万元**	**806306**	**104395**	**477694**	**420738**	**224217**
1.集体经济	万元					
#股份合作制经济	万元					
2.个体经济	万元					
3.私营经济	万元	518357	104395	191065	134109	222897
4.港澳台及外商经济	万元	287949		286629	286629	1320

12-42 续表

(2017年)

指 标 名 称	计量单位	合计	第一产业	第二产业		第三产业
					工业	
五、当年固定资产投资额	**万元**	**87776**	**13745**	**19234**	**14148**	**54797**
1.集体经济	万元					
#股份合作制经济	万元					
2.个体经济	万元					
3.私营经济	万元	87442	13632	19195	14109	54615
4.港澳台及外商经济	万元	334	113	39	39	182
六、资产总额	**万元**	**241444**	**26513**	**61006**	**55379**	**153925**
1.集体经济	万元					
#股份合作制经济	万元					
2.个体经济	万元					
3.私营经济	万元	241408	26513	61006	55379	153889
4.港澳台及外商经济	万元	36				36
七、固定资产原值	**万元**	**282642**	**44601**	**135719**	**117261**	**102322**
1.集体经济	万元					
#股份合作制经济	万元					
2.个体经济	万元					
3.私营经济	万元	267033	44601	120110	101652	102322
4.港澳台及外商经济	万元	15609		15609	15609	
八、税金	**万元**	**67493**	**918**	**45900**	**40054**	**20675**
#1.集体经济	万元					
2.港澳台及外商经济	万元	25713		25713	25713	
九、利润总额	**万元**	**296820**	**34719**	**194543**	**180530**	**67558**
#1.集体经济	万元					
2.港澳台及外商经济	万元	100537		100537	100537	

十三、农产品进出口贸易

13-1 农副产品出口分类值

单位：万美元

类　　别	1995	2000	2005	2010	2016	2017
活动物	21117	15908	9885	17534	23534	19510
肉及食用杂碎	5517	8104	12798	28007	32134	35035
水产品	54464	25862	53585	102449	151207	153860
乳品、蛋品、天然蜂蜜、其他	2526	3660	3660	4328	8243	6915
其他动物产品	8687	5100	3264	3866	6755	5924
树苗及花草	885	785	2638	2734	5100	5459
蔬菜	25156	11284	19896	29140	33554	31665
水果及坚果	13460	5406	11819	17832	15123	17908
咖啡、茶叶及调味香料	7842	6569	9460	12298	18928	23987
谷物	491	522	9	80	580	561
制粉工业产品	1571	3443	4528	10218	11105	9501
植物油籽及果实、种子、药材	24958	9852	11014	13086	17203	14648
虫胶、树胶、树脂	1034	841	1439	2732	6111	5878
编结植物材料、其他植物产品	2400	1608	1895	2301	5038	5681
动、植物油脂及蜡	28350	6515	4372	8684	13741	25008

注：本表资料按海关统计口径整理。

13-2 农副产品及其加工品海关进出口情况

单位：万美元

类别	2016		2017	
	出口	进口	出口	进口
一、活动物、动物产品	**221873**	**404921**	**221244**	**391910**
1.活动物	23534	822	19510	601
2.肉及食用杂碎	32134	285319	35035	237352
3.水产品	151207	60955	153860	81446
4.乳品、蛋品、天然蜂蜜、其他	8243	49466	6915	66141
5.其他动物产品	6755	8359	5924	6370
二、植物产品	**112741**	**730730**	**115288**	**754356**
1.树苗及花草	5100	2217	5459	2970
2.蔬菜	33554	3404	31665	3974
3.水果及坚果	15123	266161	17908	259242
4.咖啡、茶叶及调味香料	18928	6823	23987	9369
5.谷物	580	180210	561	204366
6.制粉工业产品	11105	15279	9501	16561
7.植物油籽及果实、种子、药材	17203	249662	14648	249804
8.虫胶、树胶、树脂	6111	3269	5878	3934
9.编结植物材料、其他植物产品	5038	3706	5681	4137
三、动、植物油脂及蜡	**13741**	**82011**	**25008**	**96217**
动、植物油脂及蜡	13741	82011	25008	96217
四、食品、烟草及制品	**555199**	**492250**	**571383**	**524736**
1.动物产品制品	165016	2719	189910	3065
2.糖及糖食	67149	29724	64983	25429
3.可可及可可制品	16365	14201	13354	11785
4.粮食及乳制品、糕饼点心	53146	138222	56544	179613
5.蔬菜、水果等植物制品	47224	20550	48423	23789
6.杂项制品	54563	63330	53209	56266
7.饮料、酒及醋	131277	140751	125239	155028
8.食品的残渣、动物饲料	11578	57563	13344	55776
9.烟草及烟草制品	8881	25190	6379	13985
五、其他	**866609**	**946214**	**940951**	**1099847**
1.木及木制品、木炭	153503	345503	161103	402632
2.软木及软木制品	265	175	278	110
3.草柳编结品	27995	484	31610	497
4.木浆及其他纤维素浆、废碎纸板	321	271744	82	347414
5.纸及纸板、纸浆、纸制品	475984	101782	506465	143100
6.蚕丝	8303	2500	9618	1965
7.羊毛、动物毛、毛纱线及制品	9007	17680	9963	19496
8.棉花	191231	206346	221833	184634

13-3 主要农副产品外贸出口情况

单位：万美元

项目	单位	1995		2000		2005	
		数量	金额	数量	金额	数量	金额
活猪	万头	62	7526	46	5688	37	5216
活家禽	万只	4888	11532	4483	9224	2301	3243
鲜冻猪肉	吨	8172	1468	15950	2069	9551	1757
冻鸡	吨	7852	1468	22233	3261	7758	1106
水海产品	吨	149585	54464	187489	25850	229840	53451
#活鱼	吨	61077	17723	66804	6458	48691	9626
冻鱼、冻鱼片	吨	14033	3963	34686	3943	79160	16484
鲜、冻对虾	吨	3838	2823	1108	690	15226	6010
冻虾仁	吨	5271	3282	2938	697	15110	7955
鲜蛋	万只	11253	478	60625	1225	36701	1458
谷物	吨	35131	1229	155932	3544	139410	4049
#大米	吨	10368	423	4166	173	1629	59
蔬菜	吨	450274	27674	531889	13258	718676	22104
#鲜蔬菜	吨	356418	11757	446956	6579	653695	11799
干食用菌	吨	6147	7396	8634	1595	6946	3807
干豆	吨	25212	1159	13373	394	31082	1115
鲜干果类	吨	121400	13028	178158	3927	351474	10948
#桔橙	吨	49109	2166	43570	673	79242	2448
核桃仁	吨	1671	525	744	97	342	107
白果	吨	2220	998	1960	179	849	160
食用油籽	吨	27011	2046	14770	535	11333	634
#花生、花生仁	吨	17856	1205	13012	389	2489	113
食用植物油	吨	171707	13481	92622	5257	43409	3710
烘焙花生	吨	5225	454	2565	239	1496	159
食糖	吨	205421	8051	23938	826	215575	6576
茶叶	吨	21974	2917	18853	3154	13795	3205
辣椒干	吨	4402	692	24427	701	5324	618
肠衣	吨	388	189	20	9	227	73
羽毛绒	吨	4703	6399	7490	3987	5267	1922
药材	吨	41665	17652	61377	6995	98868	8209
未硝整张毛皮	吨	65	231	37	83	1	2
#水貂皮	吨	8	69	3534	552	1493	300
生丝	吨	1218	2608	1579	3414	1642	3762
兔毛	吨	388	753	444	634	77	234

13-3 续表

单位：万美元

项　目	单位	2010		2016		2017	
		数 量	金 额	数量	金 额	数量	金 额
活猪	万头	67	13178		18941.31		16839.60
活家禽	万只	622	2252		1351.62		206.85
鲜冻猪肉	吨	21713	6837	11416	5763.03	10986	5123.60
冻鸡	吨	4194	950	3009	892.88	3224	919.97
水海产品	吨	261658	102343	503909	293281.39	558425	321744.40
#活鱼	吨	53374	14036	52382	21320.21	46798	18985.86
冻鱼、冻鱼片	吨	99202	32276	124945	44463.5	138244	55342.41
鲜、冻对虾	吨	22375	12776	4587	5294.81	4507	4684.03
冻虾仁	吨	33975	25147	22285	29779.53	25863	33206.98
鲜蛋	万只	21700	1541		2808.11		1520.62
谷物	吨	134932	6571	99529	6007.12	99967	5255.26
# 大米	吨	518	56	6637	501.17	12609	560.95
蔬菜	吨	769456	32929	695260	42807.88	676247	40463.55
#鲜蔬菜	吨	719225	21762	638193	27585.99	618637	24973.00
干食用菌	吨	1495	1743	1188	2156.65	1090	1687.36
干豆	吨						
鲜干果类	吨	298975	17416	111011	14733.91	148884	17582.53
#桔橙	吨	108248	6625	18718	2034.1	28336	3395.10
核桃仁	吨						
白果	吨						
食用油籽	吨	2415	230	2233	278	2518	282.82
#花生、花生仁	吨	1142	112	1080	116.02	408	45.66
食用植物油	吨	15322	2641	28595	4389.05	93867	10287.73
烘焙花生	吨	273	135	313	145.71	137	82.78
食糖	吨	63451	4237	98133	5443.05	36427	2805.37
茶叶	吨	6461	3845	6025	7310.87	6353	10509.32
辣椒干	吨	1872	580	257	56.57	745	172.56
肠衣	吨	573	1360	998	1865.31	551	1039.04
羽毛绒	吨	3459	995	3165	4015.76	3471	3807.05
药材	吨	112291	11429	24375	16980.68	25134	15987.81
未硝整张毛皮	吨						
#水貂皮	吨						
生丝	吨	1378	5423			594	3315.94
兔毛	吨						

13-4 农、林、牧、渔利用外资情况

年份	签订合同数(宗)	合同利用外资(万美元)	实际利用外资(万美元)	年份	签订合同数(宗)	合同利用外资(万美元)	实际利用外资(万美元)
1979	50	1997	514	1997	116	19766	19358
1980	59	5120	3471	1998	121	11212	17243
1981	45	5593	610	1999	104	20232	20983
1982	79	4217	946	2000	94	10600	14451
1983	48	2661	1198	2001	104	22655	17937
1984	250	8806	814	2005	166	23113	7720
1985	168	7901	2464	2006	192	28609	11539
1986	69	8681	6537	2007	336	48282	18295
1987	88	8590	4544	2008	211	39901	20832
1988	131	14668	8318	2009	95	28735	23922
1989	66	5156	6062	2010	84	27770	14327
1990	76	4128	3785	2011	118	73110	15871
1991	97	8372	2290	2012	127	66417	15264
1992	248	30462	4475	2013	121	53841	15143
1993	494	46597	6746	2014	150	76376	16888
1994	257	37439	9889	2015	74	64924	7880
1995	206	33419	10654	2016	78	88783	11135
1996	149	30464	16365	2017	254	74432	7363

13-5 各市农、林、牧、渔利用外资情况

市别	2017签订合同数(宗)	2017合同利用外资(万美元)	实际利用外资(万美元)						
			2000	2005	2010	2014	2015	2016	2017
合　计	254	74432	14451	7720	14327	16888	7880	11135	7363
广　州	5	29299	2219	222	373	147	232	4411	2356
深　圳	4	180	145	146		392			5
珠　海	5	375	545	560	189		37	15	670
汕　头	2	73	142		18	10			
佛　山	2	2224	687	118	60	3	37	107	
韶　关	12	2104	1142	187	2105	3753	204	480	280
河　源	133	4565	911	1120	519	2263	1531	202	164
梅　州	13	-441	1196	334	689	1026	1199	394	212
惠　州	16	1117	2388	1516	1975	626	45	754	435
汕　尾	2	529	94	528	242	30	94	88	54
东　莞	2	30		314	62	2890	38		15
中　山	2	113	22	149		61		672	
江　门	4	325	713	334	245	229	237	196	666
阳　江	4	706	184	230	2933	2123	131	185	224
湛　江	3	1797	392	187	26	310	130		1224
茂　名	21	1686	261	220	126		82	826	321
肇　庆	5	28280	1746	944	3695	1999	3700	2345	40
清　远	5	344	543	344	419	196	13	70	15
潮　州	12	872	289	104	85	362	106	90	682
揭　阳			576	72	511	468			
云　浮	2	254		91	55		64	300	

十四、农村经济收入分配与效益

14-1 农村集体经济基本情况

(2017年) 单位：个、万元

项　　目	数　量	项　　目	数　量
农村集体经济组织和生产要素情况			
1.汇总镇级经济联合总社数	800	其中:(1)从事家庭经营	1887
2.汇总村级经济联合社数	22639	其中:从事第一产业	1110
3.汇总组级经济合作社数	220504	(2)外出务工劳动力	1304
4.汇总农户数(万户)	1442	其中：常年外出务工劳动	1023
(1)纯农户	859	①乡外县内	388
(2)农业兼业户	257	②县外省内	557
(3)非农业兼业户	130	③省外	78
(4)非农户	196	7.村组集体资产总额	55987584
5.汇总人口数(万人)	6184	(1)村级集体资产	18213484
6.汇总劳动力(万个)	3522	(2)组级集体资产	37774100

14-2 村组集体经济组织资产负债情况

(2017年)

项　　目	金　额	项　　目	金　额
一、流动资产合计	**23908665**	**一、流动负债合计**	**14850254**
1.货币资金	15343327	1.短期借款	1096901
2.短期投资	1532246	2.应付款项	13281089
3.应收款项	6778465	3.应付工资	171058
4.存货	254627	4.应付福利费	301206
二、农业资产合计	**84216**	**二、长期负债合计**	**2244920**
1.牲畜(禽)资产	11412	1.长期借款及应付款	2237072
2.林木资产	72804	2.一事一议资金	7848
三、长期资产合计	**31994703**	**三、所有者权益合计**	**38892410**
1.长期投资	3141652	1.实收资本金	10966403
2.固定资产合计	25813715	2.公积公益金	26657337
其中:当年新购建的	711539	3.未分配收益	1268670
(1)固定资产原值	29119483	**四、负债及所有者权益合计**	**55987584**
(2)减：累计折旧	7994470	**五、附报：**	
(3)固定资产净值	21125013	1.经营性固定资产原值	7892457
(4)固定资产清理	124832	2.负债合计	17095174
(5)在建工程	4563870	其中：(1)经营性负债	4007849
3.其他资产	3039336	(2)兴办公益事业负债	855009
四、资产总计	**55987584**	3.当年新增负债	600581

14-3 村组集体经济组织收益分配情况

(2017年)

单位：万元

项　　目	金　额	项　　目	金　额
一、总收入	**8943056**	**六、可分配收益**	**6640478**
1.经营收入	3647385	**七、各项分配**	**5371809**
2.发包及上交收入	3298989	1.提取公积金、公益金	690290
3.投资收益	233108	2.提取应付福利费	968677
4.补助收入	629983	3.外来投资分利	33586
5.其他收入	1133592	4.农户分配	3349661
二、总支出	**3467850**	5.其他分配	329594
1.经营支出	1414527	**八、年末未分配收益**	**1268670**
2.管理费用	1265243	**九、附报指标**	
其中：①干部报酬	357325	1.汇入本表村数	21742
②报刊费	17577	2.当年无收益的村	3654
3.其他支出	788079	3.有集体经营收益的村	18088
三、本年收益	**5475206**	(1)集体经营收益在5万元以下的村	692
四、年初未分配收益	**955716**	(2)集体经营收益在5—10万元的村	1605
五、其他转入	**209557**	(3)集体经营收益在10万元以上的村	15791

14-4 村级集体经济组织资产负债情况

(2017年)

单位：万元

项　　目	金额	项　　目	金额
一、流动资产合计	**14644255**	**一、流动负债合计**	**10207075**
1.货币资金	8562960	1.短期借款	941118
2.短期投资	1114746	2.应付款项	9065899
3.应收款项	4732559	3.应付工资	118945
4.存货	233991	4.应付福利费	81113
二、农业资产合计	**35749**	**二、长期负债合计**	**1886860**
1.牲畜(禽)资产	6093	1.长期借款及应付款	1880916
2.林木资产	29656	2.一事一议资金	5944
三、长期资产合计	**23132029**	**三、所有者权益合计**	**25718099**
1.长期投资	2527930	1.实收资本金	6835649
2.固定资产合计	18666914	2.公积公益金	18307895
其中:当年新购建的	539103	3.未分配收益	574555
(1)固定资产原值	20146618	**四、负债及所有者权益合计**	**37812034**
(2)减：累计折旧	5115848	**五、附报：**	
(3)固定资产净值	15030771	1.经营性固定资产原值	5280252
(4)固定资产清理	76769	2.负债合计	12093935
(5)在建工程	3559374	其中：(1)经营性负债	2897825
3.其他资产	1937185	(2)兴办公益事业负债	740987
四、资产总计	**37812034**	3.当年新增负债	404261

14-5 村级集体经济组织收益分配情况

(2017年) 单位：万元

项 目	金额	项 目	金额
一、总收入	**5036916**	**六、可分配收益**	**3059859**
1. 经营收入	2110566	**七、各项分配**	**2530791**
2. 发包及上交收入	1664603	1. 提取公积金、公益金	391359
3. 投资收益	147219	2. 提取应付福利费	636220
4. 补助收入	546798	3. 外来投资分利	20869
5. 其他收入	567730	4. 农户分配	1204441
二、总支出	**2559215**	5. 其他分配	277901
1. 经营支出	1025607	**八、年末未分配收益**	**529068**
2. 管理费用	950481	**九、附报指标**	
其中：①干部报酬	294779	1.汇入本表村数	21742
②报刊费	15556	2.当年无收益的村	3654
3. 其他支出	583127	3.有集体经营收益的村	18088
三、本年收益	**2477701**	(1)集体经营收益在5万元以下的村	692
四、年初未分配收益	**524518**	(2)集体经营收益在5—10万元的村	1605
五、其他转入	**57640**	(3)集体经营收益在10万元以上的村	15791

14-6 组级集体经济组织资产负债情况

(2017年) 单位：万元

项 目	金额	项 目	金额
一、流动资产合计	**9264410**	**一、流动负债合计**	**4643179**
1.货币资金	6780367	1.短期借款	155783
2.短期投资	417500	2.应付款项	4215190
3.应收款项	2045906	3.应付工资	52113
4.存货	20636	4.应付福利费	220093
二、农业资产合计	**48467**	**二、长期负债合计**	**358060**
1.牲畜(禽)资产	5319	1.长期借款及应付款	356156
2.林木资产	43147	2.一事一议资金	1904
三、长期资产合计	**8862673**	**三、所有者权益合计**	**13174311**
1.长期投资	613722	1.实收资本金	4130754
2.固定资产合计	7146801	2.公积公益金	8349442
其中:当年新购建的	172436	3.未分配收益	694115
(1)固定资产原值	8972864	**四、负债及所有者权益合计**	**18175550**
(2)减：累计折旧	2878622	**五、附报：**	
(3)固定资产净值	6094242	1. 经营性固定资产原值	2612205
(4)固定资产清理	48062	2. 负债合计	5001239
(5)在建工程	1004496	其中：(1)经营性负债	1110024
3.其他资产	1102151	(2)兴办公益事业负债	114022
四、资产总计	**18175550**	3.当年新增负债	196321

14-7 组级集体经济组织收益分配情况

(2017年) 单位：万元

项 目	17年金额	项 目	17年金额
一、总收入	**3906139**	**六、可分配收益**	**3580619**
1. 经营收入	1536819	**七、各项分配**	**2841018**
2. 发包及上交收入	1634385	1. 提取公积金、公益金	298931
3. 投资收益	85889	2. 提取应付福利费	332457
4. 补助收入	83185	3. 外来投资分利	12717
5. 其他收入	565862	4. 农户分配	2145220
二、总支出	**908635**	5. 其他分配	51692
1. 经营支出	388920	**八、年末未分配收益**	**739602**
2. 管理费用	314763	**九、附报指标**	
其中：①干部报酬	62546	1.汇入本表村数	
②报刊费	2020	2.当年无收益的村	
3. 其他支出	204952	3.有集体经营收益的村	
三、本年收益	**2997505**	(1)集体经营收益在5万元以下的村	
四、年初未分配收益	**431198**	(2)集体经营收益在5—10万元的村	
五、其他转入	**151917**	(3)集体经营收益在10万元以上的村	

14-8 各市农村经济基本情况

(2017年)　　单位：个、万元

市别	汇总村级经济联合社数	汇总组级经济合作社数	汇总农户数(万户)	纯农户数(万户)	农业兼业户数(万户)	非农业兼业户数(万户)	非农户数(万户)	汇总人口数(万人)	汇总劳动力(万个)	从事家庭经营
合计	22639	220504	1442	859	257	130	196	6184	3522	1887
广州	1296	11011	106	49	11	9	37	336	228	122
珠海	126	196	6	4	1	1	1	25	15	8
汕头	1210	125	81	35	23	10	14	412	226	142
佛山	562	4100	68	26	8	4	29	228	143	39
韶关	1270	13893	54	42	7	2	2	223	137	76
河源	1302	21501	65	31	16	11	7	305	171	74
梅州	1783	32007	101	59	20	14	9	449	239	122
惠州	1009	10001	55	38	7	4	5	248	132	63
汕尾	810	3735	49	30	9	4	6	254	122	67
东莞	559	1868	44	12	2	4	25	140	82	31
中山	289	1636	29	9	4	4	12	109	71	32
江门	1096	12597	71	51	11	4	5	266	169	94
阳江	741	9379	55	41	6	3	5	219	134	64
湛江	1726	12597	135	95	25	8	6	633	334	176
茂名	1784	31242	143	83	34	18	9	624	374	241
肇庆	1389	19975	90	66	15	5	3	364	211	116
清远	1089	20042	80	57	10	7	5	352	209	116
潮州	878	320	49	22	15	7	5	215	114	68
揭阳	2788	220	103	70	21	6	5	533	268	163
云浮	932	14059	58	38	11	5	4	250	141	72

14-8 续表

(2017年)　　单位：万元

市别	从事第一产业(万人)	外出务工劳动力(万人)	常年外出务工劳动力	乡外县内(万人)	县外省内(万人)	省外(万人)	村组集体资产总额(万元)	村级集体资产(万元)	组级集体资产(万元)
合计	1110	1304	1023	388	557	78	55987584	37812034	18175550
广州	80	76	51	37	11	3	17004991	10560732	6444258
珠海	7	5	4	3	1	0	321963	282897	39067
汕头	68	68	55	26	21	7	1682046	1619806	62240
佛山	23	46	30	22	6	2	8323812	3974181	4349631
韶关	49	50	41	12	26	3	251419	208647	42772
河源	45	76	65	13	49	3	164398	136504	27894
梅州	78	111	90	26	60	5	318946	317210	1736
惠州	35	57	39	25	13	2	1137565	586833	550732
汕尾	47	46	37	10	24	2	225085	224260	826
东莞	9	18	10	9	1	0	16311241	11704789	4606452
中山	14	30	21	16	4	2	3774145	3394239	379906
江门	63	63	50	31	15	5	2095693	1354301	741393
阳江	45	56	44	14	27	2	177278	169027	8250
湛江	143	124	100	32	57	11	395871	257705	138165
茂名	109	125	102	22	68	11	189974	151027	38947
肇庆	77	88	74	21	48	5	784987	359346	425641
清远	74	85	68	21	43	4	397724	231813	165911
潮州	24	39	30	14	13	3	751762	729651	22111
揭阳	75	82	60	20	35	5	1456544	1436336	20209
云浮	45	58	53	14	34	4	222141	112733	109408

14-9 各市村级集体经济组织资产负债情况

(2017年) 单位：万元

市别	一、流动资产合计	1.货币资金	2.短期投资	3.应收款项	4.存货	二、农业资产合计
合计	14644255	8562960	1114746	4732559	233991	35749
广州	5600637	4069927	183319	1304566	42825	3546
珠海	144880	86330	80	57697	773	2
汕头	383584	108852	6597	264317	3818	1027
佛山	2115744	977737	11048	1126710	248	267
韶关	35934	12172	13224	10444	94	14
河源	14024	7785	324	5706	209	291
梅州	117168	97367	4191	14917	694	1706
惠州	172003	110032	1733	58049	2189	6551
汕尾	16223	11991		4208	24	66
东莞	3574649	1777667	733925	946114	116943	2686
中山	1037718	500437	121936	410862	4484	1235
江门	609652	332574	8770	223672	44637	1087
阳江	45415	21100	351	24401	-436	397
湛江	46959	17669	3623	22568	3099	2972
茂名	19595	10105	816	5152	3521	4702
肇庆	143925	116952	4216	22276	481	3056
清远	38384	11492	552	25936	404	2796
潮州	317397	224034	13859	78693	811	857
揭阳	196196	59540	4027	124123	8506	780
云浮	14168	9197	2155	2149	667	1711

14-9 续表 1

(2017年) 单位：万元

市别	1.牲畜(禽)资产	2.林木资产	三、长期资产合计	1.长期投资	2.固定资产合计	其中:当年新购建的
合计	6093	29656	23132029	2527930	18666914	539103
广州	73	3473	4956549	650204	4183968	59033
珠海		2	138015	9250	127296	33
汕头	152	875	1235195	15059	1196406	59055
佛山		267	1858170	118851	1303344	9045
韶关	6	8	172698	3611	168541	7856
河源	11	281	122188	4278	116509	25574
梅州	0	1706	198336	24686	171251	1082
惠州	3449	3103	408279	9197	391376	5150
汕尾	15	51	207971	150	206015	1687
东莞		2686	8127454	1229351	6125051	209103
中山		1235	2355285	336863	1596062	47478
江门	272	814	743562	93411	621388	5762
阳江	28	369	123214	941	88017	182
湛江	138	2834	207775	1629	192010	10885
茂名	982	3719	126730	461	107702	2409
肇庆	505	2551	212364	9117	199063	1383
清远	16	2779	190633	5324	182497	3091
潮州	44	813	411397	13033	392171	4733
揭阳	297	483	1239360	1626	1205284	81604
云浮	105	1606	96854	888	92963	3956

14-9 续表 2

(2017年)　　　　单位：万元

市别	(1)固定资产原值	(2)减：累计折旧	(3)固定资产净值	(4)固定资产清理	(5)在建工程	3.其他资产	四、资产总计
合计	20146618	5115848	15030771	76769	3559374	1937185	37812034
广州	4174158	1037667	3136490	14573	1032905	122377	10560732
珠海	119890	7286	112604	583	14109	1468	282897
汕头	791040	29637	761403	4299	430703	23730	1619806
佛山	1443684	379602	1064082	6374	232888	435975	3974181
韶关	163150	6713	156438	1273	10830	546	208647
河源	105777	11057	94720	1475	20313	1401	136504
梅州	139325	308	139016	17231	15004	2399	317210
惠州	345782	39876	305906	3415	82056	7706	586833
汕尾	174919	5456	169463	61	36491	1806	224260
东莞	8201991	2881179	5320812	1147	803092	773052	11704789
中山	1915419	547267	1368152	-93	228004	422360	3394239
江门	575115	77855	497260	490	123638	28763	1354301
阳江	70841	2047	68793	984	18240	34257	169027
湛江	160445	26798	133646	899	57464	14137	257705
茂名	91883	3326	88557	2440	16704	18568	151027
肇庆	202354	18123	184231	516	14316	4184	359346
清远	166306	5269	161038	157	21303	2811	231813
潮州	321930	5724	316206	6346	69619	6193	729651
揭阳	893676	26535	867141	12018	326125	32450	1436336
云浮	88935	4122	84813	2581	5569	3002	112733

14-9 续表 3

(2017年)　　　　单位：万元

市别	一、流动负债合计	1.短期借款	2.应付款项	3.应付工资	4.应付福利费
合计	10207075	941118	9065899	118945	81113
广州	4468911	125072	4334241	31155	-21558
珠海	84318	3885	74251	2672	3510
汕头	441869	82364	276904	9281	73320
佛山	1594934	142652	1466821	2728	-17267
韶关	5808	1590	23570	314	-19666
河源	11945	2213	9593	244	-105
梅州	42510	1656	41235	522	-903
惠州	74679	4092	67104	2910	572
汕尾	18441	2261	13783	1472	926
东莞	1485848	347340	1088106	50403	
中山	858641	153565	708084	1670	-4677
江门	506930	32328	452721	5602	16279
阳江	42906	871	42335	466	-766
湛江	38533	8482	40034	840	-10823
茂名	15333	5209	12915	276	-3067
肇庆	77497	1417	72862	1110	2107
清远	40117	2567	18996	335	18219
潮州	215819	3386	208113	5173	-854
揭阳	172635	18119	103444	1736	49336
云浮	9401	2049	10788	35	-3471

14−9 续表 4

(2017年) 单位：万元

市别	二、长期负债合计	1.长期借款及应付款	2.一事一议资金	三、所有者权益合计	1.实收资本金	2.公积公益金	3.未分配收益
合计	1886860	1880916	5944	25718099	6835649	18307895	574555
广州	652467	652420	47	5439354	797847	4474906	166601
珠海	17130	17130		181448	54274	123457	3718
汕头	86078	84888	1189	1091859	454454	636259	1146
佛山	94923	94541	382	2284324	722568	1429477	132279
韶关	5315	5318	-3	197524	134908	72309	-9693
河源	21122	20991	130	103437	88559	26695	-11816
梅州	14880	14369	512	259819	110212	79738	69869
惠州	22572	22367	205	489582	170541	295099	23941
汕尾	16375	16179	196	189444	137904	54835	-3295
东莞	395030	395030		9823910	2605767	7218143	
中山	327543	327504	39	2208054	464941	1607098	136015
江门	78717	77374	1344	768653	157650	566784	44220
阳江	21406	21269	136	104716	60830	53148	-9262
湛江	23663	23618	45	195509	111519	77140	6850
茂名	36295	35981	313	99399	87664	15722	-3987
肇庆	13035	12503	532	268814	69149	153386	46279
清远	10028	9845	183	181667	163114	39802	-21250
潮州	24347	23969	378	489486	138066	355698	-4279
揭阳	15849	15612	237	1247852	225913	1008551	13389
云浮	10085	10006	79	93247	79769	19648	-6169

14−9 续表 5

(2017年) 单位：万元

市别	四、负债及所有者权益合计	1.经营性固定资产原值	2.负债合计	其中：(1)经营性负债	(2)兴办公益事业负债	3.当年新增负债
合计	37812034	5280252	12093935	2897825	740987	404261
广州	10560732	1499203	5121378	803424	9043	189984
珠海	282897	8807	101448	2209		
汕头	1619806	22586	527947	107090	178383	81741
佛山	3974181	648110	1689857	235191	1463	2179
韶关	208647	561	11123		1264	373
河源	136504	11	33067	2696	3698	102
梅州	317210	4336	57391	768	4925	88
惠州	586833	35594	97251	21568	11343	6053
汕尾	224260	12	34816		1513	422
东莞	11704789	2179395	1880878	1450867	430011	208
中山	3394239	797494	1186184	207784	15011	88254
江门	1354301	46749	585647	27341	459	9609
阳江	169027		64311		2356	52
湛江	257705	1509	62196	8368	16625	432
茂名	151027	4139	51628	861	6639	2206
肇庆	359346	2294	90532	926	2315	35
清远	231813	1711	50146	2287	2761	2720
潮州	729651	16424	240166	5549	16468	1855
揭阳	1436336	10728	188484	19987	35877	16672
云浮	112733	589	19486	910	833	1276

14-10 各市组级集体经济组织资产负债情况

(2017年) 单位：万元

市别	一、流动资产合计	1.货币资金	2.短期投资	3.应收款项	4.存货	二、农业资产合计
合计	9264410	6780367	417500	2045906	20636	48467
广州	3747424	2961931	129129	654770	1594	1076
珠海	27935	25577		2337	20	
汕头	10287	5803		4440	44	
佛山	2428610	1729522	13785	685258	45	351
韶关	4817	884	526	349	3058	17
河源	185	140	32	14		
梅州	561	447		114		
惠州	236206	199893	2970	31464	1879	7180
汕尾	193	139		54		
东莞	1928639	1243583	246840	427174	11042	253
中山	169324	98381	11404	58607	932	
江门	502210	344502	4729	152880	99	110
阳江	1093	433		660		106
湛江	16410	11540	362	4499	8	2761
茂名	2677	1048	15	1471	143	73
肇庆	160939	139025	4116	17793	6	4358
清远	14172	10879	835	2269	190	27384
潮州	6317	2488	2535	1193	101	
揭阳	1970	462	85	32	1390	
云浮	4441	3693	137	528	83	4798

14-10 续表 1

(2017年) 单位：万元

市别	1.牲畜(禽)资产	2.林木资产	三、长期资产合计	1.长期投资	2、固定资产合计	其中:当年新购建的
合计	5319	43147	8862673	613722	7146801	172436
广州		1076	2695759	208694	2422186	22587
珠海			11132	1441	8690	1
汕头			51953		51091	4285
佛山	10	341	1920670	49459	1201951	5310
韶关		17	37938	128	37810	1249
河源			27709	101	27607	411
梅州			1175	387	788	
惠州	2100	5080	307345	11523	293423	5403
汕尾			633		633	10
东莞		253	2677560	307976	2080775	86448
中山			210582	13928	172226	687
江门		110	239073	9340	220111	2175
阳江	11	94	7052	187	6807	
湛江	82	2679	118995	151	114739	35603
茂名	27	46	36197	34	14684	
肇庆	747	3611	260344	10001	236589	554
清远	951	26434	124354	154	123817	3400
潮州			15794	57	15670	
揭阳			18239		18239	3118
云浮	1391	3406	100169	161	98965	1198

14-10 续表 2

(2017年)　　单位：万元

市别	(1)固定资产原值	(2)减：累计折旧	(3)固定资产净值	(4)固定资产清理	(5)在建工程	3.其他资产	四、资产总计
合计	8972864	2878622	6094242	48062	1004496	1102151	18175550
广州	2602115	555190	2046925	15712	359550	64879	6444258
珠海	4626	156	4470	23	4197	1001	39067
汕头	27192	24	27168	3810	20114	862	62240
佛山	1291947	378584	913363	6582	282007	669260	4349631
韶关	38149	505	37645	1	164		42772
河源	28122	514	27607				27894
梅州	390		390		398		1736
惠州	256012	14723	241289	17945	34188	2400	550732
汕尾	578	17	561	72			826
东莞	3660551	1789860	1870691	-237	210320	288809	4606452
中山	196903	50317	146586	1947	23693	24428	379906
江门	202294	18112	184182	204	35725	9622	741393
阳江	6150	487	5663	33	1111	58	8250
湛江	130878	27123	103755	1341	9643	4105	138165
茂名	14015	400	13615	139	931	21478	38947
肇庆	260392	39471	220921	118	15549	13754	425641
清远	121732	1425	120307	140	3369	384	165911
潮州	15935	559	15376		294	67	22111
揭阳	16059		16059		2180		20209
云浮	98824	1155	97669	233	1063	1044	109408

14-10 续表 3

(2017年)　　单位：万元

市别	一、流动负债合计	1.短期借款	2.应付款项	3.应付工资	4.应付福利费
合计	4643179	155783	4215190	52113	220093
广州	2274140	58687	2127377	33875	54201
珠海	11460	180	11219	8	53
汕头	17369	37	10926	297	6109
佛山	1283706	19696	1105757	3491	154763
韶关	1105	30	1394	30	-349
河源	291	310	9		-28
梅州	86	-1	87		0
惠州	45577	4545	33177	1134	6722
汕尾	50		14	52	-16
东莞	577102	50257	515231	11615	
中山	98166	18386	82228	-688	-1759
江门	213677	802	207123	1057	4695
阳江	996	9	987		
湛江	10020	1441	7183	157	1238
茂名	1485	325	381	37	742
肇庆	92609	742	92121	1003	-1257
清远	9426	-128	13262	54	-3760
潮州	1765		1573		192
揭阳	686	341	1607	3	-1265
云浮	3463	125	3535	-11	-186

14-10 续表 4

(2017年) 单位：万元

市别	二、长期负债合计	1.长期借款及应付款	2.一事一议资金	三、所有者权益合计	1.实收资本金	2.公积公益金	3.未分配收益
合计	358060	356156	1904	13174311	4130754	8349442	694115
广州	146069	146051	18	4024050	710408	2870895	442746
珠海	758	753	5	26849	2991	22577	1281
汕头	3763	3718	44	41108	17082	23376	650
佛山	35149	34743	406	3030776	937756	1869662	223358
韶关	2528	2525	3	39140	38956	1504	-1321
河源	67	67		27536	6160	21412	-36
梅州				1650	277	487	886
惠州	25240	25159	81	479915	203561	272375	3979
汕尾	65	65		711	934	124	-347
东莞	78208	78208		3951142	1640524	2310619	
中山	15087	15043	44	266653	35247	254702	-23296
江门	19287	18554	733	508428	70923	390295	47210
阳江	133	132	1	7121	3876	3533	-287
湛江	7786	7545	241	120359	110581	23271	-13492
茂名	7695	7671	24	29767	24694	5355	-282
肇庆	3355	3225	130	329677	94114	209607	25955
清远	737	569	168	155748	124632	43943	-12828
潮州	134	134		20212	4667	13838	1707
揭阳	5734	5732	2	13788	7616	5550	622
云浮	6265	6261	4	99681	95754	6316	-2389

14-10 续表 5

(2017年) 单位：万元

市别	四、负债及所有者权益合计	1.经营性固定资产原值	2.负债合计	其中：(1)经营性负债	(2)兴办公益事业负债	3.当年新增负债
合计	18175550	2612205	5001239	1110024	114022	196321
广州	6444258	670292	2420209	295896	1063	134718
珠海	39067		12218	5446		1083
汕头	62240	7244	21132	1526	2491	414
佛山	4349631	585371	1318855	203555	1944	4857
韶关	42772	277	3633			13
河源	27894		358	5	-3	
梅州	1736		86		9	
惠州	550732	79980	70817	11328	452	1283
汕尾	826		115			
东莞	4606452	1170281	655310	560611	94699	45135
中山	379906	64757	113253	20168	535	1010
江门	741393	25050	232965	6687	155	4549
阳江	8250		1129		13	4
湛江	138165		17806	3648	7568	4319
茂名	38947	210	9180	361	1349	
肇庆	425641	1273	95964	204	1582	58
清远	165911	771	10164	612	515	3
潮州	22111	6700	1899			
揭阳	20209		6420		1416	
云浮	109408		9728	-24	234	-1125

14-11　各市村级集体经济组织收益分配情况

（2017年）　　单位：万元

市别	总收入	1.经营收入	2.发包及上交收入	3.投资收益	4.补助收入	5.其他收入	总支出	1.经营支出
合计	5036916	2110566	1664603	147219	546798	567730	2559215	1025607
广州	1348690	821417	330782	30113	30451	135928	604719	222103
珠海	40395	11531	20362	23	4680	3799	16485	2651
汕头	116624	19222	87197	637	7522	2046	130532	98534
佛山	618594	240484	243192	11730	31350	91837	255806	72640
韶关	31056	5194	19118	555	5005	1185	43618	26264
河源	12715	914	1507	427	8628	1239	29048	4279
梅州	125541	2494	6124	6222	78836	31865	100152	669
惠州	114396	43039	23168	3992	22253	21946	69379	14518
汕尾	28972	989	20205	20	6824	933	18981	2749
东莞	1405324	417830	595516	85020	134168	172791	526436	319916
中山	485876	356118	68997	2680	24173	33907	215314	89425
江门	226448	128586	53219	1029	22464	21150	142534	64079
阳江	19671	857	13189	25	5183	417	10469	472
湛江	48043	19541	20738	466	5367	1931	47826	28319
茂名	78376	1075	9084	26	67544	647	76417	3646
肇庆	91822	9708	24619	2580	30445	24470	63825	4087
清远	27476	3310	13291	387	8864	1623	33693	7581
潮州	98008	13114	33378	1112	35259	15145	58617	9302
揭阳	106796	13098	74581	156	14464	4498	105455	52483
云浮	12095	2046	6336	21	3319	374	9909	1892

14-11　续表 1

（2017年）　　单位：万元

市别	2.管理费用	其中：①干部报酬	②报刊费	3.其他支出	三、本年收益	四、年初未分配收益	五、其他转入	六、可分配收益
合计	950481	294779	15556	583127	2477701	524518	57640	3059859
广州	300317	46859	639	82298	743971	23475	20018	787465
珠海	10260	3823	46	3574	23909	3074	1301	28284
汕头	9254	6689	935	22743	-13907	44883	130	31106
佛山	107263	22299	1105	75903	362788	32397	25249	420434
韶关	3702	2991	321	13652	-12563	58786	10	46234
河源	3098	1784	309	21671	-16333	32100	2	15768
梅州	30930	8853	412	68553	25389	64364	517	90270
惠州	35715	8011	428	19146	45018	40736	1029	86782
汕尾	2829	2268	542	13403	9990	49475	1	59467
东莞	168398	55258	3687	38122	878888		194	879082
中山	71670	14857	1026	54220	270561	-13593	131	257099
江门	55343	16705	682	23113	83914	34721	1367	120002
阳江	3399	2174	388	6599	9201	60516	1	69719
湛江	3434	2035	659	16073	217	-23415	3	-23196
茂名	66646	63124	738	6125	1959	17956	0	19915
肇庆	33746	13243	241	25993	27996	29865	-150	57711
清远	4646	3385	467	21466	-6217	69781	0	63564
潮州	30410	14880	354	18904	39391	-4371	7807	42827
揭阳	7671	4443	2256	45301	1341	-29172	27	-27804
云浮	1748	1095	323	6269	2186	32940	3	35129

14-11　续表 2

(2017年)　　　　单位：万元

市　别	七、各项分配	1.提取公积金、公益金	2.提取应付福利费	3.外来投资分利	4.农户分配	5.其他分配	八、年末未分配收益
合　计	2530791	391359	636220	20869	1204441	277901	529068
广　州	650659	51699	152647	5535	384913	55864	136806
珠　海	24837	2613	2786		18019	1420	3447
汕　头	77822	11057	55154	513	6343	4755	-46717
佛　山	349745	45705	116088	647	139692	47613	70690
韶　关	4957	266	3944		614	132	41277
河　源	15873	254	119		17	15484	-105
梅　州	5112	945	2544	8	925	691	85158
惠　州	36961	4297	8048	1373	20670	2574	49821
汕　尾	3949	360	2652	521	346	70	55518
东　莞	879082	204331	137537	104	403706	133404	
中　山	253882	19573	52330	7643	170994	3342	3217
江　门	76965	7300	35761	4	33043	858	43037
阳　江	2264	1931	91		22	220	67456
湛　江	4446	2580	415	3	736	712	-27642
茂　名	2984	408	201	417	82	1877	16931
肇　庆	15702	1752	2862	1144	8244	1701	42008
清　远	7785	1591	971	835	156	4232	55779
潮　州	39970	6236	17882	1239	14514	99	2857
揭　阳	71707	25826	43349	884	1038	610	-99510
云　浮	6090	2637	841		367	2245	29039

14-11　续表 3

(2017年)

市　别	九、附报指标					
	1.汇入本表村数	(1)当年无经营收益的村	(2)当年有经营收益的村	①5万元以下的村	②5-10万元的村	③10万元以上的村
合　计	21742	3654	18088	692	1605	15791
广　州	1311	26	1285	3	4	1278
珠　海	130	8	122			122
汕　头	1121	461	660	12	31	617
佛　山	586	25	561			561
韶　关	1244	261	983	33	97	853
河　源	1292	178	1114	159	253	702
梅　州	2114	95	2019	45	130	1844
惠　州	1125	183	942	5	15	922
汕　尾	823	549	274	34	36	204
东　莞	559	6	553			553
中　山	259	23	236			236
江　门	1148	73	1075	2	3	1070
阳　江	724	24	700	14	36	650
湛　江	1661	705	956	125	285	546
茂　名	1772	477	1295	86	351	858
肇　庆	1431	172	1259	23	42	1194
清　远	1120	73	1047	14	44	989
潮　州	946	116	830	36	42	752
揭　阳	1481	140	1341	78	173	1090
云　浮	895	59	836	23	63	750

14−12 各市组级集体经济组织收益分配情况

(2017年) 单位：万元

市别	总收入	1.经营收入	2.发包及上交收入	3.投资收益	4.补助收入	5.其他收入
合计	3906139	1536819	1634385	85889	83185	565862
广州	1289037	779889	294615	17705	12866	183963
珠海	5597	1184	2648	237	566	961
汕头	2159	929	325		883	21
佛山	1099070	358283	604232	14409	17623	104523
韶关	2011	29	1200	11	693	77
河源	922	139	708	19	41	13
梅州						
惠州	269841	72879	44609	4184	28637	119531
汕尾	430	25	187		52	165
东莞	753055	200865	412715	41929		97547
中山	107297	35709	59369	1549	2258	8412
江门	152959	24766	98883	1384	3758	24168
阳江	999	94	518	1	376	10
湛江	37754	16993	10177	324	8819	1440
茂名	2006	143	1069	2	725	67
肇庆	136472	39747	66807	4062	2949	22908
清远	32528	4313	23888	55	2553	1719
潮州	3568	5	3275	8	46	235
揭阳						
云浮	10435	826	9160	10	339	101

14−12 续表 1

(2017年) 单位：万元

市别	总支出	1.经营支出	2.管理费用	其中：①干部报酬	②报刊费	3.其他支出
合计	908635	388920	314763	62546	2020	204952
广州	272654	74566	143843	24858	52	54245
珠海	2253	453	850	152	2	951
汕头	543	251	145	57	19	148
佛山	140349	39754	60066	12418	240	40529
韶关	1030	48	219	152	31	763
河源	594	458	49	16	4	86
梅州						
惠州	91757	55000	20816	2447	386	15942
汕尾	226		37	20	2	189
东莞	225831	168627	43706	12422	500	13497
中山	20831	6146	10396	1457	110	4288
江门	50244	7834	16788	3970	109	25622
阳江	1113	281	150	48	10	682
湛江	27671	21397	796	391	358	5478
茂名	1896	386	430	252	77	1080
肇庆	43096	9548	14833	3041	57	18715
清远	22944	3711	800	426	37	18433
潮州	653	74	555	260	6	24
揭阳						
云浮	4949	387	282	158	20	4280

14-12 续表 2

(2017年) 单位：万元

市别	三、本年收益	四、年初未分配收益	五、其他转入	六、可分配收益	七、各项分配	1.提取公积金、公益金
合计	2997505	431198	151916	3580619	2841018	298931
广州	1016383	274096	118071	1408549	963415	64459
珠海	3344	1165	6890	11399	10122	123
汕头	1616	-270	1	1347	879	
佛山	958721	3293	24397	986411	1009563	112850
韶关	981	3979		4959	106	9
河源	327	732		1060	360	114
梅州			1	1		
惠州	178083	25117	1353	204554	41856	8425
汕尾	204	621		825	2326	4
东莞	527225			527225	527225	94758
中山	86466	3922	365	90753	88134	1939
江门	102715	40775	-100	143389	86093	7001
阳江	-114	4559		4445	100	
湛江	10083	28773	2	38858	5950	2149
茂名	109	1294		1404	750	
肇庆	93376	17552	936	111864	89545	4528
清远	9584	21483		31067	10087	1617
潮州	2915	796		3711	2557	27
揭阳		4		4		
云浮	5486	3308		8795	1950	927

14-12 续表 3

(2017年) 单位：万元

市别	2.提取应付福利费	3.外来投资分利	4.农户分配	5.其他分配	八、年末未分配收益
合计	332457	12717	2145220	51692	739602
广州	85101	5781	790975	17099	445134
珠海	258		9549	193	1277
汕头	874		6		467
佛山	135057	1683	744995	14978	-23152
韶关	3		94		4854
河源	45		35	166	699
梅州					1
惠州	6058	2381	22045	2948	162697
汕尾	400		38	1884	-1501
东莞	67177		365290		
中山	13592	1517	70682	403	2619
江门	16109	34	61311	1639	57296
阳江			7	93	4346
湛江	228	273	153	3146	32908
茂名	11		3	735	654
肇庆	5886	861	76640	1630	22319
清远	623	180	1209	6457	20980
潮州	740		1785	6	1154
揭阳					4
云浮	295	8	403	317	6845

十五、农村居民收入与消费

简要说明

一、2013 年国家统计局实行城乡住户调查一体化改革，将过去城镇与农村分别开展的调查体系，按照统一指标、统一方法、统一标准、统一调查、统一程序的原则，整合为城乡一体化住户调查新体系。由于新旧调查体系在调查范围和对象、城乡划分标准、样本抽选方法、计算和汇总方式、指标名称和口径等都发生了变化，新旧口径指标数据存在不可比因素。

二、旧调查体系的农村居民纯收入指标在新的调查体系中统一为城乡可比的可支配收入，旧调查体系中的城乡经营性收入、财产性收入与转移性收入在新的调查体系中统一为经营净收入、财产净收入与转移净收入。

三、2013 年起为新口径数据；15-1 表、15-2 表、15-4 表 2013 年以前的收入数据为旧调查体系的人均纯收入。

农村居民收入与消费

一、农村居民收入继续平稳增长，增速略有加快

据国家统计局广东调查总队城乡一体化住户抽样调查，2017 年广东农村居民收入平稳增长，增速有所加快，居民生活水平继续提高。调查显示，2017 年广东农村常住居民人均可支配收入 15779.74 元，同比增长 8.7%，增速较上年提高 0.1 个百分点，扣除价格因素影响，实际增长 7.8%。（见表 1）

（一）工资性收入增长 8.3%。

2017 年广东农村居民人均工资性收入 7854.63 元，增长 8.3%，增速比上年提高 0.4 个百分点。主要的增收因素有：一是 2017 年广东经济继续保持平稳运行态势，就业状况总体稳定，为工资性收入增长提供了有力保障。二是 2017 年农民工就业基本稳定，工资水平继续提高。农民工监测调查数据显示，2017 年广东农民工外出务工劳动力人均月工资水平 3672.5 元，同比增长 7.7%；本地非农务劳动力人均月工资水平 3037.6 元，增长 8.1%；本地非农自营劳动力人均月工资水平 3945.3 元，增长 6.2%。

（二）经营净收入增长 6.1%。

2017 年广东农村居民人均经营净收入 4118.65 元，同比增长 6.1%。其中来自二、三产业经营净收入增长较快，人均达 1749.31 元，增长 12.0%。二、三产业经营净收入在居民家庭收入中所占比例由上年的 40.2%提升到 42.5%。

（三）财产净收入增长 13.4%。

2017 年广东农村居民人均财产净收入 414.81 元，同比增长 13.4%。主要原因是红利、出租房屋收入和转让土地承包经营权等收入较快增长。

（四）转移净收入增长 12.8%。

2017 年广东农村居民人均转移净收入 3391.65 元，同比增长 12.8%。一是受 2017 年 5 月广东再次提高城乡居民基本养老保险基础养老金最低标准影响，人均养老金或离退休金达 772.18 元，同比增长 17.6%。二是广东再次提高城乡居民最低生活保障标准、工伤伤残津贴，部分市县精准扶贫力度加大等政策助推社会救济和补助收入大幅增长。三是受农村医疗保障体系不断健全、就医观念变化、老年人口增加和 2017 年 7 月起广东公立医院改革全面启动影响，农村居民报销医疗费收入增加。全年人均报销医疗费收入 205.39 元，同比增长 29.3%。

表 1 2017 年广东农村居民收入增长情况

单位：元

指标名称	本年	上年	比上年±	增幅 (%)
可支配收入	15779.7	14512.2	1267.6	8.7
一、工资性收入	7854.6	7255.3	599.3	8.3
二、经营净收入	4118.7	3883.6	235.1	6.1
三、财产净收入	414.8	365.8	49.1	13.4
四、转移净收入	3391.7	3007.5	384.2	12.8

二、农村居民消费支出增长特点

调查显示，2017 年广东农村居民人均生活消费支出 13199.62 元，名义增长 6.3%，扣除价格因素影响实际增长 5.5%。其中，消费支出各类构成均有不同程度增长。（见表 2）

从分类结构来看，农村居民消费支出更加优化。一方面，食品烟酒类占比下降，2017 年农村居民家庭恩格尔系数为 40.2%，较上年下降 0.2 个百分点。另一方面，作为体现发展享受型消费的居住及医疗保健支出占比上升，2017 年所占比重为 29.0%，较上年提高 0.3 个百分点。从消费倾向看，

2017年广东农村居民平均消费倾向为83.6%，较上年下降了1.9个百分点。

制约农村居民生活消费支出快速增长的主要因素：一是近几年农村居民收入增速相对有所放缓，居民养老、医疗、教育、住房等方面预期消费压力持续增加，大多数居民处于一种谨慎消费状态，对日常消费产生较大的挤出效应。二是新消费热点仍需下大力气培育，部分传统商品消费热点如家用电器、音像器材、金银珠宝、通讯器材等增长明显放缓。三是食品价格与上年同期（上涨4.8%）涨跌幅落差为4.8个百分点。其中鲜菜、猪肉价格下降较多。受到食品烟酒价格止涨回跌影响，占比最大的食品支出增速较上年有明显回落。四是受年初汽车购置税减半政策调整影响，部分汽车消费量在上年底提前释放，导致2017年农村居民购买汽车类等大笔支出的增速继续放缓。

表2 2017年广东农村居民生活消费支出情况

单位：元

指标名称	本年	上年	比上年±	增幅（%）
生活消费支出	**13199.6**	**12414.8**	**784.8**	**6.3**
（一）食品烟酒	5303.9	5010.5	293.5	5.9
（二）衣着	459.5	412.0	47.5	11.5
（三）居住	2902.4	2761.9	140.6	5.1
（四）生活用品及服务	722.8	718.6	4.3	0.6
（五）交通通信	1423.6	1370.5	53.1	3.9
（六）教育文化娱乐	1186.0	1057.8	128.2	12.1
（七）医疗保健	921.7	803.9	117.8	14.7
（八）其他用品和服务	279.7	279.8	−0.1	0.0

15-1 农村常住居民收入与消费(1978-2017年)

年 份	人 均 可 支配收入 (元)	增 长 速 度			人均生活 消费支出 (元)	增 长 速 度(%)			恩格尔 系 数 (%)
		名义增长 (上年 为100)	实际增长 (上年 为100)	实际增长 (1978年 为100)		名义增长 (上年 为100)	实际增长 (上年 为100)	实际增长 (1978年 为100)	
1978	193.25	7.9		100.0	184.89	-2.6		100.0	61.7
1979	222.72	15.2	13.6	113.6	205.18	11.0	10.1	110.1	59.9
1980	274.37	23.2	19.4	135.6	222.22	8.3	3.9	114.4	60.4
1981	325.37	18.6	11.4	151.1	266.05	19.7	12.1	128.2	59.3
1982	381.79	17.3	12.7	170.3	312.44	17.4	16.2	149.0	58.4
1983	395.92	3.7	7.0	182.2	328.76	5.2	6.3	158.4	60.3
1984	425.34	7.4	7.2	195.3	346.19	5.3	5.0	166.3	59.3
1985	495.31	16.5	9.8	214.5	388.00	12.1	5.7	175.8	60.4
1986	546.43	10.3	7.6	230.8	454.06	17.0	11.1	195.3	58.8
1987	662.24	21.2	11.1	256.4	545.25	20.1	9.5	213.9	57.3
1988	808.70	22.1	2.7	263.3	684.67	25.6	3.2	220.7	55.2
1989	955.02	18.1	2.0	268.6	870.59	27.2	7.3	236.8	53.7
1990	1043.03	9.2	1.6	272.9	932.63	7.1	-0.3	236.1	57.7
1991	1143.06	9.6	9.4	298.5	942.40	1.1	1.2	238.9	57.4
1992	1307.65	14.4	10.4	329.6	1060.29	12.5	8.8	259.9	54.0
1993	1674.78	28.1	6.1	349.7	1391.01	31.2	6.8	277.6	52.8
1994	2181.52	30.3	3.8	363.0	1882.00	35.3	3.6	287.6	55.6
1995	2699.24	23.7	6.5	386.6	2255.01	19.8	5.3	302.9	54.5
1996	3183.46	17.9	7.6	415.9	2584.16	14.6	6.9	323.8	51.6
1997	3467.69	8.9	4.2	433.4	2617.65	1.3	0.3	324.7	52.3
1998	3527.14	1.7	3.4	448.2	2683.18	2.5	3.8	337.1	51.1
1999	3628.93	2.9	6.2	475.9	2645.94	-1.4	1.7	342.8	50.7
2000	3654.48	0.7	0.9	480.2	2646.02	…	…	342.9	49.8
2001	3769.79	3.2	3.5	497.0	2703.36	2.2	2.5	351.4	49.9
2002	3911.91	3.8	5.1	522.4	2825.01	4.5	6.0	372.5	47.6
2003	4054.58	3.6	3.4	540.1	2927.35	3.6	3.4	385.2	47.9
2004	4365.87	7.7	4.0	561.8	3240.78	10.7	6.7	411.0	48.8
2005	4690.49	7.4	4.5	587.0	3707.73	14.4	11.4	457.9	48.3
2006	5079.78	8.3	6.4	624.6	3885.97	4.8	3.2	472.6	48.6
2007	5624.04	10.7	6.5	665.5	4202.32	8.1	4.5	493.8	49.7
2008	6399.77	13.8	7.6	715.8	4872.96	15.9	9.6	541.3	49.0
2009	6906.93	7.9	10.7	792.4	5019.81	3.0	5.3	570.0	48.3
2010	7890.25	14.2	10.3	874.0	5515.58	9.9	6.5	607.1	47.7
2011	9371.73	18.8	11.9	978.0	6725.55	21.9	15.5	701.2	49.1
2012	10542.84	12.5	9.3	1069.0	7458.56	10.9	7.8	755.9	49.1
2013	11067.79	10.7	7.8	1152.4	8937.76	11.9	9.0	823.9	42.1
2014	12245.56	10.6	8.3	1248.0	10043.21	12.4	10.1	907.1	39.5
2015	13360.44	9.1	7.7	1344.1	11103.03	10.6	9.2	990.4	40.6
2016	14512.15	8.6	6.5	1431.5	12414.84	11.8	9.6	1085.5	40.4
2017	15779.74	8.7	7.8	1543.2	13199.62	6.3	5.5	1145.2	40.2

15-2 历年农村常住居民家庭基本情况

(1949—2017年)

年 份	平均每户常住人口(人)	人均可支配收入(元)	人均生活消费支出(元)	农村居民家庭恩格尔系数(%)	农村年末人均生活住房面积(平方米)
1949	4.67	55.62	67.85	73.4	
1950					
1952	4.65	85.32	78.76	67.7	
1957	4.63	108.19	96.61	68.0	
1962		142.60	114.08		
1965		107.73	99.11		
1970					
1975	6.38	143.83	151.42	63.3	
1978	5.99	193.25	184.89	61.7	8.73
1979	6.01	222.72	205.18	59.9	9.10
1980	6.18	274.37	222.22	60.4	10.51
1981	6.22	325.37	266.05	59.3	11.67
1982	6.12	381.79	312.44	58.4	11.39
1983	6.02	395.92	328.76	60.3	12.85
1984	5.99	425.34	346.19	59.3	14.42
1985	5.95	495.31	388.00	60.4	14.87
1986	5.91	546.43	454.06	58.8	15.58
1987	5.87	662.24	545.25	57.3	15.78
1988	5.79	808.70	684.67	55.2	16.39
1989	5.69	955.02	870.59	53.7	17.11
1990	5.65	1043.03	932.63	57.7	17.39
1991	5.51	1143.06	942.40	57.4	18.03
1992	5.49	1307.65	1060.29	54.0	18.77
1993	5.39	1674.78	1391.01	52.8	20.56
1994	5.38	2181.52	1882.00	55.6	20.51
1995	5.36	2699.24	2255.01	54.5	20.83
1996	5.25	3183.43	2584.16	51.6	22.32
1997	5.17	3467.69	2617.65	52.3	23.78
1998	5.15	3527.14	2683.18	51.1	24.83
1999	5.08	3628.93	2645.94	50.7	25.94
2000	5.15	3654.48	2646.02	49.8	22.42
2001	5.10	3769.79	2703.36	49.9	23.39
2002	5.08	3911.91	2825.01	47.6	24.07
2003	5.04	4054.58	2927.35	47.9	24.79
2004	5.01	4365.87	3240.78	48.8	25.48
2005	5.00	4690.49	3707.73	48.3	25.71
2006	4.98	5079.78	3885.97	48.6	26.60
2007	5.00	5624.04	4202.32	49.7	27.24
2008	5.00	6399.77	4872.96	49.0	27.89
2009	4.99	6906.93	5019.81	48.3	28.70
2010	4.95	7890.25	5515.58	47.7	30.06
2011	4.84	9371.73	6725.55	49.1	30.73
2012	4.82	10542.84	7458.56	49.1	31.67
2013	3.71	11067.79	8937.76	42.1	34.92
2014	3.54	12245.56	10043.21	39.5	39.32
2015	3.60	13360.44	11103.03	40.6	42.14
2016	3.69	14512.15	12414.84	40.4	43.92
2017	3.65	15779.74	13199.62	40.2	45.27

15-3 农村常住居民家庭平均每百户主要耐用物品年末拥有量

年 份	摩托车(辆)	生活用汽车(辆)	固定电话(台)	移动电话(台)	洗衣机(台)	电冰箱(台)	空调机(台)	电视机(台)	计算机(台)
1980								1.38	
1981								2.89	
1982								4.73	
1983								5.23	
1984					0.06	0.06		8.00	
1985	0.34				0.17	0.03		9.98	
1986	0.52				0.45	0.24		15.00	
1987	0.97				1.53	0.23		22.78	
1988	1.12				2.46	0.45		31.43	
1989	1.71				3.57	0.83		42.74	
1990	1.84		1.20		4.26	1.17		50.31	
1991	2.11				4.84	1.13		57.19	
1992	4.04				5.54	2.17		66.76	
1993	8.19		3.83		10.56	5.08		76.12	
1994	12.34		6.49		12.58	6.73		81.13	
1995	15.73		9.40		14.88	7.90	0.65	86.20	
1996	22.50		14.34		17.89	9.34	0.51	88.20	
1997	26.56		20.94		18.91	9.92	0.66	92.85	
1998	34.02		26.09		20.27	11.02	1.29	99.38	
1999	40.74		32.03		22.07	11.88	1.48	105.16	
2000	54.18	0.35	40.82	14.49	25.00	15.12	3.05	102.42	1.95
2001	59.02	0.94	49.30	24.88	26.56	16.17	3.28	104.72	4.96
2002	64.49	0.51	59.22	38.79	28.24	18.32	4.73	106.41	6.99
2003	71.41	0.70	70.20	55.82	28.28	18.95	7.07	109.22	5.04
2004	77.07	0.86	78.01	79.30	29.02	20.35	9.30	108.83	6.33
2005	86.88	0.94	82.38	116.41	29.49	24.73	18.13	112.19	9.26
2006	89.73	2.15	85.78	132.58	31.88	27.54	20.27	114.14	10.23
2007	94.34	1.91	83.67	149.53	34.77	31.68	24.49	115.74	12.46
2008	97.81	2.03	85.16	162.81	37.07	34.88	27.77	116.48	14.26
2009	101.56	2.70	82.15	184.38	40.55	41.33	30.98	118.40	16.21
2010	107.11	3.98	82.38	203.83	45.78	49.10	36.17	120.63	19.53
2011	107.90	5.86	68.58	241.97	50.84	60.94	50.58	117.90	29.52
2012	108.16	6.60	69.29	244.48	55.16	66.39	55.29	118.94	31.68
2013	101.20	8.97	54.12	236.45	52.45	66.10	45.04	113.24	27.23
2014	108.06	7.48	60.49	248.41	54.43	68.36	46.67	114.28	30.40
2015	116.95	10.67	55.31	267.18	64.82	78.29	62.15	117.22	33.93
2016	122.27	14.63	46.06	279.89	74.43	84.90	81.17	119.49	37.73
2017	123.63	17.57	42.75	287.12	78.46	87.93	91.33	120.47	41.61

15-4 主要年份农村常住居民家庭生活基本情况

项 目	单 位	2000年	2005年	2010年	2015年	2017年
人均可支配收入	**元**	**3654.48**	**4690.49**	**7890.25**	**13360.44**	**15779.74**
工资性收入	元	1362.16	2562.39	4799.52	6724.01	7854.63
经营净收入	元	2002.93	1731.97	2203.74	3590.14	4118.65
财产净收入	元	73.68	167.25	401.15	337.01	414.81
转移净收入	元	215.71	228.88	485.85	2709.27	3391.65
平均每人消费支出	**元**	**2646.02**	**3707.73**	**5515.58**	**11103.03**	**13199.62**
食 品	元	1317.48	1789.42	2630.05	4511.34	5303.94
衣 着	元	104.21	143.50	215.51	367.13	459.47
居 住	元	378.86	530.30	986.70	2494.84	2902.43
家庭设备用品及服务	元	125.65	152.12	235.01	654.65	722.83
医疗保健	元	100.31	203.85	307.43	723.15	921.72
交通通讯	元	205.52	411.64	637.08	1160.44	1423.58
文教娱乐用品及服务	元	313.46	360.73	326.53	952.41	1185.96
其他商品和服务	元	100.53	116.17	177.27	239.09	279.70
平均每人年末住房面积	**平方米**	**22.42**	**25.71**	**29.23**	**42.14**	**45.27**
平均每百户拥有耐用品						
热水器	台	20.94	38.67	57.89	77.71	88.49
彩色电视机	台	73.20	103.91	119.26	117.22	120.47
空 调	台	3.05	18.13	36.17	62.15	91.33
洗衣机	台	25.00	29.49	45.78	64.82	78.46
摩托车	辆	54.18	86.88	107.11	116.95	123.63
电冰箱	台	15.12	24.73	49.10	78.29	87.93
固定电话	部	40.82	82.38	82.38	55.31	42.75
移动电话	部	14.49	116.41	203.83	267.18	287.12
计算机	台	1.95	9.26	19.53	33.93	41.61

15-5 农村居民消费价格分类指数

(2017年) (上年=100)

项目	指数	项目	指数
居民消费价格总指数	**100.8**	**生活用品及服务**	**101.0**
非食品烟酒价格指数	102.1	家具及室内装饰品	101.8
服务价格指数	102.1	家具	102.0
消费品价格指数	100.1	室内装饰品	98.7
扣除鲜菜鲜果价格指数	101.2	家用器具	100.2
食品烟酒	**98.3**	家用纺织品	100.4
食品	97.3	家庭日用杂品	99.8
粮食	101.1	个人护理用品	100.0
#大米	101.3	家庭服务	107.0
粮食制品	100.6	**交通和通信**	**101.6**
薯类	94.1	交通	102.9
豆类	99.2	交通工具	98.3
食用油	98.5	交通工具用燃料	108.7
菜	91.0	交通工具使用和维修	100.8
#鲜菜	90.1	交通费	101.7
畜肉类	95.7	通信	99.7
#猪肉	94.2	通信工具	98.1
禽肉类	97.4	通信服务	100.0
水产品	101.7	邮递服务	100.8
蛋类	96.7	**教育文化和娱乐**	**102.5**
奶类	100.2	教育	103.4
干鲜瓜果类	97.6	教育用品	101.9
#鲜瓜果	97.7	教育服务	103.7
糖果糕点类	101.6	#学前教育	107.3
调味品	100.5	小学初中教育	105.6
其他食品类	101.1	高中中职教育	101.9
茶及饮料	101.2	文化娱乐	100.9
烟酒	100.9	文娱耐用消费品	99.1
烟草	100.5	其他文娱用品	100.4
酒类	102.1	文化娱乐服务	100.5
在外餐饮	101.9	旅游	105.1
衣着	**101.4**	**医疗保健**	**104.2**
服装	101.9	药品及医疗器具	105.4
服装材料	100.9	中药	106.7
其他衣着及配件	101.6	西药	106.6
衣着加工服务费	101.1	滋补保健品	102.3
鞋类	99.9	医疗卫生器具	100.8
居住	**102.1**	保健器具	100.0
租赁房房租	100.9	医疗服务	103.6
住房保养维修及管理	102.0	**其他用品和服务**	**100.7**
水电燃料	103.9	其他用品类	100.7
自有住房	101.3	其他服务类	100.7

15-6 2017年各市农村常住居民人均可支配收入和生活消费支出

市　　别	人均可支配收入 (元/人)	人均生活消费支出 (元/人)
广　州	23483.9	18932.3
珠　海	23496.4	20038.1
汕　头	14904.7	13345.6
佛　山	26389.6	18262.0
韶　关	14107.6	11810.1
河　源	13300.8	11484.1
梅　州	14088.5	12392.0
惠　州	19284.3	15576.2
汕　尾	13501.3	11122.6
东　莞	29078.3	23090.2
中　山	30012.4	20832.6
江　门	16473.3	12655.9
阳　江	15341.7	12931.4
湛　江	14484.0	10732.6
茂　名	15695.2	12481.2
肇　庆	16430.5	10925.6
清　远	14026.8	12168.2
潮　州	13672.9	11573.9
揭　阳	13206.7	11227.2
云　浮	14124.4	11169.9
按经济区域分		
#珠三角	20813.5	15836.1
东　翼	13732.9	11758.9
西　翼	15081.6	11726.9
山　区	13924.7	11866.5

注：1.按照国家统计局的统一部署，广东自2012年12月起正式启动城乡住户调查一体化改革工作。在经历了为期一年的过渡期后，从2014年开始正式对外发布农村常住居民人均可支配收入，不再发布农村居民人均纯收入指标。改革前后，农村住户调查在调查范围、调查方法和统计口径均有一定变化，2014年发布的农村常住居民人均可支配收入与2013年以前所发布农村居民人均纯收入指标不完全可比。

2.深圳因完全城市化，无相关数据。

15-7 各县（市、区）农村常住居民人均可支配收入

(2017年)　　单位：元/人

县(市、区)别	人均可支配收入	县(市、区)别	人均可支配收入
广州市		**河源市**	
白云区	23727.4	源城区	18856.1
黄埔区	31823.0	紫金县	13421.6
番禺区	32855.9	龙川县	13268.4
花都区	22968.1	连平县	13142.3
南沙区	27943.7	和平县	12858.9
从化区	17805.3	东源县	13819.7
增城区	21355.9	**梅州市**	
珠海市		梅江区	18568.1
斗门区	23383.6	梅县区	17363.5
金湾区	17837.7	大埔县	12666.2
汕头市		丰顺县	12326.0
龙湖区	17096.0	五华县	12076.0
金平区	16374.6	平远县	15223.1
濠江区	14808.9	蕉岭县	14783.8
潮阳区	14567.0	兴宁市	16149.6
潮南区	14617.9	**惠州市**	
澄海区	16403.0	惠城区	20009.5
南澳县	11113.2	惠阳区	20805.3
佛山市		博罗县	19073.0
南海区	30782.5	惠东县	19389.2
顺德区	31918.1	龙门县	17348.0
三水区	24669.3	大亚湾区	20472.9
高明区	22105.3	仲恺区	20791.5
韶关市		**汕尾市**	
武江区	16979.3	城　区	14080.0
浈江区	16270.5	海丰县	14510.5
曲江区	15312.8	陆河县	10461.2
始兴县	14522.9	陆丰市	13461.8
仁化县	15478.6	**江门市**	
翁源县	13022.6	蓬江区	20599.5
乳源县	13000.9	新会区	18753.9
新丰县	12730.4	台山市	15740.9
乐昌市	13526.2	开平市	17675.0
南雄市	13623.0	鹤山市	16206.7

15-7 续表 1

(2017年) 单位：元/人

县(市、区)别	人均可支配收入	县(市、区)别	人均可支配收入
恩平市	13001.3	封开县	13463.6
阳江市		德庆县	18081.0
江城区	16800.2	四会市	21481.9
阳东区	15053.5	**清远市**	
阳西县	15978.0	清城区	17883.0
阳春市	14707.8	清新区	14345.5
湛江市		佛冈县	13740.0
赤坎区	18743.1	阳山县	13133.8
霞山区	14942.3	连山县	12005.0
坡头区	14666.8	连南县	12049.0
麻章区	15065.0	英德市	14337.1
遂溪县	14747.0	连州市	12092.9
徐闻县	14762.1	**潮州市**	
廉江市	15473.2	湘桥区	15089.0
雷州市	11940.8	潮安区	14866.1
吴川市	18363.3	饶平县	13143.6
开发区	14977.9	**揭阳市**	
茂名市		揭东区	17031.6
茂南区	15778.2	揭西县	10382.4
电白区	15772.0	惠来县	11521.7
高州市	15763.9	普宁市	13561.3
化州市	15689.4	**云浮市**	
信宜市	15420.5	云城区	14529.7
肇庆市		云安区	13601.8
鼎湖区	21623.4	新兴县	15839.3
高要区	18546.3	郁南县	13490.2
广宁县	13645.0	罗定市	13754.7
怀集县	14632.7		

注：城乡住户调查一体化改革后，针对城乡范围的划分标准发生了变化，部分原属于农村范围的地区改革后划归到城镇。部分市辖区全部属城镇范围，没有农村常住居民的数据。

十六、农村科技与教育

16-1 农业科研和技术开发机构基本情况

项　　目	单位	2000年	2005年	2010年	2011年	2012年
一、机构与人员						
机构数	个	94	73	74	74	71
职工人数	人	6179	4577	4737	4680	4654
从事科技活动人员	人	3149	2731	3040	3026	3101
科学家工程师	人	1532	1369			
其他科技人员	人	902				
辅助人员	人					
高级职称	人	492	564	706	679	750
中级职称	人	806	742	829	825	840
初级职称	人	918	689			
其他	人		736	1505	1522	1511
二、经费收入与支出						
经费收入总额	万元	80061	56023	113262	111675	122042
政府拨款	万元	27640	36105	87151	83770	91091
事业收入	万元	3693	5734			
贷款	万元	5638	155			
其他	万元	37091	14029	26111	27905	30951
经费支出总额	万元	75919	52078	106554	104660	127249
劳务费	万元	16301	15999	24313	10192	15621
科研业务费	万元	21007	22399	56449	71917	82288
管理费	万元	3794				
资产购建支出	万元	8523	6002			
生产性支出	万元	19865	7571	12406	11275	12186
其他支出	万元	6430	107	13386	11276	17154
三、课题活动与产出						
科技活动课题数	个	980	1046	1406	1302	1376
当年开题	个	290	407			
当年完成	个	492	403			
课题投入人员	人年	2002	2168	2526	2425	2541
#科学家工程师	人年	1202	1200			
课题投入经费	万元	13033	12890	27494	31371	35841
科学论文合计	篇	1043	973	1353	1183	1224
#国外发表	篇	16	21	70	104	88
科技著作合计	种	53	50	29	28	19
四、科学仪器设备合计	**万元**	**9500**	**11660**			
90年代	万元	7432	7000			
80年代	万元	1354	3899			
70年代	万元	375	584			

16-1 续表

项　　目	单位	2013年	2014	2015	2016	2017
一、机构与人员						
机构数	个	77	74	76	76	76
职工人数	人	5269	4969	4983	4781	4760
从事科技活动人员	人	3541	3438	3502	3611	3651
科学家工程师	人					
其他科技人员	人					
辅助人员	人					
高级职称	人	899	957	1012		
中级职称	人	1021	1050	1056		
初级职称	人					
其他	人	1621	1431	1434		
二、经费收入与支出						
经费收入总额	万元	160079	153145	205404.7	218144.3	246696.6
政府拨款	万元	119740	114807	157170.4	167166.2	186377.9
事业收入	万元					
贷款	万元					
其他	万元	40339	38338	48234.3	50978.1	60318.7
经费支出总额	万元	151912	149259	184867.5	204384.9	228659.7
劳务费	万元	14755	15649	17634.3	21002.4	23540.4
科研业务费	万元	93845	91489	117576.2	136151.5	150014.8
管理费	万元					
资产购建支出	万元					
生产性支出	万元	14528	14762	15114.8	13671.1	13758.1
其他支出	万元	28784	27359	34542.2	33559.9	41346.4
三、课题活动与产出						
科技活动课题数	个	1508	1392	1688	1813	1918
当年开题	个					
当年完成	个					
课题投入人员	人年	2933	2657	2631	2636	2780
#科学家工程师	人年					
课题投入经费	万元	38924	37564	50350.6	56237.8	56224.5
科学论文合计	篇	1482	1505	1519	1680	1681
#国外发表	篇	229	317	339	365	393
科技著作合计	种	36	38	41	49	44
四、科学仪器设备合计	**万元**					
90年代	万元					
80年代	万元					
70年代	万元					

16-2　各市农村科普活动开展情况

地　区	农村专业技术协会		农村科普示范基地(个)	科普示范街道(乡镇)(个)	科普示范社区(村)(个)	科普示范(户)(个)
	个数(个)	个人会员(人)				
全　省	1010	109356	641	181	1003	3573
省本级	1					
广州市	49	4712	84	68	70	22
深圳市					51	
韶关市	67	5762	6	5	30	4
珠海市						
汕头市	61	5350	68	14	90	336
佛山市	22	1692	15	4	62	24
江门市	169	10852	23	19	9	1439
湛江市	132	7655	45	17	60	319
茂名市	16	18180	66		26	
肇庆市	119	10132	74	1	67	164
惠州市	23	1876	73		77	398
梅州市	46	2611	37		14	
汕尾市	31	788	9	12	30	219
河源市	59	14391	48	15	43	105
阳江市	35	9913	37	11	37	543
清远市	80	7299	8	13	139	
东莞市				1	160	
中山市	17	28	12		15	
潮州市	33	5810	17	1	18	
揭阳市	31	675	7		5	
云浮市	19	1630	12			

十七、分区域主要经济指标

17-1　主要农作物播种面积

(2017年)　　单位：公顷

项　　目	珠江三角洲	东翼	西翼	山区
农作物总播种面积	1208996	511958	1276207	1230348
一、粮食作物总计	**530131**	**319073**	**645695**	**674827**
按品种分				
稻谷	456123	227571	535731	585995
早稻	221917	113194	240221	278148
晚稻	234205	114377	295510	307847
小麦		7	391	65
旱粮	31581	9796	44182	47103
薯类	37111	76287	57765	28859
大豆	5316	5411	7626	12805
二、经济作物	**157066**	**33551**	**319060**	**195530**
甘蔗	12253	1476	146867	8562
糖蔗	2231	88	139674	4248
油料作物	58841	27003	120217	125764
花生	56092	23687	118076	121245
麻类	13	13	13	13
烟叶	1358	3	1329	14716
木薯	18389	2488	16738	27840
药材	4578	947	17927	11434
其他经济作物	61635	1608	15964	7192
三、其他作物	**521800**	**159334**	**311452**	**359990**
蔬菜	482723	150815	296351	297327

17-2 主要农作物总产量

(2017年) 单位：吨

项 目	珠江三角洲	东翼	西翼	山区
一、粮食作物总计	**2865154**	**1894145**	**3498128**	**3828136**
按品种分				
稻谷	2546550	1385335	3027843	3503707
早稻	1258304	705025	1438420	1688410
晚稻	1288246	680310	1589423	1815297
小麦		20	1271	185
旱粮	153587	52798	195462	179719
薯类	150833	442081	251500	109913
大豆	14184	13911	22052	34612
二、经济作物				
甘蔗	1283843	112180	11254979	783744
糖蔗	214065	6361	10779672	441344
油料作物	165861	70193	383677	393118
花生	156575	63730	379876	383997
麻类	25	86	46	49
烟叶	3432	11	4214	34958
木薯	357638	72890	385252	526235
三、其他作物				
蔬菜	12297436	4845314	7331536	7300599

17-3 茶叶、桑叶、水果面积及产量

(2017年)　　单位：公顷、吨

项　　目	珠江三角洲	东翼	西翼	山区
一、茶叶年末实有面积	**4117**	**17365**	**3263**	**33672**
茶叶总产量	7769	38047	7679	39394
二、桑地年末实有面积	**670**		**15484**	**16941**
桑叶总产量	19006		679133	456491
三、水果年末实有面积	**244461**	**107821**	**370252**	**237984**
水果总产量	3455572	1176927	6243547	3336302
柑桔橙年末实有面积	78955	8950	17306	77248
柑桔橙总产量	1680790	158994	236236	1155748
香(大)蕉年末实有面积	28484	9457	60330	8758
香(大)蕉总产量	872983	209943	2711215	158296
菠萝年末实有面积	1477	4914	26343	320
菠萝总产量	20004	74355	847780	3177
荔枝年末实有面积	71581	29723	127681	16403
荔枝总产量	206683	178784	727068	62165
龙眼年末实有面积	24731	11154	67298	10076
龙眼总产量	154969	92602	517240	73412

17-4 畜牧头数及产肉类量

(2017年)

项　　目	单位	珠江三角洲	东翼	西翼	山区
一、黄、水牛年末存栏头数	**头**	**255060**	**110511**	**494948**	**286517**
二、奶牛年末存栏头数	**头**	**39163**	**4155**	**6289**	**10164**
奶类产量	吨	99014	7760	16005	16055
三、山羊年末存栏只数	**只**	**150820**	**40933**	**270786**	**470469**
四、生猪年末存栏头数	**头**	**6006784**	**1773804**	**7315390**	**6232251**
能繁殖母猪	头	647389	189381	786918	670594
肉猪出栏头数	头	11013068	3139762	13091775	9875414
五、肉类产量	**吨**	**1363031**	**397611**	**1413381**	**1266792**
猪肉	吨	827635	233982	989646	728373
牛肉	吨	8058	8108	14944	9687
羊肉	吨	4203	1072	5401	8962
禽肉	吨	499740	140199	386366	491029
兔肉	吨	2758	351	1595	5107
其他肉	吨	20637	13899	15429	23634
六、禽蛋产量	**吨**	**121536**	**46184**	**107065**	**110245**

17-5 珠江三角洲林业主要经济指标

项目	计算单位	2017年	2016年	2017年比2016年增长(%)	2017年占全省比重(%)
一、森林资源					
林业用地面积	千公顷		2752.6		
有林地面积	千公顷		2538		
活立木总蓄积量	万立方米		15549.1		
森林覆盖率	%		51.68		
二、林业产业总产值(当年价)	**万元**	**61703640**	**59065872**	**4.5**	**76.9**
第一产业产值	万元	4592781	4208754	9.1	48.6
第二产业产值	万元	44895589	42532953	5.6	85.6
第三产业产值	万元	12215270	12324165	-0.9	66.6
三、营林生产					
造林面积	公顷	5287	6228	-15.1	6.6
迹地更新面积	公顷	15095	19358	-22.0	43.4
低产林改造面积	公顷	13251	10989	20.6	24.3
育苗面积	公顷	2847	3034	-6.2	54.6
中幼龄林抚育面积	公顷	130111	143717	-9.5	25.5
四、主要林产品产量					
油桐籽	吨	696	637	9.3	9.3
油茶籽	吨	8846	6442	37.3	7.1
松脂	吨	87242	81438	7.1	36.5
五、森工主要产品产量					
1.木材	万立方米	337.65	315.52	7.0	42.6
原木	万立方米	316.77	299.82	5.7	43.9
薪材	万立方米	20.88	15.7	33.0	29.2
2.竹材	万根	6112.73	5578.79	9.6	30.0
毛竹	万根	1953.71	1730.9	12.9	32.6
簕竹	万根	4159.01	3847.89	8.1	28.9
3.松香类产品	吨	111395	105109	6.0	71.5
六、林业系统职工人数	**人**	**8352**	**8395**	**-0.5**	**32.7**
林业系统职工工资总额	万元	89543	73960	21.1	38.5
七、自年初累计完成投资	**万元**	**360600**	**326908**	**10.3**	**44.2**
其中：生态建设与保护	万元	144606	183343	-21.1	32.0
林业支撑与保障	万元	167800	75193	123.2	61.1
林业产业发展	万元	13943	16479	-15.4	30.1

注：2017年林业用地面积、有林地面积、活立木总蓄积量、森林覆盖率数据暂缺。

17-6 山区林业主要经济指标

项　　目	计算单位	2017年	2016年	2017年比2016年增长(%)	2017年占全省比重(%)
一、森林资源					
林业用地面积	千公顷		5776.3		
有林地面积	千公顷		5156.7		
活立木总蓄积量	万立方米		33267.9		
森林覆盖率	%		73.69		
二、林业产业总产值(当年价)	**万元**	**8069673**	**7803280**	**3.4**	**10.1**
第一产业产值	万元	2624545	2467455	6.4	27.7
第二产业产值	万元	1716426	1868570	-8.1	3.3
第三产业产值	万元	3728702	3467255	7.5	20.3
三、营林生产					
造林面积	公顷	46259	60393	-23.4	57.3
迹地更新面积	公顷	12304	12483	-1.4	35.3
低产林改造面积	公顷	27085	29682	-8.8	49.8
育苗面积(本年新育)	公顷	994	1794	-44.6	19.1
中幼龄林抚育面积	公顷	259484	370355	-29.9	50.9
四、主要林产品产量					
油桐籽	吨	6550	6048	8.3	87.7
油茶籽	吨	109975	135231	-18.7	87.8
松脂	吨	112053	106980	4.7	46.9
五、森工主要产品产量					
1.木材	万立方米	318.26	312.89	1.7	40.1
原木	万立方米	287.59	286.29	0.5	39.8
薪材	万立方米	30.67	26.6	15.3	42.9
2.竹材	万根	4421.1	2841.99	55.6	21.7
毛竹	万根	2086.68	1675.05	24.6	34.9
篙竹	万根	2334.42	1166.94	100.1	16.2
3.松香类产品	吨	40408	96045	-57.9	25.9
六、林业系统职工人数	**人**	**10531**	**10872**	**-3.1**	**41.3**
林业系统职工工资总额	万元	107383	68487	56.8	46.1
七、自年初累计完成投资	**万元**	**327680**	**339988**	**-3.6**	**40.1**
其中：生态建设与保护	万元	222777	232665	-4.3	49.3
林业支撑与保障	万元	80217	37025	116.7	29.2
林业产业发展	万元	19311	21749	-11.2	41.8

注：2017年林业用地面积、有林地面积、 活立木总蓄积量、森林覆盖率数据暂缺。

17-7 东西两翼林业主要经济指标

(2017年)

项　　目	计算单位	合计	东翼	西翼	东西两翼占全省比重(%)
一、森林资源					
林业用地面积	千公顷				
有林地面积	千公顷				
活立木总蓄积量	万立方米				
森林覆盖率	%				
二、林业产业总产值(当年价)	**万元**	**10450567**	**2743631**	**7706936**	**13.0**
第一产业产值	万元	2243381	470116	1773265	23.7
第二产业产值	万元	5819258	1370047	4449211	11.1
第三产业产值	万元	2387928	903468	1484460	13.0
三、营林生产					
造林面积	公顷	29193	20899	8294	36.2
迹地更新面积	公顷	7418	2112	5306	21.3
低产林改造面积	公顷	14110	5813	8297	25.9
育苗面积(本年新育)	公顷	1369	587	782	26.3
中幼龄林抚育面积	公顷	120092	49514	70578	23.6
四、主要林产品产量					
油桐籽	吨	223	6	217	3.0
油茶籽	吨	6374	1477	4897	5.1
松脂	吨	39530	548	38982	16.6
五、森工主要产品产量					
1.木材	万立方米	137.58	16.23	121.35	17.3
原木	万立方米	117.69	12.43	105.26	16.3
薪材	万立方米	19.9	3.8	16.09	27.9
2.竹材	万根	9867.41	548.31	9319.11	48.4
毛竹	万根	1945.61	329.63	1615.98	32.5
篙竹	万根	7921.81	218.68	7703.13	55.0
3.松香类产品	吨	4025		4025	2.6
六、林业系统职工人数	**人**	**6643**	**2581**	**4062**	**26.0**
林业系统职工工资总额	万元	35919	13111	22809	15.4
七、自年初累计完成投资	**万元**	**128298**	**58101**	**70197**	**15.7**
其中：生态建设与保护	万元	84529	46832	37697	18.7
林业支撑与保障	万元	26718	9400	17318	9.7
林业产业发展	万元	13000	1265	11735	28.1

17-8 珠江三角洲渔业现状概况

项　目	单位	2017年	2016年	2017年比2016年增长(%)	2017年全省	2017年占全省比重(%)
渔业乡	个	25	22	13.6	99	25.3
渔业村	个	297	265	12.1	1008	29.5
渔业人口	个	600469	611909	-1.9	2284924	26.3
水产品产量	吨	3225296	3129550	3.1	8335387	38.7
其中：海洋捕捞	吨	198665	196261	1.2	1441363	13.8
海水养殖	吨	442450	417577	6.0	3029070	14.6
淡水捕捞	吨	70850	71506	-0.9	120370	58.9
淡水养殖	吨	2474213	2444206	1.2	3696884	66.9
水产品产值	亿元	503	505	-0.4	1137	44.2
其中：海洋捕捞	亿元	44	37	17.8	206	21.3
海水养殖	亿元	61	68	-10.8	398	15.3
淡水捕捞	亿元	4	5	-11.1	10	44.5
淡水养殖	亿元	394	394	-0.1	523	75.3
水产养殖总面积	公顷	218210	221320	-1.4	473771	46.1
其中：海水养殖	公顷	44057	43556	1.2	161690	27.2
淡水养殖	公顷	174153	177764	-2.0	312081	55.8

17-9 山区渔业现状概况

项　目	单位	2017年	2016年	2017年比2016年增长(%)	2017年全省	2017年占全省比重(%)
渔业人口	个	258326	260793	-0.9	2284924	11.3
水产品产量	吨	355208	439501	-19.2	8335387	4.3
水产品产值	亿元	54	50	6.2	1137	0.0
淡水养殖面积	公顷	55549	55497	0.1	312081	17.8
产量	吨	435567	421672	3.3	3696884	11.8
单产	千克/公顷	7841	7598	3.2	11846	66.2
其中：池塘面积	公顷	34806	37054	-6.1	239228	14.5
产量	吨	356480	344819	3.4	3388951	10.5
单产	千克/公顷	10242	9306	10.1	14166	72.3
水库面积	公顷	15154	19153	-20.9	58033	26.1
产量	吨	68307	66750	2.3	221825	30.8
单产	千克/公顷	4507	3485	29.3	3822	117.9